Monika E. Fuchs
Elisabeth Hohensee
Bernd Schröder
Joana Stephan

Religionsbezogene Bildung in Niedersächsischen Schulen (ReBiNiS)

Eine repräsentative empirische Untersuchung

Verlag W. Kohlhammer

Die vorliegende Publikation wurde gefördert mit Forschungsmitteln des Landes Niedersachsen.

1. Auflage 2023

Alle Rechte vorbehalten
© W. Kohlhammer GmbH, Stuttgart
Gesamtherstellung: W. Kohlhammer GmbH, Stuttgart

Print:
ISBN 978-3-17-042590-3

E-Book-Format:
pdf: 978-3-17-042591-0

Für den Inhalt abgedruckter oder verlinkter Websites ist ausschließlich der jeweilige Betreiber verantwortlich. Die W. Kohlhammer GmbH hat keinen Einfluss auf die verknüpften Seiten und übernimmt hierfür keinerlei Haftung.

Dieses Werk einschließlich aller seiner Teile ist urheberrechtlich geschützt. Jede Verwendung außerhalb der engen Grenzen des Urheberrechts ist ohne Zustimmung des Verlags unzulässig und strafbar. Das gilt insbesondere für Vervielfältigungen, Übersetzungen, Mikroverfilmungen und für die Einspeicherung und Verarbeitung in elektronischen Systemen.

Inhalt

1	Einleitung	11
1.1	Zum Sitz im Leben und zum Anliegen der vorliegenden Studie	13
1.2	Zur empirischen Ausleuchtung organisatorischer und konzeptioneller Veränderungen des Religionsunterrichts	20
1.3	Zu den Akzenten von ReBiNiS	26
1.4	Zum Aufbau der Veröffentlichung	27

2	Methodisches	28
2.1	Das Forschungsdesign der ReBiNiS-Studie	28
2.2	Die quantitative Fragebogenerhebung	30
	2.2.1 Methodisches Vorgehen	31
	2.2.2 Soziodemografische und schulbezogene Daten	34
2.3	Die qualitative Interviewstudie	45
	2.3.1 Forschungsfrage, Samplingstrategie und Erhebungsmethode	45
	2.3.2 Auswertungsmethode und Darstellungsweise der Befunde	47

3	Zusammenfassung zentraler Studienergebnisse	50

4	Schulorganisatorische Gestaltung von religionsbezogenem Unterricht	56
4.1	Formen von religionsbezogenem Unterricht – ein quantitativer Überblick	57
	4.1.1 Religionsunterricht – konfessionell gegliedert und konfessionell-kooperativ	57
	4.1.2 Fächer neben dem Religionsunterricht – Werte und Normen und Philosophie	62
	4.1.3 „Religionsunterricht im Klassenverband"	65
	Exkurs: Was heißt ‚Wir unterrichten Religion im Klassenverband'?	68
	4.1.4 Zusammenfassung: Religionsbezogene Bildung an Schulen in Niedersachsen hat vielfältige Formen	72
4.2	Präferenzen der Lehrenden: Gemeinsam oder getrennt Religion unterrichten?	73

	4.2.1	Die Ausbildung der Lehrenden als Faktor ihrer unterrichtsorganisatorischen Präferenz	74
	4.2.2	Gründe für die Präferenz für gemeinsames Unterrichten	76
	4.2.3	Zusammenfassung: Religionsunterricht im Klassenverband hat viele Gründe	84
4.3	Herausforderungen eines religiös und weltanschaulich integrativen Unterrichts im Klassenverband		84
	4.3.1	Strukturell-schulorganisatorische Defizite	85
	4.3.2	Besondere didaktische Anforderungen	88
	4.3.3	Herausfordernde Einstellungen und Prägungen aufseiten der Schüler:innen	91
	4.3.4	Zusammenfassung: Religionsunterricht im Klassenverband ist eine Lösung, aber aus der Sicht der Lehrenden nicht ohne Schwierigkeiten	93

5 Die Heterogenität der Schüler:innen im Religionsunterricht 95

5.1	Heterogenität der Lerngruppe		95
5.2	Religiöse Heterogenität der Lerngruppe		99
	5.2.1	Konfession und Religion der Schüler:innen in der Fragebogenerhebung	99
	5.2.2	Konfession und Religion der Schüler:innen in den Interviews	101
5.3	Interessen und Vorkenntnisse der Schüler:innen		104
	5.3.1	Einschätzung des Wissensstandes und Interesses der Schüler:innen	104
	5.3.2	Differenzierung der Vorkenntnisse	106
5.4	Die Religion der Schüler:innen im Unterricht		109
	5.4.1	Religionszugehörigkeit der Schüler:innen im Unterricht	110
	5.4.2	Religiosität der Schüler:innen im Unterricht	114
5.5	Zusammenfassung: Heterogene Lerngruppen mit geringen religiösen Vorkenntnissen werden als Ausgangspunkt für die Unterrichtsgestaltung wahrgenommen		117

6 Die Lehrer:innen und ihr Umgang mit Heterogenität im religionsbezogenen Unterricht 119

6.1	Das religiös-weltanschauliche Profil der Lehrenden		119
	6.1.1	Die Religionszugehörigkeit der Lehrenden	119
	6.1.2	Das eigene Verhältnis zur Religion	121
	6.1.3	Zur Relevanz von Personengruppen und Instanzen	123

		6.1.4	Zusammenfassung: Das religiös-weltanschauliche Profil der Lehrer:innen ist fachspezifisch ausgeprägt	126
	6.2	Die Rolle der Religion der Lehrenden im Unterricht		127
		6.2.1	Quantitative Befunde zur Positionalität der Lehrenden im religionsbezogenen Unterricht	127
		6.2.2	Qualitative Befunde zur Positionalität der Lehrenden im religionsbezogenen Unterricht	131
		6.2.3	Zusammenfassung: Die religiös-weltanschauliche Position der Lehrenden ist im Unterricht präsent	142
	6.3	Das didaktische Profil der Lehrenden im Umgang mit Heterogenität		143
		6.3.1	Rollen- und Selbstbilder von Lehrer:innen religionsbezogener Unterrichtsfächer	143
		6.3.2	Unterrichtsziele von Lehrer:innen religionsbezogener Fächer	152
		6.3.3	Anliegen der Lehrer:innen im Umgang mit Pluralität	154
		6.3.4	Zusammenfassung: Toleranz und Konfessionalität dienen als Koordinaten didaktischer Positionierung	161
	6.4	Handlungspraktische Strategien		162
		6.4.1	Quantitative Befunde zum Einsatz didaktischer Strategien	162
		6.4.2	Qualitative Befunde zu didaktischen Strategien	163
		6.4.3	Zusammenfassung: Lehrende verfügen über plurale Strategien zum Umgang mit Heterogenität	174
7	Kooperationen von Lehrer:innen religionsbezogener Fächer			175
7.1	Kooperationen mit Kolleg:innen			175
7.2	Zusammenarbeit und Austausch in der Fachgruppe/Fachkonferenz			182
7.3	Kooperationen im Bereich ‚Religion im Schulleben'			188
7.4	Außerschulische Kooperationen			195
7.5	Zusammenfassung: Lehrer:innen kooperieren in multifachlichen Teams			203
8	Zukunft des religionsbezogenen Unterrichts			204
8.1	Gesellschaftliche Herausforderungen für religionsbezogenen Unterricht			204
8.2	Zukunftsvorstellungen und Reformmaßnahmen für religionsbezogenen Unterricht			209
		8.2.1	Zukunftsszenarien	210
		8.2.2	Reformmaßnahmen	216
8.3	Sorgen und Wünsche der Religionslehrer:innen im Blick auf religionsbezogenen Unterricht			218

8.4	Die niedersächsische Initiative ‚Christlicher Religionsunterricht' in der Wahrnehmung der Lehrenden		223
	8.4.1 Kenntnisstand zum CRU		223
	8.4.2 Einschätzungen zu praktischen Konsequenzen des CRU		225
	8.4.3 Fürsprache für den CRU		227
	8.4.4 Konzeptionelle Anfragen an den CRU		229
	8.4.5 Kritik am CRU		232
8.5	Zusammenfassung: Lehrer:innen sehen sich im Zwiespalt zwischen gemeinsamem und bekenntnisgebundenem Unterricht		235

9 Kommentierungen der Studienergebnisse ... 237

9.1	Die Ergebnisse der ReBiNiS-Studie aus der Perspektive religionsbezogener Fächer	237
	9.1.1 Kommentierung der Ergebnisse aus der Perspektive des Islamischen Religionsunterrichts (Jörg Ballnus)	237
	9.1.2 Kommentierung der Ergebnisse aus katholisch-theologischer Perspektive (Christina Kalloch)	240
	9.1.3 Kommentierung der Ergebnisse aus philosophiedidaktischer Perspektive (Anne Burkard)	245
9.2	Die Ergebnisse der ReBiNiS-Studie aus regionaler Perspektive	253
	9.2.1 Kommentierung der Ergebnisse aus der Perspektive Bayerns (Manfred Pirner)	253
	9.2.2 Kommentierung der Ergebnisse aus der Perspektive von Rheinland-Pfalz (Susanne Schwarz)	258
	9.2.3 Kommentierung der Ergebnisse aus der Perspektive Sachsen-Anhalts (Michael Domsgen)	268
	9.2.4 Kommentierung der Ergebnisse aus der Perspektive Schleswig-Holsteins (Uta Pohl-Patalong)	274
9.3	Die Ergebnisse der ReBiNiS-Studie aus schulformspezifischer Perspektive	280
	9.3.1 Kommentierung der Ergebnisse aus der Perspektive der Grundschule (Hanna Roose)	280
	9.3.2 Kommentierung der Ergebnisse aus der Perspektive der Sekundarstufe I (Ulrike Witten)	287
	9.3.3 Kommentierung der Ergebnisse aus der Perspektive der Gymnasien/Sekundarstufe II (Michael Wermke)	294
	9.3.4 Kommentierung der Ergebnisse aus der Perspektive beruflicher Schulen (Andreas Obermann)	305

10	„Religionsbezogene Bildung" an Schulen in Niedersachsen – ein Beispiel für den Wandel des schulischen Fächerkanons und der Konstruktion von Fachlichkeit? Ein erziehungswissenschaftlich-religionspädagogischer Versuch (Kerstin Rabenstein / Bernd Schröder)	312

10.1 Einleitung: Schulfächer und Faktoren ihrer Genese im Licht empirischer und historischer Schulforschung 312
10.2 Entwicklungen im Bereich religionsbezogener Fächer in Niedersachsen im Spiegel erziehungswissenschaftlicher Forschung zu Veränderungen im schulischen Fächerkanon 317
    10.2.1 Entwicklungen in der Fächerstruktur – zwischen fachlicher Spezifizierung und Entspezifizierung religionsbezogener Bildung in der Schule 319
    10.2.2 Konstruktion von Fachlichkeit 325
    10.2.3 Schul(entwicklung) und Lehrer:innenbildung 327
10.3 Bündelung 330

11 Danksagung und Schluss 334

Anhang 336

    A01 Fragebogen 336
    A02 Interviewleitfaden 346
    A03 Kategoriensystem 348

1 Einleitung

Im vorliegenden Band werden die Ergebnisse einer empirischen Untersuchung zum Thema „*Religionsbezogene Bildung in Niedersächsischen Schulen*" (ReBiNiS) vorgestellt. Deren Konzipierung und Vorbereitung, die Feldforschung in Gestalt sowohl einer Online-Fragebogenerhebung als auch leitfadengelenkter Interviews und die Datenauswertung bzw. -interpretation erfolgten in den Jahren 2020–2022. Die Studie wurde im Rahmen des „PRO*Niedersachsen"-Programms vom Ministerium für Wissenschaft und Kultur dieses Bundeslandes gefördert.

Um den Gegenstand der Untersuchung zusammenfassend zu benennen, führen wir einen Begriff ein: Auch wenn die verschiedenen Spielarten des Religionsunterrichts – in Niedersachsen derzeit vor allem evangelisch, katholisch, konfessionell-kooperativ sowie islamisch, vereinzelt auch: alevitisch, jüdisch und (christlich-)orthodox – und der Werte-und-Normen-Unterricht nicht offiziell als Fächergruppe geführt werden (obwohl manches dafür spräche[1]), werden sie in unserer Studie zusammenfassend als *religionsbezogener Unterricht* bzw. als *Angebote religionsbezogener Bildung* bezeichnet. Dabei ist uns bewusst, dass Werte-und-Normen-Unterricht den Themenbereich ‚Religion und Religionen' nur als einen unter mehreren behandelt und dabei als religions*kundliches* bzw. de facto nicht selten religions*kritisches* daseins- und wertorientierendes Fach zu verstehen ist.[2]

Die Rede vom ‚Religionsbezug' soll angesichts dessen in erster Linie *deskriptiv* eine zusammenfassende Bezeichnung der verschiedenen Fächer ermögli-

---

[1] Bernd Schröder, Religions- und Ethikunterricht – eine Fächergruppe? Ein Plädoyer, in: Bernd Schröder/Moritz Emmelmann (Hg.), Religions- und Ethikunterricht zwischen Konkurrenz und Kooperation, Göttingen 2018, 355–376.

[2] Im Niedersächsischen Schulgesetz, § 128 (2) ist u. a. von „religionskundlichen Kenntnissen" die Rede, die das Fach vermitteln soll. Im niedersächsischen Kerncurriculum „Werte und Normen" für die Sekundarstufe I heißt es: „Mit Blick auf religiöse bzw. religionswissenschaftliche Unterrichtsinhalte ist zu betonen, dass das Fach Werte und Normen die Pluralität unterschiedlicher Wahrheitsansprüche in Religionen und Weltanschauungen thematisiert. Zur Wahrung der Freiheit des Glaubens, des Gewissens und des religiösen und weltanschaulichen Bekenntnisses verlangt der Unterricht im Fach Werte und Normen die weltanschauliche und religiöse Neutralität des Faches. Der gesetzliche Auftrag weist dem Fach zwar vergleichbare Fragestellungen, Probleme und Sachverhalte zu, wie sie auch im Fach Religion behandelt werden, doch ist die Behandlung hier ausdrücklich nicht an die Grundsätze einer Religions- oder Weltanschauungsgemeinschaft gebunden. Verbindliche Antworten können daher nur auf der Grundlage der verfassungsmäßigen und dem Bildungsauftrag entsprechenden, nicht aber weltanschaulicher und religiöser Prämissen gegeben werden." – Niedersächsisches Kultusministerium, „Werte und Normen" – Kerncurriculum für das Gymnasium, Schuljahrgänge 5–10, Hannover 2017, 5f.

chen.[3] Zugleich zeigt sie *das erkenntnisleitende Interesse* an, mit dem hier auf diese Fächer geschaut wird, das Interesse nämlich an der Rolle von Religion(en) in der schulischen Bildung, und sie markiert in einem *heuristischen* Sinne, dass die religiöse bzw. konfessionelle Bestimmtheit solcher Angebote – Erteilung „in Übereinstimmung mit den Grundsätzen der Religionsgemeinschaften" (gemäß Art. 7.3 GG) hier, religiöse Neutralität dort – zwar nicht de jure, doch de facto Gegenstand von Neujustierungsprozessen ist.

Neben dem *Unterricht*, also dem Religionsunterricht verschiedener Konfessionen bzw. Religionsgemeinschaften und dem Werte-und-Normen-Unterricht, zählen wir zum Spektrum religionsbezogener Bildung in der Schule auch *Religion im Schulleben* (bzw. Schulseelsorge/Schulpastoral).

Mit diesem Zuschnitt lenkt unsere Studie das Augenmerk nur auf einen Teil der Neujustierungsprozesse im Bereich der daseins- und wertorientierenden Fächer in Niedersachsen. Auch im Blick auf das Fach „Werte und Normen" kristallisieren sich verschiedene Lesarten und Entwicklungsoptionen heraus: Neben der Beibehaltung des integrativen Charakters dieses Faches, das derzeit religionskundliche, philosophische und sozialkundlich-ethische Dimensionen pflegt,[4] steht die Option einer Konzentration auf Religionskunde[5] und diejenige einer Konzentration auf philosophische Bildung.[6] Diese Kontroverse kann und soll in dieser Studie weder abgebildet noch erkundet oder kommentiert werden – allein die Strittigkeit des Fachkonzeptes „Werte und Normen" ist insofern bemerkenswert, als sie die Fragilität der bis dato geltenden Festlegungen unterstreicht.

---

[3] In dieser Absicht spricht das Bildungsportal Niedersachsen von „Religions- und Ethikfächern" (siehe etwa https://bildungsportal-niedersachsen.de/allgemeinbildung/unterrichtsfaecher (Zugriff am 17.04.2023), andernorts ist bisweilen von „daseins- und wertorientierenden Fächern" die Rede.

[4] So etwa die Position des „Fachverband[es] Werte und Normen – ethische und humanistische Bildung in Niedersachsen e.V." (https://www.hvd-niedersachsen.de/der-fachverband-werte-und-normen.html (Zugriff am 17.04.2023).

[5] So dezidiert das Anliegen des „Handbuch[es] Religionskunde in Deutschland", hg. von Wanda Alberts, Horst Junginger, Katharina Neef und Christina Wöstemeyer, Berlin/Boston 2023 – vgl. das „Vorwort" der Herausgebenden (V–VII) und der Beitrag von Christina Wöstemeyer, „Niedersachsen" (297–327).

[6] So etwa Anne Burkard, Herausforderungen für die Kooperation zwischen bekenntnisorientiertem Religionsunterricht und seinen Ersatzfächern. Eine philosophiedidaktische Perspektive, in: Andreas Kubik u. a. (Hg.), Neuvermessung des Religionsunterrichts nach Art. 7 Abs 3 GG. Zur Zukunft religiöser Bildung, Göttingen 2021, 179–202. Vgl. auch ihren Kommentar zur ReBiNiS-Studie im vorliegenden Band.

1.1 Zum Sitz im Leben und zum Anliegen der vorliegenden Studie

Religionsunterricht in der Schule findet in den meisten Ländern der Bundesrepublik Deutschland nach Maßgabe von Art. 7.3 des Grundgesetzes als sog. konfessioneller Religionsunterricht statt. Die wesentlichen rechtlichen Bestimmungen sind seit 1949 bzw. (seit der Weimarer Reichsverfassung) 1919 stabil, die schulischen Bedingungen hingegen einem permanenten Wandlungsprozess unterworfen: Dieser Prozess betrifft etwa die Heterogenität der religiös-weltanschaulichen Orientierungen der Schüler:innen einer Lerngruppe, die organisatorisch-didaktischen Leitvorstellungen der Schule (in denen sich eine Umstellung von einer Präferenz für äußere Differenzierung hin zu Inklusion und Binnendifferenzierung abzeichnet) und das Selbst- und Fachverständnis der Religionslehrer:innen. Diese und weitere Entwicklungen lassen sich in verschiedenen Bundesländern beobachten – nicht zuletzt in Niedersachsen.

Die Dynamik der Entwicklungen zeigt sich am deutlichsten an der Religionszugehörigkeitsstatistik von Schüler:innen: Im Schuljahr 2020/21 galt von 782.103 Schüler:innen allgemeinbildender Schulen in Niedersachsen ein gutes Viertel als „konfessionslos"; etwa 43 % (338.757 Schüler:innen) gehörten einer evangelischen Kirche an, ca. 15 % (116.042 Schüler:innen) der römisch-katholischen Kirche, 9 % (73.817 Schüler:innen) dem Islam (sei es in Gestalt von Zugehörigkeit zu einer Moscheegemeinde oder ohne diese) und etwa 8 % (53.841 Schüler:innen) einer anderen Religionsgemeinschaft.[7]

Zum Vergleich: Im Jahr der Wiedervereinigung Deutschlands, 1990, wurden in Niedersachsen 63,1 % der Schüler:innen als „evangelisch" registriert, 21,7 % als „katholisch", 3,4 % als „muslimisch" und 2,2 % als einer anderen Religionsgemeinschaft zugehörig, lediglich 9,6 % galten als „konfessionslos".[8]

Auf der einen Seite hat also die Zahl der evangelischen und katholischen Schüler:innen binnen dreißig Jahren jeweils um ein Drittel (bezogen auf ihren Prozentanteil an der Gesamtschüler:innenschaft) abgenommen, auf der anderen Seite hat sich die Zahl konfessionsloser, muslimischer und religiös anderweitig verbundener Schüler:innen in dem selben Zeitraum verdreifacht. Verschiebungen in der Dichte der Praktiken, in den Glaubensüberzeugungen und in den Gestaltgebungen des Lebens *innerhalb* der Religions- bzw. Weltanschauungsgemeinschaften sind damit noch nicht beschrieben.

---

[7] Niedersächsisches Kultusministerium (Hg.), Die niedersächsischen allgemeinbildenden Schulen – Zahlen und Grafiken – Schuljahr 2020/2021, Hannover 2020, 8.
[8] Niedersächsisches Kultusministerium (Hg.), Die niedersächsischen allgemeinbildenden Schulen in Zahlen – Schuljahr 2005/2006, Hannover 2005, 38 (Tab. 6.1).

Spiegeln diese Zahlen die Entwicklungen im Bundesland-weiten Durchschnitt, so sind näherhin erhebliche regionale Differenzen zu beobachten:[9] Die religiös-weltanschauliche Pluralisierung – insbesondere die steigende Zahl von Menschen, die keiner Religionsgemeinschaft angehören, aber auch die Existenz islamischer, jüdischer u. a. Gemeinden[10] – ist in Großstädten, also in Städten mit mehr als 100.000 Einwohner:innen, in der Regel deutlich klarer zu erkennen als im ländlichen Raum. In Niedersachsen gibt es zudem noch recht starke christlich-konfessionelle Prägungen einiger Landstriche: So zeichnet sich das Oldenburger Münsterland durch eine weitgehend homogene *römisch-katholische* Prägung (und die Existenz von etlichen staatlichen [!] katholischen Bekenntnisschulen) aus – Ähnliches gilt für das Emsland und das sog. Unter-Eichsfeld um Duderstadt. In der Grafschaft Bentheim hingegen stellen allein evangelisch-*reformierte* Christ:innen derzeit etwa 40 % der Bevölkerung – Ähnliches gilt in einigen Gebieten Ostfrieslands (Krummhörn, Rheiderland, Emden und Leer). In anderen Regionen prägt das *Luthertum* Geschichte und Kultur – lutherische Christ:innen sind in den Kreisen Aurich und Wittmund, in der Lüneburger Heide und auch in Südniedersachsen die mit Abstand größte Religionsgemeinschaft. In Städten wie Hannover, Göttingen oder Braunschweig wiederum gehörten (bereits) zum Zeitpunkt des letzten Zensus (2011) ca. zwei Fünftel der Bevölkerung keiner Religionsgemeinschaft an.

Diese Konstellation ist auch schulpolitisch relevant: Zwar werden die öffentlichen Schulen Niedersachsens seit 1954 als „*Gemeinschaftsschulen*" definiert[11] (und in diesem Rahmen bieten sie evangelischen, römisch-katholischen, islamischen u. a. Religionsunterricht *nebeneinander* an), allerdings gibt es Gegenden,

---

[9] Vgl. Bernd Schröder (in Verbindung mit Martina Blasberg-Kuhnke), Religion unterrichten in Niedersachsen, in: Martin Rothgangel/Bernd Schröder (Hg.), Religionsunterricht in den Ländern der Bundesrepublik Deutschland. Neue empirische Daten – Kontexte – aktuelle Entwicklungen, Leipzig 2020, 239–268, Einleitung.

[10] Siehe dazu exemplarisch etwa Rauf Ceylan (Hg.), Muslimische Gemeinden: Geschichte, Gegenwart und Zukunft des Islams in Niedersachsen, Frankfurt am Main 2017 (Reihe für Osnabrücker Islamstudien Bd. 28).

[11] In § 3 des Niedersächsischen Schulgesetzes heißt es: „Die öffentlichen Schulen sind grundsätzlich Schulen für Schülerinnen und Schüler aller Bekenntnisse und Weltanschauungen." Dieses Passus wurde 1954 gegen den erklärten Willen namentlich der katholischen Kirche aufgenommen. Zur Befriedung des Konflikts wurde 1966 im Grundschulwesen die Möglichkeit geschaffen, auf Antrag der Erziehungsberechtigten *öffentliche Schulen als Bekenntnisschulen* zu führen (§ 129 NSchG). An einer solchen Schule dürfen derzeit nicht mehr als 30 % der Schüler:innen einem anderen als dem die Schule prägenden Bekenntnis oder keinem Bekenntnis angehören. Auf dieser Basis bestehen in Niedersachsen 105 katholische Bekenntnisgrundschulen in staatlicher Trägerschaft (Stand: Schuljahr 2019/20). Einer epd-Meldung vom 6. Dezember 2021 zufolge wird katholischerseits erwogen, sie in christliche Bekenntnisschulen zu überführen.

1.1 Zum Sitz im Leben und zum Anliegen der vorliegenden Studie

wo der jeweiligen Minderheitskonfession nicht genug Schüler:innen angehören, um katholischen bzw. evangelischen Religionsunterricht einzurichten.[12]

In Schulpolitik bzw. Schulen in Niedersachsen wurde auf solche Entwicklungen im Laufe der Zeit mit deutlichen konzeptionellen Weichenstellungen reagiert. Einige davon, die unmittelbar die Organisation bzw. schulische Situierung des Religionsunterrichts betreffen, seien gleich eingangs in Erinnerung gerufen:[13]

- 1974 wurde in Niedersachsen das Fach *Werte und Normen* als – so der juristische *terminus technicus* – Ersatzfach für den Religionsunterricht an Sekundarschulen eingeführt. Seit 1993 ist es schulgesetzlich als ordentliches Lehrfach anerkannt; es kann bis zur zehnten Klasse oder ggfls. darüber hinaus bis zum Abitur belegt werden. Seit dem Schuljahr 2017/18 wird das Fach auch in Grundschulen eingeführt. Auf diese Weise wurde bzw. wird ein Unterrichtsangebot implementiert, das sich in besonderer Weise, aber nicht ausschließlich an Schüler:innen wendet, die keiner derjenigen Religionsgemeinschaften angehören, die Mitverantwortung für einen Religionsunterricht tragen.[14]

> Davon zu unterscheiden ist das Fach (Praktische) Philosophie. Es ist in Niedersachsen lediglich in der gymnasialen Oberstufe, derzeit also in den Jahrgängen 11–13, an allgemeinbildenden oder Berufsbildenden Schulen ordentliches Unterrichtsfach. Es

---

[12] Die Zahl der für die Einrichtung von Religionsunterricht erforderlichen Schüler:innen liegt bei „mindestens 12" (RdErl. vom 10. Mai 2011, Abs. 2.1; zit. nach: Religionsunterricht in Niedersachsen. Dokumente – Erklärungen – Handreichungen, hg. vom Katholischen Büro Niedersachsen und der Konföderation evangelischer Kirchen in Niedersachsen, Hannover 2019, 13–21, hier 14). Dabei „sind die Möglichkeiten von klassen- oder jahrgangsübergreifendem Unterricht zu nutzen, wobei im Sekundarbereich I aus fachdidaktischen und -methodischen Gründen nicht mehr als drei Schuljahrgänge zusammengefasst werden sollten" (ebd., Abs. 1.4), und: „Religionsunterricht kann auch dann eingerichtet werden, wenn die Mindestzahl von zwölf Teilnehmerinnen und Teilnehmern durch Zusammenfassung der Schülerinnen und Schüler benachbarter Schulen erreicht wird. Voraussetzung ist, dass die Zusammenfassung nach den örtlichen und schulischen Gegebenheiten vertretbar ist" (ebd., Abs. 2.2).
Von den etwa 2720 allgemeinbildenden Schulen in Niedersachsen bieten unter diesen Bedingungen knapp 100 *keinen* evangelischen und mehr als 900 *keinen* römisch-katholischen Religionsunterricht an (Quelle: Ökumenische SchulreferentInnenkonferenz 2014).

[13] Vgl. Schröder (i. V. m. Blasberg-Kuhnke), Religion unterrichten in Niedersachsen (s. o. Anm. 9), besonders 248f.

[14] In § 128 des Niedersächsischen Schulgesetzes heißt es: „(1) Wer nicht am Religionsunterricht teilnimmt, ist stattdessen zur Teilnahme am Unterricht Werte und Normen verpflichtet, wenn die Schule diesen Unterricht eingerichtet hat. Für diejenigen, für die Religionsunterricht ihrer Religionsgemeinschaft als ordentliches Lehrfach eingeführt ist, entsteht die Verpflichtung nach Satz 1 erst nach Ablauf eines Schuljahres, in dem Religionsunterricht nicht erteilt worden ist." Dieser Passus sowie weitere einschlägige Rechtstexte sind leicht zugänglich in: Religionsunterricht in Niedersachsen, Dokumente (s. o. Anm. 12), hier 12f.

kann dort – anstelle von Werte und Normen – als Ersatzfach für Religion gewählt oder als zusätzliches Unterrichtsfach belegt werden.[15]

- Seit 2003 (als Modellversuch) bzw. seit 2013 (als reguläres Fach) wird *Islamischer Religionsunterricht* aufgebaut. Noch ist dieses Unterrichtsangebot vor allem an Grundschulen und darüber hinaus z. T. an nicht-gymnasialen Sekundarschulen sowie an derzeit zwei Gymnasien verfügbar, doch sind die Weichen für einen systematischen Ausbau gestellt – nicht zuletzt dadurch, dass eines der bundesweit bedeutsamen Institute für Islamische Theologie an der Universität Osnabrück angesiedelt ist.

Neben islamischem Religionsunterricht wird vereinzelt alevitischer, jüdischer und (christlich-)orthodoxer Religionsunterricht erteilt.[16]
- Bereits 1998 wurden in Niedersachsen Regelungen erlassen, die unter bestimmten Bedingungen einen *konfessionell-kooperativ erteilten Religionsunterricht* (abgekürzt: kokoRU) ermöglichen.[17] Inzwischen wurden die einschlägigen Bestimmungen vereinfacht – kokoRU kann ohne Antrag eingeführt werden, sofern dies „höchstens die Hälfte der Schuljahrgänge einer Schulform" betrifft.[18] An dieser „Regelform des konfessionellen Religionsunterrichts"[19] nehmen ausweislich der ministeriellen Schulstatistik inzwischen gut 25 % der Schüler:innen in der Sekundarstufe I teil.[20]

> Für das Schuljahr 2020/21 stellen sich die Zahlenproportionen *für die Sekundarstufe I* insgesamt wie folgt dar: Von knapp 399.469 Schüler:innen nehmen 136.669 (also, grob gesagt, ein Drittel) am Werte-und-Normen-Unterricht teil und 262.800 (also, grob gesagt, zwei Drittel) an einem Religionsunterricht. Näherhin sind 134.689 Schüler:innen im evangelischen, 101.686 im konfessionell-kooperativen, 25.674 im katholischen und 751 im islamischen Religionsunterricht zu finden.

---

[15] Ebd.: „In der gymnasialen Oberstufe, im Beruflichen Gymnasium, im Abendgymnasium und im Kolleg kann die Verpflichtung zur Teilnahme am Unterricht Werte und Normen auch durch die Teilnahme am Unterricht im Fach Philosophie erfüllt werden, wenn die Schule diesen Unterricht eingerichtet hat."

[16] Belege dazu bei Schröder (i.V.m. Blasberg-Kuhnke), Religion unterrichten in Niedersachsen (s. o. Anm. 9), dort Abschnitt 5.

[17] Bernd Schröder: Die Diskussion um den konfessionell-kooperativen Religionsunterricht seit 1993 bis heute. Eine historische Rekonstruktion am Beispiel Niedersachsens, in: Religionspädagogische Beiträge (RpB) 45 (2022), Nr. 2: Special Issue zu „Drei Jahrzehnte konfessionelle Kooperation im Religionsunterricht: Bilanz und Ausblick", 5–17, https://www.rpb-journal.eu/index.php/rpb/article/view/199 (Zugriff am 30.11.2022).

[18] Regelungen für den Religionsunterricht und den Unterricht Werte und Normen (2011), in: Religionsunterricht in Niedersachsen, Dokumente (s. o. Anm. 12), 14–21, hier 16.

[19] Kirchenamt der EKD (Hg.), Konfessionell-kooperativ erteilter Religionsunterricht. Grundlagen, Standards und Zielsetzungen (EKD-Texte 128), Hannover 2018, 10 u. ö.

[20] Niedersächsisches Kultusministerium (Hg.), Die niedersächsischen allgemeinbildenden Schulen – Zahlen und Grafiken – Schuljahr 2020/2021, Hannover 2020, 9.

1.1 Zum Sitz im Leben und zum Anliegen der vorliegenden Studie 17

Von den 725.148 Schüler:innen *aller allgemeinbildenden Schulen* besuchen 170.592 (oder ein knappes Viertel) den Werte-und-Normen-Unterricht und 562.556 (oder gut drei Viertel) einen Religionsunterricht.[21]

• In Verlängerung und unter Modifikation des konfessionell-kooperativen Religionsunterrichts haben die Schulreferent:innen der (fünf) evangelischen Kirchen in Niedersachen (Braunschweig, Hannover, Oldenburg, Schaumburg-Lippe und Reformierte Kirche) und der katholischen Diözesen (Hildesheim und Osnabrück sowie das zum Bistum Münster gehörende Offizialat Vechta) im Mai 2021 vorgeschlagen, an Stelle des optionalen konfessionell-kooperativen und des konfessionellen Religionsunterrichts flächendeckend „*gemeinsam verantworteten christlichen Religionsunterricht*" einzuführen.[22] Die Diskussion dieses Vorschlags ist derzeit noch nicht abgeschlossen: Ein juristisches Gutachten hat im Mai 2022 im Grundsatz die Verfassungskonformität dieses Unterrichtsmodells bestätigt;[23] im Dezember 2022 wurde der Beschluss gefasst, kirchlicherseits mit dem Land in Verhandlungen über entsprechende schulrechtliche Regelungen einzutreten.[24]

Als das ReBiNiS-Projekt beantragt, bewilligt und begonnen wurde, zeichnete sich dieser Vorstoß hin zur Etablierung eines Christlichen Religionsunterrichts (CRU) noch nicht ab. Die Erhebungen bilden somit faktisch die Verhältnisse am Vorabend der Einführung des CRU ab.

• Über diese offiziellen und statistisch erfassten Entwicklungen hinaus gab und gibt es weitere *lokale bzw. schulscharfe Dynamiken in der Unterrichtsorganisation und in der didaktisch-methodischen Ausrichtung* im Bereich der Fächer Religion sowie Werte und Normen. Diesbezüglich besteht bislang in erster Linie ein ‚mündlich tradiertes' Wissen – die vorliegende Studie zielt nicht zuletzt darauf, dieses empirisch zu unter- oder widerlegen. Drei dieser Dynamiken seien benannt:

Beobachtbar ist ein Trend hin zur freien Wahl von Schüler:innen zwischen Religions- und Werte-und-Normen-Unterricht und zum (mehrfachen) Switchen zwischen beiden Fächern. Die im Schulgesetz geforderte schriftliche Abmeldung vom Religionsunterricht (im Falle von Schüler:innen, die wegen ihrer entsprechenden Religionszugehörigkeit im Grundsatz zur Teilnahme am Religions-

---

[21] Ebd., 9. Die Zahlen enthalten Unschärfen – so ergibt die Addition der angegebenen Religions- und Werte-und-Normen-Schüler:innen mehr als die Gesamtzahl der Schüler:innen.
[22] Gemeinsam verantworteter Christlicher Religionsunterricht. Ein Positionspapier der Schulreferentinnen und Schulreferenten der evangelischen Kirchen und katholischen Bistümer in Niedersachsen, Hannover (Mai) 2021.
[23] Gutachterliche Stellungnahme zur Verfassungsmäßigkeit des gemeinsam verantworteten christlichen Religionsunterrichts der evangelischen Kirchen und katholischen Bistümer in Niedersachsen, vorgelegt von Prof. Dr. Ralf Poscher, Freiburg (Mai) 2022.
[24] Zur Dokumentation des Prozesses siehe https://www.religionsunterricht-in-niedersachsen.de/christlicherRU/symposion/dokumentation (Zugriff am 05.12.2022).

unterricht verpflichtet sind)[25] und ähnliche Kanalisierungen geraten aus der Übung.

An nicht wenigen Schulen, namentlich an Grund- und Berufsbildenden Schulen, wird mit einem sog. Religionsunterricht im Klassenverband oder mit ‚neuen' Mischformen aus Religions- und Werte-und-Normen-Unterricht experimentiert.[26]

Die kerncurricularen Spielräume werden genutzt für einen Umbau des Religionsunterrichts hin zu einer kinder- bzw. jugendtheologisch ausgerichteten, interreligiös oder anderweitig kontextuell passgenauen Prägung von Inhalten und Lernwegen des Religionsunterrichts.[27]

Sowohl die statistisch ausweisbaren als auch die informell zu konstatierenden Veränderungen in der Praxis des Religionsunterrichts konstituieren den Sitz im Leben der vorliegenden empirischen Untersuchung.

Die Erhebung soll die – von uns angenommene – Vielfalt der Wege religionsbezogener Bildung in Schulen Niedersachsens quantifizierend abbilden und darüber hinaus – deshalb die qualitativen Interviews mit Lehrkräften – die Logiken identifizieren, die in der Ausgestaltung der religionsunterrichtlichen Praxis zur Geltung kommen. Das Leitinteresse der Studie richtet sich auf die Frage, wie und warum Lehrer:innen der religionsbezogenen Fächer auf Veränderungen der Unterrichtswirklichkeit reagieren und zukünftig reagieren möchten.

Wie auch in anderen Studien soll hier *die Befragung der Lehrenden* im Mittelpunkt stehen – sie sind diejenigen, die das religiöse und weltanschauliche Bildungsangebot der einzelnen Schule so genau kennen, dass sie darüber Auskunft

---

[25] Niedersächsisches Schulgesetz, § 124 (2) und: Regelungen für den Religionsunterricht und den Unterricht Werte und Normen (2011), in: Religionsunterricht in Niedersachsen, Dokumente (s. o. Anm. 12), 14–21, hier 15 (Absatz 4.1).

[26] Vgl. als Versuch einer ausführlicheren Beschreibung Bernd Schröder, Welche Formen von Religionsunterricht existieren neben dem konfessionellen Religionsunterricht – offiziell und im Graubereich? In: Andreas Kubik-Boltres/Susanne Klinger/Coşkun Sağlam (Hg.), Neuvermessung des Religionsunterrichts nach Art. 7 Abs. 3 GG. Zur Zukunft religiöser Bildung (Veröffentlichungen des Instituts für Islamische Theologie der Universität Osnabrück Bd. 11), Göttingen 2021, 149–178.

[27] Immer wieder fanden und finden solche „Bottom-up"-Dynamiken den Weg in programmatische Vorstöße. Exemplarisch genannt sei „ein Aufruf zur Reform des Religionsunterrichts" aus dem Jahr 1994, der von knapp 50 evangelischen und katholischen Religionspädagog:innen erstunterzeichnet wurde und „für einen Religionsunterricht an öffentlichen Schulen [... sc. warb], der allen Schülerinnen und Schülern zugänglich ist und für den die Religionsgemeinschaften eine gemeinsame Mitverantwortung übernehmen"; es ging um die Förderung von „inter-konfessionelle[m], interreligiöse[m] und interkulturelle[m] Lernen", insbesondere um „einen von [Landeskirchen und Diözesen] gemeinsam mitverantworteten, ökumenisch gestalteten Religionsunterricht" (deponiert etwa im: Archiv der Konföderation der evangelischen Kirchen in Niedersachsen, Bestand D 36, Az. 133-4-0-1 („Ökumenische Zusammenarbeit im konfessionellen Religionsunterricht"), Bände I – XI, o. J., Bd. II).

1.1 Zum Sitz im Leben und zum Anliegen der vorliegenden Studie

geben können. Darüber hinaus sind sie die Akteure bzw. Akteurinnen, deren konzeptionelle Vorstellungen und Praktiken die Realisierung schulrechtlicher, fachwissenschaftlicher und fachdidaktischer Maßgaben ermöglichen, modifizieren oder unterlaufen und insofern praxeologisches Interesse verdienen.[28]

Mit diesem Fokus knüpfen wir an eine vor Jahren in Niedersachsen durchgeführte Untersuchung an, gehen aber thematisch über deren Fokus hinaus: Carsten Gennerich und Reinhold Mokrosch hatten Anfang der 2000er Jahre ausschließlich Lehrkräfte befragt, die im Rahmen (seinerzeit) genehmigter konfessioneller Kooperation Religionsunterricht erteilen.[29] Ihre Ergebnisse spiegeln somit allein die Einschätzung einer spezifischen Teilgruppe der Lehrenden, nämlich derjenigen, die im Rahmen einer offiziellen vertraglichen Regelung zwischen den Kirchen (und dem Kultusministerium) konfessionelle Kooperationsbereitschaft zeigen, und sie spiegeln insbesondere die Verhältnisse an Grundschulen. Demgegenüber zielt unsere Befragung darauf, die Grundgesamtheit der Religions- und Werte-und-Normen-Lehrenden *aller Schulformen* in den Blick zu nehmen und Einblick in die Vielfalt der organisatorisch-konzeptionellen Ausgestaltungsformen von Religions- und Werte-und-Normen-Unterricht in Niedersachsen zu gewinnen. Um den Werte-und-Normen-Unterricht geht es dabei allerdings nur, soweit der Umgang mit Religionen (als Thema dieses Unterrichts) tangiert ist.

Diese Zielsetzung der Studie ist unseres Erachtens sowohl fachdidaktisch als auch schulpädagogisch und bildungspolitisch in hohem Maße relevant:
- *fachdidaktisch*, insofern die Ergebnisse helfen, fachliche Konzepte sowie Unterstützungsbedarfe der Lehrenden v. a. im Umgang mit religiös-weltanschaulicher Heterogenität zu identifizieren und Anstöße für die konzeptionelle Weiterentwicklung der beteiligten Fächer zu entwickeln,
- *schulpädagogisch*, weil die Funktion und Akzeptanz des religionsbezogenen Bildungsbereichs in einzelnen Schulen ebenso erhellt werden wie seine Interdependenz mit kontextuellen Gegebenheiten und der Beitrag dieses Bildungsbereichs zur jeweiligen Schulentwicklung, insbesondere im Bereich der Religions- und Diversitätssensibilität,
- *bildungspolitisch*, insofern sowohl die religionsgemeinschaftlichen Optionen der Ausgestaltung religionsbezogener Bildung als auch die staatliche Ausgestaltung des Werte-und-Normen-Unterrichts darauf angewiesen sind, auf die Einstellung der Akteure im Feld Bezug zu nehmen – sei es anknüpfend-affirmativ, sei es reformerisch-kontrovers.

---

[28] Dazu etwa Bernard Grümme, Praxeologie. Eine religionspädagogische Selbstaufklärung, Freiburg u. a. 2021.
[29] Vgl. Carsten Gennerich/Reinhold Mokrosch, Religionsunterricht kooperativ. Evaluation des konfessionell-kooperativen Religionsunterrichts in Niedersachsen und Perspektiven für einen religions-kooperativen Religionsunterricht, Stuttgart 2016, 51f.

Die empirische Studie versteht sich als Grundlage solcher konzeptionellen Überlegungen. Insofern sie erstmals eine *repräsentative* empirische Bestandsaufnahme der Spielarten, Anliegen und Zukunftsperspektiven religionsbezogener Fächer in der Schule für das Bundesland Niedersachsen anstrebt, sollen zum einen Daten für den Vergleich mit anderen Bundesländern bereitgestellt werden, zum anderen soll die konzeptionelle Weiterentwicklung religiöser Bildung als einer Dimension schulischer Allgemeinbildung gefördert werden.[30]

1.2 Zur empirischen Ausleuchtung organisatorischer und konzeptioneller Veränderungen des Religionsunterrichts

Die Religionspädagogik als wissenschaftliche Disziplin reagiert auf die – hier nur angedeuteten – Veränderungen in Religionsdemografie, Schul- und Unterrichtswirklichkeit und Lehrer:innenschaft insbesondere auf zweierlei Weise: Sie forciert ihre empirische Forschungstätigkeit, um auf diese Weise valide Evidenz zu erzeugen, und sie diskutiert konzeptionelle Weiterentwicklungsmöglichkeiten für Gestalt und Gehalt des Religionsunterrichts.[31]

Die vorliegende Studie versteht sich als Beitrag zu beidem. Mit ihrer Ausrichtung nimmt sie einen spezifischen Platz in der Forschungslandschaft ein, der sich namentlich durch einen Blick auf bereits vorliegende empirieorientierte Studien ausweisen lässt.

Neben zyklischen Auswertungen kultusministerieller und kirchlicher Daten[32] sind in den zurückliegenden Jahren empirische Untersuchungen zum Zustand des Religionsunterrichts in verschiedenen Bundesländern und Regionen erschienen – zumeist mit dem Fokus auf der Befragung der *Religionslehrenden*: Stu-

---

[30] Dazu u. a. Bernd Schröder, Religionsunterricht wohin? Modelle seiner Organisation und didaktischen Struktur, Neukirchen-Vluyn 2014 und Schröder/Emmelmann (Hg.), Religions- und Ethikunterricht 2018 (s. o. Anm. 1).

[31] Vgl. dazu im Berichtsmodus etwa Bernd Schröder, Empirische Religionspädagogik (Sammelrezension), in: Verkündigung und Forschung 59 (2014), 94–109 und Bernd Schröder, Religionspädagogik – mehr als Fachdidaktik Religion. Ein Literaturbericht 2009–2017, in: Theologische Rundschau 82 (2017), Heft 4, 343–375 und 83 (2018), Heft 1, 25–91.

[32] Comenius-Institut (Hg.), Evangelischer Religionsunterricht. Empirische Befunde und Perspektiven aus Baden-Württemberg, Niedersachsen und Sachsen (Evangelische Bildungsberichterstattung Bd. 5), Münster u. a. 2019 und Martin Rothgangel/Bernd Schröder (Hg.), Religionsunterricht in den Ländern der Bundesrepublik Deutschland. Neue empirische Daten – Kontexte – aktuelle Entwicklungen, Leipzig 2020 (und zuvor Martin Rothgangel/Bernd Schröder [Hg.], Religionsunterricht in den Ländern der Bundesrepublik. Empirische Daten – Kontexte – Entwicklungen, Leipzig 2009).

1.2 Zur empirischen Ausleuchtung

dien diesen Typs betreffen etwa Schleswig-Holstein,[33] Nordrhein-Westfalen (mit Bezug auf Berufsschul-Religionslehrende),[34] das Territorium der Evangelischen Kirche im Rheinland (d. h. Teile von Nordrhein-Westfalen, Rheinland-Pfalz, Saarland und Hessen),[35] Bayern[36] und Sachsen-Anhalt.[37]

In einigen Fällen sind ergänzend oder alternativ *Schüler:innen* Gegenstand der Untersuchung geworden – so in Hamburg,[38] Schleswig-Holstein,[39] Baden-Württemberg,[40] Bayern[41] und Sachsen-Anhalt[42] – und in einem Fall (Bayern) *die Bevölkerung eines Bundeslandes*: Dabei ging es um die Einschätzung von Religionsunterricht aus einer dezidiert nicht-professionellen Außenperspektive.[43]

Insofern ReBiNiS erklärtermaßen Religions- und Werte-und-Normen-Lehrer:innen befragen wollte und befragt hat, fanden analoge empirische Untersuchungen dieser Zielgruppe unser besonderes Interesse. Die diversen Studien, die Religionslehrer:innen befragen, unterscheiden sich z. T. erheblich im Blick auf ihre methodische Anlage und ihren Fragehorizont. Zugleich sind sie vergleichbar, insofern alle Lehrer:innen-bezogenen Studien zumindest eine Fragebatterie zur Organisationsform des Religionsunterrichts enthalten – sei es, dass sie nach

---

[33] Uta Pohl-Patalong/Johannes Woyke/Stefanie Boll/Antonia Lüdtke/Thorsten Dittrich, Konfessioneller Religionsunterricht in religiöser Vielfalt [ReVikoR]. Eine empirische Studie zum evangelischen Religionsunterricht in Schleswig-Holstein, Stuttgart 2016.

[34] Monika Marose/Michael Meyer-Blanck/Andreas Obermann (Hg.), „Der Berufsschulreligionsunterricht ist anders!" Ergebnisse einer Umfrage unter Religionslehrkräften in NRW, Münster 2016.

[35] Martin Rothgangel/Christhard Lück/Philipp Klutz, Praxis Religionsunterricht. Einstellungen, Wahrnehmungen und Präferenzen von ReligionslehrerInnen, Stuttgart 2017.

[36] Manfred L. Pirner (unter Mitarbeit von Daniela Kertes und Marcus Penthin), Wie Religionslehrkräfte ticken. Eine empirisch-quantitative Studie, Stuttgart 2022.

[37] Michael Domsgen (gemeinsam mit Elena Hietel und Teresa Tenbergen), Perspektiven zum Religionsunterricht. Eine empirische Untersuchung unter Schülerinnen und Schülern sowie Lehrkräften in Sachsen-Anhalt, Leipzig 2021.

[38] Thorsten Knauth et al. (eds.), Encountering religious pluralism in school and society: a qualitative study of teenage perspectives in Europe, Münster et al. 2008 und Dan-Paul Josza u. a. (Hg.), Religionsunterricht, Dialog und Konflikt. Analysen im Kontext Europas, Münster u. a. 2009.

[39] Uta Pohl-Patalong/Stefanie Boll/Thorsten Dittrich/Antonia Lüdtke/Claudia Richter, Konfessioneller Religionsunterricht in religiöser Vielfalt II. Perspektiven von Schülerinnen und Schülern, Stuttgart 2017.

[40] Friedrich Schweitzer u. a., Jugend – Glaube – Religion. Eine Repräsentativstudie zu Jugendlichen im Religions- und Ethikunterricht, Münster u. a. 2018 und Golde Wissner/Rebecca Nowack/Friedrich Schweitzer/Reinhold Boschki/Matthias Gronover (Hg.), Jugend – Glaube – Religion 2. Neue Befunde – vertiefende Analysen – didaktische Konsequenzen, Münster u. a. 2020.

[41] Susanne Schwarz, SchülerInnenperspektiven und Religionsunterricht. Empirische Einblicke – theoretische Überlegungen, Stuttgart 2019.

[42] Domsgen u. a., Perspektiven (s. o. Anm. 37).

[43] Manfred L. Pirner, Religionsunterricht in Bayern. Eine repräsentative Bevölkerungsumfrage. Ergebnisse und Diskussion, Erlangen 2019, https://doi.org/10.25593/978-3-976147-242-0.

dem Modus des derzeit erteilten Unterrichts fragen oder nach der für die Zukunft präferierten Gestalt des Religionsunterrichts.

Das schleswig-holsteinische Team um *Uta Pohl-Patalong* und *Johannes Woyke* bezog – angesichts der Religionsdemografie Schleswig-Holsteins nachvollziehbar – ausschließlich evangelische Lehrende des Faches Evangelische Religion aller Schulformen ein (N=1283)[44] und fokussierte deren Umgang mit religiös-weltanschaulicher Vielfalt. Die Forschungsfrage lautete: „Wie wird mit religiöser Heterogenität im konfessionellen Religionsunterricht (in Schleswig-Holstein) umgegangen?"[45] Im Licht der Antworten der Proband:innen, die im Jahr 2014 erhoben wurden, erscheint Religionsunterricht als Fach mit einer weithin konfessions- und religions*heterogenen* Schülerschaft – knapp 80 % der Lehrenden betrachten ihre Lerngruppe als „religiös vielfältig".[46] Die gemeinsame Unterrichtung verläuft nach Einschätzung der Lehrenden nicht nur weithin konfliktfrei, sondern wird von 84,4 % der Befragten sogar als motivations- und attraktivitätssteigernd (für sich selbst wie für die Schüler:innen) eingeschätzt.[47] Drei Viertel der Lehrer:innenschaft gibt an, dass die Heterogenität der Schüler:innenschaft ihre Unterrichtsvorbereitung verändert, zudem auch das Themenspektrum und die Zielsetzung des Unterrichts – und knapp 90 % befürworten einen für alle Schüler:innen gemeinsamen Religionsunterricht im Klassenverband.[48] Aber: Für vier von fünf Religionslehrenden gilt „nicht die religiöse Vielfalt, sondern die Vermittlung von religiösen Basiskenntnissen bzw. einer Erstbegegnung mit Religion überhaupt" als „die größte Herausforderung"![49]

Das *Bonner Institut für berufsorientierte Religionspädagogik* (BIboR) kommt 2014 zu ähnlichen Einsichten. Die hier befragten Lehrenden an Berufsbildenden Schulen (Nordrhein-Westfalen: „Berufskollegs"), unter ihnen viele Pfarrer:innen im Schuldienst (N=227),[50] verstehen und gestalten ihr Fach, unabhängig von ihrer jeweils eigenen Konfession, ganz überwiegend als Fach für alle Schüler:innen – was es in diesem Schulsegment faktisch auch in aller Regel *ist*.[51]

Die Studie von *Martin Rothgangel, Christhard Lück* und *Philipp Klutz* hat im Jahr 2013 Religionslehrende aller Schulformen im Raum der Evangelischen Kirche im

---

[44] Pohl-Patalong u. a., Konfessioneller Religionsunterricht [I] (s. o. Anm. 33), 26. Die angenommene Grundgesamtheit evangelischer Religionslehrer:innen beläuft sich auf „ca. 4.300" (26). Der quantitative Teil der Studie arbeitet mit vollstandardisierten Fragebögen, der qualitative Teil fußt auf 30 Leitfadeninterviews (21f.).
[45] Ebd., 15 (Kursivierung i. O. getilgt).
[46] Ebd., 40.
[47] Ebd., 63–65 und 107f.
[48] Ebd., 218–220.
[49] Ebd., 81 und 93f.
[50] Die Grundgesamtheit beläuft sich auf „1 163 Lehrkräfte", die Evangelische Religionslehre an einem Berufskolleg in Nordrhein-Westfalen erteilen. Von diesen Lehrkräften sind etwa 25 % Pfarrer:innen, die jedoch ca. 75 % des faktisch erteilten Religionsunterrichts abdecken – so Marose u. a., Berufsschulreligionsunterricht (s. o. Anm. 34), 6.
[51] Ebd., 25–66 passim.

1.2 Zur empirischen Ausleuchtung

Rheinland befragt (N=1093; Bundesländer: Saarland, Rheinland-Pfalz, Hessen, Nordrhein-Westfalen) – und die Befunde mit Hilfe von Gruppendiskussionen vertieft interpretiert.[52] Unter die Lupe genommen wurde ein weites Spektrum von Themen: von den Zielen der Lehrkräfte bis hin zu ihrer Teilnahme(bereitschaft) an Fortbildungen. Die Survey-Studie lässt eine Unterrichtspraxis erkennen, die weithin mit der konfessionell-religiösen Heterogenität der Schüler:innen rechnet. Die Lehrenden, darunter sowohl grundständig ausgebildete staatliche Religionslehrer:innen als auch Pfarrer:innen im Schuldienst, bejahen in hohem Maße Ziele des Unterrichts, die auf interreligiöse, aber auch interkonfessionelle Verständigung abheben – allerdings stehen Ziele wie „Den christlichen Glauben mit menschlichen Fragen und Erfahrungen in Beziehung setzen" oder „Über Themen sprechen, die Kinder/Jugendliche wirklich etwas angehen" obenan.[53] Auch kooperieren die Lehrkräfte bereits hie und da konfessionell (obschon in Nordrhein-Westfalen erst 2017 eine entsprechende Vereinbarung zwischen den Kirchen – mit Ausnahme des Erzbistums Köln, das sich erst im Jahr 2022 anschloss – getroffen wurde)[54] und wünschen sich entsprechende Fortbildungen. Konzeptionell wird mehrheitlich eine „Wahlpflichtalternative zwischen Religion und Philosophie" und eine „gemeinsame Unterweisung [!] von SchülerInnen verschiedener christlicher Konfessionen" gewünscht, hingegen kein allgemeiner bzw. religionskundlicher Unterricht.[55]

Die – erst nach Beantragung und Konzipierung unserer ReBiNiS-Studie veröffentlichte – Untersuchung von *Manfred Pirner* hat den weitesten Fokus: Sie will „überhaupt einmal einen Überblick über einige zentrale Charakteristika bayerischer Lehrender des Fachs Evangelische Religion [...] gewinnen" und ist deshalb als „quantitative Survey-Studie" angelegt.[56] Gefragt wurde u. a. nach Berufszufriedenheit und Stressbewältigung, nach eigener Religiosität und Offenheit für Medienbildung, aber eben auch nach „Zielen und Aufgaben des Religionsunterrichts". „Als zentrales Ergebnis zu den Zielvorstellungen der befragten Religionslehrenden kann festgehalten werden, dass ihnen diskursive Ziele (= über religiöse Fragen sowie über Werte aus verschiedenen religiösen Traditionen diskutieren können) und gleichzeitig die Erschließung des Glaubens der eigenen Konfession besonders wichtig sind. Als dritter Zielbereich erscheint die Hilfe für Sinn und Orientierung im Leben besonders bedeutsam."[57] Was die Organisationsform angeht, so wünschen die bayerischen Lehrkräfte mit einer Dreiviertelmehrheit wie bisher konfessionell getrennten Religionsunterricht (mit oder ohne Phasen der Kooperation) – religionskundlicher und ökumenischer Reli-

---

[52] Rothgangel u. a., Praxis Religionsunterricht (s. o. Anm. 35), 20f. und 22f.
[53] Ebd., 41; vgl. 42–47.
[54] Dazu inzwischen Ulrich Riegel/Mirjam Zimmermann, Evaluation des konfessionell-kooperativen Religionsunterrichts in Nordrhein-Westfalen, Stuttgart 2022.
[55] Ebd., 82f., 86–88 und 91–94.
[56] Pirner, Wie Religionslehrkräfte ticken (s. o. Anm. 36), 33.
[57] Ebd., 59; vgl. 60f.

gionsunterricht wird nur von einer Minderheit gewünscht, und selbst in einem „konfessionell-kooperative[n] Religionsunterricht (gemeinsam unterrichtet von einer ev. und einer kath. Lehrperson)" würden nur 43,4 % der Befragten arbeiten wollen.[58] Die Zustimmungswerte zu Items wie „Ich finde es wichtig, dass eine Religionslehrkraft ihre eigene persönliche Überzeugung pädagogisch und didaktisch reflektiert in den Religionsunterricht einbringt", liegen bei bis zu 84 %, „das Evangelische am Religionsunterricht" sehen vier Fünftel der Befragten in der Erschließung von „Unterrichtsinhalte[n] in Übereinstimmung mit den Grundsätzen der evangelischen Kirche".[59]

Gerade die bayerische Befragung verdeutlicht, dass Religionsunterricht und Religionsdidaktik in erheblichem Maße eine Regionalisierung (und Schulformspezifizierung) erfahren: Zwar wird in allen untersuchten Bundesländern Art. 7.3 GG in Anspruch genommen, doch die Problemwahrnehmungen, die Praxispräferenzen und die Zukunftsvorstellungen der Religionslehrenden im Blick auf den Religionsunterricht unterscheiden sich z. T. deutlich (was bisweilen – so machen es die Kommentare zur bayerischen Studie, die in deren Veröffentlichung inkludiert sind, deutlich – durchaus an der Art der Fragestellung liegen kann). Region und Schulform scheinen dabei – anders als Alter, Geschlecht und eigene Religiosität – signifikante Einflussfaktoren zu sein. Diese Feststellung ist der Grund dafür, dass die vorliegende Studie Kommentierungen ihrer Ergebnisse aus dem Vergleich mit anderen Bundesländern sowie im Blick auf verschiedene Schulformen einschließt.

In Bezug auf Niedersachsen wurde und wird der religionspädagogische Horizont bislang empirisch durch zweierlei Studien ausgeleuchtet – zum einen durch eine Studie von Andreas Feige u. a. zu Beginn der 2000er Jahre, die das Berufs- und Selbstverständnis von Religionslehrenden fokussierte,[60] zum anderen durch eine – oben bereits erwähnte – Untersuchung zur Wahrnehmung konfessioneller Kooperation.[61]

Carsten Gennerich und *Reinhold Mokrosch* konstatierten auf der Basis einer 2005/06 durchgeführten (nicht-repräsentativen) Online-Befragung (N=152), dass nach Einschätzung von Religionslehrenden beider Konfessionen das „Modellprojekt des konfessionell-kooperativen Religionsunterrichts in Niedersachsen erfolgreich verlaufen" sei, ein Drittel der Befragten befürwortet demnach dessen *religions*-kooperative Fortschreibung.[62] Allerdings wurde auch deutlich, dass kon-

---

[58] Ebd., 74.
[59] Ebd., 81 und 79.
[60] Andreas Feige/Bernhard Dressler/Wolfgang Lukatis/Albrecht Schöll, „Religion" bei ReligionslehrerInnen: religionspädagogische Zielvorstellungen und religiöses Selbstverständnis in empirisch-soziologischen Zugängen. Berufsbiographische Fallanalysen und eine repräsentative Meinungserhebung unter evangelischen ReligionslehrerInnen in Niedersachsen, Münster 2000.
[61] Gennerich/Mokrosch, Religionsunterricht kooperativ (s. o. Anm. 29).
[62] Ebd., 146 und 74.

1.2 Zur empirischen Ausleuchtung

fessionelle Kooperation unter den niedersächsischen Gegebenheiten de facto weithin schon seinerzeit die gemeinsame Unterrichtung konfessions- und auch religionsverschiedener Schüler:innen meinte. Wiederum schien die Heterogenität der Schüler:innen an der konkreten Ausgestaltung des Unterrichts wenig zu ändern – der konfessionellen Verschiedenheit der Schüler:innen und der Thematisierung konfessioneller Differenz wird tendenziell „wenig Beachtung" geschenkt, Lehrer:innenwechsel sind selten.[63]

Die Studie des Teams um *Andreas Feige* hatte im Jahr 2000 u. a. durch folgende Befunde Aufsehen erregt. So hieß es zu Anliegen und beruflichem Selbstverständnis der Religionslehrer:innen zusammenfassend:

> „Religion" bei niedersächsischen ev[angelischen] ReligionslehrerInnen ist *im Blick auf ihren Unterricht* rekonstruierbar als ein *gestaltkonsistenter* Raum, der sich in außergewöhnlich klaren Konturen als einer beschreiben lässt, in dem es – in je LehrerIn unterschiedlicher (!) *Mischung* – insgesamt darum gehen soll,
> - ein konfessionsübergreifendes „Christentum für alle",
> - eine Orientierung an diakonisch-protestantischem Christentum,
> - die Erschließung der theologischen Dimension der Existenz des Menschen,
> - Sensibilisierung für eine „gestalthafte Religionspraxis" und
> - die Entfaltung der „Identität" der SchülerInnen als Ausdruck des prinzipiell Religiösen menschlicher Existenz zu realisieren.[64]

„Die [so charakterisierbare] Gestaltwerdung der christlichen Religion im evangelischen Religionsunterricht ist zwar nicht ohne [... den] ‚Resonanzraum Kirche' [Christoph Bizer] zu denken [...], aber ‚Religion in der Schule' steht weder in einem lehrmäßigen Entsprechungsverhältnis zur kirchlichen Gestalt von Religion, noch bildet sie die religiösen Lebensformen innerhalb des ‚Resonanzraums Kirche' bloß ab." Es existiert vielmehr etwas, „was wir als genuine Schulgestalt von Religion bzw. als ‚Bildungsreligion' verstehen wollen."[65]

Das Verhältnis zwischen Religionslehrer:innen und Kirche wurde in dieser Studie als „entspannt" charakterisiert. Es trage die „Signatur der ‚problemsymbiotischen' Kooperation bei gleichzeitiger institutioneller Unabhängigkeit" – seitens der Religionslehrenden ist kirchliche Unterstützung willkommen, sofern sie nicht mit dienstbezogener Kontrolle und inhaltlicher Normierung einhergeht.[66]

---

[63] Ebd., 146 und 72.
[64] Feige u. a., „Religion" (s. o. Anm. 60), 440.
[65] Ebd., 461 und 464.
[66] Ebd., 262 und 467.

1.3 Zu den Akzenten von ReBiNiS

In der Überschau der auf Niedersachsen bezogenen Vorgängerstudien und der vergleichbaren Studien in anderen Bundesländern bzw. Regionen treten die Besonderheiten unserer Studie zu „Religionsbezogener Bildung in Niedersächsischen Schulen" (ReBiNiS) deutlich hervor:

- ReBiNiS befragt *Lehrer:innen verschiedener Religionsunterrichte (insbesondere evangelisch, katholisch, islamisch)*[67] *und zudem Lehrende des Werte-und-Normen-Unterrichts.*
- ReBiNiS konzentriert das Fragenspektrum – ähnlich wie ReViKoR – auf die *Perspektive der Lehrenden auf „Religion" und auf deren Umgang mit der religiös-weltanschaulichen Pluralität der Schüler:innen.* In den Blick genommen werden vor allem Organisationsformen und Kooperationen mit den jeweils anderen Fächern religionsbezogener Bildung sowie didaktisch-methodische Optionen – und darüber hinaus die Realisierung von Religion im Schulleben bzw. Schulseelsorge.
- In methodischer Hinsicht geht es ReBiNiS teils um die Testung hypothesengeleiteter Items (die z. T. aus anderen Studien, v. a. aus ReVikoR und aus der Rheinland-Studie, übernommen wurden), teils um Exploration. Diesem Zweck dienen neben einzelnen Items der quantitativen Erhebung insbesondere die Leitfadeninterviews des qualitativen Teils.

Mit diesem Zielhorizont knüpft die Erhebung einerseits bewusst an vergleichbare quantitative Untersuchungen aus anderen Bundesländern (s. o.) an – sie ist bei der Konstruktion des Fragebogens geradezu bestrebt, Items aus vorgängigen Untersuchungen zu übernehmen, um auf diese Weise vergleichbare Ergebnisse zu erzielen und Anknüpfungspunkte für eine detaillierte vergleichende Betrachtung zu gewinnen. Andererseits dient der Einsatz von „Mixed Methods" dazu, einzelne quantitative Befunde mithilfe qualitativer Tiefenbohrungen näher zu beleuchten. So werden insbesondere subjektive Begründungen und Wahrnehmungen sowie Zusammenhänge zwischen verschiedenen Aspekten erkennbar, die in Form einer reinen Fragebogenuntersuchung nicht ans Licht zu bringen sind. Die enge Verknüpfung der quantitativen und qualitativen Forschungsergebnisse in der Darstellung der Befunde spiegelt die methodische Verzahnung beider Teilstudien in der Konzeption und Durchführung der Gesamtuntersuchung.

- ReBiNiS zielt auf Repräsentativität der quantitativen Ergebnisse *für das Bundesland Niedersachsen sowie die* schüler:innenstärksten *Schulformen* (Grundschulen, Gymnasien und Gesamtschulen, Berufsbildende Schulen).

---

[67] Vom Zuschnitt der Befragung her waren auch jüdische, alevitische und orthodoxe Religionslehrer:innen im Blick, doch auf Grund ihrer Seltenheit in der schulischen Praxis und nochmals geringeren Fallzahlen kommen sie bzw. ihre Auffassungen in der Befragung kaum zur Darstellung.

1.4 Zum Aufbau der Veröffentlichung

Die „Einleitung" (1.) informiert über den Kontext, den Sitz im Leben und die erkenntnisleitende Wahrnehmung der Herausforderungen, denen sich religionsbezogene Bildung in der Schule nach Auffassung des Autor:innenteams stellen muss.

Im zweiten Kapitel („Methodisches") findet sich eingangs eine knappe Beschreibung des Forschungsdesigns, des Projektverlaufs und der konkreten Vorgehensweise (2.1). Näherhin werden die methodischen Grundlagen und Entscheidungen sowohl des quantitativen als auch des qualitativen Teils der Studie geschildert. Im Anhang finden sich zudem der eingesetzte Fragebogen (A01), der Interviewleitfaden (A02) und das Kategoriensystem (A03), das im Zuge der qualitativen Inhaltsanalyse der Interviews erarbeitet wurde.

In der Darstellung der Ergebnisse haben wir uns entschieden, Einsichten aus der Fragebogenerhebung (quantitativ) und aus den Interviews (qualitativ) themenbezogen zusammenzustellen. So wird die sachliche und methodische Zusammengehörigkeit – Stichwort: „Mixed-Methods"-Studie – bzw. der komplementäre Charakter der Ergebnisse ebenso deutlich wie deren Unterschiedenheit. Die Ergebnisse werden zunächst zusammengefasst (Kapitel 3) und dann auf fünf Themenkreise hin näher entfaltet (Kapitel 4–8).

In Kapitel 9 werden verschiedene Kommentare zusammengeführt. Es handelt sich zum einen um Hinweise der niedersächsischen Kooperationspartner:innen des ReBiNiS-Projektes, die die Belange des katholischen und islamischen Religionsunterrichts sowie des Werte-und-Normen-Unterrichts beleuchten.[68] Sodann haben wir Autor:innen anderer Regionalstudien gebeten, unsere Befunde im Vergleich zu den Ergebnisse ihrer Studien zu interpretieren (die Bayern, Rheinland-Pfalz, Sachsen-Anhalt und Schleswig-Holstein betreffen). Und schließlich kommen Autor:innen zu Wort, die sich der Mühe unterzogen haben, Befunde zu verschiedenen Schulformen – Grundschulen, nicht-gymnasiale Sekundarschulen, Gymnasien und Berufsbildende Schulen – mit einschlägigen Studien ins Gespräch zu bringen.

---

[68] Die niedersächsichen Kooperationspartner:innen unterstützten das ReBiNiS-Projekt seit der Antragstellung und konnten so aktiv in den Forschungsprozess einbezogen werden. Im Fach Werte und Normen unterstützte Frau Prof. Dr. Runtenberg das ReBiNiS-Projekt sehr aktiv, konnte allerdings keine Kommentierung vornehmen.

2 Methodisches

2.1 Das Forschungsdesign der ReBiNiS-Studie

Das Design der ReBiNiS-Studie verfolgt in Verschränkung quantitativer und qualitativer Forschungszugänge[1] einen Mixed-Methods-Ansatz[2] (s. Abbildung 1). Die repräsentativ ermittelten quantitativen Befunde[3] wurden mittels Fragebogen, die explorativ ermittelten qualitativen Befunde mittels halbstrukturierter Leitfadeninterviews erhoben.[4]

Abbildung 1

---

[1] Vgl. Michael Häder, Empirische Sozialforschung. Eine Einführung, Wiesbaden ⁴2019; Nina Baur/Jörg Blasius (Hg.), Handbuch Methoden der empirischen Sozialforschung, Wiesbaden 2014, 41–62.

[2] Im Unterschied zur Triangulation, die auch die Kombination mehrerer qualitativer oder mehrerer quantitativer Zugänge meinen kann, zielt der Mixed-Methods-Ansatz auf eine dezidierte Verknüpfung beider Forschungszugänge, insofern dadurch neue bzw. ausdifferenziertere Dateninterpretationen möglich sind; vgl. Udo Kuckartz, Mixed Methods. Methodologie, Forschungsdesigns und Analyseverfahren, Berlin 2014, 58. Eine grundlegende Einführung in den Ansatz liefern Jens Winkel/Wolfgang Fichten/Kirsten Großmann (Hg.), Forschendes Lernen an der Europa-Universität Flensburg – Erhebungsmethoden, Flensburg 2017, https://www.researchgate.net/publication/320877887_Der_Mixed-Methods-Ansatz/link/5a00869caca2725286da7ab4/download (Zugriff am 07.09.2022).

[3] Wir gehen von einer sog. merkmalsspezifisch-repräsentativen Stichprobe aus. „Eine merkmalsspezifisch-repräsentative Stichprobe liegt vor, wenn die Zusammensetzung der Stichprobe hinsichtlich einiger relevanter Merkmale der Populationszusammensetzung entspricht. Dies wird typischerweise durch eine nicht-probabilistische Quotenstichprobe erreicht" (Nicola Döring/Jürgen Bortz, Forschungsmethoden und Evaluation. Berlin/Heidelberg 2016, 298). Weiterführend Kapitel 2.2.2.

[4] Im Anhang unter A01 findet sich der Fragebogen, unter A02 der Interviewleitfaden.

2.1 Das Forschungsdesign der ReBiNiS-Studie

Konkret zielt der *quantitative Teil* auf die Kartografierung der schulischen religionsbezogenen Bildungslandschaft in Niedersachsen und soll alle allgemein- und berufsbildenden Schulformen in Niedersachsen erfassen. Diese wurden für die Untersuchung in sechs Gruppen zusammengefasst:
1. Grundschulen: ca. 2000
2. Gesamtschulen: ca. 150
3. Haupt-, Real- und Oberschulen: ca. 550
4. Gymnasien: ca. 300
5. Berufsbildende Schulen: ca. 250
6. Förderschulen: ca. 250

(Insgesamt ca. 3500 Schulen; davon 2726 Schulen in öffentlicher Trägerschaft[5]).

Durch den Zugang über einen Online-Fragebogen konnten die jeweiligen Schulleitungen und Sekretariate aller Schulen angeschrieben werden. Sie wurden gebeten, den Fragebogen an den Sprecher oder die Sprecherin der Fachkonferenz Religion weiterzuleiten mit der Bitte, diesen zum einen mit Auskünften zur religionsbezogenen Bildungslandschaft der jeweiligen Schule zu bearbeiten und zum zweiten ggf. Fragebögen an die Religionslehrer:innen (evangelisch, katholisch, islamisch) und Lehrer:innen des Faches Werte und Normen weiterzuleiten.

Der Fragebogen wurde z. T. aus bereits vorliegenden Studien (s. o. Kapitel 1.2) adaptiert, z. T. der erkenntnisleitenden Fokussierung folgend neu gewonnen (weiterführend Kapitel 2.2; zu den konkreten Themenkreisen s. 2.2.1).

Der qualitative Teil zielt nun insbesondere auf die „Logik" hinter bestimmten Organisationsformen und Konzeptionen des Religionsunterrichts. Im Sinne der Gleichzeitigkeit von Datenerhebung und Datenanalyse (Grounded Theory) fokussiert die Interviewstudie – ausgehend von ersten Ergebnissen der Fragebogenuntersuchung – dabei den Umgang der Lehrer:innen mit der religiös-weltanschaulichen Heterogenität der Schüler:innen im Religionsunterricht. So zeigte die mittels Qualitativer Inhaltsanalyse[6] vorgenommene Auswertung einzelner Fragebogenitems deutlich, dass es sich hierbei um ein bestimmendes Merkmal religionsunterrichtlicher Praxis handelt. Dazu wurden im Rahmen leitfadengestützter Einzelinterviews[7] Religionslehrer:innen befragt, die ihre Lerngruppe in religiös-weltanschaulicher Hinsicht als heterogen wahrnehmen. Im Sample vertreten sind Lehrer:innen an Grund-, Ober- und Gesamtschulen sowie Gymnasien und Berufsbildenden Schulen. Die Befragung der Lehrer:innen fand

---

[5] Schulen in privater, darunter auch: kirchlicher Trägerschaft fanden in der Untersuchung keine Berücksichtigung; s. o. 1.1, Anm. 8.
[6] Vgl. Udo Kuckartz, Qualitative Inhaltsanalyse. Methoden, Praxis, Computerunterstützung, Weinheim 2018.
[7] Vgl. Cornelia Helfferich, Leitfaden- und Experteninterviews, in: Nina Baur/Jörg Blasius (Hg.), Handbuch Methoden der empirischen Sozialforschung, Wiesbaden 2019, 669–686 sowie Alexander Bogner/Beate Littig/Wolfgang Menz, Interviews mit Experten. Eine praxisorientierte Einführung, Wiesbaden 2014.

im ersten Schulhalbjahr 2021/22 statt. Ziel dieser qualitativen Teilstudie ist die Analyse des schulorganisatorischen, personellen und didaktischen Umgangs mit der religiös-weltanschaulichen Pluralität der Teilnehmenden im Religionsunterricht (weiterführend Kapitel 2.3). Thematisch geht es in diesen Interviews vor allem um

- den Stellenwert von „Religion" (als Fach, als Thema, als Phänomen) in der Schule,
- die Gründe für die präferierte Form von religionsbezogener Bildung,
- die Interessen und Positionen der Schüler:innen (in der Wahrnehmung der Unterrichtenden),
- die Position der Lehrenden und deren Rolle im Unterricht.

Über den gesamten Prozess der Datenerhebung, -aufbereitung und -auswertung hat sich das Forschungsteam in regelmäßigen Abständen getroffen. Im Zentrum dieses intensiven Austauschs standen die Gewährleistung sowohl einer inhaltlich wie methodisch engen Verzahnung der beiden Teilstudien im laufenden Analyseprozess als auch – nicht zuletzt für den qualitativen Teil – einer konsequenten kommunikativen Validierung der Befunde. Auf diese Weise gelang eine methodisch kontrollierte Ausdifferenzierung der Dateninterpretation.

Mit Blick auf die unterschiedlichen religionsbezogenen Unterrichtsfächer und deren Didaktik hat die Forschungsgruppe zudem mit externen Fachvertreter:innen kooperiert, die in ihrer Funktion als critical friends die Gesamtergebnisse diskutiert und kommentiert haben (weiterführend Kapitel 9).

2.2 Die quantitative Fragebogenerhebung

Um den quantitativen Teil der ReBiNiS-Untersuchung nachzuvollziehen, werden an dieser Stelle das methodische Vorgehen (Erarbeitung, Pretest, Beantragung und Durchführung der Fragebogenuntersuchung) sowie erste soziodemografische und schulbezogene Daten vorgestellt. In den Kapiteln 4–8 werden dann die ausgewerteten Daten je nach inhaltlichem Schwerpunkt und in Verzahnung mit den Ergebnissen der Interviewstudie vorgestellt.

2.2.1 Methodisches Vorgehen

Zur Erarbeitung des Fragebogens wurden einerseits aus Gründen der Vergleichbarkeit Fragen aus vorangegangenen Studien repliziert[8], andererseits wurden – insbesondere mit den Bereichen ‚Religion im Schulleben' und ‚Außerschulische Lernorte' – eigene inhaltliche Schwerpunkte gesetzt. Vor allem der erweiterte Kreis der Adressat:innen stellt im Vergleich zu ähnlichen Studien ein Alleinstellungsmerkmal dar: Während in bisherigen Untersuchungen der Fokus auf Lehrer:innen für Evangelische Religion oder den konfessionell-kooperativen Religionsunterricht lag, so betrachtet die ReBiNiS-Studie die Vielfalt und Breite von religionsbezogenem Unterricht und schließt Lehrer:innen anderer Religionsfächer und des Faches Werte und Normen in die Erhebung ein. Bei der Erstellung der Items musste entsprechend eine Möglichkeit gefunden werden, Lehrer:innen aller religionsbezogenen Fächer anzusprechen; dies zog eine sprachliche aber auch inhaltliche Anpassung vieler replizierter Fragen nach sich. Der entstandene Fragebogen erfasst die vielfältigen Bereiche des Berufsalltags und der Unterrichtspraxis von Lehrer:innen religionsbezogener Fächer. Der Fragebogen lässt sich in folgende 10 Bereiche[9] aufgliedern:

1. Soziodemografische Daten
2. Schulbezogene Daten
3. Form und Organisation des religionsbezogenen Unterrichts

---

[8] Die herangezogenen Studien wurden bereits in der Einleitung vorgestellt. Einen Schwerpunkt zum Thema religiöse Vielfalt setzt die in Schleswig-Holstein durchgeführte Untersuchung: Uta Pohl-Patalong/Johannes Woyke/Stefanie Boll u. a., Konfessioneller Religionsunterricht in religiöser Vielfalt. Eine empirische Studie zum evangelischen Religionsunterricht in Schleswig-Holstein, Stuttgart 2016. Eine ausgiebige quantitative Untersuchung bietet die von der Evangelischen Kirche im Rheinland initiierte Studie: Martin Rothgangel/Christhard Lück/Philipp Klutz, Praxis Religionsunterricht. Einstellungen, Wahrnehmungen und Präferenzen von ReligionslehrerInnen, Stuttgart 2017. Zum Zeitpunkt der ReBiNiS-Fragebogenerstellung waren bereits erste Ergebnisse und der Fragebogen der von Manfred Pirner und Kolleg:innen verantworteten Studie zugänglich, deren abschließende Veröffentlichung konnte allerdings nicht mehr mit einbezogen werden: Manfred Pirner/Daniela Kertes/Marcus Penthin (Hg), Wie Religionslehrkräfte ticken: eine empirisch-quantitative Studie, Stuttgart 2022. Außerdem konnte nicht berücksichtigt werden: Michael Domsgen (gemeinsam mit Elena Hietel und Teresa Tenbergen), Perspektiven zum Religionsunterricht. Eine empirische Untersuchung unter Schülerinnen und Schülern sowie Lehrkräften in Sachsen-Anhalt, Leipzig 2021. Regionalspezifisch für Niedersachsen war die etwa 20 Jahre alte Studie von Andreas Feige und Bernhard Dressler relevant: Andreas Feige/Bernhard Dressler, „Religion" bei ReligionslehrerInnen. Religionspädagogische Zielvorstellungen und religiöses Selbstverständnis in empirisch-soziologischen Zugängen, berufsbiographische Fallanalysen und eine repräsentative Meinungserhebung unter evangelischen ReligionslehrerInnen in Niedersachsen, Münster/Hamburg 2000.

[9] Für die genaue Reihenfolge und Gliederung der Fragen kann der Fragebogen im Anhang (A01) eingesehen werden.

4. Handlungsformate ‚Religion im Schulleben' und Vernetzung mit außerschulischen religiösen und weltanschaulichen Lernorten
5. Kompetenzen und Profil der Lehrkraft für religionsbezogenen Unterricht
6. Einstellungen der Lehrkraft zur Position und Konfessionalität im religionsbezogenen Unterricht
7. Wahrnehmung der Schüler:innen und deren religiös-weltanschaulicher Orientierung
8. Die Religiosität/weltanschauliche Orientierung der Lehrkraft
9. Ziele des religionsbezogenen Unterrichts
10. Vorstellungen von zukünftigen Unterrichtsformen und -konzeptionen

Zur Validierung der erstellten Fragen wurden mit Lehrer:innen religionsbezogener Fächer in Niedersachsen Pretests mittels kognitiver Fragetechniken[10] durchgeführt. Einerseits wurden die befragten Personen zum lauten Denken[11] aufgefordert, andererseits wurde durch aktives Nachfragen das Verständnis einzelner Fragen oder auch die Bedeutung von Skalenwerten ermittelt.[12] Dazu hatte eine Lehrperson die Möglichkeit, in einem etwa 90-minütigen, präsentisch oder online durchgeführten Gespräch den Fragebogen beim Ausfüllen zu kommentieren, Rückfragen zu stellen sowie Ergänzungen vorzuschlagen. Nach einem solchen Testinterview wurde der Fragebogen überprüft und modifiziert, bevor der nächste Pretest stattfand. Dieser iterative Erarbeitungsprozess ermöglichte es, die Verständlichkeit des Fragebogens sukzessive zu verbessern und ihn inhaltlich an die konkreten Erfahrungen der Lehrer:innen anzupassen.

In die Konstruktion des Fragebogens involviert waren darüber hinaus auch die Landesschulbehörde sowie alle Religionsgemeinschaften, die in Niedersachsen Religionsunterricht verantworten, insofern diese im Sinne der res mixta für die Genehmigung des Erhebungsinstruments zuständig waren. Dieses Genehmigungsverfahren zog sich leider extrem in die Länge, weshalb die Umfrage erst von Dezember 2020 bis Januar 2021 online durchgeführt werden konnte.[13] Die Bearbeitung des Fragebogens dauerte etwa 30 Minuten. Aus Datenschutzgründen wurden die Lehrer:innen nicht direkt angeschrieben, sondern konnten nur

---

[10] Peter Prüfer/Margrit Rexroth, Kognitive Interviews, in: Zentrum für Umfragen, Methoden und Analysen How-to-Reihe, Mannheim 2005, https://www.gesis.org/fileadmin/upload/forschung/publikationen/ gesis_reihen/howto/How_to15PP_MR.pdf (Zugriff am: 22.11.2022).

[11] Klaus Konrad, Lautes Denken, in: Günter Mey/Katja Mruck (Hg.), Qualitative Forschung in der Psychologie, Wiesbaden 2010, 476–490.

[12] Es wurde neben spezifischen inhaltlichen Nachfragen („Was verstehen Sie unter außerschulischen Lernorten?") auch nach der Bedeutung von Skalenwerten gefragt („Sie haben jetzt eine 4 angegeben bei der Unterstützung eines Zukunftsmodells, was bedeutet das für Sie? Ist die Skala für Sie ausreichend?").

[13] Ursprünglich war die Befragung von September bis Oktober 2020 im Zeitraum zwischen Sommer- und Herbstferien geplant. Aufgrund der langen Genehmigungsdauer bei der Schulbehörde sowie ergänzend durch die Herausforderungen der Corona-Pandemie musste der Befragungszeitraum mehrfach nach hinten verschoben werden.

2.2 Die quantitative Fragebogenerhebung

über den Umweg der Schulleitungen oder Schulsekretariate erreicht werden. Angesprochen wurden insbesondere Fachgruppenleiter:innen oder Fachkonferenzleiter:innen religionsbezogener Fächer. Alle 2726 öffentlichen Schulen in Niedersachsen wurden angeschrieben mit dem Aufruf, den Fragebogen an die Fachleiter:innen für Religions- und Wert-und-Normen-Unterricht weiterzuleiten. Es ergab sich ein Rücklauf von 982 vollständigen und 1422 unvollständigen Fragebögen.[14] Die unvollständig ausgefüllten Datensätze ließen sich zwar nicht zur Bearbeitung der quantitativen Fragen heranziehen, allerdings wurden die qualitativen Freifelder auch dieser Fragebögen ausgewertet und für die inhaltliche Erarbeitung der Interviews genutzt. Am Ende des Fragebogens wurden die Lehrenden, die an Ergebnissen der Studie interessiert oder zu einem weiterführenden Interview bereit waren, gebeten, ihre Mailadresse mitzuteilen. Die erhobenen quantitativen Daten wurden statistisch mit dem Softwarepaket von SPSSS 27.0 bzw. 28.0 ausgewertet. Der Schwerpunkt liegt auf der deskriptiven Darstellung der Ergebnisse (in unterschiedlicher Form, darunter etwa Mittelwert-Berechnungen[15]); diese wird durch Zusammenhangsanalysen (in der Regel bivariate[16] Analysen bzw. Korrelationen[17]) ergänzt.[18]

---

[14] Die hohe Anzahl unvollständig ausgefüllter Fragebögen lässt sich verschiedentlich erklären. Einerseits war der Befragungszeitpunkt im ersten Corona-Winter über die Weihnachtsferien äußerst ungünstig, andererseits könnte die Länge des Fragebogens ein Grund dafür sein, dass dieser vorzeitig abgebrochen wurde.

[15] Mittelwerte werden vor allem bei Fragen ausgewertet, die mittels einer 5-Likert-Skala (z. B. „ich stimme gar nicht zu" bis „ich stimme voll zu") erfasst wurden. Ermittelt wird entsprechend der Durchschnittswert für die Beantwortung einer solchen Fragebatterie. Bei den Mittelwerten wird zusätzlich die Standardabweichung angegeben; anhand dieser lässt sich ablesen, wie stark die Antworten im Durchschnitt vom Mittelwert abweichen. Zur weiteren Vertiefung siehe Steffen-M. Kühnel/Dagmar Krebs, Statistik für Sozialwissenschaften. Grundlagen, Methoden, Anwendungen, Hamburg [6]2012, 79–98.

[16] Während die Korrelation ein Verhältnismaß angibt, wie stark Items zusammenhängen, werden mittels einer bivariaten Kreuztabelle die Antworten in absoluten oder relativen Zahlen erfasst. Die Auswertung nennt kein abstraktes Korrelationsmaß, sondern gibt genau an, wie das Antwortverhalten einer ausgewählten Gruppe aussieht. Zum Beispiel geben 94 % der Grundschullehrer:innen an, dass ihr Geschlecht weiblich ist. Zur weiteren Vertiefung siehe Kühnel/Krebs, Statistik (s. o. Anm. 15), 301–306.

[17] Korrelation meint einen Zusammenhangswert zwischen zwei Variablen. Ein Beispiel hierfür wäre die Prüfung, ob die Beantwortung der Frage „Stimmen Sie der konfessionellen Trennung der Lerngruppe zu?" von der jeweiligen Schulform abhängt. Das Korrelationsmaß ist dabei noch keine Garantie für einen tatsächlichen Zusammenhang. Es lassen sich allerdings Auffälligkeiten und Tendenzen abbilden, wenn mehrere Items mit denselben unabhängigen Variablen, wie Schulform, Geschlecht oder Unterrichtsfach, korrelieren. Zur weiteren Vertiefung siehe Kühnel/Krebs, Statistik (s. o. Anm. 15), 433–456.

[18] Bei der Auswertung der Daten beziehen wir uns mit „N" auf alle Lehrkräfte, welche die entsprechende Frage in unserer Umfrage beantwortet haben. Da es bei der Befragung auch sensible Daten gab, beispielsweise Angaben zum eigenen Glauben, waren die Befragten nicht verpflichtet, alle Fragen zu beantworten, um den Fragebogen fortfolgend ausfüllen

Im Jahr der Erhebung gab es in Niedersachsen 12.890 religionsbezogene Lehrkräfte, welche Evangelische Religion, Katholische Religion oder Werte und Normen unterrichten, zur Fachgruppen-/Fachkonferenzleitung gibt es allerdings keine Angaben.[19] Beim alleinigen Bezug auf die Grundgesamtheit aller religionsbezogenen Lehrkräfte konnten 8 % erreicht werden, welche den Fragebogen vollständig ausfüllten. Die Repräsentativität der Umfrage speist sich allerdings nicht auschließlich über die Anzahl der teilnehmenden Lehrkräfte, sondern auch aus anderen Durschnittswerten der soziodemografischen Daten, wie Alter, Geschlecht und Einwohner:innen am Schulort. Diese finden im folgenden Kapitel eine genauere Betrachtung.

2.2.2 Soziodemografische und schulbezogene Daten

Innerhalb der soziodemografischen Daten soll die Befragungsgruppe sowohl anhand personaler Daten wie Alter und Geschlecht als auch anhand von Angaben zum Unterrichtsort (konfessionelle Zusammensetzung und Einwohner:innenzahlen) näher bestimmt werden. Auch schulbezogene Daten, wie die Qualifikation der Befragten oder das Unterrichtsfach, werden an dieser Stelle aufgeführt.

Abbildung 2

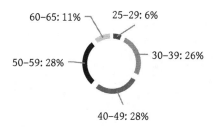

Altersgruppen zusammengefasst aus der offenen Altersangabe

Anmerkung N=973

An der Umfrage nahmen Lehrer:innen im Alter zwischen 25 und 65 Jahren teil, somit beteiligten sich Lehrer:innen in unterschiedlichen Phasen ihrer Berufsbiografie (s. Abbildung 2). Das Durchschnittsalter liegt bei 45 Jahren. Verglichen

---

  zu können. Das „n" beschreibt eine Teilmenge an Personen in unserem Datensatz, z. B. nur Lehrkräfte einer Schulform oder eines Faches.

[19] Niedersächsisches Kultusministerium, Die niedersächsischen allgemeinbildenden Schulen in Zahlen. Schuljahr 2020/2021, Hannover 2012, 56.

2.2 Die quantitative Fragebogenerhebung

mit dem Durchschnittsalter der niedersächsischen Lehrer:innen aller Fächer, erhoben 2019/2020 durch das Statistische Bundesamt (nämlich: 44 Jahre), liegt das Durchschnittsalter unseres Samples leicht höher.[20] Spezifischere Zahlen zum Alter der Religions- und Werte-und-Normen-Lehrer:innen in Niedersachsen liegen nicht vor. Das Durchschnittsalter der Lehrkräfte, welche an der Umfrage teilgenommen haben, entspricht etwa dem Durchschnittsalter aller Lehrkräfte in Niedersachsen und deutet so auf eine repräsentative Gruppe an Befragten hin. Bei der vorliegenden Untersuchung konnte eine ähnlich starke Beteiligung bei den Altersgruppen zwischen 30 und 39 Jahren (26,4 %), zwischen 40 und 49 Jahren (28,3 %) sowie zwischen 50 und 59 Jahren (28,2 %) festgestellt werden. Es nahmen aber auch jüngere Lehrer:innen zwischen 25 und 29 Jahren (6,3 %) und ältere Lehrer:innen zwischen 60 und 65 Jahren (10,8 %) an der Umfrage teil.

80,5 % der Befragten sind weiblich, 19,3 % männlich und 0,2 % divers. Der hohe Anteil weiblicher Lehrer:innen stellt in der ReBiNiS-Umfrage keine Besonderheit dar, sondern kann exemplarisch für das Geschlechterverhältnis der Lehrer:innen in Niedersachsen verstanden werden. Im Schuljahr 2019/20 waren laut Statistischem Bundesamt in Niedersachsen 72 % aller Lehrer:innen weiblich.[21] An Grundschulen liegt dieser Anteil 2017/18 sogar bei 92 %[22] (zum Vergleich finden sich 94 % weibliche Grundschullehrer:innen in der ReBiNiS-Umfrage, s. Abbildung 3). Eine fachspezifische Aufschlüsselung des Alters der Lehrer:innen findet sich bei der Erhebung des Statistischen Bundesamtes nicht.[23] Vergleicht man die Geschlechterverteilung mit dem Alter der Befragten, lassen sich keine Signifikanzen feststellen.

---

[20] https://www.statistikportal.de/de/bildung-und-kultur/lehrkraefte-allgemeinbildenden-schulen (Zugriff am 27.01.2021).

[21] https://www.statistikportal.de/de/bildung-und-kultur/lehrkraefte-allgemeinbildenden-schulen (Zugriff am 27.01.2021).

[22] https://www.destatis.de/DE/Themen/Querschnitt/Jahrbuch/statistisches-jahrbuch-2019-dl.pdf?__blob=publicationFile S.95 (Zugriff am 27.01.2021).

[23] Auch in der quantitativen Untersuchung im Gebiet der Rheinischen Landeskirche konnte ein ähnlich großer Anteil weiblicher Lehrer:innen festgestellt werden, vgl. Rothgangel/Lück/Klutz, Praxis Religionsunterricht (s. o. Anm. 8), 29.

Abbildung 3

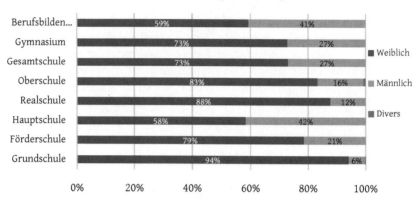

Anmerkung N=973

(1) Schulort
Die meisten Lehrer:innen (60,5 %) schätzen die konfessionelle Zusammensetzung der Bevölkerung am Schulort als überwiegend evangelisch ein. Darauf folgt mit 15,1 % die Einschätzung, der Schulort setze sich überwiegend multireligiös zusammen. Nur 9,1 % der Lehrenden gaben an, die Bevölkerung ihres Schulortes sei überwiegend katholisch. Ein geringer Teil der Lehrer:innen schätzt die konfessionelle Zusammensetzung mit 4,0 % zu gleichen Teilen evangelisch wie katholisch ein. Dass überwiegend Menschen ohne Konfession am Schulort leben, schätzen 3,5 %. Ein kleiner Teil von 2,7 % gibt an, ihr Schulort sei überwiegend muslimisch geprägt.

Um diese Einschätzung der befragten Lehrer:innen weiter einzuordnen, kann die letzte Zensus-Befragung aus dem Jahr 2011 herangezogen werden.[24] Hier zeigt sich, dass die beiden großen christlichen Konfessionen in Niedersachsen z. T. mit deutlichen regionalen Schwerpunkten vertreten sind. So übersteigt im Südwesten Niedersachsens (Raum Vechta/Osnabrück/Cloppenburg) der Anteil der katholischen Christ:innen (über 50 %) den der evangelischen. Auch nördlich von Hildesheim und östlich von Göttingen (bei Duderstadt) liegt der Anteil der Katholik:innen bei über 50 %. Demgegenüber stellen in weiten Teilen Niedersachsens Menschen evangelischer Konfession die größte Gruppe unter denen dar, die einer Religionsgemeinschaft angehören. In Großstädten (also Städten mit mehr als 100.000 Einwohner:innen) wie Hannover oder Braunschweig, aber auch Göttingen sowie in der Metropolregion um Hamburg übersteigt der Anteil

---

[24] Otto Püschel, Religion und Glauben im Blickpunkt des Zensus 2011, in: Statistische Monatshefte 8/2014, https://www.zensus2011.de/SharedDocs/Downloads/DE/Publikationen/Aufsaetze_Archiv/2014_08_NI_Statistische_Monatshefte_Religion.pdf?__blob=publicationFile&v=5 (Zugriff am 22.04.2021).

2.2 Die quantitative Fragebogenerhebung

derer, die keiner oder einer nichtchristlichen Konfession angehören, den Anteil der Menschen christlicher Konfession. Zwischen anderen Konfessionen und Konfessionslosen wird in der Grafik des Zensus nicht unterschieden, beide Gruppen fallen unter die Kategorie Sonstige.[25]

Abbildung 4

Wie viele Einwohner:innen hat Ihr Schulort?

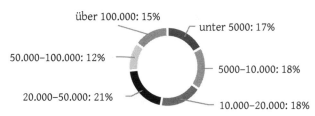

über 100.000: 15%
unter 5000: 17%
50.000–100.000: 12%
5000–10.000: 18%
20.000–50.000: 21%
10.000–20.000: 18%

Anmerkung N=978

Die Abfrage der Einwohner:innenzahl des Schulortes dient zur Beurteilung der Repräsentativität der Stichprobe. Das Item gibt Aufschluss darüber, ob die befragten Lehrer:innen ihre Schule in einem städtischen oder ländlichen Kontext verorten. Zusätzlich bieten sich Vergleiche der Einwohner:innen des Schulortes und das Vorhandensein von Angeboten oder Fächern in der Schule an. Deutlich wird, dass sowohl der ländliche als auch der städtische Bereich Niedersachsens durch die Befragung abgedeckt werden kann.[26] Am wenigsten vertreten sind in der Umfrage mit 11,8 % Lehrer:innen an mittelstädtischen Schulorten mit ca. 50.000 bis 100.000 Einwohner:innen (s. Abbildung 4). Der mit 20,7 % größte Anteil der Befragten unterrichtet in Städten mit 20.000 bis 50.000 Einwohner:innen.

(2) Schulform
Abbildung 5 zeigt, dass die meisten teilnehmenden Lehrer:innen an der Grundschule (33,0 %) und am Gymnasium (24,8 %) unterrichten. Im mittleren Bereich sind mit 9,9 % Berufsschullehrer:innen, mit 11,0 % Gesamtschullehrer:innen sowie mit 12,9 % Oberschullehrer:innen vertreten. Unter den Befragten finden sich nur wenige, die an Förder- (2,9 %), Haupt- (1,2 %) und Realschulen (4,2 %) unter-

---

[25] Vgl. ebd., 397.
[26] Vgl. https://www.statistik.niedersachsen.de/startseite/themen/bevoelkerung/bevolkerungsstand_einwohnerzahl_niedersachsens/bevolkerungsstand-einwohnerzahl-niedersachsens-tabellen-201964.html (Zugriff am 12.05.2023), hier: „Bevölkerung zum 31.12.2021 nach Einwohnergrößenklassen (xlsx)".

richten.[27] Im Blick auf diese drei Schulformen können die Ergebnisse der Studie nicht als repräsentativ gelten.

Abbildung 5

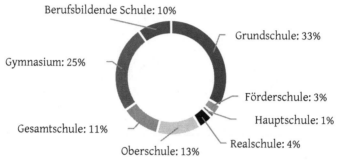

An welcher Schulform unterrichten Sie?

- Berufsbildende Schule: 10%
- Grundschule: 33%
- Gymnasium: 25%
- Förderschule: 3%
- Hauptschule: 1%
- Gesamtschule: 11%
- Realschule: 4%
- Oberschule: 13%

Anmerkung N=978

(3) Religionsbezogenes Unterrichtsfach

Zur Erfassung des religionsbezogenen Fachs der befragten Lehrer:innen wurden acht Fächer mit der Möglichkeit zur Mehrfachantwort zur Auswahl gestellt. Auch wenn an dieser Stelle eine Mehrfachantwort widersprüchlich erscheinen mag, so hatte sich bereits in den Pretests gezeigt, dass ein:e Lehrer:in durchaus mehrere religionsbezogene Fächer unterrichten kann, etwa indem er bzw. sie eine Lerngruppe konfessionell-kooperativ unterrichtet, eine andere ‚konfessionell', oder indem sie bzw. er sowohl Religionsunterricht als auch Werte und Normen unterrichtet.

Insgesamt gab die Hälfte der Befragten an, Evangelische Religion zu unterrichten (50,0 %). Lehrer:innen für Evangelische Religion stellen damit die größte Gruppe an befragten Lehrer:innen dar. Das am zweithäufigsten unterrichtete Fach ist der konfessionell-kooperative Religionsunterricht mit 38,8 %, darauf folgt das Fach Werte und Normen mit 26,3 %. Mit 14,8 % deutlich kleiner ist der Anteil der Lehrer:innen, die Katholische Religion unterrichten. Der jüdische Religionsunterricht wird nur einmal genannt (0,1 %) und auch das Fach Islamische Religion wird nur äußerst selten genannt (0,4 %). Lehrer:innen, die alevitischen oder orthodoxen Religionsunterricht geben, wurden zwar adressiert, haben aber nicht an der Umfrage teilgenommen. Für weitere Berechnungen, die das Schulfach berücksichtigen, werden aufgrund der fehlenden oder sehr gerin-

---

[27] Über diese Schulformen können aufgrund der geringen Zahlen nur bedingt Aussagen gemacht werden. Die geringen Fallzahlen sind bei bivariaten Vergleichen im weiteren Text angezeigt.

2.2 Die quantitative Fragebogenerhebung

gen Fallzahl die Fächer jüdische, islamische, alevitische und orthodoxe Religion unberücksichtigt gelassen.[28]

Die Lehrenden der verschiedenen Fächer, die an der Befragung teilnahmen, sind nicht an allen Schulformen gleich vertreten. Beispielhaft lässt sich diese Verteilung anhand der Fächer Evangelische Religion und Werte und Normen darstellen. So wird in Abbildung 6 deutlich, dass die meisten befragten Lehrer:innen des Faches Evangelische Religion an Grundschulen und Gymnasien unterrichten. Dagegen unterrichten Werte-und-Normen-Lehrer:innen am häufigsten an Gymnasien, gefolgt von den Gesamt- und Oberschulen (s. Abbildung 7). Das hat zum einen mit der unterschiedlichen Häufigkeit von Schulen der verschiedenen Schulformen zu tun und insbesondere damit, dass Werte-und-Normen-Unterricht in der Grundschule[29] und auch in Berufsbildenden Schulen nur selten erteilt wird.

Abbildung 6

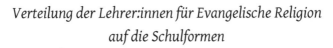

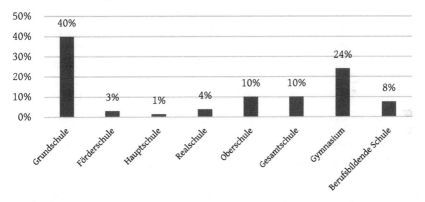

Anmerkung n=489

---

[28] Für die weitere Betrachtung dieser Fächer, die nur vereinzelt an niedersächsischen Schulen unterrichtet werden, böte sich eine spezifischere Auseinandersetzung beispielsweise über gezielte Interviewbefragungen an.

[29] Bislang ist Werte-und-Normen-Unterricht erst ab Jahrgangsstufe 5 vorgesehen. Seit dem Schuljahr 2017/18 wird das Fach an zehn Grundschulen im Schulversuch erprobt; für das Schuljahr 2025/26 ist die Einführung als ordentliches Schulfach an Grundschulen geplant; siehe https://www.mk.niedersachsen.de/startseite/aktuelles/presseinformationen/werte-und-normen-soll-2025-ordentliches-unterrichtsfach-an-grundschulen-werden-182148.html (Zugriff am 12.05.2023).

Abbildung 7

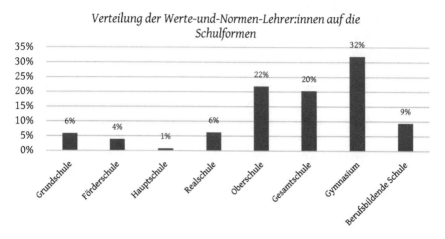

Anmerkung n=257

(4) Qualifikation
Mittels Erfassung der Qualifikation lässt sich feststellen, mit welchen Voraussetzungen die befragten Lehrer:innen ihr religionsbezogenes Fach bzw. ihre religionsbezogenen Fächer unterrichten. Für das Unterrichten eines religionsbezogenen Faches ist ein ordentliches Lehramtsstudium mit anschließendem Referendariat zwar die Regel, allerdings nicht zwingend notwendig. Auch ein Quereinstieg, ein Weiterbildungskurs oder fachfremder Unterricht sind Möglichkeiten, um als Lehrer:in ein religionsbezogenes Fach in Niedersachsen zu unterrichten.

Unter den von uns befragten Lehrer:innen haben sich drei Viertel durch ein ordentliches Lehramtsstudium und das anschließende Referendariat qualifiziert. Fast die Hälfte der Befragten hat ein Lehramtsstudium und Referendariat im Fach Evangelische Religion absolviert (s. Abbildung 8). Die äquivalente Ausbildung im Fach Katholische Religion geben 17,9 % der Lehrer:innen an, und 9 % haben ein Studium und Referendariat im Fach Werte und Normen absolviert. 16,9 % verfügen nach eigenen Angaben über eine andere religionsbezogene Qualifikation (Drittfach-Studium 5,0 %, Weiterbildung 5,7 %, Quereinstiegs-Vorbereitung 6,2 %). Ein nicht unerheblicher Anteil der Lehrer:innen gibt an, fachfremd zu unterrichten (8,2 %).

2.2 Die quantitative Fragebogenerhebung

Abbildung 8

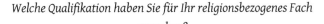

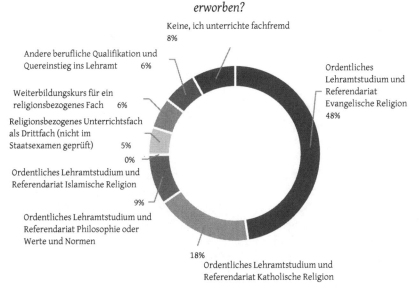

Welche Qualifikation haben Sie für Ihr religionsbezogenes Fach erworben?

- Keine, ich unterrichte fachfremd 8%
- Andere berufliche Qualifikation und Quereinstieg ins Lehramt 6%
- Weiterbildungskurs für ein religionsbezogenes Fach 6%
- Religionsbezogenes Unterrichtsfach als Drittfach (nicht im Staatsexamen geprüft) 5%
- Ordentliches Lehramtstudium und Referendariat Islamische Religion 0%
- Ordentliches Lehramtstudium und Referendariat Philosophie oder Werte und Normen 9%
- Ordentliches Lehramtstudium und Referendariat Katholische Religion 18%
- Ordentliches Lehramtstudium und Referendariat Evangelische Religion 48%

Anmerkung N=978

Mit einer Qualifikation in einem der Unterrichtsfächer christlicher Religion wird neben konfessionellem und konfessionell-kooperativem Religionsunterricht auch häufig Werte und Normen unterrichtet. So geben 12,5 % der im Fach Evangelische Religion ausgebildeten und 11,4 % der im Fach Katholische Religion ausgebildeten Religionslehrer:innen an, ausschließlich oder zusätzlich zum Religionsunterricht das Fach Werte und Normen zu unterrichten.

Nur 8,2 % der Lehrenden in religionsbezogenen Fächern unterrichten nach eigenen Angaben fachfremd. Mehr als die Hälfte von ihnen (53,8 %) kommt im Werte-und-Normen-Unterricht zum Einsatz, zwei von fünf fachfremd Unterrichtenden erteilen Evangelischen Religionsunterricht. An der Gesamtheit aller Lehrer:innen, welche Evangelische Religion unterrichten, machen die fachfremd unterrichtenden Lehrenden allerdings nur einen kleinen Anteil von 6 % aus. Bei der Betrachtung der Schulformen fällt auf, dass die meisten fachfremd unterrichtenden Lehrer:innen an der Grundschule unterrichten (31,3 %), 23,8 % unterrichten an Oberschulen und 17,5 % an Gymnasien fachfremd. Hauptsächlich erteilen die Lehrkräfte an den Grundschulen Evangelische Religion fachfremd (71,8 %), nur 10,3 % geben an, Werte und Normen fachfremd zu unterrichten. Der hohe Anteil der fachfremd unterrichtenden Lehrer:innen im Fach Werte und Normen verteilt sich entsprechend auf die weiterführenden Schulen.

Es soll nun in den Blick genommen werden, wie sich die Qualifikationen innerhalb der religionsbezogenen Fächer verteilen. Das Fach Evangelische Religion wird zu 75,2 % von Lehrer:innen mit einem Studium und Referendariat in Evangelische Religion als Erst- oder Zweitfach unterrichtet; für weitere 4,7 % bildet Evangelische Religion das Drittfach. 6,4 % der Lehrer:innen, die Evangelische Religion unterrichten, haben kein Lehramtsstudium absolviert, sondern sind über den Quereinstieg in den Beruf gekommen. Einen Anteil von 5,5 % machen diejenigen aus, welche sich mit einer Weiterbildung qualifiziert haben. Den geringsten Anteil bilden die Lehrer:innen, die im Fach Katholische Religion (1,8 %) oder Werte und Normen (0,2 %) ausgebildet sind, aber Evangelische Religion unterrichten. Auch beim Unterrichtsfach Katholische Religion sind die meisten Lehrenden in dem Fach über ein Studium und Referendariat in Katholischer Religion qualifiziert (84,1 %). Weitere 4,8 % haben sich über ein Drittfachstudium und 3,4 % durch eine Weiterbildung qualifiziert; 4,1 % sind beruflich anders qualifiziert. Nur ein sehr geringer Anteil der Lehrer:innen des Faches Katholische Religion hat sich in einem anderen religionsbezogenen Unterrichtsfach qualifiziert (Studium und Referendariat Evangelische Religion 1,4 % und Studium und Referendariat Werte und Normen 0,7 %) oder unterrichtet fachfremd (1,4 %).

Die Zusammensetzung des konfessionell-kooperativen Religionsunterrichts ist deutlich diverser (s. Abbildung 9). Hauptsächlich wird das Fach allerdings von Lehrer:innen unterrichtet, welche sich über ein Studium und Referendariat in den Fächern Evangelische bzw. Katholische Religion qualifiziert haben.

Abbildung 9

Verteilung der Qualifikation beim konfessionell-kooperativen Religionsunterricht

Anmerkung n=378

Das Fach Werte und Normen hebt sich stark von den anderen religionsbezogenen Fächern ab (s. Abbildung 10). Zwar bilden auch hier die im Unterrichtsfach

2.2 Die quantitative Fragebogenerhebung

ausgebildeten Lehrer:innen den größten Anteil, sie stellen allerdings nicht einmal die Hälfte derer, die Werte und Normen unterrichten (Erst-/Zweitfach: 34,8 %; Drittfach: 4,7 %). Einen großen Anteil machen mit 22,7 % im Fach Evangelische Religion ausgebildete Religionslehrer:innen sowie mit 16,8 % fachfremd ausgebildete Lehrende aus. Von den Werte und Normen unterrichtenden Lehrer:innen sind 7,8 % katholisch ausgebildete Religionslehrer:innen, 7,0 % haben sich über eine Weiterbildung qualifiziert, und 6,3 % sind über den Quereinstieg zum Unterrichten des Faches gelangt.

Abbildung 10

Verteilung der Qualifikation beim Werte-und-Normen-Unterricht

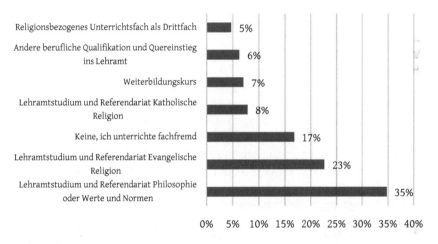

Anmerkung n=256

(5) Beauftragung
Eine kirchliche Beauftragung, wie die Vokation oder die missio canonica, benötigen nur Lehrer:innen, die Religionsunterricht erteilen. Für Werte-und-Normen-Lehrer:innen gibt es kein entsprechendes Äquivalent. Dementsprechend ist es nicht verwunderlich, dass nur 63,3 % aller befragten Lehrer:innen angeben, eine solche Beauftragung zu haben, während 30,5 % das verneinen. Lediglich 6,2 % der Befragten wollen zu ihrer Beauftragung keine Angabe machen.

Bei genauerer Betrachtung der Lehrer:innen, die Evangelische Religion, Katholische Religion oder konfessionell-kooperativen Religionsunterricht erteilen, fällt auf, dass 20,1 % dieser Lehrer:innen ohne kirchliche Beauftragung unterrichten (79,9 % mit Beauftragung). Von diesen insgesamt 153 Religionslehrer:innen ohne kirchliche Beauftragung gaben 71,9 % an, Evangelische Religion zu unterrichten. Auffällig bei dieser Gruppe ist die Altersstruktur: Im Alter unter 40 Jahren geben nur sehr wenige Lehrende an, ohne Beauftragung zu unterrichten (6,4 %). Der größte Anteil der Lehrer:innen ohne Beauftragung, welche Evangelische Religion unterrichten, liegt zwischen 50 und 59 Jahren (43,1 %) sowie zwischen 60 und 65 Jahren (23,6 %).

Als Erklärungsansatz für diese Auffälligkeit kann der Zeitpunkt der Einführung der Vokation in Niedersachsen herangezogen werden. Für die evangelischen Religionslehrer:innen gibt es seit 2006 die Vokation als kirchliche Beauftragung; vorher erteilte die Kirche eine unbefristete Unterrichtsbestätigung, die es erlaubte, das Fach Evangelische Religion an Schulen zu unterrichten.[30] Es bleibt genauer zu untersuchen, ob Lehrer:innen eine solche unbefristete Unterrichtsbestätigung ebenfalls als kirchliche Beauftragung verstehen, oder ob das Fehlen einer Vokation sie zu der Angabe veranlasst, ohne kirchliche Beauftragung zu unterrichten. Dies lässt sich den Daten allerdings nicht entnehmen.

(6) Unterrichtsjahre und Wochenstunden
Zusätzlich zum Lebensalter der Befragten wurde auch ihr Dienstalter erhoben. Die stärkste Beteiligung an der Befragung liegt bei Lehrer:innen, die bereits zwischen 11 und 20 Jahren Unterrichtserfahrung vorweisen können (29,6 %), gefolgt von Lehrenden mit 6–10 und 21–30 Dienstjahren (jeweils 20,8 %). Lehrer:innen mit etwas weniger Berufserfahrung von 3–5 Jahren beteiligten sich deutlich weniger (13,9 %), und nur ein kleiner Anteil an Lehrer:innen mit sehr wenigen Dienstjahren von 1–2 Jahren (6,7 %) nahm an der Umfrage teil. Nur wenige der Lehrenden wiesen eine Berufserfahrung von mehr als 30 Jahren auf (8,3 %). Setzt man die Dienstjahre ins Verhältnis zum Alter der Befragten, so wird deutlich, dass Alter und Dienstalter nicht zwangsläufig zusammenhängen. Es finden sich in allen Altersgruppen Lehrkräfte mit nur wenig Unterrichtserfahrung von 1–2 oder 3–5 Jahren.

Für den Großteil der befragten Lehrer:innen macht der religionsbezogene Unterricht etwa 3–6 Stunden in der Woche aus (46,3 %). Etwa ein Fünftel der Befragten erteilt in der Woche 7–10 Stunden religionsbezogenen Unterricht (21,4 %). Etwas seltener geben die Lehrenden an, nur bis zu zwei Stunden in der Woche ein religionsbezogenes Fach zu unterrichten (18,4 %). Über 10 Stunden religionsbezogenen Unterricht erteilen 13,9 % der befragten Lehrer:innen. Es fällt auf, dass besonders Grundschullehrer:innen eine geringe Wochenstundenanzahl von bis zu 2 (25,4 %) bzw. 3–6 Wochenstunden (59,1 %) angeben, während vor allem Gymnasiallehrkräfte eine hohe Stundenanzahl von 7–10 (35,4 %) und über 10 Wochenstunden (30,0 %) angeben. Die Anzahl der Wochenstunden in einem religionsbezogenen Fach ist entsprechend abhängig von der Schulform, die Korrelation ist stark signifikant (0,400** nach Pearson).

---

[30] Siehe Kirchliches Vokationsgesetz, https://cdn.max-e5.info/damfiles/default/religionsunterricht_in_niedersachsen/Vokation/Kirchengesetz-ueber-die-kirchliche-Bestaetigung-von-Religionslehrkr-auml-ften.pdf-2c72cf7da2642cc26335462f05a9f609.pdf (Zugriff am 25.10.2021).

2.3 Die qualitative Interviewstudie

Es wurde bereits erwähnt, dass sich der Schwerpunkt der Interviewstudie aus den ersten Ergebnissen der Fragebogenuntersuchung herauskristallisierte. Dazu wurden die Antworten in den Freifeldern des Fragebogens zu bedenklichen und nachahmenswerten Praxen der Gestaltung religionsbezogenen Unterrichts sowie zu den Gründen eines Religionsunterrichts im Klassenverband mithilfe der Qualitativen Inhaltsanalyse ausgewertet. Dabei zeigte sich, dass verbindende Unterrichtsformate wie der Religionsunterricht im Klassenverband und die (damit einhergehende) Heterogenität der Schüler:innen im Religionsunterricht ein ebenso bestimmendes wie kontroverses Thema innerhalb der Lehrer:innenschaft darstellt. Ausgehend von diesem Befund wurde eine Interviewstudie konzipiert, die den Umgang der Lehrer:innen mit der religiös-weltanschaulichen Pluralität der Schüler:innen im Religionsunterricht – und zwar strukturell-schulorganisatorisch wie religionspädagogisch und -didaktisch – in den Fokus rückt.

2.3.1 Forschungsfrage, Samplingstrategie und Erhebungsmethode

Im Zentrum der Interviewstudie steht die Frage nach dem schulorganisatorischen, personellen und vor allem methodisch-didaktischen Umgang mit religiös-weltanschaulicher Pluralität der Schüler:innen im Religionsunterricht. Insofern richtet sich das Erkenntnisinteresse der Studie sowohl auf Informationen zur Gestaltung des Religionsunterrichts als auch auf das subjektive Deutungs- und Erfahrungswissen der Lehrenden. So kommen Religionslehrende als Expert:innen für die Gestaltung des Religionsunterrichts in den Blick. Sie können als kompetent und auskunftsfähig über organisatorische, schulinterne Gestaltungsmerkmale des Religionsunterrichts sowie über die methodisch-didaktische Gestaltung des Religionsunterrichts angesichts einer religiös-weltanschaulich heterogenen Lerngruppe gelten.[31]

Für die geplanten Experteninterviews wurden Teilnehmer:innen aus dem Pool derjenigen Lehrer:innen ausgewählt, die am Ende des Fragebogens (s. o. Kapitel 2.2) ihre Bereitschaft zur Teilnahme an einer sich anschließenden Interviewstudie erklärt hatten. Diese Lehrenden wurden angeschrieben und über den thematischen Schwerpunkt der Interviewstudie in Kenntnis gesetzt. Rückmeldungen wurden dabei von denjenigen Lehrer:innen erbeten, die Erfahrungen

---

[31] Zum Expertenstatus der Interviewten und den entsprechenden Merkmalen eines Experteninterviews vgl. Helfferich, Leitfaden- und Experteninterviews (s. o. Anm. 7) sowie Bogner/Littig/Menz, Interviews mit Experten (s. o. Anm. 7).

mit dem Unterrichten in einem religiös-weltanschaulich integrativen Unterrichtsformat hatten. Auf Basis dieser Selbsteinschätzungen wurde das Sample der Interviewstudie ausgewählt. Es umfasst 15 Religionslehrer:innen, die entweder konfessionell-kooperativen Religionsunterricht, Religionsunterricht im Klassenverband oder einen konfessionell(-evangelisch)en Religionsunterricht unterrichten – letztgenanntes Unterrichtsformat jedoch mit der Besonderheit der Teilnahme (fast) aller Schüler:innen eines Klassenverbandes. Unter den befragten Lehrer:innen gehört eine Lehrkraft der katholischen Kirche an, alle anderen sind evangelisch (1x reformiert, 1x freikirchlich, 12x lutherisch). Die Befragten unterrichten an Berufsbildenden Schulen (6), Gymnasien (4), Gesamtschulen (3), Oberschule (1) und Grundschule (1).[32]

Um dem informationsbezogenen Interesse der Studie einerseits, dem deutungs- und erfahrungsbezogenen Interesse andererseits nachzukommen, wurden teilstrukturierte Leitfadeninterviews als Erhebungsmethode gewählt. Ein Leitfaden strukturiert den Interviewverlauf vorab so weit vor, dass das thematische Interesse befriedigt wird. Zugleich erlaubt der Leitfaden eine flexible Handhabung in der konkreten Interviewsituation, die den Relevanzen und subjektiven Deutungen der Interviewten Raum zur Entfaltung lässt.[33] Der für die Studie entworfene Interviewleitfaden umfasst Fragenkomplexe zur schulorganisatorischen Gestaltung des Religionsunterrichts, zur Wahrnehmung der Lerngruppen hinsichtlich der (religiös-weltanschaulichen) Heterogenität der Schüler:innen, zur methodisch-didaktischen Gestaltung des Religionsunterrichts, zum Selbstverständnis der Religionslehrenden, zur professionellen Beurteilung der gegenwärtigen Situation des Religionsunterrichts sowie zur Zukunftsperspektive religionsbezogener Bildung an Schulen.[34]

Die Interviews wurden im ersten Schulhalbjahr 2021/22 durchgeführt. Zehn Interviews fanden präsentisch statt, neun davon in den Räumen der jeweiligen Schule der Unterrichtenden, vier Interviews wurden online geführt, ein Interview wurde zur Hälfte präsentisch, zur anderen Hälfte online geführt. Alle Interviews fanden in geschützten Räumen ohne Anwesenheit Dritter statt, dauerten etwa 60–90 Minuten und wurden mit Einverständnis der Interviewten als Audiodatei aufgezeichnet.

---

[32] Die hohe Präsenz von BBS-Lehrer:innen im Sample ist der Samplingstrategie geschuldet, die von der Selbstauskunft über das Unterrichten religiös-weltanschaulich heterogener Lerngruppen ausgeht. Hier ließen sich bereits erste Thesen zur Heterogenität der Lerngruppen im Religionsunterricht der Berufsbildenden Schulen aufstellen.

[33] Zu den Gründen für oder gegen eine (starke) Strukturierung des Interviewgeschehens vgl. Helfferich, Leitfaden- und Experteninterviews (s. o. Anm. 7), 676.

[34] Wie für qualitatives Forschungsvorgehen üblich, war dieser Leitfaden im Prozess der Datenerhebung stetigen (kleineren) Veränderungen unterworfen. Die letzte Version des Leitfadens findet sich im Anhang (A02).

2.3.2 Auswertungsmethode und Darstellungsweise der Befunde

Die Transkription der Audiodateien erfolgte mit Hilfe der Software f4transkript nach dem (angepassten) Regelsystem zur inhaltlich-semantischen Transkription von Thorsten Dresing und Thorsten Pehl.[35] Dabei lag die Priorität auf der Verschriftlichung des semantischen Inhalts der Interviews sowie der guten Lesbarkeit der Transkripte. Aspekte wie Sprechrhythmus, Dialekt und Tonhöhen wurden demgegenüber vernachlässigt, da sie für die gestellte Forschungsfrage nicht in dem Maße auskunftsfähig erschienen, dass sich der Aufwand eines solchen Transkripts rechtfertigen ließe. Im Anschluss an die Verschriftlichung wurden die Transkripte pseudonymisiert und anonymisiert[36] und nach der Qualitativen Inhaltsanalyse von Udo Kuckartz mit Unterstützung der Software MAXQDA ausgewertet. Dabei folgte die Analyse der Daten dem von Kuckartz beschriebenen Verfahren der inhaltlich strukturierenden Inhaltsanalyse.[37] Die Kategorienbildung erfolgte zunächst deduktiv ausgehend vom Interviewleitfaden, die fünf entworfenen Hauptkategorien lauten *Schulorganisatorischer Gestaltungsrahmen des Religionsunterrichts (RUs)*, *Personenbezogene Rahmenbedingungen des RUs*, *Didaktische Stellschrauben im RU*, *Beurteilung des RUs*, *Zukunft des RUs*. Im Laufe des ersten Codiervorganges wurden die Interviewtexte entlang dieser Hauptkategorien codiert und ausgehend vom Material Unterkategorien gebildet. Diese wurden nach Abschluss des ersten Codiervorganges sortiert und systematisiert und anschließend in einem zweiten Codiervorgang auf das gesamte Material angewendet.[38]

Eine Besonderheit bietet die Darstellung der qualitativen Ergebnisse. Kuckartz schreibt, dass „[die] ausdifferenzierten Kategorien [...] bereits eine mehr oder weniger feste Struktur für den Forschungsbericht vor[geben]."[39] Das gilt selbstverständlich auch für die vorliegende Studie und spiegelt sich in der Gliederung derjenigen Abschnitte, die die qualitativen Befunde der ReBiNiS-Interviewstudie präsentieren. Für die Gesamtgliederung des Bandes galt es jedoch, die quantitativen sowie die qualitativen Befunde zusammenzubringen, ohne die jeweilige Eigenlogik der Daten zu missachten. Angesichts dieser Herausforde-

---

[35] Thorsten Dresing/Thorsten Pehl, Praxisbuch Interview, Transkription & Analyse. Anleitungen und Regelsysteme für qualitativ Forschende, Marburg [8]2018, https://www.audiotranskription.de/wp-content/uploads/2020/11/Praxisbuch_08_01_web.pdf (Zugriff am 17.10.2022).
[36] Zum Vorgehen vgl. Alexia Meyermann/Maike Porzelt, Hinweise zur Anonymisierung von qualitativen Daten (forschungsdaten bildung informiert 1), Frankfurt am Main 2014.
[37] Kuckartz, Qualitative Inhaltsanalyse (s. o. Anm. 6), 97–121.
[38] Zum Vorgehen der deduktiven und induktiven Kategorienbildung vgl. ebd., 64–78. Das Kategoriensystem findet sich im Anhang unter A03.
[39] Kuckartz, Qualitative Inhaltsanalyse (s. o. Anm. 6), 97.

rung fiel die Entscheidung zugunsten einer Sondierung inhaltlicher Schwerpunkte zur Aufbereitung der Ergebnisse, wobei die entsprechenden quantitativen und qualitativen Daten unter diesen Schwerpunkten in ihrer eigenen Form und Logik zu präsentieren sind. Dabei ergaben sich konstruktive Ergänzungen und Vernetzungen der Befunde, die sich bei einer getrennten Darstellung der Ergebnisse beider Studienteile (Fragebogenuntersuchung und Interviewstudie) nicht eröffnet hätten. Insofern verzichten wir bei der Darstellung der qualitativen Ergebnisse auf der Makroebene, also auf der Gliederungsebene des vorliegenden Bandes, auf eine konsequente Orientierung an der Logik des Kategoriensystems. Auf der Mikroebene, also auf Ebene derjenigen Teilkapitel, die die qualitativen Befunde aufbereiten, orientiert sich die Darstellung jedoch an der Gliederung des Kategoriensystems. Zur Nachvollziehbarkeit der Analyse wird bei der Auswertung der Interviewtexte im Anschluss an eine zitierte Textstelle die Zugehörigkeit zur entsprechenden Kategorie markiert. Anhand der kursiv angegebenen Kategorien und mit Hilfe des im Anhang abgedruckten Kategoriensystems (A03) lassen sich die Codierung der Interviewtexte und analytische sowie interpretatorische Entscheidungen der Datenaufbereitung nachvollziehen, die im Fließtext unter Verzicht auf methodisches Vokabular zu finden sind.

Im Folgenden soll ein Lesebeispiel für Interviewzitate die wichtigsten Transkriptionsregeln veranschaulichen sowie den Stellennachweis und die Kategorienzuordnung aufschlüsseln (s. Abbildung 11).[40] Sämtliche in der Darstellung der qualitativen Befunde verwendete Eigennamen sind Pseudonyme.

Abbildung 11

Lesebeispiel für Interviewzitate
„Das Ziel meines Religionsunterrichts? Hm (nachdenkend) (...) Ich sag mal so... man hat/ man/ (5s) Also es ist ja so, dass man die nur zwei Stunden in der Woche sieht, ne? Da kann man schon FROH sein (lacht), wenn die da (unv.)/ also wenn wissensmäßig ÜBERHAUPT etwas hängen bleibt (davon?). [...]" (I16, GS, Pos. 43; *Didaktische Stellschrauben im RU > Ziele von RU > theolog./relwis. Bildung (gegenstandsbezogen) > Wissensvermittlung*)
Lesehilfe Transkription
Hm (nachdenkend) = Partikel (mit Beschreibung der Betonung) (...) = Sprechpause von etwa 3 Sekunden Länge ... = kurzes Zögern (5s) = Sprechpause von 5 Sekunden (je nach Zahlenwert) / = Wort-/ Satzabbruch FROH = herausgehobene Betonung

---

[40] Die Darstellung der Stellennachweise von Zitaten aus den Freifeldern der Fragebogenerhebung weichen davon leicht ab, eine entsprechende Lesehilfe findet sich bei der Auswertung der Freifelder in Kapitel 4.1.3.

2.3 Die qualitative Interviewstudie

(lacht) = emotionale, nonverbale Äußerungen
(unv.) = unverständliches Wort
(davon?) = schwer verständliches Wort

Lesehilfe Stellennachweis und Kategorienzuweisung

I16 = Nummer des Interviews
GS = Abkürzung der Schulform des/der Interviewten (GS = Grundschule, KGS = Kooperative Gesamtschule, OS = Oberschule, Gym = Gymnasium, BBS = Berufsbildende Schule)
Pos. 43 = Bezifferung des Interviewabschnitts im Transkript
Didaktische Stellschrauben von RU > Ziele von RU > ... = Kategorienzuweisung; soweit nicht anders vermerkt nach dem Schema *Hauptkategorie > Unterkategorie > Unterkategorie ...* usw. Häufig finden sich in den auswertenden Teilkapiteln bereits die Kategoriennamen der ersten und zweiten Gliederungsebene in den Zwischenüberschriften, sodass im Anschluss an den Stellennachweis der Zitate nicht alle drei bis vier Unterkategorien benannt werden müssen.

3 Zusammenfassung zentraler Studienergebnisse

Die Untersuchung „Religionsbezogene Bildung in Niedersächsischen Schulen" (ReBiNiS) will die Vielfalt der Wege religionsbezogener Bildung in Schulen Niedersachsens quantifizierend abbilden und darüber hinaus – deshalb die qualitativen Interviews mit Lehrkräften – die Logiken identifizieren, die in der Ausgestaltung der religionsunterrichtlichen Praxis zur Geltung kommen. Das Leitinteresse der Studie richtet sich auf die Frage, wie und warum Lehrer:innen der religionsbezogenen Fächer auf Veränderungen der Unterrichtswirklichkeit reagieren und zukünftig reagieren möchten.

Die *fragebogenbasierte Erhebung* fand online im Winter 2020/21 statt, die *leitfadengestützten Interviews* folgten – z. T. ebenfalls in digitalen Formaten – im Herbst 2021 und Winter 2021/22. Die quantitative Erhebung adressierte 2770 Schulen der Primar- und Sekundarstufe in staatlicher Trägerschaft; hingegen fanden Schulen in privater Trägerschaft keine Berücksichtigung. Über die Sekretariate sollten die Bögen an die Fachgruppenleitungen weitergegeben werden. In die Auswertung eingegangen sind 982 vollständig ausgefüllte Fragebögen und 15 Interviews.

Im *quantitativen Sample* sind Förder-, Haupt-, Ober- und Realschulen unterrepräsentiert – Grundschulen, Gesamtschulen, Gymnasien und Berufsbildende Schulen hingegen sind repräsentativ vertreten. Das Gros der befragten Lehrenden ist evangelisch oder katholisch; neben einigen konfessionslosen Lehrer:innen gibt ein:e Proband:in „jüdisch", vier weitere geben „muslimisch" an. Im Sample sind vier Fünftel der Befragten weiblich (in Bezug auf die Schulform „Grundschule" liegt der Frauenanteil nochmals höher). Das *qualitative Sample* wurde auf Basis der Bereitschaft und Selbstauskunft von Lehrenden zu ihrer Erfahrung mit religiös-weltanschaulich heterogenen Lerngruppen im Religionsunterricht gewonnen. Es umfasst überwiegend evangelische Religionslehrende (14 von 15) und schwerpunktmäßig Lehrende an Berufsbildenden Schulen (6 von 15).

Zu den deutlichsten Befunden gehört – dass *religionsbezogene Bildung vielfältig organisiert* wird. Dabei sind konfessionell-kooperativer Religionsunterricht und Unterricht im Klassenverband im Mittel am weitesten verbreitet (Kap. 4.1): Über 70 % der Proband:innen geben an, dass an ihrer Schule Religionsunterricht (auch) konfessionell-kooperativ erteilt wird – an Berufsbildenden Schulen liegt diese Quote bei 96 %, an Förder-, Grund- und Hauptschulen bei über 80 %. Ca. zwei Drittel der Lehrer:innen berichten, dass (auch) im Klassenverband unterrichtet wird. Die Hinzufügung des „Auch" signalisiert, dass Lehrer:innen nicht

3 Zusammenfassung zentraler Studienergebnisse

immer in allen ihren Lerngruppen demselben Organisationsmuster folgen: Etliche erteilen sowohl konfessionellen als auch konfessionell-kooperativen oder klassenverbandlichen Religionsunterricht.

Dies geschieht keineswegs zufällig, sondern ist begleitet von konzeptionellen Überlegungen (die etwa an den Bezeichnungen eines solchen Unterrichtstyps kenntlich werden) und motiviert durch Argumente, die insbesondere schulorganisatorischer und pädagogisch-didaktischer Art sind (Kap. 4.2.2).

Die hier erfasste Häufigkeit konfessionell-kooperativen Religionsunterrichts liegt deutlich über dem, was die amtliche Schulstatistik (die allerdings lediglich beantragten und bewilligten konfessionell-kooperativen Religionsunterricht erfasst) erwarten lässt; die Häufigkeit des religionsbezogenen Unterrichts im Klassenverband ist insofern bemerkenswert, als dieser Typus schulrechtlich gar nicht vorgesehen bzw. erlaubt ist.

Religionslehrer:innen erweisen sich in der Frage der Organisationsform somit keineswegs als bloße Vollstrecker:innen der rechtlichen Vorgaben. Im Gegenteil: Mit berufsspezifischen Gründen entscheiden sie sich für bestimmte Optionen und dehnen zudem die Bandbreite der rechtlich und organisatorisch vorgegebenen Optionen (teilweise sogar über die Grenzen des Legalen hinaus). Sie nehmen insofern das „Innovieren" als eine der ihnen zugeschriebenen Kernaufgaben wahr.[1] Bedenklich ist dabei allerdings, dass mit den realisierten Organisationsformen die Gewährleistung von Art. 4 GG (Recht auf negative Religionsfreiheit) aus dem Blick zu geraten droht.

Diesem Befund entsprechend lehnen die meisten Religionslehrer:innen die Differenzierung der Lerngruppen nach Konfessionen oder Religionen überwiegend ab. Die Differenzierung nach Konfessionen (der Mittelwert aller Antworten nähert sich der Antwort 2 „stimme [einer Trennung] *eher* nicht zu") wird deutlicher abgelehnt als diejenige nach Religionen (der Mittelwert aller Antworten nähert sich der Antwort 3 „weder noch"; siehe Kap. 4.2). Zugleich treten in den Interviews Herausforderungen eines religiös und weltanschaulich integrativen Unterrichts im Klassenverband vor Augen, die auch diesen nicht per se als zufriedenstellendes Modell religionsbezogenen Unterrichts erscheinen lassen (Kap. 4.3).

Die Gründe für die Ablehnung der konfessions- oder religionsspezifischen Differenzierung der Lerngruppe bedürften der näheren Untersuchung. Als ein entscheidender Faktor rückt im Zuge dieser Untersuchung in den Blick, dass sich die Lehrenden in hohem Maße an den Schüler:innen orientieren (Kap. 6.1.3) – ihrer Förderung soll der Unterricht dienen (Kap. 6.3.2, Tabelle 21), sei es in Gestalt der Förderung ihrer Toleranz- und Dialogfähigkeit, ihrer Wertebildung und

---

[1] Sekretariat der Ständigen Konferenz der Kultusminister der Länder in der Bundesrepublik Deutschland, Standards für die Lehrerbildung: Bildungswissenschaft, Beschluss der Kultusministerkonferenz vom 16.12.2004, https://www.kmk.org/fileadmin/veroeffentlichun gen_beschluesse/2004/2004_12_16-Standards-Lehrerbildung.pdf (Zugriff am 12.12.2022).

Positionierung oder ihrer Identitätsfindung bzw. des Aufgreifens existentieller Themen. Die organisatorische Präferenz wird diesem unterrichtlichen, pädagogischen Ziel entsprechend bestimmt: „form follows function" könnte man in Anlehnung an die Bauhaus-Maxime sagen.

Die Schüler:innen werden ganz überwiegend – von mehr als 70 % der Lehrer:innen – als *heterogen* wahrgenommen; diesen Umstand markieren die Lehrenden *als entscheidende unterrichtliche Herausforderung*. Zu den Heterogenitätsmarkern, die für religionsbezogene Bildung eine Rolle spielen, gehören neben religiös-weltanschaulicher Vielfalt auch die Unterschiede im kognitiven Niveau, beim religiösen Interesse und im sozio-ökonomischen Status – nur selten werden demgegenüber Behinderungen als Heterogenitätsfaktoren angeführt (Kap. 5.1). Die religiös-weltanschauliche Vielfalt der Schüler:innen lässt sich differenzieren in formale Religionszugehörigkeit und individuelle Religiosität. Beide Ebenen offenbaren thematischen, methodischen und didaktischen Einfluss auf das Unterrichtsgeschehen und gehören damit zu den entscheidenden Gestaltungsfaktoren des Religionsunterrichts (Kap. 5.4).

Die befragten Lehrenden verfügen mehrheitlich über *unterrichtliche Strategien im Umgang mit Heterogenität*. Diese setzen entweder induktiv bei den Schüler:innen an oder beim Unterrichtsgegenstand. Die Schüler:innenorientierung gestaltet sich dabei entweder als Fokus auf die gemeinsame (berufliche, biografische, gesellschaftliche) Ausgangslage der Schüler:innen und ihrer existenziellen Fragen oder sie stellt die religiös-weltanschauliche Verschiedenheit der Lernenden ins Zentrum und macht somit die unmittelbar präsente Pluralität zum Lerngegenstand (Kap. 6.4.2). Die wichtigste Strategie besteht für viele Lehrende darin, Schüler:innen verschiedener religiös-weltanschaulicher Orientierungen als Expert:innen heranzuziehen; daneben spielen Materialien bzw. Medien konfessions- und religionsverschiedener Herkunft eine herausragende Rolle (Kap. 6.4) und – wenngleich kaum quantifizierbar – die Nutzung einschlägiger didaktischer Konzeptionen (Kap. 6.4.2).

Die erforderlichen Kenntnisse bauen Lehrer:innen autodidaktisch auf. Die eigene Ausbildung in Studium und Referendariat oder auch Fortbildungsmöglichkeiten werden in der Regel nicht als zureichend empfunden. Das eigene unterrichtsvorbereitende Gespräch mit Angehörigen anderer Konfessionen bzw. Religionen oder gar die Einladung von Vertreter:innen anderer Konfessionen bzw. Religionen spielen eine nachrangige Rolle.

Die Lehrenden in den Fächern Evangelische Religion und Katholische Religion sagen von sich selbst ganz überwiegend, dass sie „gläubig" bzw. „religiös" seien, ihrer Religionsgemeinschaft nahestehen und sich selbst im Alltag mit religiösen Fragen beschäftigen und an religiösen Festen teilnehmen – deutlich weniger Zustimmung findet das persönliche Gebet und die Teilnahme an Gottesdiensten (Kap. 6.1.2, Tabelle 7 und Tabelle 8). Diese Lehrer:innen geben darüber hinaus an, dass sie „manchmal" bis „oft" ihre „religiösen und ethischen Über-

3 Zusammenfassung zentraler Studienergebnisse

zeugungen im Unterricht transparent" machen und der eigene Unterricht „konfessionell oder von einer bestimmten Weltanschauung geprägt" sei (Kap. 6.2.1, Tabelle 14 und Tabelle 15) – religiöse Praktiken kommen demgegenüber nur „selten" bis „manchmal" zum Einsatz. Die Schüler:innen fragen demnach auch nur „manchmal" nach einer solchen Positionierung – die *Transparenz der je eigenen Ligatur* wird somit von Schüler:innen wie Lehrer:innen nur zurückhaltend eingefordert und eingebracht. Die qualitativen Befunde zeigen ergänzend, dass beim längeren Nachdenken über die Präsenz der eigenen religiös-weltanschaulichen Haltung im Unterricht die Lehrenden vielfältige Ebenen benennen können, auf denen ihre Positionierung unterrichtlich relevant und z. T. sichtbar wird (Kap. 6.2.2). Insofern wird deutlich, dass neben der religiös-weltanschaulichen Heterogenität der Schüler:innen auch die religiöse Selbstverortung der Lehrenden als Einflussfaktor auf den Religionsunterricht zu gelten hat.

Lehrer:innen religionsbezogener Fächer stehen in aller Regel allein im Klassenzimmer – gemeinsames Unterrichten im Sinne des Team-Teaching ist selten, auch im konfessionell-kooperativen Religionsunterricht (Kap. 7). Lehrer:innen dieser Fächer stehen untereinander im persönlichen Kontakt – am häufigsten mit Kolleg:innen des eigenen Faches, dazu aber auch mit Kolleg:innen anderer Religionsunterrichte sowie mit Werte-und-Normen-Lehrenden. Für mehr als vier Fünftel ist zudem die *Fachgruppe/Fachkonferenz* ein wichtiges Begegnungs- und Kooperationsforum. Die Zusammenarbeit betrifft vor allem die Vorbereitung von Unterricht, den Austausch von Materialien und die Planung besonderer Veranstaltungen.

Solche Veranstaltungen können durchaus auch in den Bereich ‚*Religion im Schulleben*' fallen (Kap. 7.3): Diesbezüglich sind an Berufsbildenden Schulen vor allem Schulseelsorge und Schulsozialarbeit verbreitet, an Gymnasien Schulgottesdienste und Diakonie- bzw. Sozialpraktika, an Sekundarschulen Schulsozialarbeit, Schulnahe Jugendarbeit sowie Diakonie- bzw. Sozialpraktika, an Grundschulen Gottesdienste. Aus der Sicht der befragten Lehrenden werden diese Handlungsfelder in der Regel von einzelnen Religionslehrer:innen oder der Fachgruppe/Fachkonferenz organisiert und verantwortet, ‚Schulpastor:innen' oder schulexterne Personen sind nur selten beteiligt (Kap. 7.3, Abbildung 37).

Was die *Zukunft der religionsbezogenen Fächer* angeht, ergeben sich im Licht der ReBiNiS-Studie klare Perspektiven (Kap. 8.2): Auf große, nahezu ungeteilte Zustimmung trifft die Vorstellung, dass Religions- und Werte-und-Normen-Unterricht zukünftig gleichberechtigt nebeneinander stehen und für die Schüler:innen im Wahlpflichtmodus zur Verfügung stehen. Auch die konfessionell-kooperative Erteilung von Religionsunterricht findet mehrheitlich Zustimmung. Ob dies auch für den „gemeinsam verantworteten christlichen Religionsunterricht"[2] gilt, lässt sich zwar vermuten, jedoch nicht belegen. Die Initiative zu die-

---

[2] Details siehe https://www.religionsunterricht-in-niedersachsen.de/christlicherRU/cru (Zugriff am 11.12.2022).

ser Neuordnung wurde im Mai 2021 öffentlich – knapp zu spät, um sie noch in die quantitative Befragung aufnehmen zu können. Ein interreligiöser Religionsunterricht findet nur eine knappe Zustimmung. Überwiegend abgelehnt wird die Umstellung auf allgemeine Religionskunde oder auch die Fusion von Religions- und Wert-und-Normen-Unterricht zu *einem* Fach im Klassenverband.

Neben diesen drei konsensualen Linien sticht ins Auge, dass sich innerhalb der Schulformen unterschiedliche Präferenzen abzeichnen: Lehrer:innen an Berufsbildenden Schulen wünschen sich überwiegend einen interreligiösen Religionsunterricht, Lehrer:innen an Gesamtschulen sind – im Vergleich der Schulformen – am ehesten offen für Religionskunde oder ein integratives Fach aus Religions- und Werte-und-Normen-Unterricht, Lehrer:innen an Gymnasien halten am ehesten am konfessionell gegliederten Religionsunterricht fest. Die Interviewdaten bringen die qualitativen Nuancen dieses Ergebnisses und den Zwiespalt der Lehrenden in Bezug auf zukünftig gewünschte Formate religionsbezogener Bildung ans Licht (Kap. 8.3). So wird erkennbar, dass einige Lehrer:innen den expliziten Wunsch nach einem fächerverbindenden Modell religionsbezogener Bildung für alle Schüler:innen artikulieren und dabei insbesondere den Erhalt der Klassengemeinschaft im Blick haben. Allerdings möchten sie auf eine bekenntnisgebundene Ausrichtung eines solchen Unterrichts nicht verzichten, sie schätzen sowohl die explizite Beschäftigung mit religiösen Fragen als auch die transparente Positionierung der Lehrkraft als unverzichtbare Momente religionsbezogener Bildung.

Schließlich: Die zukunftsbezogenen Auskünfte der Lehrer:innen im evangelischen, konfessionell-kooperativen oder katholischen Religionsunterricht liegen – in der Fragebogenuntersuchung – in der Regel nahe beieinander. Lehrkräfte, die das Fach Werte und Normen unterrichten, geben demgegenüber z. T. deutlich anders akzentuierte Auskünfte. So plädieren knapp zwei Drittel von ihnen für die Abschaffung des Religionsunterrichts (Kap. 8.2.1). Allerdings fallen die Differenzen alles in allem moderat aus – was nicht zuletzt damit zu tun haben mag, dass zwei Drittel der Werte-und-Normen-Lehrer:innen in Niedersachsen fachfremd qualifiziert sind: Nicht selten handelt es sich ihrerseits um ausgebildete Religionslehrer:innen.

Ein Blick auf die Initiative zum Christlichen Religionsunterricht (CRU) in Niedersachsen ließ sich nur über die Interviewstudie einholen (zu den Gründen s. o.). Zentrale Befunde sind der geringe Kenntnisstand der Lehrenden bezüglich der Initiative zum Zeitpunkt der Erhebung (1. Schulhalbjahr 2021/22) sowie die Einschätzung vieler BBS-Lehrer:innen, dass sich die unterrichtspraktischen Konsequenzen des Modells vor allem im Wegfall bürokratischer Vorgänge zeigen werden und der geplante CRU sich ansonsten als (zu kurz gedachte) Weiterentwicklung des konfessionell-kooperativen Religionsunterrichts darstelle.

Insgesamt zeichnet die ReBiNiS-Studie somit ein deutliches Bild dessen, welche Konstellationen (Religions-)Lehrer:innen als herausfordernd wahrnehmen und mit welchen didaktischen und kollaborativen, aber eben auch organisatori-

3 Zusammenfassung zentraler Studienergebnisse

schen Instrumenten sie darauf reagieren. Als ein entscheidender Differenzmarker erweist sich dabei die Schulform bzw. -stufe, an der (Religions-)Lehrer:innen arbeiten: Grundschule, (nicht-gymnasiale) Sekundarschule, Gymnasium und Berufsbildende Schule sind als Handlungsräume deutlich unterscheidbar. Faktoren wie Konfession, Geschlecht und Alter sind demgegenüber weniger bedeutsam für das berufliche Präferenzrepertoire.

4 Schulorganisatorische Gestaltung von religionsbezogenem Unterricht

Die Studie „Religionsbezogene Bildung in Niedersächsischen Schulen" (ReBiNiS) untersucht die organisatorische und didaktisch-methodische Ausgestaltung des sog. religionsbezogenen Unterrichts. Darunter fallen nach unserem Verständnis zum einen die Spielarten des Religionsunterrichts unter Berufung auf Art. 7.3 GG (also evangelischer, römisch-katholischer, islamischer, jüdischer, alevitischer und orthodoxer Religionsunterricht sowie der konfessionell-kooperative Religionsunterricht [kokoRU]), zum anderen aber Fächer, die Religion aus einer nicht-konfessionellen Perspektive behandeln, in erster Linie Werte und Normen, daneben auch Philosophie[1]. Die Annahme, von der das Forschungsprojekt ausging, lautete: Die organisatorische und didaktisch-methodische Landschaft des religionsbezogenen Unterrichts ist vielgestaltiger als es die Rechtslage und die ministerielle Unterrichtsstatistik erwarten lassen. Näherhin ist die organisatorische Gestaltung religionsbezogenen Unterrichts abhängig von diversen, z. T. schulspezifischen Faktoren. Einen wichtigen differenzierenden Faktor stellt ausweislich des religionspädagogischen Diskurses die Schulform dar, die den pädagogischen Rahmen für die vielfältigen Formen von religionsbezogenem Unterricht schafft und die Zusammensetzung der Lerngruppe in erheblichem Maße mitbestimmt.[2]

Im folgenden Kapitel werden die Formen von religionsbezogenem Unterricht, die wir mit Hilfe quantitativer Verfahren erheben konnten, deshalb insbesondere in Relation zur Schulform dargestellt. Hier wird neben Formen von Religionsunterricht auch das Vorhandensein der Fächer Werte und Normen sowie (Praktische) Philosophie abgebildet, um ein umfassendes Bild religionsbezogener Bildung in niedersächsischen Schulen zu zeichnen. Eine besondere Unterrichtsform, der Religionsunterricht im Klassenverband, wurde mit Hilfe der qualitativen Tiefenbohrung in Form von Interviews genauer bestimmt. In deren Auswertung findet insbesondere die Frage, was Lehrende unter „Religionsunter-

---

[1] Die Fachbezeichnung „Praktische Philosophie" gibt es in Niedersachsen eigentlich nicht, hier heißt das Fach offiziell lediglich „Philosophie", mit „Praktischer Philosophie" als zugehörigem Lernfeld. Da Lehrkräfte diese Bezeichnung ggfls. aus anderen Bundesländern übernommen haben, wurde im Fragebogen (Frage 12) trotzdem nach „(Praktischer) Philosophie" gefragt.

[2] Vgl. Bernd Schröder/Michael Wermke (Hg.), Religionsdidaktik zwischen Schulformspezifik und Inklusion. Bestandsaufnahmen und Herausforderungen, Leipzig 2013.

richt im Klassenverband" verstehen und wie dieser in der Praxis ausgestaltet wird, Beachtung. Thematisch anschließend an diese Bestandsaufnahme religionsbezogener Unterrichtsformate liegt der Fokus auf der Beurteilung und Begründung eines gemeinsamen oder getrennten Religionsunterrichts vonseiten der Lehrer:innen. Schließlich kommen Herausforderungen zur Darstellung, welche sich in einem besonderen Format, nämlich dem Religionsunterricht im Klassenverband, ergeben.

Da sich der Umgang mit Pluralität lehrkräfteübergreifend als eine der Hauptaufgaben im religionsbezogenen Schulalltag herauskristallisierte, wird in Kapitel 5 zunächst die Heterogenität der Schüler:innen im religionsbezogenen Unterricht näher bestimmt. Kapitel 6 widmet sich sodann den Einstellungen der Lehrenden und ihren Strategien im Umgang mit Pluralität.

4.1 Formen von religionsbezogenem Unterricht – ein quantitativer Überblick

Das nachfolgende Kapitel gibt einen Überblick über die quantitativen Ergebnisse der Umfrage in Bezug auf die organisatorische Gestaltung religionsbezogenen Unterrichts. Betrachtet werden zum einen verschiedene Organisationsformen des Religionsunterrichts (konfessioneller Religionsunterricht, konfessionell-kooperativer Religionsunterricht und Religionsunterricht im Klassenverband), zum anderen das Fach Werte und Normen. Auch das Vorhandensein von (Praktischer) Philosophie als zusätzlichem Wahlfach zu bestehendem religionsbezogenem Unterricht wird ausgewertet. Vertiefende Analysen für den Religionsunterricht im Klassenverband liefern die Interviewdaten.

4.1.1 Religionsunterricht – konfessionell gegliedert und konfessionell-kooperativ

Da bereits in den Pretests Lehrer:innen die Rückmeldung gaben, dass sie in verschiedenen Unterrichtsformaten unterrichten, konnte die Frage nach dem Religionsunterrichtsformat nicht als Entweder-oder-Frage konzipiert werden. Um die Art des Religionsunterrichts so realistisch wie möglich zu erfassen, wurde die Frage mit Mehrfachantwort konzipiert. Tatsächlich geben etwa 10 % der Lehrkräfte an, dass an ihrer Schule Religionsunterricht in unterschiedlichen Formaten stattfindet.

Dabei sticht ein Befund besonders deutlich hervor: 73,2 % der von uns befragten Lehrer:innen geben an, an ihrer Schule Religionsunterricht in Form des konfessionell-kooperativen Unterrichtsformats zu erteilen. Dieses Ergebnis weicht, ungeachtet mancher Unschärfen, deutlich von den Daten der Schulstatistik ab. Diesen zufolge ergibt sich ein Anteil von 37,6 % der Schüler:innen im Schuljahr 2020/21 (36,4 % im Vorjahr), welche am konfessionell-kooperativen Religionsunterricht teilnehmen.[3] Diese Zahl deckt sich nicht mit unserem Ergebnis, nach dem etwa zwei Drittel der Lehrer:innen angeben, dass Religionsunterricht hauptsächlich konfessionell-kooperativ unterrichtet wird.[4]

An etwas mehr als einem Drittel der Schulen wird entweder ausschließlich oder zusätzlich zum konfessionell-kooperativen Religionsunterricht in konfessionell getrennten Lerngruppen Religion unterrichtet.

Tabelle 1

Wie wird Religionsunterricht an Ihrer Schule hauptsächlich unterrichtet?

	n	%
Konfessioneller RU in getrennten Lerngruppen	361	36,8
Konfessionell-kooperativer Religionsunterricht	719	73,2
Kein Religionsunterricht	33	3,4

Anmerkung N=982; Mehrfachantworten möglich

Die Quote der Schulen, die keinen Religionsunterricht anbieten, ist klein – doch ausweislich unseres Samples wird immerhin an etwa jeder 30. Schule kein Religionsunterricht erteilt. Diese sind vor allem Ober- und Förderschulen (s. Abbildung 12).

Bei der Verteilung der Arten von Religionsunterricht an den verschiedenen Schulformen fallen deutliche Unterschiede auf. Der höchste Anteil konfessionell-kooperativen Religionsunterrichts findet sich an den Berufsbildenden Schulen: Hier geben 95,9 % der Lehrkräfte an, dass Religion an ihrer Schule hauptsächlich in dieser Form unterrichtet wird. Deutlich seltener hingegen wird dort in konfessionell getrennten Lerngruppen unterrichtet (10,3 %); etwa 5 % der Berufsschullehrer:innen geben beide Formen gleichwertig an. Demgegenüber

---

[3] Niedersächsisches Kultusministerium, Die Niedersächsischen Allgemeinbildenden Schulen. Zahlen und Grafiken, 2022, S. 9, https://www.mk.niedersachsen.de/startseite/service/statistik/die-niedersaechsischen-allgemein-bildenden-schulen-in-zahlen-6505.html (Zugriff am 15.08.2022).

[4] Die Diskrepanz zu den von uns erhobenen Daten lässt sich unterschiedlich erklären. Zunächst wurde von uns die (vorherrschende) Form des Religionsunterrichts an den Schulen erfasst und nicht, wie viele Schüler:innen den Unterricht besuchen. Die Daten sind zwar in Beziehung zueinander zu setzen, sind aber nicht direkt vergleichbar und können so zu den genannten Unstimmigkeiten führen. Darüber hinaus wurde in unserer Umfrage nur ein Teil der religionsbezogenen Lehrkräfte in Niedersachsen freiwillig befragt, während bei der Schulstatistik davon auszugehen ist, dass die Daten aller Schulen verpflichtend erhoben wurden. Zudem wurde während der Corona-Pandemie die Anmeldungspflicht des konfessionell-kooperativen Religionsunterrichts ausgesetzt. Die große Diskrepanz der Daten lässt sich damit jedoch noch nicht abschließend klären.

4.1 Formen von religionsbezogenem Unterricht

unterrichten am Gymnasium 58,9 % der Lehrenden (auch) konfessionell-kooperativ, der konfessionelle Religionsunterricht dominiert hier mit 65 %. Auf den ersten Blick mögen die Prozentzahlen sich widersprechen, sie zeigen allerdings, dass an manchen Gymnasien Religion sowohl konfessionell getrennt als auch konfessionell-kooperativ unterrichtet wird. Insgesamt kann die Schulform als ein entscheidender Faktor für die Art, wie Religion unterrichtet wird, identifiziert werden. Als eindeutiges Ergebnis kann festgehalten werden: Der konfessionell-kooperative Religionsunterricht überwiegt schulformübergreifend – mit Ausnahme des Gymnasiums – deutlich gegenüber dem konfessionellen Religionsunterricht, und das gemeinsame Unterrichten mehrerer Konfessionen gewinnt an Bedeutung.

Manche Lehrer:innen können allerdings kein überwiegendes Religionsunterrichtsformat angeben. Bereits in den Pretests hatten Lehrer:innen davon berichtet, dass der Religionsunterricht an ihrer Schule in verschiedenen Formen stattfindet, wobei die Klassenstufe den entscheidenden Faktor für das gewählte Format darstellt.

Während in der Sekundarstufe I häufig konfessionell-kooperativ unterrichtet wird, gibt es in der Sekundarstufe II einen konfessionell getrennten Religionsunterricht. Diese Beobachtung kann erklärend herangezogen werden, um den großen Anteil von konfessionell getrenntem Religionsunterricht an Gymnasien zu erklären.

Abbildung 12

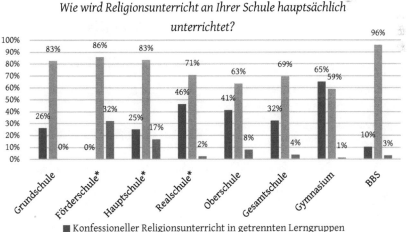

Anmerkung Grundschule (n=321), Oberschule (n=126), Gesamtschule (n=108), Gymnasium (n=243), BBS (n=97), *niedrige Grundgesamtheit für Förder- (n=28), Haupt- (n=12) und Realschulen (n=41); Mehrfachantworten möglich

Da sowohl im konfessionell-kooperativen als auch im konfessionell evangelischen Religionsunterricht oft Schüler:innen aller Konfessionen und Religionen unterrichtet werden, stellt sich die Frage, wie der Begriff der Konfessionalität von den unterrichtenden Lehrer:innen verstanden wird. Was kennzeichnet für sie eine weltanschauliche oder konfessionelle Bindung des Unterrichts? Im Mehrfachantwortset wird zwar die Beschäftigung mit spezifisch konfessionellen Themen im Unterricht als wichtigster Indikator für Konfessionalität genannt, über zwei Drittel der Lehrenden halten allerdings die Förderung eines konstruktiven Umgangs mit Pluralität für ein wichtiges Kennzeichen (s. Abbildung 13). Es erstaunt, welch geringe Rolle der Konfessionalität der Lehrkraft und dem Bezug auf Kirche bzw. ihre Verlautbarungen zugeschrieben wird. Diese klassischen Kennzeichen von Konfessionalität scheinen für die Lehrer:innen religionsbezogener Fächer nicht zwangsläufig Indikatoren für einen konfessionellen Unterricht zu sein.

Abbildung 13

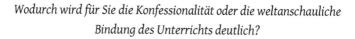

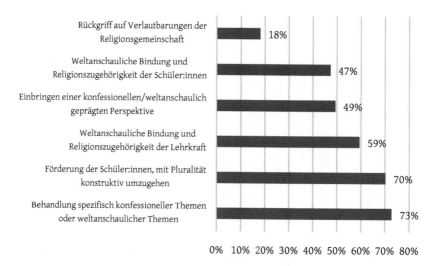

Anmerkung N=957; Mehrfachantworten möglich

Für die Beurteilung verschiedener Kennzeichen von Konfessionalität scheint vor allem das Unterrichtsfach der religionsbezogenen Lehrer:innen von Bedeutung (s. Abbildung 14). Lehrkräfte, die Evangelische oder Katholische Religion unterrichten, messen manchen Kennzeichen von Konfessionalität einen höheren Stellenwert zu als Lehrende in anderen Formaten religionsbezogenen Unterrichts. Über 80 % der Lehrer:innen mit dem Fach Evangelische Religion halten

4.1 Formen von religionsbezogenem Unterricht

die Behandlung spezifisch konfessioneller Themen für ein Kennzeichen von Konfessionalität (81,2 %). An zweiter Stelle sehen sie sowohl den Umgang mit Pluralität als auch die Bindung der Lehrkraft mit 68,3 %. Katholische Lehrkräfte geben die Konfession oder Religion der Lehrkraft mit 68,5 % noch vor dem Umgang mit Pluralität (64 %) als wichtiges Merkmal eines konfessionellen Unterrichts an.

Während es im Vergleich der Fächer Katholische und Evangelische Religion somit graduelle, aber keine prinzipiellen Unterschiede in der Gewichtung der Kennzeichen von Konfessionalität gibt, weichen Lehrende mit dem Fach Werte und Normen stark von denen anderer Unterrichtsfächer ab. So geben hier beispielsweise mit 34,4 % nur halb so viele Lehrer:innen an, dass die weltanschauliche Bindung oder Religionszugehörigkeit der Lehrkraft ein Kennzeichen für Konfessionalität ist.

Abbildung 14

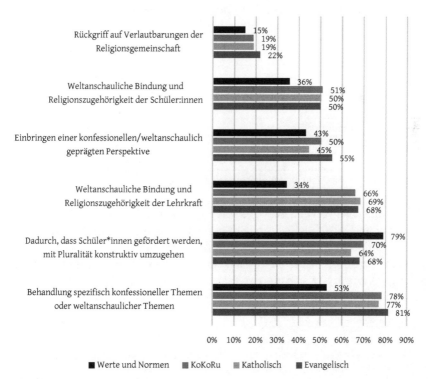

Kennzeichen von Konfessionalität oder weltanschaulicher Bindung spezifiziert nach Unterrichtsfächern

Anmerkung Evangelisch (n=485) Katholisch (n=143); kokoRU (n=367); Werte und Normen (n=247); Mehrfachnennungen möglich

4.1.2 Fächer neben dem Religionsunterricht – Werte und Normen und Philosophie

Neben dem Religionsunterricht bestehen insbesondere an den weiterführenden Schulen Angebote für Schüler:innen, welche sich vom Religionsunterricht selbst abmelden oder von ihren Eltern abgemeldet werden (s. Einleitung). Zwar besteht diese Möglichkeit zur Abmeldung auch an Grundschulen, das Angebot eines parallel unterrichteten Faches ist jedoch noch nicht flächendeckend etabliert. In Niedersachsen kann – sofern angeboten – das Fach Werte und Normen alternativ zu einem Religionsunterricht gewählt werden (s. Einleitung). Darüber hinaus besteht die Möglichkeit, Philosophie als Wahlpflichtfach zu wählen. Im Fragebogen hatten die Lehrer:innen die Möglichkeit, mehrere Antworten zu geben, falls an ihrer Schule sowohl (Praktische) Philosophie[5] als auch Werte und Normen angeboten wird.

Wie in der Tabelle 2 veranschaulicht, geben knapp zwei Drittel der Lehrenden (63,1 %) an, dass an ihrer Schule das Fach Werte und Normen erteilt wird; an etwa jeder zehnten Schule (8,5 %) wird auch das Fach Philosophie angeboten. Etwas mehr als ein Drittel der Lehrenden gibt an, dass es an der Schule keine Alternative zum Religionsunterricht gebe.

Tabelle 2

Vorhandensein Werte und Normen und Philosophie		
	n	%
Werte und Normen	620	63,1
Philosophie	83	8,5
Keine	352	35,9
Anmerkung N=982; Mehrfachantworten möglich		

Philosophie wird von den Befragten oft zusätzlich zu Werte und Normen angegeben und fast ausschließlich an der Gesamtschule sowie am Gymnasium unterrichtet.[6] So geben knapp 28 % der Lehrkräfte an Gymnasien und 11,1 % an Gesamtschulen an, dass ein solches Fach bei ihnen unterrichtet wird. Diese relativ niedrige Quote ergibt sich aus der Tatsache, dass für das Fach Philosophie nur für die Sekundarstufe II curriculare Vorgaben bestehen. Das Fach kann dort zu-

---

[5] Die Fachbezeichnung „Praktische Philosophie" gibt es offiziell – anders als in Nordrhein-Westfalen – in Niedersachsen nicht, hier heißt das Fach lediglich „Philosophie" und wird in den weiteren Ausführungen dieser Studie auch so bezeichnet.
[6] Dies kann bedeuten, dass beide Fächer an einer Schule parallel unterrichtet werden. Oder das Fach könnte in der Sekundarstufe II als Philosophie bezeichnet werden, während es in der Sekundarstufe I noch Werte und Normen heißt.

4.1 Formen von religionsbezogenem Unterricht

sätzlich zu einem anderen religionsbezogenen Fach gewählt werden.[7] Die Existenz des Faches korreliert entsprechend mit dem Vorhandensein eines Oberstufenzweiges.

Ähnlich verhält es sich mit dem Fach Werte und Normen an der Grundschule: Auch hier fehlt häufig noch ein entsprechendes Angebot. Dies lässt sich hauptsächlich damit erklären, dass das Fach erst 2017/2018 als Pilotprojekt an ausgewählten Grundschulen eingeführt wurde.[8] In den anderen Schulformen fehlt das Angebot nur sehr selten. Von den Lehrer:innen, die das Fehlen eines Alternativangebotes zum Religionsunterricht angeben, unterrichten 84,4 % an der Grundschule. Die Abbildung 15 nimmt die Lehrenden, an deren Schule es kein weiteres Fach neben dem Religionsunterricht gibt, als Grundgesamtheit und bestimmt, wie sich diese auf die verschiedenen Schulformen verteilt. Wie sich das Fehlen des Faches an anderen Schulformen erklärt, lässt sich anhand der quantitativen Daten nicht erkennen. An dieser Stelle sei allerdings auf die Daten zum Qualifikationshintergrund der Lehrkräfte verwiesen. Nur ein Drittel der Werte-und-Normen-Lehrer:innen ist in diesem Fach auch über ein Hochschulstudium und Referendariat ausgebildet, die restlichen Werte-und-Normen-Lehrenden unterrichten entweder fachfremd oder sind ausgebildete Religionslehrer:innen.[9] Es wird also ein Mangel an fachlich ausgebildeten Werte-und-Normen-Lehrkräften deutlich, der ein Grund für das Fehlen des Faches sein kann.

Abbildung 15

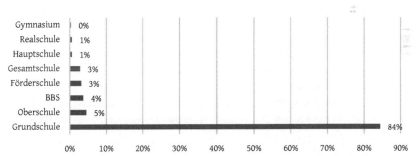

Antwort: Keine Alternative zum RU aufgeschlüsselt nach Schulform

Anmerkung Insgesamt (n=352); Grundschule (n=297), Oberschule (n=16), Gesamtschule (n=10), Gymnasium (n=1), BBS (n=13), Förder- (n=11), Haupt- (n=2) und Realschulen (n=2)

---

[7] Vgl. Bildungsportal Niedersachsen, Religions- und Ethikfächer > Philosophie, https://bildungsportal-niedersachsen.de/allgemeinbildung/unterrichtsfaecher/philosophische-faecher/philosophie-sek-ii (Zugriff am 25.05.2022).

[8] Vgl. Niedersächsisches Kultusministerium, Werte und Normen soll 2025 ordentliches Unterrichtsfach an Grundschulen werden (16.06.2020), https://www.mk.niedersachsen.de/startseite/aktuelles/presseinformationen/werte-und-normen-soll-2025-ordentliches-unterrichtsfach-an-grundschulen-werden-182148.html (Zugriff am 02.11.2021).

[9] Siehe auch: Aufschlüsselung der Qualifikation im Fach Werte und Normen und Kapitel 2.2.

Bereits in den Pretests wurde von einer Religionslehrkraft einer Gesamtschule angemerkt, dass es aufgrund des fehlenden Personals keine Alternative zum Religionsunterricht gebe. In den Interviews äußern sich Berufsschullehrer:innen ebenfalls in diese Richtung: „Werte und Normen haben wir nicht, weil wir haben keinen Kollegen, keine Kollegin für Werte und Normen" (I02.1, BBS, Pos. 16).[10]

Die Abbildung 16 zeigt, wie hoch der prozentuale Anteil der Lehrenden ist, die Werte und Normen als vorhandenes Alternativangebot angeben. Die Grundgesamtheit für die Berechnungen bilden jeweils die Lehrer:innen der einzelnen Schulformen. Die prozentualen Angaben (wie 7,4 % an der Grundschule) bestimmen also den Anteil des Vorhandenseins von Werte und Normen *innerhalb* der Schulformen. Beim Vergleich der Schulformen wird deutlich, dass an fast allen Gymnasien das Fach Werte und Normen unterrichtet wird. An den Schulformen Realschule, Oberschule, BBS, Gesamtschule und Hauptschule geben zwischen 83,3 % und 92,7 % der Lehrer:innen an, dass Werte und Normen als Fach existiert. Darunterliegende Werte finden sich an Förderschulen, hier ist allerdings die Grundgesamtheit in der Umfrage sehr niedrig und daher nicht repräsentativ (n=28). Zudem geben nur 7,4 % aller Grundschullehrer:innen das Bestehen des Faches an. Dies deckt sich mit der Aufschlüsselung des Nichtvorhandenseins eines Alternativangebotes zum Religionsunterricht in Abbildung 15.

Abbildung 16

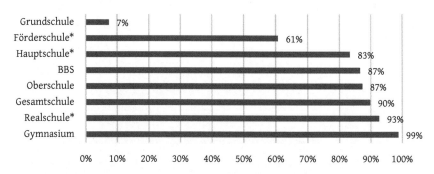

Anmerkung Insgesamt (N=978); Grundschule (n=323), Oberschule (n=126), Gesamtschule (n=108), Gymnasium (n=243), BBS (n=97), *niedrige Grundgesamtheit Förder- (n=28), Haupt- (n=12) und Realschulen (n=41)

---

[10] Ähnlich auch I05: „Wir haben kein Werte und Normen. // Nein, wir haben / wir haben eine Werte-und-Normen-Lehrkraft mit Fakultas, die ist im Sabbatjahr. Die deckt sonst, weil sie, glaube ich, auch unsere einzige Französischlehrkraft ist, deckt sie das BG ab und das war's." (I05, BBS, Pos. 10). Beide Textpassagen sind der Kategorie *Schulorganisatorischer Gestaltungsrahmen des RUs > Begründungen für RU im Klassenverband > Schulorganisatorische Begründungen für RU im Klassenverband > Lehrkräftemangel* zuzuordnen (vgl. die Übersicht über das Kategoriensystem im Anhang A03).

4.1.3 „Religionsunterricht im Klassenverband"

Neben den bereits betrachteten Religionsunterrichtsformaten besteht noch eine weitere Möglichkeit, Religion zu unterrichten, die sich rechtlich mindestens in einem Graubereich bewegt: der religiös und weltanschaulich integrative Unterricht im Klassenverband.

Als „Religionsunterricht im Klassenverband" wurde bei der Konzeption der Fragebogenuntersuchung ein Unterricht bezeichnet, an dem alle Schüler:innen der Klasse ohne Differenzierung nach Konfession oder Religion gemeinsam teilnehmen. Grund hierfür war der Bericht einer Gesamtschullehrkraft in den Pretests über ein gemeinsames religionsbezogenes Fach für alle Schüler:innen, das an ihrer Schule unter der Bezeichnung „GWR = Gesellschaft, Werte und Normen, Religion" firmiert. Dies decke sowohl den Religions- als auch den Werte-und-Normen-Unterricht ab und führe praktisch dazu, dass es keine Wahlmöglichkeit mehr zwischen den beiden Fächern und stattdessen einen Unterricht im Klassenverband gebe. Um den gemeinsamen Unterricht im Klassenverband zu erfassen, konnten wir in dieser Umfrage nur nach dem Vorhandensein eines solchen Religionsunterrichts fragen. Es war aber nicht möglich, die konkrete Ausgestaltung quantitativ zu beforschen (wie beispielsweise die Fachbezeichnung, die Unterrichtsorganisation oder die verantwortlichen Fachlehrer:innen). Denn: Modelle wie das oben beschriebene Fach „GWR" sind rechtlich nicht vorgesehen bzw. nicht zulässig und durften daher nicht in der Umfrage adressiert werden, obwohl diese Fachkonstellationen in der Schulpraxis mutmaßlich existieren. Da die Landesschulbehörde, der diese Befragung zur Genehmigung vorlag, keine Fragen zu rechtlich unzulässigen Formaten erlaubte, war es leider grundsätzlich nicht möglich, einen Unterricht im Klassenverband quantitativ umfänglich zu erfassen.

Der nicht weiter spezifizierte Unterricht im Klassenverband kann entsprechend eine Fülle an Unterrichtsformen abbilden. Auch hinter einem konfessionellen oder konfessionell-kooperativen Religionsunterricht kann sich allerdings – wenn alle Schüler:innen der Klasse an diesem teilnehmen – ein Religionsunterricht im Klassenverband verbergen.[11] Die Gründe und die Logik hinter einem religiös und weltanschaulich integrativen Unterricht im Klassenverband wurden in den Interviews erforscht (s. Kapitel 4.2.2).

Fast zwei Drittel aller Lehrenden (60,1 %) geben an, dass an ihrer Schule (auch) Religionsunterricht im Klassenverband erteilt wird (s. Tabelle 3). Auffällig ist, dass es Lehrer:innen gibt, die sowohl im Klassenverband als auch in getrennten Lerngruppen unterrichten. Das deckt sich mit der Beobachtung aus den Pretests, dass an manchen Schulen zum Beispiel die 5. und 6. Klassen gemeinsam im

---

[11] Zum vielfältigen Verständnis von ‚Religionsunterricht im Klassenverband' siehe den anschließenden Exkurs: Was heißt ‚Wir unterrichten im Klassenverband'?

Klassenverband konfessionell-kooperativ, die aufsteigenden Klassen jedoch in konfessionell-getrennten Gruppen unterrichtet werden. Dementsprechend gibt es Schulen, die Werte-und-Normen-Unterricht erst ab der 7. Klasse anbieten. Das ermöglicht die Gleichzeitigkeit von Unterricht im Klassenverband und Unterricht in getrennten Lerngruppen an einer Schule.

Tabelle 3

Wird bei Ihnen Religionsunterricht im Klassenverband unterrichtet?

	N	%
Ja, weil [Freifeld]	590	60,1
Nein, es gibt keinen RU im Klassenverband	405	41,2

Anmerkung N=982; Mehrfachantworten möglich

Ob Lehrkräfte im Klassenverband unterrichten, ist signifikant abhängig von der Schulform (Korrelation -0,341** nach Pearson), wie Abbildung 17 veranschaulicht. Vor allem die Grundschullehrer:innen geben mehrheitlich an (87,3 %), dass sie Religionsunterricht im Klassenverband unterrichten. Dies lässt sich zum einen mit dem Fehlen des Faches Werte und Normen erklären, zum anderen auch mit dem Anspruch des sozialen Lernens innerhalb der Klasse und dem Fördern einer Klassengemeinschaft, wie durch die Auswertungen des Freifeldes zu den Gründen von Religionsunterricht im Klassenverband deutlich wird.[12] Fast drei Viertel der Gymnasiallehrer:innen geben an, Religion größtenteils nicht im Klassenverband zu unterrichten. Diese Beobachtung korreliert wiederum mit der Verteilung der Werte-und-Normen-Lehrer:innen auf die Schulformen: Hier geben 31,9 % der befragten Werte-und-Normen-Lehrkräfte an, am Gymnasium zu unterrichten.

Im Falle der Berufsbildenden Schulen gibt zwar ein Großteil der Lehrenden das Vorhandensein des Faches Werte und Normen an (86,6 %), dennoch wird sogar hauptsächlich im Klassenverband unterrichtet (88,5 %). Diese beiden Auskünfte sind nur dann kompatibel, wenn in den verschiedenen Schulformen unter dem Dach der „Berufsbildenden Schulen" unterschiedliche Fachkonstella-

---

[12] Vgl. exemplarisch die folgenden Ausführungen zweier Grundschullehrer:innen: Ja, es wird Religion im Klassenverband unterrichtet, weil... „Christliche Inhalte gut mit Sozialformen/Sozialtraining/Werten verbunden werden können." (SB03_02a, GS Gründe Klassenverband, Pos. 8); „insbesondere in der ersten und zweiten Klasse das Fach Religion mit seinen Themen eine besondere Chance birgt, die Kinder zu einer Klassengemeinschaft zusammenwachsen zu lassen" (SB03_02a, GS Gründe Klassenverband, Pos. 41). Die Stellennachweise der Textbeispiele aus den Freifeldern sind wie folgt zu lesen: Itembezeichnung im Fragebogen (hier: SB03_02a), Schulform und inhaltliche Bezeichnung des Freifeldes (hier: GS = Grundschule Gründe Klassenverband), Zeilennummer der auszuwertenden Datei in MAXQDA (hier: Pos. 8 bzw. 41).

4.1 Formen von religionsbezogenem Unterricht

tionen gepflegt werden[13] oder wenn der Unterricht im Klassenverband von den Lehrenden als ein Unterricht verstanden und gestaltet wird, der sowohl den Anliegen des Religions- als auch den Anliegen des Werte-und-Normen-Unterrichts genügt.

Abbildung 17

Wird bei Ihnen Religionsunterricht im Klassenverband unterrichtet?

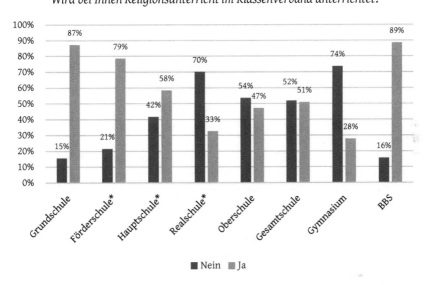

*Anmerkung Insgesamt (N=974); Grundschule (n=323), Oberschule (n=125), Gesamtschule (n=108), Gymnasium (n=242), BBS (n=96), *niedrige Grundgesamtheit Förder- (n=28), Haupt- (n=12) und Realschulen (n=40)*

---

[13] Vgl. I11, I07, I06, I05, I04. Exemplarisch sei hier auf die Aussage von Frau Kaiser (BBS) verwiesen, die die komplexe Lage an ihrer Schule erläutert: „Konkret unterrichte ICH am beruflichen Gymnasium und in der Fachoberschule. Da ist es so, dass es einerseits Religionsunterricht gibt und andererseits Werte und Normen und die Schülerinnen und Schüler sich entscheiden können. [...] Wir haben aber auch andere Schulformen, also klassisch Berufsschule zum Beispiel [...]. Da haben die [sc. Schüler:innen] Religionsunterricht im Klassenverband und faktisch keine Wahl. Also sie haben natürlich das Recht, sich abzumelden, aber es gibt kein Alternativfach, das die Schule anbieten könnte. Außerdem haben wir eine Berufsfachschule Sozialpädagogik [...]. Da gibt es auch jeweils nur Religionsunterricht im Klassenverband. Also das ist unter/ wir sagen das ist unterschiedlich. Berufliches Gymnasium, Fachoberschule als die eine Variante mit der Wahlmöglichkeit und dem Alternativfach und die anderen Schulformen, entweder haben sie keinen Religionsunterricht, dann aber auch kein Werte und Normen oder sie haben Religionsunterricht im Klassenverband." (I04, BBS, Pos. 2).

Exkurs: Was heißt ‚Wir unterrichten Religion im Klassenverband'?

Es wurde bereits dargestellt, dass die Teilnehmenden der Fragebogenuntersuchung nur eingeschränkt nach der Praxis eines klassenverbandlichen Unterrichts befragt werden konnten. Konkret sah der entsprechende Abschnitt so aus:

„Wird bei Ihnen Religion im Klassenverband unterrichtet?"
[ ] Nein, es gibt keinen Religionsunterricht im Klassenverband
[ ] Ja, weil:

Die Auswertung des Freifeldes brachte nicht nur diverse Gründe für einen Religionsunterricht im Klassenverband hervor (s. Kapitel 4.2.2). Zudem wurde deutlich, dass das Verständnis von Klassenverband variiert und unter den Befragten mitnichten einheitlich ist.

Auf der einen Seite zeigt sich ein Verständnis von Klassenverband, das von einem gemeinsamen Religionsunterricht aller Schüler:innen einer Klasse ausgeht, weil keine weiteren Fächer angeboten bzw. nachgefragt werden. Dieses Verständnis zeigt sich in der Benennung schulorganisatorischer Gründe für einen Religionsunterricht im Klassenverband. So antwortet eine Grundschullehrkraft: Ja, es wird Religionsunterricht im Klassenverband unterrichtet, weil „zuwenige SuS der anderen Konfessionen vorhanden sind, um einen getrennten Reli-Unterricht anbieten zu können." (SB03_02a, GS Gründe Klassenverband, Pos. 120). Eine exemplarische Antwort einer Berufsschullehrkraft lautet: Ja, es wird Religionsunterricht im Klassenverband unterrichtet, weil „Werte und Normen nicht zusätzlich angeboten werden kann" (SB03_02a, BBS Gründe Klassenverband, Pos. 54). Diese Antworten bilden das bei der Konzeption des Fragebogens zugrunde gelegte Verständnis von Klassenverband ab.

Auf der anderen Seite gibt es nicht wenige Stimmen, die als Begründung für die Erteilung des Religionsunterrichts im Klassenverband angeben, dass die Anzahl der Schüler:innen, die Religion als Unterrichtsfach belegen, groß genug sei, um Religion im Klassenverband zu unterrichten: z. B., weil „Schüler überwiegend Religion wählen." (SB03_02a, Gym Gründe Klassenverband, Pos. 13). Oder noch expliziter: weil „Ersatzfach Werte und Normen nur partiell angewählt wird und die Gruppen parallel zum Reli-Unterricht unterrichtet werden" (SB03_02a, Gym Gründe Klassenverband, Pos. 27). Hier zeigt sich also ein Verständnis von klassenverbandlichem Religionsunterricht, welches das Vorhandensein eines Alternativangebotes wie Werte-und-Normen-Unterricht nicht grundsätzlich ausschließt. Im Verständnis einiger Lehrer:innen besteht ein Klassenverband auch dann noch, wenn ein Teil der Schüler:innen ein alternatives Angebot zum

4.1 Formen von religionsbezogenem Unterricht

Religionsunterricht wahrnimmt.[14] In diesem Fall scheint der Klassenverband im Gegenüber zu klassenübergreifenden Lerngruppen zu stehen.

Die aufgeführten Beispiele zeigen also, dass sich ein konzeptionelles und ein pragmatisches Verständnis von Religionsunterricht im Klassenverband unterscheiden. *In seiner konzeptionellen Lesart* geht ein Religionsunterricht im Klassenverband von der Teilnahme aller Schüler:innen einer Klasse aus, weil es – aus verschiedenen Gründen – keine weiteren Fächer gibt. *Pragmatisch verstanden* bezeichnet Klassenverband die Situation des Religionsunterrichts einer Mehrheitskonfession – sei diese nun evangelisch oder katholisch –, an dessen Seite weitere Fächer stehen, die jedoch deutlich geringere Teilnahmezahlen ausweisen und sich deshalb klassenübergreifend zusammensetzen. Der Grund, warum Lehrkräfte auch hier von ‚Religionsunterricht im Klassenverband' sprechen, könnte darin liegen, dass die Vertrautheit einer Klassengemeinschaft (selbst, wenn einige dieser Gemeinschaft fehlen) z. T. als wichtiger Faktor gelingenden Religionsunterrichts angesehen wird.[15]

Zwei Besonderheiten, die die erhobenen Daten zum Religionsunterricht im Klassenverband ausweisen, seien noch erwähnt. Beide rufen das Thema *Pluralität im Religionsunterricht* mit besonderer Kraft aufs Tableau und schildern schulorganisatorische Umgangsformen damit. Es sei allerdings explizit darauf verwiesen, dass es sich hierbei um Einzelphänomene handelt.

Das eine ist die Begründung einer Grundschullehrkraft für den Religionsunterricht im Klassenverband. Sie antwortet auf die genannte Frage: Ja, Religionsunterricht wird im Klassenverband unterrichtet, „weil es nur noch wenige christliche Kinder gibt (ca. 5–6 pro Klasse)" (SB03_02a, GS Gründe Klassenverband, Pos. 112). Die Hintergründe dieser Antwort können nur vermutet werden. „Religionsunterricht im Klassenverband" beschreibt hier augenscheinlich in

---

[14] Es genügt z. B., wenn „zur Zeit noch ca. 80 % der SuS einer Klasse am RU teilnehmen" (SB03_02a, GS Gründe Klassenverband, Pos. 79), um von einem Religionsunterricht im Klassenverband zu sprechen.

[15] Vgl. die Äußerungen einer Gymnasiallehrkraft, die den Verlust der Klassengemeinschaft sogar als Ursache für steigende Abwahlzahlen im Religionsunterricht versteht: „Das kommt ein bisschen auf die Größe dann an, aber wir haben eben keine Klassensituation. Das hatten wir vor zwanzig oder auch fünfzehn Jahren ja auch noch, dass wir eine zusätzliche Werte und Normen Gruppe hatten, die relativ klein war, und sonst hatte man eben die/ die Klasse reduziert um die Werte und Normen Schüler. Das/ Was auf jeden Fall für den Unterricht besser ist, weil man dann in einer vertrauten Situation ist. Fehlen zwar zwei, drei Schüler vielleicht, die zu Werte und Normen gegangen sind, aber man kann leichter in/ mit der Vertrautheit der Klassensituation auch über die manchmal ja sehr schwierigen und intimen Themen reden. Das ist immer so ein bisschen schwierig, wenn man jetzt so eine gemischte Gruppe ja sich erst zusammenfinden lassen muss, ne? Und/ Und für die Klassen, sage ich mal, die aufgeteilt sind, würde ich auch sagen, ist/ kann man schon die Tendenz auch ablesen, dass die Abwahl von Religion sich da verstärkt. Also weil die dann irgendwie so zersplittert sind. Die haben/ Ja. Manch/ Es gibt auch Klassen, die sind in drei Gruppen aufgeteilt. Müssen sich auf die anderen drei Klassen verteilen oder so. Das wirkt sich langfristig nicht so gut aus, würde ich sagen, ne?" (I03.1, Gym, Pos. 2).

erster Linie den Verzicht auf konfessionell gegliederten Religionsunterricht. Schulorganisatorisch spielt zudem das Fehlen des Faches Werte und Normen an Grundschulen eine Rolle.[16]

Die zweite Besonderheit ist der sogenannte ReWeNo (oder RWN) oder GWR – ein Unterricht, der Religions- und Werte-und-Normen-Unterricht zugleich ist, bzw. die Schüler:innen beider Lerngruppen gemeinsam unterrichtet: „Die Kurse sind keine reinen Religionskurse, [...] sondern das sind Religion und Werte und Normen quasi in einem Kurs zusammengelegt." (I15, KGS, Pos. 6). Es wurde bereits darauf hingewiesen, dass eine Gesamtschullehrkraft im Rahmen der Pretests zur Fragebogenuntersuchung von einem solchen Fach erzählte. Im Laufe der Interviewstudie bot sich dann die Gelegenheit, von einer weiteren Gesamtschullehrkraft Hintergründe zur Ausgestaltung dieses Unterrichtsfaches zu erfahren.[17]

Als Grund für diese Unterrichtsform nennt die unterrichtende Gesamtschullehrkraft, wie schon die oben genannte Grundschullehrkraft, die geringe Zahl christlicher Schüler:innen einer Klasse:

> „Ja, die Hauptschulklassen haben bei uns in der Regel so ja unter zwanzig Schüler und wenn ich jetzt durchgehe meine jetzigen eigenen Religionsklassen, müssten es tatsächlich von diesen zwanzig Schülern müssten, glaube ich, nur sechs Schüler eben halt christlich sein, einen christlichen Hintergrund haben oder sind so angemeldet zum christlichen Religionsunterricht und der Rest ist eben halt Werte und Normen und für sechs Schüler ist es schwer eben halt, einen extra Kurs aufzumachen" (I15, KGS, Pos. 8).

Die Schüler:innen wählen in diesem Modell also ein Unterrichtsfach – Religion oder Werte und Normen – und bekommen im Anschluss eine Note für das gewählte Fach, der Unterricht findet jedoch gemeinsam für alle Schüler:innen der Klasse statt. Unterrichtspraktisch sieht es dann so aus, dass die Schüler:innen unabhängig von ihrer Wahl mit den Materialien bzw. dem Lehrbuch beider Fächer ausgestattet werden. In kollegialer Zusammenarbeit der Fachkonferenzen Religion sowie Werte und Normen wurde nach Angabe der Lehrkraft eine tabellarische Übersicht der curricularen Vorgaben beider Fächer zusammengestellt. Für die Lehrkraft ergibt sich daraus die Herausforderung,

> „zu gucken, wie man sich da, sage ich mal, durch balanciert. (...) Das erfordert mehr Eindenken, weil wie gesagt, ich muss schon alleine nicht ein/ nur einen Arbeitsplan auf dem Schirm haben und mir angucken, sondern ich muss ja gleich zwei berücksichtigen [...] Und ich muss natürlich bei zwei Büchern reingucken und schauen, was

---

[16] Auf die noch ausstehende Einführung von Werte und Normen an Grundschulen wurde bereits in Abschnitt 4.1.2 (vgl. Anm. 8) hingewiesen.

[17] Die folgenden Zitate sind der Kategorie *Schulorganisatorischer Gestaltungsrahmen des RUs > Form des Unterrichts > RU im Klassenverband > ReWeNo* zugeordnet. Eine Übersicht über das Kategoriensystem findet sich im Anhang A03.

4.1 Formen von religionsbezogenem Unterricht

ich jetzt wie mache, das kommt auch noch dazu – also, mehr Vorbereitung am Morgen" (I15, KGS, Pos. 18).

Als Vorteil dieser Unterrichtsform beschreibt die Lehrkraft die Horizonterweiterung der Schüler:innen. Vor allem konfessionslose und muslimische Schüler:innen, die „eigentlich einen Bogen dann machen" (I15, KGS, Pos. 18) um das Thema Religion bzw. Christentum, müssten sich in diesem gemeinsamen Unterricht damit beschäftigen „und das ist dann für sie dann auch überraschend, dass sie vielleicht manche Sachen dann ja anders zu meinen wissen oder eben halt anders wahrgenommen haben als sie wirklich sind." (I15, KGS, Pos. 18). An anderer Stelle bekräftigt sie noch einmal, „dass manche Themen auch für die nicht christlichen Schüler dann einfach auch mal wichtig sind, zu erfahren und mal wichtig sind, manche Geschichten zu hören" (I15, KGS, Pos. 40). Für die christlichen Jugendlichen, welche die Lehrkraft z. T. als kirchenfern einschätzt, sei die Begegnung mit Formen gelebter Religion, wie sie sie an muslimischen Mitschüler:innen beobachten könnten, eine „Bereicherung" (I15, KGS, Pos. 18). Und für die muslimischen und jesidischen Jugendlichen einer Klasse sei es „spannend" (I15, KGS, Pos. 18), „dieses Hinterfragen oder dieses Reflektieren" (I15, KGS, Pos. 18) religiöser Inhalte mitzuverfolgen, das Ziel des Unterrichts sei. Die Lehrkraft sieht also die gegenseitige Bereicherung der Schüler:innen in den unterschiedlichen Umgangsformen mit Religion und Zugangsformen zum Glauben.

Den Zusammenhang der beiden Fächer im Unterrichtsgeschehen schildert die Lehrkraft bildlich: „Es ist so wie so eine Grenze Werte und Normen und dann macht man den Schritt quasi ins Religiöse rein" (I15, KGS, Pos. 22). Dafür brauche es nicht unbedingt eine Religionslehrkraft, aber „[w]enn die [Lehrkraft] natürlich das so [...] simpel nachklappt: ‚Ach, wir machen jetzt die goldene Regel ach und ja Gott sagt das übrigens auch.' so ganz plump gesagt, ne?, dann/ dann fehlt da so ein bisschen der Mehrwert aus meiner Sicht." (I15, KGS, Pos. 24). An ihrer Schule sei es tatsächlich so, dass ein Großteil der ReWeNo-Stunden von Religionslehrer:innen unterrichtet werde, auch wenn sie es den Werte-und-Normen-Lehrer:innen durchaus zutraue, „dass sie das gut machen können" (I15, KGS, Pos. 24).

Zusammenfassend bleibt festzuhalten, dass religionsbezogener Unterricht im Klassenverband verschiedene Ausprägungen annehmen kann. Der beschriebene ReWeNo repräsentiert dabei den verbindlichsten Grad zum Erhalt der Klassengemeinschaft. Unabhängig von ihrer Fächerwahl nehmen die Schüler:innen gemeinsam am religionsbezogenen Unterricht teil. Findet hingegen *Religions*unterricht im Klassenverband statt, haben die Schüler:innen rechtlich die Möglichkeit, diesem Unterricht fernzubleiben, auch wenn ein Alternativangebot fehlt. Pragmatisch verstanden bleibt der Klassenverband auch dann erhalten, wenn die Mehrheit der Schüler:innen einer Lerngruppe am Religionsunterricht teilnimmt und nur eine geringe Anzahl die Klassengemeinschaft für die Teilnahme an anderen Fächern verlässt.

4.1.4 Zusammenfassung: Religionsbezogene Bildung an Schulen in Niedersachsen hat vielfältige Formen

Die Fragebogenuntersuchung offenbarte, ergänzt um die qualitativen Tiefenbohrungen der Interviewstudie, ein plurales Bild der Organisationsformen religionsbezogener Unterrichtsfächer an niedersächsischen Schulen. Zunächst wurde deutlich, dass ein Großteil der befragten Lehrer:innen schon innerhalb der eigenen Schule verschiedene Formate von Religionsunterricht notierte. Als bestimmender Faktor erwies sich in diesem Fall die Klassenstufe. Ein zentraler Befund ist außerdem die hohe Anzahl der Lehrer:innen (etwa zwei Drittel), die angeben, konfessionell-kooperativen Religionsunterricht zu unterrichten. Für die Form des Religionsunterrichts erwies sich die Schulform als einflussreicher Faktor. So dominiert an Berufsbildenden Schulen eindeutig der konfessionell-kooperative Unterricht, während am Gymnasium etwas häufiger in konfessionell getrennten Lerngruppen unterrichtet wird. Darüber hinaus bleibt jedoch festzuhalten, dass der konfessionell-kooperative Religionsunterricht die präsenteste Religionsunterrichtsform darstellt.

In Bezug auf das Fach Werte und Normen kann ein schulformspezifischer Mangel konstatiert werden. In den Grundschulen wird das Fach derzeit erst etabliert, die Erhebung des Qualifikationshintergrundes derjenigen Lehrer:innen, die Werte und Normen unterrichten, verwies auf einen Mangel an ausgebildeten Werte-und-Normen-Lehrkräften. Philosophie wird an niedersächsischen Schulen als zusätzliches Wahlpflichtfach fast ausschließlich in der Oberstufe angeboten.

Als eine besondere Form religionsbezogener Bildung hat sich verschiedentlich der sog. ‚Religionsunterricht im Klassenverband' etabliert. Zwei Drittel der befragten Lehrenden lassen erkennen, dass an ihrer Schule – in der Regel als ein Format unter mehreren – Religionsunterricht im Klassenverband erteilt wird, wobei die Schulform neuerlich eine entscheidende Rolle spielt. Auch wenn dieses Format in der Fragebogenerhebung nicht näherhin zu erforschen war, wird anhand der Auswertung der Freifelder deutlich, dass das Verständnis von ‚Religionsunterricht im Klassenverband' mitnichten einheitlich ist. So sprechen einige Lehrer:innen vom Klassenverband, wenn ein weiteres Fächerangebot fehlt und deshalb alle Schüler:innen am Religionsunterricht teilnehmen. Andere Lehrende sprechen auch dann vom Klassenverband, wenn eine Minderheit der Schüler:innen diesen verlässt, um das bestehende Angebot anderer religionsbezogener Fächer wahrzunehmen. Deutlich wird an diesen Voten die bedeutende Rolle, die Lehrenden der klassenverbandlichen Gemeinschaft der Schüler:innen für den Religionsunterricht zuschreiben. Eine Besonderheit des Religionsunterrichts im Klassenverband zeigte sich in den Interviewdaten. Beim sog. ReWeNo-Unterricht werden Schüler:innen der Fächer Religion sowie Werte und Normen gemeinsam unterrichtet, bekommen allerdings fachspezifische Zeugnisnoten. Hierbei handelt es sich augenscheinlich um die verbindlichste Form zum Erhalt der Klassengemeinschaft, da eine Abmeldung vom Unterricht nicht möglich ist.

Wie eingangs angenommen, bestätigen die hier summierten Befunde die Pluralität der Unterrichtsformen religionsbezogener Bildung an niedersächsischen Schulen, die in besonderem Maße schulformspezifisch ist und sich z. T. in rechtlichen Grauzonen bewegt.

4.2 Präferenzen der Lehrenden: Gemeinsam oder getrennt Religion unterrichten?

Die verschiedenen Arten von Religionsunterricht ziehen entsprechende Konsequenzen für die Zusammensetzung der Lerngruppe nach sich. Im konfessionellen Religionsunterricht wird die Lerngruppe zwar nach Konfessionen getrennt, allerdings besteht z. B. beim konfessionell-evangelischen Religionsunterricht die Möglichkeit der Teilnahme aller Schüler:innen unabhängig von ihrer Konfession oder Religion. Auch beim konfessionell-kooperativen Religionsunterricht, der vorderhand die Differenzierung zwischen evangelischen und katholischen Schüler:innen aufgibt, besteht wie im evangelischen Religionsunterricht die Möglichkeit der Teilnahme aller. Die Präferenz der Lehrenden spielt für die Möglichkeit der Öffnung der konfessionell getrennten und kooperativ unterrichteten Lerngruppe eine entscheidende Rolle. Für gegenwärtige und zukünftige Unterrichtsgestaltung gewinnt daher die Zustimmung oder Ablehnung der Differenzierung der Lerngruppe nach Konfession oder Religion an Relevanz.

Auffällig ist, dass die Zustimmungswerte zur Differenzierung der Lerngruppen über alle religionsbezogenen Fächer hinweg recht nah beieinanderliegen (s. Tabelle 4). Die Lehrer:innen lehnen eine Differenzierung in der Regel eher ab. Die Differenzierung der Schüler:innen nach Konfessionen findet deutlich weniger Zustimmung (36,3 % stimmen einer Differenzierung gar nicht zu und 32,0 % stimmen eher nicht zu) als die Differenzierung der Schüler:innen nach Religionszugehörigkeit (21,5 % stimmen einer Differenzierung gar nicht zu und 27,4 % stimmen eher nicht zu). Bei der Differenzierung der Lerngruppe nach Religionszugehörigkeit fallen vor allem die katholischen Religionslehrer:innen auf: Im Vergleich mit den Lehrenden anderer religionsbezogener Fächer stimmen sie einer Differenzierung stärker zu (37,1 % stimmen eher zu; 25,2 % stimmen voll zu). Die anderen Lehrer:innen religionsbezogener Fächer stimmen der Differenzierung der Lerngruppe eher nicht zu oder bedienen die Mittelkategorie „weder noch".

Der Mittelwertvergleich nach Schulformen zeigt wieder deutliche Unterschiede (s. Tabelle 4). Am stärksten lehnen Berufsschullehrer:innen die Differenzierung der Lerngruppen sowohl nach Religions- als auch nach Konfessionszugehörigkeit ab. Die Werte der Berufsschullehrer:innen weisen zusätzlich mit einer vergleichsweise niedrigeren Standardabweichung eine größere Einheitlichkeit auf als die Werte anderer Schulformen oder Fächer. Kaum überraschend ist die Erkenntnis, dass die stärkste Zustimmung für die Differenzierung bei Lehrenden an Gymnasien zu finden ist, da vor allem in der Sekundarstufe II besonderer Wert auf die fachliche Differenzierung gelegt wird.

Tabelle 4

Zustimmung von Lehrkräften verschiedener Fächer und Schulformen zur Differenzierung der Lerngruppe nach Konfession und Religion

Lehrkräfte nach Fach und Schulform	Differenzierung nach Konfession MW	SD	Differenzierung nach Religion MW	SD
Evangelische Religion	2,18	1,194	2,90	1,370
Katholische Religion	2,79	1,365	3,50	1,321
KokoRU	2,04	1,151	2,72	1,379
Werte und Normen	2,12	1,130	2,54	1,346
Grundschule	2,05	1,125	2,66	1,263
Oberschule	2,21	1,195	2,94	1,435
Gesamtschule	2,02	1,257	2,77	1,477
Gymnasium	2,54	1,324	3,23	1,429
Berufsbildende Schulen	1,76	0,926	1,99	1,010
Insgesamt	2,17	1,203	2,80	1,378

Anmerkung N (Differenzierung Konf) = 967; N (Differenzierung Reli) = 969; Skalenbereich 1 = stimme ich gar nicht zu, 2 = stimme eher nicht zu, 3 = weder noch, 4 = stimme eher zu, 5 = stimme voll zu

4.2.1 Die Ausbildung der Lehrenden als Faktor ihrer unterrichtsorganisatorischen Präferenz

Bei der Betrachtung der Zustimmungswerte in Bezug auf die Qualifikation der Lehrenden werden größere Unterschiede deutlich. Lehrer:innen, die fachfremd oder mit einer Weiterqualifikation unterrichten, lehnen die Differenzierung der Schüler:innen nach Religion deutlich stärker ab als Lehrer:innen mit einem Studium und Referendariat in Evangelischer oder Katholischer Religion. 39,7 % der fachfremd unterrichtenden Lehrer:innen stimmen einer Differenzierung der Lerngruppe nach Religion gar nicht zu, 33,3 % stimmen dieser Trennung eher nicht zu; nur 3,9 % stimmen der Trennung voll zu. Bei der Trennung nach Konfessionen ist die Ablehnung sogar noch stärker: 46,3 % stimmen einer Trennung

4.2 Präferenzen der Lehrenden: Gemeinsam oder getrennt

gar nicht zu, und 35,0 % stimmen eher nicht zu; nur 2,5 % der fachfremd Unterrichtenden befürworten die Trennung der Lerngruppe voll.

Lehrende, die Evangelische Religion auf Lehramt studiert und ein Referendariat abgeschlossen haben, lassen vor allem für die Trennung der Lerngruppe nach Religionszugehörigkeit eine andere Tendenz erkennen. Zwar lehnen immer noch 18,3 % die Trennung stark und 29,9 % eher ab, allerdings stimmen ihr auch 14,6 % voll und 24,1 % eher zu. Die Trennung nach Konfessionszugehörigkeit wird jedoch zu 38,7 % stark und zu 32,4 % eher abgelehnt. Nur 3,3 % der Lehrenden stimmen einer konfessionellen Trennung voll zu; 13,9 % stimmen ihr eher zu. Insgesamt zeigt sich hier zwar eine größere Zustimmung, die Lerngruppe zu trennen, tendenziell lehnen allerdings auch evangelische Religionslehrer:innen eine Trennung eher ab. Die stärkste Zustimmung zur Trennung der Lerngruppe zeigen Lehrende, die sich mit dem Studium und Referendariat im Fach Katholische Religion qualifiziert haben. Der Trennung der Schüler:innen nach Religionszugehörigkeit stimmen 20,8 % der katholischen Lehrenden voll zu und 33,5 % eher zu. Auch in dieser Gruppe stimmen der konfessionellen Trennung 24,6 % gar nicht und 33,7 % eher nicht zu; nur 9,1 % stimmen der konfessionellen Trennung voll und 20,6 % eher zu.

Insgesamt zeigt sich sowohl fächer- und schulform- als auch qualifikationsübergreifend eine ablehnende Haltung zur konfessionellen Differenzierung der Lerngruppe. Der Differenzierung der Schüler:innen nach Religionszugehörigkeit wird insgesamt etwas eher zugestimmt. In der Konsequenz kann diese ablehnende Haltung gegenüber einer Differenzierung der Lerngruppe auf den Wunsch eines gemeinsamen Unterrichts im Klassenverband hindeuten.[18] In den quantitativen Daten ließ sich zwar das Vorhandensein eines solchen Unterrichts erfassen, allerdings wurden keine Erklärungsansätze und Argumentationsstrukturen untersucht. Um diese Lücke weiter zu beleuchten, wurde in den Interviews nach Gründen für einen gemeinsamen Unterricht gefragt.

---

[18] Zu beachten ist an dieser Stelle, dass bereits die Formulierung der Frage einen Einfluss auf das Antwortverhalten der Lehrer:innen haben kann. In der quantitativen Erhebung wurde gefragt, wie Lehrende zur Trennung der Lerngruppe stehen und nicht, wie sehr sie den religionsbezogenen Unterricht im Klassenverband befürworten. Die Betonung des Trennenden statt des Gemeinsamen könnte zu Tendenzen stärkerer Ablehnung führen. Allerdings birgt auch die Verwendung der Formulierung ‚Unterricht im Klassenverband' Schwierigkeiten, da es sich nicht mit einem einheitlichen Unterrichtskonzept übersetzen lässt.

4.2.2 Gründe für die Präferenz für gemeinsames Unterrichten

Das Interviewmaterial offenbart Begründungen für einen religiös und weltanschaulich integrativen Unterricht im Klassenverband, die (1) schulorganisatorischer und/oder (2) pädagogisch-didaktischer Art sind.[19]

(1) Schulorganisatorische Begründungen
Einen schulorganisatorischen Grund ganz allgemeiner Art formuliert eine Berufsschullehrkraft: „Wenn sich Schülerinnen und Schüler abmelden vom Religionsunterricht, müsste Ersatzunterricht angeboten werden. Es ist aufgrund der Vielzahl an ... ja ... stundenplanerischen .../ im Moment ist das nicht machbar, ist nicht leistbar" (I11.1, BBS, Pos. 10; *Organisatorisch (allg.)*). Darüber hinaus lassen sich die schulorganisatorischen Begründungen für einen Religionsunterricht im Klassenverband weiter ausdifferenzieren in die unterschiedlichen Personengruppen, die sie tangieren, und (schul-)rechtliche Vorgaben.[20] Einige Lehrer:innen nennen schüler:innenbezogene Gründe für einen gemeinsamen Religionsunterricht oder auch das punktuelle Angebot eines Werte-und-Normen-Unterrichts. Eine Lehrkraft schildert, dass an ihrer Schule per Fachkonferenzbeschluss festgelegt wurde, dass der Religionsunterricht offen sei für alle Schüler:innen. Sie begründet das pragmatisch, um das Angebot ‚Religionsunterricht' sichern zu können:

---

[19] Die Begründungen der Lehrer:innen für einen gemeinsamen Religionsunterricht wurden zur Auswertung und Systematisierung geclustert und mit Kategoriennamen versehen. Im Folgenden wird die Kategorie *Schulorganisatorischer Gestaltungsrahmen des RUs > Begründungen für RU im Klassenverband* anhand der beiden Unterkategorien *Schulorganisatorische Begründungen für RU im Klassenverband* und *Päd.-did. Begründungen für RU im Klassenverband* ausgewertet. Diese Systematisierung spiegelt sich in den Zwischenüberschriften des vorliegenden Kapitels. Im folgenden Text werden jeweils einzelne Beispiele für die jeweiligen Unterkategorien gegeben, dabei wird der Kategorienname (der vierten Gliederungsebene) an die Fundstelle der Zitate angehängt. Einen vollständigen Überblick über den Zusammenhang und die Hierarchien des Kategoriensystems liefert die Darstellung im Anhang A03.

[20] D. h. die Kategorie Schulorganisatorische Begründungen für RU im Klassenverband umfasst die folgenden sechs Unterkategorien, die an dieser Stelle zur Auswertung kommen: Organisatorisch (allgemein), SuS-Mangel, Rel.-weltanschauliche Heterogenität der SuS, Kein Widerspruch der SuS, Lehrkräftemangel und (Schul-)Rechtliche Vorgaben. Erwähnenswert ist darüber hinaus, dass auch die Kategorie Begründungen für Formen des RUs (ohne Klassenverband) zwei Unterkategorien umfasst, die ebenfalls mit SuS-Mangel(2) und Lehrkräftemangel(2) bezeichnet wurden (vgl. die Darstellung des Kategoriensystems im Anhang). Das bedeutet, dass sowohl der Mangel an entsprechenden Fachlehrkräften als auch der Mangel an Schüler:innen einer bestimmten Konfession oder Religion ein Begründungsmuster darstellt, das für die verschiedenen Formen des Religionsunterrichts zum Tragen kommt.

4.2 Präferenzen der Lehrenden: Gemeinsam oder getrennt

> „Natürlich hat das auch einfach den praktischen Hintergrund, dass uns sonst einfach auch Kinder fehlen würden. Also, wenn wir jetzt sagen würden, nein, bei uns dürfen nur christlich getaufte Kinder teilnehmen, dann hätten wir hier irgendwie pro Klasse drei Kinder vielleicht oder noch nicht mal das, und wie soll dann so ein Unterricht aussehen?" (I13, GS, Pos. 8; *SuS-Mangel*).

Aus der Praxis einer Berufsbildenden Schule schildert eine andere Lehrkraft, dass Werte-und-Normen-Unterricht schwerpunktmäßig in den Schulformen angeboten werde, in denen vermehrt nicht-christliche Schüler:innen angemeldet seien.[21] Sie rekurriert damit auf die religiös-weltanschauliche Heterogenität der Schüler:innen, die je nach Schulform variiere, als ausschlaggebendes Merkmal für das Angebot eines Werte-und-Normen-Unterrichts bzw. im Umkehrschluss für die Durchführung eines religiös und weltanschaulich integrativen Religionsunterrichts.

Eine weitere schüler:innenbezogene Argumentation findet sich in den Äußerungen zweier Lehrkräfte, die den ausbleibenden Widerspruch der Schüler:innen im Hinblick auf einen religiös und weltanschaulich integrativen Religionsunterricht hervorheben. So schildert Herr Stellreiter (BBS), dass er die Schüler:innen bei Nachfrage stets darauf hinweise, dass sie sich vom Religionsunterricht abmelden dürfen. Insbesondere die muslimischen Schüler:innen seien z. T. etwas unsicher, ihre Teilnahme am Religionsunterricht betreffend: „und ich lade immer ein und sage: ‚Guckt es euch erstmal an.' und ja, wie gesagt, bisher hat sich noch niemand abgemeldet. Die machen dann einfach mit." (I11.1, BBS, Pos. 10; *Kein Widerspruch der SuS*). Ähnliches berichtet eine Gesamtschullehrkraft von den Schüler:innen im ReWeNo:

> „von daher sind die Schüler da/ sie beschweren sich jetzt nicht und sind zum Teil auch interessiert und ich habe auch Kollegen, die erzählen auch, wenn sie dann eben halt vor allen Dingen christliche Themen bearbeiten, haben sie auch die Erfahrung gemacht, dass die Schüler meistens alle vernünftig mitmachen und jetzt nicht irgendwie gelangweilt da sitzen oder sagen, wir möchten das jetzt nicht hören" (I15, KGS, Pos. 16; *Kein Widerspruch der SuS*).

Eine weitere Gruppe, auf die sich schulorganisatorische Begründungen für einen klassenverbandlichen Religionsunterricht beziehen, sind die Lehrenden selbst. Der Hinweis auf einen Mangel an Lehrer:innen allgemein sowie an Religions- und/oder Werte-und-Normen-Lehrenden taucht vor allem in den Interviews mit Berufsschullehrer:innen auf:

> „Ja, Werte und Normen haben wir nicht, weil wir haben keinen Kollegen, keine Kollegin für Werte und Normen. Und das geht ja auch nur als Parallelangebot zu Reli und da das ja schon so knapp ist. [...] Momentan fehlen, denke ich mal, durch die

---

[21] „Klar, mit Werte und Normen sind wir etwas stärker in den Bereichen unterwegs, wo natürlich vermehrt Menschen ohne christliches Bekenntnis sind, also in der Berufsfachschule beispielsweise wird Werte und Normen angeboten, ja?" (I07.1, BBS, Pos. 19; *Rel.-weltanschauliche Heterogenität der SuS*).

ganze Schule durch zehn Lehrkräfte und dann Reli natürlich nochmal viel mehr" (I02.1, BBS, Pos. 16; *Lehrkräftemangel*).

Für die Knappheit an dieser Schule sieht die interviewte Lehrkraft die geringe Attraktivität des Standortes in der Verantwortung. Eine andere Berufsschullehrkraft beschreibt die technische Ausrichtung der Schule mit den entsprechenden „Mangelfachrichtungen" als Grund für die „chronische Mangelversorgung". Dementsprechend fehle es nicht nur an Werte-und-Normen-Unterricht, sondern auch an Religionsunterricht. Es „ist dann doch eher das/ das erste Fach, was dann häufig gestrichen wird", obgleich es „prinzipiell schon gewünscht, gewollt [ist], dass Religion unterrichtet wird" (I11.1, BBS, Pos. 6; *Lehrkräftemangel*).

Zwei Lehrende benennen darüber hinaus (schul-)rechtliche Vorgaben zur Gestaltung des Religionsunterrichts.[22] Das ist zum einen die Möglichkeit, sich vom Religionsunterricht abzumelden. Hierauf verweist Frau Kaiser (BBS): „Doch, die [Möglichkeit, sich abzumelden] gibt es natürlich. Das gehört ja zu den rechtlichen Gegebenheiten in unserem Land (lacht) und das ist ja auch gut so." (I04, BBS, Pos. 4; *(Schul-)Rechtliche Vorgaben*). Zum anderen ist es der Status des Religionsunterrichts als ordentliches Lehrfach, der für den beschriebenen ReWeNo-Unterricht zu der Notwendigkeit führt, auf dem Zeugnis der Schüler:innen entweder eine Note für das Fach Religion *oder* eine Note für das Fach Werte und Normen auszuweisen, obgleich de facto ein gemeinsames Unterrichtsfach angeboten wurde: „Und dass die das/ mit dem Zeugnis, das muss man eben so machen, also ist halt rechtlich vorgesehen. Wir können das Fach nicht [ReWeNo] nennen, auch wenn es intern [ReWeNo] heißt, aber auf dem Zeugnis geht das nicht." (I14, KGS, Pos. 9; *(Schul-)Rechtliche Vorgaben*).

(2) Pädagogisch-didaktische Begründungen
Diesen schulorganisatorischen Begründungen für einen religiös und weltanschaulich integrativen Religionsunterricht im Klassenverband stehen pädagogische und didaktische Begründungen zur Seite. Auch diese lassen sich nach ihren jeweiligen Bezugspunkten unterscheiden. So finden sich Argumente, die entweder die Entwicklung der Schüler:innen im Blick haben, vom Gegenstand des Religionsunterrichts her denken oder auf ein gelingendes gesellschaftliches Miteinander zielen. Außerdem finden sich eher allgemeinere Begründungen, die Pluralität als Bereicherung beschreiben und auf den Erhalt der Klassengemeinschaft zielen.[23]

---

[22] Hierbei handelt es sich nicht im engeren Sinne um Begründungen für einen religiös und weltanschaulich integrativen Unterricht, vielmehr werden mit dem Hinweis auf (schul-)rechtliche Vorgaben Gründe für die spezifische Ausgestaltung eines solchen Unterrichts benannt. Der Vollständigkeit halber werden auch diese Begründungen hier ausgeführt.

[23] Die Kategorie *Päd.-did. Begründungen für RU im Klassenverband* untergliedert sich dementsprechend in die weiteren fünf Kategorien *SuS-Förderung**, *Gegenstandsbezug**, *Gesellschafts-*

4.2 Präferenzen der Lehrenden: Gemeinsam oder getrennt

Eine Grundschullehrkraft beschreibt den pluralen Klassenverband als notwendiges Lernsetting für ein Zusammenleben in der Gesellschaft: „wie sollen wir denn in so einer Gesellschaft zusammenleben, [...] wenn so Religionen irgendwie so abgespalten, getrennt voneinander ... ja, also irgendwie auch schon im Unterricht nicht gemeinsam stattfinden darf." (I13, GS, Pos. 54; *Gesellschaftsbezug*). Ziel ihres Unterrichts sei, „was übereinander zu wissen, um auch Vorurteile abzubauen, irgendwie so ein Interesse auch vielleicht aneinander zu kriegen und/ Ja, also dafür fände ich das einfach ganz wichtig, dass / dass es einen gemeinsamen Unterricht für alle gäbe, das wäre mein Wunsch." (I13, GS, Pos. 54; *Gesellschaftsbezug*). Mit dieser gesellschaftsbildenden Argumentation für einen gemeinsamen Religionsunterricht als Erprobungsraum steht die Grundschullehrkraft nicht allein. Quer durch die unterschiedlichen Schulformen argumentieren Lehrer:innen, dass ein gemeinsames Lernen im Religionsunterricht die Toleranzentwicklung der Schüler:innen fördere und sich positiv auf das Zusammenleben in der Gesellschaft auswirke. Eine Gymnasiallehrkraft hat dabei ganz explizit auch das Miteinander von religiösen und nicht-religiösen Menschen im Blick und möchte diese ins Gespräch bringen, um damit die Basis für gegenseitigen Respekt und ein gelingendes Zusammenleben zu schaffen.[24]

Die Statements, in denen stärker vom Gegenstand des Religionsunterrichts aus argumentiert wird, betonen zum einen die Relevanz der Themen für alle Schüler:innen. Eine Gymnasiallehrkraft sagt:

> „die [Schüler:innen] sitzen sonst immer im Unterricht zusammen miteinander, kennen sich auch so und dass sie dann für solchen Unterricht dann, gerade wo es um die wichtigen Fragen des Lebens geht, dann separiert werden, finde ich eher komisch" (I08, Gym, Pos. 44; *Gegenstandsbezug > Relevanz der Themen*).

Auch hier spielt das gesellschaftliche Miteinander als Thema des Religionsunterrichts eine wichtige Rolle. So argumentiert eine Berufsschullehrkraft:

---

bezug, Erhalt der Klassengemeinschaft und Pluralität als Bereicherung (allg.). Die mit * ausgewiesenen Kategorien gliedern sich auf in weitere Unterkategorien. Im Anschluss an die für die Darstellung ausgewählten Zitate schließt sich der Ausweis der entsprechenden Kategorie (gegebenenfalls mit: > *Unterkategorie*) in Kursivdruck an. Ein Überblick über das Kategoriensystem ist dem Anhang A03 zu entnehmen.

[24] „Und ich denke, wir/ wir müssen hier alle miteinander leben, ne? Jemand, der überhaupt gar nichts von Religion hält und dem das auch gar nichts sagt, der aus dem Osten zugezogen ist (unv.) und der/ der das ganz seltsam findet, dass es überhaupt hier so religiöse (unv.) Traditionen wie das Sankt Martins Singen oder sowas gibt, genauso wie jemand, der gerade seit vier Jahren Deutsch gelernt hat und irgendwo aus einem muslimischen Um/ Umfeld kommt und dessen Familie ganz klar/ bei denen das die religiösen Regeln die allerhöchste Trad/ Wichtigkeitsstufe haben/ Diese/ Diese Leute alle miteinander ins Gespräch zu bringen, wir müssen ja alle miteinander hier leben und alle einander verstehen und respektieren können. Das halte ich tatsächlich noch für wichtiger als dass es Religionsunterricht so getrennt gibt." (I08, Gym, Pos. 52; *Gesellschaftsbezug*).

> „Alle gerade bei so einer/ So hier für den Ort und bei/ bei dieser/ dieser Mischung der Schülerinnen und Schüler hier mit so einem starken muslimischen Anteil wäre es echt/ echt blöd, wenn/ wenn wir sie mit so einem Fach nicht erreichen würden, wo es ja um Fragen von Toleranz und wie leben wir miteinander geht und ethischen Fragen. Also welches Menschenbild habe ich, welches/ Ja, was sind so gesellschaftliche Grundwerte, nach denen wir hier miteinander leben, und dann wäre es echt schade, wenn wir über die Hälfte der Schülerinnen und Schüler nicht erreichen würden" (I02.2, BBS, Pos. 12; *Gegenstandsbezug > Relevanz der Themen*).

Dieser Argumentationsstrang zielt ebenfalls auf ein gelingendes Zusammenleben. Dabei wird jedoch weniger stark der Religionsunterricht als Erfahrungs- und Erprobungsraum religiöser Pluralität(sfähigkeit) fokussiert. Vielmehr steht die intellektuelle Bearbeitung ethischer und wertebildender Themen und Fragestellungen im Zentrum, die die Schüler:innen auch zur Selbstreflexion und Selbstverortung anregen soll.[25]

Zum anderen wird die Begegnung der Schüler:innen mit Formen gelebter Religion ihrer Mitschüler:innen als Vorteil eines gemeinsamen Religionsunterrichts genannt. Es klang in der Darstellung des ReWeNo-Unterrichts bereits an, dass die unterrichtende Lehrkraft es als „Bereicherung" empfindet, wenn christliche Schüler:innen mitbekommen „wie es in anderen Religionen zu tun ist und wie dort auch noch Religion gelebt wird, weil heutzutage ist ja aus meiner Sicht so eine gewisse Kirchenferne immer mehr bei den Schülern zu sehen." (I15, KGS, Pos. 18; *Gegenstandsbezug > Gelebte Religion*). Die Distanz vieler christlich getaufter Kinder zu Formen gelebter Religiosität führe in der Begegnung mit ihren muslimischen und jesidischen Mitschüler:innen zum Erstaunen darüber, „dass da Menschen für ihren Glauben dann, zum Beispiel den ganzen Tag nichts essen" (I15, KGS, Pos. 18; *Gegenstandsbezug > Gelebte Religion*).

Schließlich wertschätzen Lehrende das erhöhte Diskussionspotenzial in Religionslerngruppen mit pluralen religiös-weltanschaulichen Hintergründen. Viele Lehrer:innen nennen die Vielfalt der religiös-weltanschaulichen Positionen und Meinungen als Ursache für lebendige Diskussionen und damit als Vorteil des gemeinsamen Unterrichts. Exemplarisch sei hier eine Berufsschullehrkraft zitiert, die sagt:

> „umso, ja, bunter die/ die Mischung ist in der Klasse, umso/ umso bunter wird natürlich auch das Meinungsspektrum häufig. Oder umso unterschiedlicher und umso

---

[25] So die oben zitierte Berufsschullehrkraft weiter: „Naja, weil es eben ein/ eins der wenigen Fächer ist, wo es eben um die Fragen des Zusammenlebens geht und um nochmal darüber nachzudenken, wer bin ich eigentlich und welche Tradition bringe ich mit. Was prägt mein Verständnis von/ von Menschen und/ und/ und wie wir miteinander umgehen und es eben ein Ort ist, wo man eben über diese Dinge miteinander ins Gespräch kommt und/ und ja, auch sich gegenseitig nochmal besser kennenlernt. Und ähm/ Genau, also wenn wir jetzt nur Reli-Unterricht für die ganz wenigen noch konfessionell gebundenen Leute anbieten, dann wäre es fast überflüssig hier." (I02.2, BBS, Pos. 18; *Gegenstandsbezug > Relevanz der Themen*).

4.2 Präferenzen der Lehrenden: Gemeinsam oder getrennt

> verschiedener sind eben Denkansätze, Standpunkte und Richtungen, aus denen die Schüler sich dann eben der Thematik nähern, und das bereichert den Unterricht, finde ich, ungemein." (I11.2, BBS, Pos. 6; *Gegenstandsbezug > Diskussionspotenzial*).

Die Relevanz der Themen des Religionsunterrichts, der Kontakt mit Formen gelebter Religiosität und das erhöhte Diskussionspotenzial sind Argumente, die einen gemeinsamen Religionsunterricht didaktisch begründen, indem sie vom Unterrichtsgegenstand aus denken. Daneben zeigen sich in den Interviewdaten Argumentationsstränge, die einen gemeinsamen Unterricht didaktisch begründen, indem sie die Entwicklung der Schüler:innen fokussieren. Eine Berufsschullehrkraft formuliert im Hinblick auf die Persönlichkeitsentwicklung der Schüler:innen:

> „Was dafür spricht? (...) Dass es (...) ja, alles junge fragende Menschen sind (...) und auch diejenigen, die eine Einstellung von zuhause mitbringen, weil sie eben in irgendeiner Gemeinde sind oder halt eben auch atheistisch erzogen worden sind oder auch liberal oder wie auch immer, wollen ja unabhängig von ihrem Elternhaus oder von dem, was sie mitgebracht haben, einen eigenen Weg gehen und das eint alle Schülerinnen und Schüler. Und deswegen kann man die auch selbstverständlich gemeinsam unterrichten" (I14, BBS, Pos. 49; *SuS-Förderung > Persönlichkeitsentwicklung*).

Eine Grundschullehrkraft beschreibt eine Unterrichtsstunde, in der die Schüler:innen im Anschluss an die biblische Erzählung von Jona persönliche Erfahrungen über die zweite Chance in ihrem Leben austauschten. Sie bedauert, dass nicht alle Schüler:innen der Klasse im Religionsunterricht dabei waren: „Das ist doch für alle wichtig, sich sowas mal zu vergegenwärtigen und das so auch so reflektieren zu können." (I13, GS, Pos. 38; *SuS-Förderung > Persönlichkeitsentwicklung*). Diese (und weitere) Äußerungen stellen die Persönlichkeitsentwicklung der Schüler:innen ins Zentrum des Nachdenkens über die Vorteile und Begründungen eines religiös und weltanschaulich integrativen Unterrichts. Hinzu kommen Statements, die auf die Pluralitätsfähigkeit der Schüler:innen zielen und diese maßgeblich in einer integrativen Unterrichtsform gefördert sehen:

> „Also ich finde, das macht den und das ist das/ das sehe ich als ganz große Stärke, als ganz großen Vorteil des Unterrichts, dass einfach der Blick sehr viel weiter ist der Schülerinnen und Schüler, die daran teilnehmen. Einfach weil die Vielfalt in einem Unterricht, der, ja, mit/ mit verschiedenen, mehreren verschiedenen Ansichten und Personen aus unterschiedlichen Religionen, aus unterschiedlichen kulturellen Hintergründen, ja, einfach sehr viel/ sehr viel mehr bieten kann, so will ich das vielleicht mal sagen: also, mehr Eindrücke, mehr Hintergründe, mehr, ja, Richtungen und/ und vielleicht Einstellungen auch zu irgendwelchen Themen." (I11.2, BBS, Pos. 6; *SuS-Förderung > Pluralitätsfähigkeit*).

Auch eine Gymnasiallehrkraft spricht sich im Sinne der Pluralitätsfähigkeit der Schüler:innen für einen gemeinsamen Religionsunterricht aus:

> „ich fände es, glaube ich, doch insgesamt besser, sie würden zusammen unterrichtet und hätten einen gemeinsamen Religionsunterricht. Ich halte es für/ für/ unser Fach

für das allerwichtigste. Da kommen die ganzen wichtigen Fragen auf den Tisch. Das ist jetzt hier nur so wir reden mal und trinken Tee, das finde ich absolut, überhaupt nicht, sondern das ist da, wo man aber auch die anderen kennenlernen kann und mit ihnen über sowas reden kann. Das passiert eventuell nachher nie wieder. (...) So, wann setzt man sich hin und redet mit jemanden: ‚Was glaubst du? Was ist der Sinn des Lebens? Warum sind wir hier? Wie sollten wir miteinander umgehen?' Also das ist im/ im/ Im schlechtesten Fall sogar gibt es ja wirklich Schüler, die in ihrer Religionsblase leben und dann über solche Dinge dann auch wieder nur mit den Leuten reden, die/ die sie auch schon von Kindheit an beeinflusst haben" (I08, Gym, Pos. 46; *SuS-Förderung > Pluralitätsfähigkeit*).

Auf die Frage, ob die religiöse Pluralität im Klassenzimmer die religiöse Identitätsbildung der einzelnen Schüler:innen fördere, antworten einige Lehrer:innen pauschal zustimmend, einige äußern sich kritisch abwägend. Herr Stellreiter (BBS) argumentiert ohne konkreten Bezug auf seine Erfahrungen:

„Ich glaube, dass es durchaus eine Schärfung des eigenen Profils sein kann, sich mit anderen Ansichten, anderen Standpunkten auseinanderzusetzen und selbst nochmal sich/ sich zu verorten, sich dafür zu interessieren und zu hinterfragen, wo sind denn eigentlich meine Wurzeln, wo ist denn mein Standpunkt, wo ist mein/ mein Fundament, meine Basis" (I11.2, BBS, Pos. 10; *SuS-Förderung > Rel. Identitätsentwicklung*).

Auf der anderen Seite sieht er die Gefahr einer „gewissen Verunsicherung" und zunehmender „Patchworkreligiosität", in der „so ein einziger ja Religionsbrei, sage ich jetzt mal, irgendwo vielleicht nur noch/ nur noch überbleibt und das alles so sehr verschwimmt." (I11.2, BBS, Pos. 10; *SuS-Förderung > Rel. Identitätsentwicklung > Gegenstimmen*).[26] Ein institutioneller Bezug ihrer Religiosität sei für viele Schüler:innen irrelevant: „Also ich/ ich glaube, meine Schüler kommen durchaus ohne klar, also denen ist das vielleicht sogar egal, wo sie zugehörig sind oder ob sie zugehörig sind, das spielt für viele gar keine Rolle." (I11.2, BBS, Pos. 10; *SuS-Förderung > Rel. Identitätsentwicklung > Gegenstimmen*). Allerdings beobachtet Herr Stellreiter eine kulturelle oder auch nationale Identitätsbildung, wenn sich Schüler:innen mit der Nationalität ihrer Eltern oder Großeltern identifizie-

---

[26] Bemerkenswert ist an dieser Stelle das stark individualisierte Verständnis von Religion bzw. Religiosität, das dieser Lehrer auch im weiteren Verlauf des Interviews zeigt. Beim Nachdenken über die vermeintliche Gefahr einer Patchworkreligiosität der Schüler:innen überlegt Herr Stellreiter: „Ich weiß auch gar nicht, ob ich das schlecht finde oder gut finde. Vielleicht kommen wir dann insgesamt einfach viel näher aneinander. Ich glaube, dass es eher ein Problem darstellt für die/ für die Religionsgemeinschaften oder vielleicht für die großen/ die großen Kirchen oder so, [...]. Also umso mehr religiöse Einsichten ich habe, die vielleicht auch gar nicht mehr mit meiner Kirche, zu der ich vielleicht noch gehöre, übereinstimmen, ja umso eher wird/ wird vielleicht auch Kirche an sich als Institution vielleicht irgendwann mal für viele Menschen nicht mehr so attraktiv oder/ [...] vielleicht nicht mehr unbedingt als notwendig erachtet, dass ich/ dass ich eben reli/ dass ich konfessionell gebunden bin irgendwo, religiös kann ich ja auch ohne das sein, und ich suche mir das raus, was mir so/ was mir so gefällt." (I11.2, BBS, Pos. 10; *Did. Stellschrauben im RU > Anliegen im Umgang mit Pluralität > Individualität*).

4.2 Präferenzen der Lehrenden: Gemeinsam oder getrennt

ren „[u]nd sich auch entsprechend ansprechen mit: ‚Ey, du Russe', ‚Ey, du Pole', ‚Ey, du Türke' und so weiter und sich da irgendwie, obwohl sie alle der/ alle die deutsche Staatsbürgerschaft haben." Diese kulturellen Identifikationsstrategien seien jedoch nur eingeschränkt auf eine religiös bezogene Identitätsbildung übertragbar, so Stellreiter:

> „ich nehme das häufiger wahr, eher vielleicht in einem negativen Sinne, also in einem exklusivistischen Verständnis sich abzugrenzen von anderen, das bewusst zu tun, um ja vielleicht auch eher auf/ auf meine Wahrheit zu pochen und/ und/ Also, da/ das stellt vielleicht eher wieder auch Konfliktpotenzial dar" (I11.2, BBS, Pos. 10; *SuS-Förderung > Rel. Identitätsentwicklung > Gegenstimmen*).

Frau Kaiser (BBS) ist „verhalten skeptisch" (I04, BBS, Pos. 42; *SuS-Förderung > Rel. Identitätsentwicklung > Gegenstimmen*) gegenüber der These, die Erfahrung religiöser Pluralität fördere die eigene religiöse Identitätsbildung. Sie differenziert ihre Schüler:innen hinsichtlich der identitätsstiftenden Funktion von Religion und kann weder bei denen, die bewusst religiös sind, noch bei denen, die sich kaum religiös verstehen, einen besonderen Einfluss religiöser Pluralität auf die eigene Identitätsbildung beobachten.[27]

Schließlich finden sich eher pauschal formulierte Begründungen für einen Religionsunterricht im Klassenverband, die auf den Erhalt der Klassengemeinschaft zielen oder Pluralität allgemein als Bereicherung benennen. So betont z. B. eine Grundschullehrkraft: „ich möchte eigentlich in der Grundschule, dass die Kinder irgendwie viel zusammen machen können und, ja, […] ich will nicht dieses Auftrennende." (I13, GS, Pos. 52; *Erhalt der Klassengemeinschaft*). Und eine Berufsschullehrkraft summiert, die Anwesenheit unterschiedlicher Religionen und Konfessionen im Religionsunterricht „bereichert doch unseren Lebensalltag" (I07.1, BBS, Pos. 19; *Pluralität als Bereicherung [allg.]*).

---

[27] „Also ich (…)/ ich finde das eine wunderschöne Theorie … ich glaube, dass das vielleicht bei denen stimmen KANN, die sowieso schon sich in die eine oder andere Richtung sortieren würden selber. […] Also wir haben auch noch so Berufseinstieg/nein, wie heißt das? Teilzeitberufsfachschule. Und das sind in der Regel alles Menschen, die entweder schon ganz andere Ausbildungen hinter sich haben oder aus einer Familienzeit wieder einsteigen und sich dann eben nochmal neu orientieren und (eine?) Ausbildung zur Sozialassistentin machen. Und … da war das schon sehr ausgeprägt, also auch dieses Bewusstsein sozusagen: ‚Ich bin serbisch-orthodox oder christlich oder so'. (6s) Nja, wobei ich auch selbst da nicht sagen könnte, das hat die jetzt da nochmal verstärkt dazu gebracht, über ihr Eigenes nachzudenken, weiß ich/ also, weiß ich nicht. Und ich glaube, bei denen, die sagen: ‚Ph, ach, weiß ich doch selber nicht so genau. Ich bin zwar mal getauft oder konfirmiert.' Oder: ‚Ja ich/ meine Eltern haben mich auch mal mitgenommen in die Moschee.', ob wirklich jetzt da noch zu hören, es gibt auch noch was anderes, sie wirklich anreizt, sich mit dem/ also mit dem VERMEINTLICH Eigenen näher zu beschäftigen …, weiß ich nicht. Oder ob das mehr so ist: ‚Ach, klingt ja auch interessant. Aha, weiß ich jetzt.', ich/ ich weiß es nicht. Ich bin da verhalten skeptisch (lacht) aber/ aber ich kann auch keine Gegenthese aufstellen" (I04, BBS, Pos. 42; *SuS-Förderung > Rel. Identitätsentwicklung > Gegenstimmen*).

4.2.3 Zusammenfassung: Religionsunterricht im Klassenverband hat viele Gründe

Zusammenfassend kann festgehalten werden, dass die eher ablehnende Tendenz hinsichtlich der konfessionellen Differenzierung der Lerngruppe und die verhaltene Zustimmung zur religiösen Differenzierung der Lerngruppe mit vielfältigen Begründungsmustern für einen gemeinsamen Religionsunterricht korrelieren. Neben schulorganisatorischen Begründungen, die sich auf Merkmale der Schülerschaft, den Mangel an Fachkolleg:innen sowie (schul-)rechtliche Vorgaben beziehen, stehen pädagogisch-didaktische Begründungsmuster. Diese fokussieren entweder den Religionsunterricht als Erprobungsraum eines gelingenden gesellschaftlichen Miteinanders, oder sie denken vom Gegenstand des Religionsunterrichts her und messen Religion in allen Facetten für alle Schüler:innen Relevanz bei. Schließlich haben einige Argumentationslinien die Entwicklung der Schüler:innen im Blick und formulieren Vorteile für die Persönlichkeitsentwicklung, die Pluralitätsfähigkeit oder reflektieren (auch kritisch) den Beitrag eines religiös und weltanschaulich integrativen Unterrichts zur religiösen Identitätsbildung. Auch pauschale Begründungen von Pluralität als Bereicherung und den Erhalt der Klassengemeinschaft finden sich in den Interviewtexten.

4.3 Herausforderungen eines religiös und weltanschaulich integrativen Unterrichts im Klassenverband

Den Begründungen und Befürwortungen eines gemeinsamen Religionsunterrichts stehen die Schilderungen der Herausforderungen zur Seite, die ein solcher Unterricht mit sich bringt. Lehrende schildern strukturell-schulorganisatorische Defizite, besondere didaktische Anforderungen sowie herausfordernde Einstellungen und Prägungen aufseiten der Schüler:innen.[28] Diese drei Kategorien

---

[28] Im Folgenden wird die Kategorie *Beurteilung des RUs > Herausforderungen (eines rel. heterogenen RUs)* anhand der drei Unterkategorien *Strukturell, Didaktisch, Auf SuS-Seite* ausgewertet, dabei werden jedoch nicht alle Unterkategorien der vierten Gliederungsebene vorgestellt, sondern nur jene, die in Verbindung mit der Kategorie *Schulorganisatorischer Gestaltungsrahmen des RUs > Form des Unterrichts > RU im Klassenverband* stehen. Innerhalb der Kategorie *Strukturell* betrifft das die folgenden zwei Unterkategorien: *Konf. RU bei multirel. Schülerschaft* und *Fehlende WuN-Alternative*. Innerhalb der Kategorie *Didaktisch* kommen sieben Unterkategorien zur Auswertung: *Christl. SuS gerecht werden, Christl. Inhalte anschlussfähig aufbereiten, Anderen (anwesenden) Religionen gerecht werden, Interrel. Fachwissen der LK, Mangelndes interrel. Material, Übergriffigkeit vermeiden* und *Mangelnder Tiefgang (thematisch)*. Innerhalb der Kategorie *Auf SuS-Seite* sind für die Auswertung folgende drei Unterkategorien

zur Unterscheidung der geschilderten Herausforderungen werden im Folgenden in der genannten Reihenfolge vorgestellt. Dabei wird sich zeigen, inwieweit die einzelnen Aspekte in der Praxis zusammenhängen.

4.3.1 Strukturell-schulorganisatorische Defizite

Auf schulorganisatorischer Ebene beklagen zwei BBS-Lehrkräfte das fehlende Angebot eines Werte-und-Normen-Unterrichts.[29] Sie schildern die damit einhergehende Anstrengung, Schüler:innen von der Relevanz des Religionsunterrichts überzeugen zu müssen, obgleich diese kein Interesse am Religionsunterricht mitbringen. Die Folgen der fehlenden Alternative zum Religionsunterricht beschreibt Frau Kaiser so:

> „Also […] ich erlebe das schon als einen gewissen … Druck ist zuviel gesagt, aber ja auch einen gewissen/ einen eigenen Anspruch, zu sagen: ‚Oah, jetzt muss der Unterricht irgendwie so interessant sein und jetzt müssen die dich als Person auch irgendwie noch sympathisch finden, damit die jetzt diese ersten Stunden auch dabeibleiben und dann hoffentlich merken, dass die Themen doch für sie auch von Interesse sind.' Das ist bei denen, die halt als Auswahl Religion oder Werte und Normen haben, ist es egal. Erstens, sie können sich entscheiden. Und wenn sie sich entschieden haben, dann haben sie sich ja auch für Religion entschieden. Und vor allen Dingen hätten sie aber nicht frei, wenn sie sich abmelden, sondern würden dann ja auch zu Werte und Normen gehen. Also das macht mir den Rücken tatsächlich freier." (I04, BBS, Pos. 16; *Strukturell > Fehlende WuN-Alternative*).

Sie schildert anschaulich die persönliche und fachliche Entlastung, die ein Alternativangebot zum Religionsunterricht mit sich bringt. Auch Herr Simon (BBS)

---

relevant: *Mangelnde Motivation, Abwehrhaltungen* und *Interrel. Spannungen*. Eine Übersicht über die vollständige Ausdifferenzierung der Kategorie *Herausforderungen (eines rel. heterogenen RUs)* und der entsprechenden Unterkategorien bietet die Darstellung des Kategoriensystems im Anhang. Die Kategorienzuweisung der im Fließtext und in den Fußnoten angeführten Zitate ist dem Stellennachweis in kursiv zu entnehmen. Dabei wird zur besseren Nachvollziehbarkeit lediglich die dritte und vierte Gliederungsebene des Kategoriensystem ausgewiesen, d. h., die so ausgewiesenen Zitate sind der Kategorie *Beurteilung des RUs* (= 1. Gliederungsebene)> *Herausforderungen (eines rel. heterogenen RUs)* (= 2. Gliederungsebene) zuzuordnen. Bei Textstellen, die auf thematisch anschließende Merkmale verweisen und dementsprechend entfernteren Kategorien zuzuordnen sind, wird die erste bis vierte Gliederungsebene des Kategoriensystems angegeben. Eine Übersicht über das gesamte Kategoriensystem ist dem Anhang A03 zu entnehmen.

[29] Dass in diesem und im folgenden Abschnitt vor allem Berufsschullehrer:innen zu Wort kommen, ist dem Umstand geschuldet, dass die große Mehrheit derjenigen Lehrkräfte des Samples, die einen religiös und weltanschaulich integrativen Religionsunterricht im Klassenverband unterrichten, Berufsschullehrkräfte sind. Da in beiden Abschnitten Erfahrungen mit dieser Unterrichtsform ausgewertet werden, sind Berufsschullehrer:innen hier besonders präsent.

wünscht sich Werte-und-Normen-Lehrer:innen und ein entsprechendes Unterrichtsangebot für seine Schule und erhofft sich davon motivierte(re) Schüler:innen im Religionsunterricht.[30] Ähnlich wie seine Kollegin erlebt er die zu leistende Überzeugungsarbeit an den Schüler:innen als kräftezehrend:

> „Und ich finde wir haben an der Stelle einen sehr anstrengenden Job, weil Deutschunterricht nicht hinterfragt wird, aber Religionsunterricht wird immer wieder hinterfragt [...]. Ich bin in den Herbstferien ziemlich kaputt, weil ich die ersten sechs Wochen doch sehr, sehr viel Arbeit leisten muss, die Schüler:innen davon zu überzeugen, dass ihnen das was bringt. Und dass es auch an ihr Reli/ an ihre Realität anknüpft und [...] die religiöse Sprachfähigkeit ist nicht vorhanden in vielen Klassen und das führt einfach auch dazu, dass das dann einfach sehr anstrengend ist, weil man nicht mehr, gerade hier in der Berufsschule in den unteren Segmenten, die/ ich kann nicht davon ausgehen, dass da wirklich christliche Schüler sitzen" (I05, BBS, Pos. 18; *Auf SuS-Seite > Mangelnde Motivation*).

Beide Lehrkräfte reflektieren angesichts ihrer pluralen, mehrheitlich nichtchristlich geprägten Lerngruppe die Essentialien des evangelischen Religionsunterrichts. Frau Kaiser fasst ihr Verständnis so zusammen: „Evangelischer Religionsunterricht: evangelische Lehrkraft, Schülerinnen und Schüler, die sich ... ansatzweise frei dazu entscheiden, teilzunehmen, (...) evangelische Schrägstrich christliche Schrägstrich darüberhinausgehende Inhalte." (I04, BBS, Pos. 58). Damit grenzt sie sich vor allem vom katholischen Religionsunterricht ab, den sie anhand der Trias „Katholische Lehrkraft, katholische Inhalte, katholische Schülerinnen und Schüler" (I04, BBS, Pos. 58) charakterisiert. Kaiser schildert Unterrichtserfahrungen, aufgrund derer sie die Konfessionalität ihres Religionsunterrichts infrage stellte. Wenn die Schüler:innen auf „eher genuin christlich[e]" Inhalte kaum bis gar nicht ansprechbar seien, hinge die Konfessionalität des Unterrichts an der Konfessionalität der Lehrkraft. Das ist für Kaiser jedoch mindestens ein fragwürdiger Zustand:

> „Da habe ich mich dann zwischendurch schon gefragt, ob man das jetzt eigentlich evangelischen Religionsunterricht (lacht) nennen kann oder ob nicht das, was ich dann an Inhalten da auch/ auch gemacht habe und machen konnte, nach meinem eigenen Eindruck (...) doch auch in echt eher sowas wie Werte und Normen oder Ethik oder so WAR" (I04, BBS, Pos. 56; *Strukturell > Konf. RU bei multirel. Schülerschaft*).

Kaiser betont, dass sie um die Offenheit des evangelischen Religionsunterrichts wisse und die religiös-weltanschauliche Pluralität der Lerngruppe auch schätze, doch verlange eine solche Lerngruppe eben auch entsprechende Unterrichtsinhalte, die an den überwiegend nichtchristlichen bis nichtreligiösen Erfahrungshorizont der Schüler:innen anknüpfen:

---

[30] „[A]lso ich hätte sehr gerne Werte-und-Normen-Lehrkräfte hier. Dass auch mal wieder mehr Leute im Unterricht hat, die da auch gerne/ die wirklich gerne kommen würden und die nicht nur hin müssen" (I05, BBS, Pos. 86; *Strukturell > Fehlende WuN-Alternative*).

4.3 Herausforderungen

> „um die überhaupt irgendwie zu interessieren, muss man dann sehr allgemein religiös was anfangen oder eben dann doch sozusagen von vornherein sagen: ‚Ok, wir gucken irgendein/ ein Thema an, aber dann sofort in dieser multireligiösen Perspektive.' Und (...) das kann ich dann schon auch tun (lacht), na klar, aber ... aber manchmal ... wie soll man sagen ... gehen dann eben bestimmte Inhalte auch gar nicht, obwohl sie eigentlich vom Lehrplan vielleicht sogar so gedacht wären, aber einfach von dem, was dann DOCH an/ an einem gewissen Hintergrund der Schülerschaft auch vorausgesetzt wird, das so GAR nicht zusammen passt." (I04, BBS, Pos. 58; *Strukturell > Konf. RU bei multirel. Schülerschaft*).

Da zwischen den vorgegebenen Inhalten des Religionsunterrichts und den Lerngruppen, die Frau Kaiser vor Augen hat, so eklatante Differenzen bestehen, nennt sie den konfessionell-kooperativen Religionsunterricht einen „Mogelbegriff" (I04, BBS, Pos. 52), unter dessen „Deckmantel [...] dann ja in echt sozusagen interreligiös-kooperativ" unterrichtet werde (I04, BBS, Pos. 56).

Dass Kaiser mit dieser Situationsanalyse ins Schwarze trifft, zeigen auch andere Interviewdaten, die an Berufsbildenden Schulen erhoben wurden. Dabei muss man ihrer Kritik am konfessionell-kooperativen Religionsunterricht als „Mogelbegriff" nicht folgen. Doch offenbaren die Interviews I02, I06, I07 und I11, dass in einigen Schulzweigen der jeweiligen Schule der konfessionell-kooperative Religionsunterricht de facto als Religionsunterricht im Klassenverband stattfindet, dem kein Alternativangebot zur Seite steht und der entweder von einer evangelischen oder katholischen Lehrkraft unterrichtet wird. Das besondere Verständnis des „Konfessionell-kooperativen" lässt sich den Interviews nur am Rande entnehmen, z. B. an der folgenden Definition einer Berufsschullehrkraft: „Also, wir haben ja den großen Vorteil, dass wir seit zwanzig Jahren an Berufsbildenden Schulen schon *konfessionell-kooperativ, also offen für alle Schülerinnen und Schüler*, unterrichten können" (I11.2, BBS, Pos. 6, Herv. E. H.; *Schulorganisatorischer Gestaltungsrahmen des RU > Form des Unterrichts > RU im Klassenverband > als kokoRU*). Bezeichnenderweise schildert Frau Sternhuf (BBS) die Einführung des konfessionell-kooperativen Religionsunterrichts als Reaktion auf die damalige Schulpraxis und die (vor 25 Jahren gegenwärtige!) konfessionelle Zusammensetzung der Lerngruppe:

> „Also die Berufsbildenden Schulen sind ja die Flaggschiffe für die konfessionelle Kooperation gewesen, nicht weil die sich jetzt im religiösen Sinne so hervorgetan hätte, sondern nach meinem damaligen Kenntnisstand einfach auch weil die Schulpraxis das erfordert hat, ja? Wenn ich dann gesagt habe, ich lasse die im Klassenverband einfach zusammen und ich trenne die nicht im Religionsunterricht, dann sind ja Fakten geschaffen worden und dann hat man ja 1998 diesen Erlass, den Organisationserlass, verabschiedet, der den konfessionell-kooperativen Religionsunterricht auf Antrag ermöglicht hat und das ist ja bis heute gängige Praxis, ja?" (I07.1, BBS, Pos. 23; *Schulorganisatorischer Gestaltungsrahmen des RUs > Genese*).

Dass sich die Realität in den Klassen inzwischen sehr verändert hat, zeigen die Interviewdaten ebenfalls (s. Kapitel 5.2). Welche Wünsche Lehrer:innen angesichts der veränderten Situation an einen zukunftsfähigen Religionsunterricht haben, wird in Kapitel 8.3 dargestellt.

4.3.2 Besondere didaktische Anforderungen

Auch Herr Simon (BBS) denkt angesichts seiner Unterrichtspraxis und der religiösen Heterogenität seiner Lerngruppe über das Wesentliche des Religionsunterrichts nach. Die Ausgangslage für seinen Religionsunterricht in der Berufseinstiegsschule schildert er so:

> „Also das ist wirklich ein absolutes religiöses Potpourri was da rumsitzt. Also das ist krass. Also hier hat letztes Jahr habe ich in der Berufseinstiegsschule unterrichtet. Da hatte ich 13 Schüler, davon waren sieben Muslime, vier Jesiden, zwei Atheisten und ein Christ. Da gab es dann evangelischen Religionsunterricht konfessionsgebunden" (I05, BBS, Pos. 24; *Strukturell > Konf. RU bei multirel. Schülerschaft*).

Ihn beschäftigt weniger die Frage nach dem konzeptionellen Zuschnitt des Unterrichts, wie sie Frau Kaiser aufbrachte. Vielmehr überlegt Herr Simon inhaltlich, ob und wie sein Religionsunterricht „gezielt religiöser" werden könnte, um auch den christlichen Schüler:innen gerecht zu werden:

> „Wenn wir jetzt schon so interreligiös werden und in/ in Anführungsstrichen schon fast manchmal in diesen Religionskunde ab/ abrutschen, dann werden wir eigentlich unseren christlichen Schülern dahingehend nicht mehr gerecht, dass sie auch ein Anrecht darauf haben etwas aus ihrer Konfession heraus zu machen" (I05, BBS, Pos. 42; *Didaktisch > Christl. SuS gerecht werden*).

Wie Frau Kaiser hat auch Herr Simon das Gefühl, dezidiert christliche Inhalte seien seiner Lerngruppe nicht angemessen: „Wenn ich mir Unterrichtsentwürfe durchlese [...] dann ist mir das manchmal zu christlich. Und weil ich so denke/ denke ich (unv.): ‚Das kannst du mit denen nicht machen.'" (I05, BBS, Pos. 48). Gleichzeitig weiß er um die Konfessionalität des Religionsunterrichts und gerät darüber in einen inneren Zwiespalt, der seinen Äußerungen deutlich abzuhören ist:

> „So, und dann/ dann habe ich aber wieder das Gefühl, naja aber es ist ja eben auch konfessionsgebundener Religionsunterricht, warum machst du es jetzt nicht doch? So, und da bin/ rutsche ich immer so ein bisschen hin und her. Dass ich dann immer nicht so genau weiß, was ist zu viel und was ist zu wenig." (I05, BBS, Pos. 48; *Didaktisch > Christl. Inhalte anschlussfähig aufbereiten*).

Einen religionskundlichen Unterricht möchte Herr Simon eigentlich vermeiden, gleichzeitig formuliert er auch hier Unsicherheiten:

> „Ja, ich weiß nicht. Keine Ahnung. Ich tue mich mit diesem Thema Religionskunde und Religionen manchmal ein bisschen schwer, aber ich habe eben irgendwie auch

4.3 Herausforderungen

einen Anspruch an mich. Ich möchte nicht, dass das Religionskundeunterricht wird, ohne dass das jetzt ein schreckliches Schreckgespenst ist. [...] Wo ich jetzt gar nicht so hundert Prozent sagen könnte, wo jetzt hier der Unterschied ist" (I05, BBS, Pos. 48–50; *Didaktisch > Christl. Inhalte anschlussfähig aufbereiten*).

Dieser letzte Satz offenbart die besondere Schwierigkeit, die Multireligiosität einer Lerngruppe und den Anspruch eines konfessionellen Religionsunterrichts zusammenzubringen. Herr Simon weiß um die religiös-weltanschauliche Pluralität seiner Lerngruppe, er stellt an seinen Unterricht den Anspruch der Konfessionalität und kann aber das konkrete Ergebnis nicht unterscheiden von einem religionskundlichen Unterricht.

An einem Unterrichtsbeispiel schildert Herr Simon ganz konkret die Anpassung der Unterrichtsinhalte des Religionsunterrichts an eine in religiös-weltanschaulicher Hinsicht heterogene Lerngruppe:

„Also // wenn wir jetzt zum Beispiel über das Doppelgebot der Liebe sprechen und da würde ich jetzt tendenziell mit meiner Schülerschaft eher auf ‚liebe dich'/ ‚liebe deinen nächsten wie dich selbst' eingehen und würde den Teil mit ‚liebe deinen Gott' eher hinten anstellen. Weil ich denke, dass das einfacher ist, zu vermitteln, weil ich das auch in einer interreligiösen Perspektive deutlich einfacher vermitteln kann. Aber trotzdem habe ich dann gerade dieses Jahr zum ersten Mal das auch mal wieder expliziter gemacht mit was gibt es denn für Rituale, damit man sich auch seinen Gott lieben kann und da hat/ sind die muslimischen Schüler dann zum Beispiel ja wieder, weil es ein viel größeres Selbstverständnis für ‚einen Gott lieben' gibt, da sind die dann hellwach. So, und dann kann man dann halt wieder auch total gut darauf aufbauen" (I05, BBS, Pos. 54; *Didaktisch > Christl. Inhalte anschlussfähig aufbereiten*).

Hier zeigt sich ein Rückgang dezidiert konfessioneller Inhalte und ein ersatzweiser Fokus auf ethische Themen und Fragen des sozialen Miteinanders. Gleichzeitig führt sich Herr Simon an dieser Stelle auch seinen eigenen Lernprozess im Umgang mit der religiösen Pluralität seiner Lerngruppe vor Augen. Er offenbart Unsicherheiten in der Aufbereitung und Vermittlung konfessioneller Inhalte, die er selbst als Teil seiner berufsbiografischen Phase[31] versteht und auch auf sein Berufsverständnis und/oder seinen Qualifikationshintergrund zurückführt:

„Ja, wir sind halt auch keine Pastoren, sondern wir sind Religionslehrer und ich/ ich/ ich bin mir in meiner Rolle manchmal nicht so/ ich weiß und kann das manchmal nicht so richtig einschätzen. Und ich möchte halt/ ich möchte halt niemandem auf die Füße treten, indem ich ihn quasi zu sehr in eine christliche Richtung präge, freue mich aber natürlich trotzdem, wenn der das interessant findet, so ne?" (I05, BBS, Pos. 54; *Personenbezogene Rahmenbedingungen des RUs > Rolle/Selbstverständnis der RULK > Unsicherheiten*).

---

[31] Herr Simon unterrichtet zum Zeitpunkt des Interviews seit fünf Jahren (inkl. Referendariat): „Da habe ich nach diesen fünf Jahren auch noch nicht so hundertprozentig meinen Weg gefunden. Aber ich glaube es geht noch mehr. Ich glaube, [...] ich könnte gezielt religiöser werden, als ich es im Augenblick mache" (I05, BBS, Pos. 54).

Abweichend von der hier mitschwingenden Einschätzung, Pastoren würde die angezeigte Aufgabe leichter fallen, zeigen die oben dargestellten Überlegungen von Frau Kaiser, dass auch eine Schulpastorin Schwierigkeiten hat, angesichts einer multireligiösen Schülerschaft konfessionellen Religionsunterricht umzusetzen.

Die hier ausgeführten Einschätzungen und Problemanzeigen von Frau Kaiser und Herrn Simon (beide BBS) gingen von dem Fehlen eines flächendeckenden Werte-und-Normen-Unterrichtangebotes als Herausforderung auf schulorganisatorischer Seite aus. Dabei zeigte sich, dass dieses schulorganisatorische Defizit einerseits didaktische Anforderungen mit sich bringt und andererseits Herausforderungen offenbart, die aufseiten der Schüler:innen liegen. Die aufgeführten Beispiele machen also deutlich, dass die einleitend beschriebenen Kategorien zur Unterscheidung der spezifischen Herausforderungen eines gemeinsamen Religionsunterrichts in der Praxis sehr eng zusammenhängen. Das Fehlen eines Werte-und-Normen-Angebotes erhöht die religiös-weltanschauliche Pluralität der Lerngruppe, sodass Lehrende einerseits gefragt sind, das Angebot eines christlich-konfessionellen Religionsunterrichts umzusetzen (s. o. Schilderungen von Herrn Simon), andererseits „über die anderen Religionen in einer ANGEMESSENEN Weise was zu vermitteln" (I04, BBS, Pos. 26; *Didaktisch > Anderen (anwesenden) Religionen gerecht werden*) und interreligiöse Kompetenz zu beweisen.[32] Dabei gehe es sowohl um das Bereitstellen authentischen Materials,[33] als auch um die Vermeidung von Übergriffigkeiten und religiöser Beeinflussung,[34]

---

[32] „Also, ich/ ich muss schon in sehr vielen Bereichen vielleicht sehr viel Fachwissen auch haben, mehr Fachwissen als das vielleicht bei einer reinen evangelischen Lerngruppe der Fall ist, Fachkompetenz dann mitbringen, um über die/ überhaupt auch/ auch Äußerungen, die vielleicht von Schülerinnen, Schülern aus anderen Religionen gefällt werden, richtig einordnen zu können, die zu verstehen. Dafür bedarf es ja bei mir als Lehrkraft dann auch einen gewissen Hintergrund, Hintergrundwissen und Fachkompetenz. Das vielleicht auch für die anderen mehrheitlich vielleicht christlich geprägten Schülerinnen und Schüler irgendwo auch einzusortieren, vielleicht gewisse Dinge auch erklären zu können nochmal und ja das Ganze dann auch in einem/ in einem Rahmen, der, ja, vernünftig irgendwie auf den Weg gebracht ist, dann zu/ zu bringen das Ganze. Das ist/ Das ist, denke ich, schon eine große Herausforderung, die sich aber immer mehr auch konfessionell-kooperativen Religionsunterricht sowieso stellt." (I11.2, BBS, Pos. 6; *Didaktisch > Interrel. Fachwissen der RULK*). Auch hier zeigt sich die wahrgenommene Nähe zwischen einem religiös und weltanschaulich integrativen Unterricht im Klassenverband und einem konfessionell-kooperativen Religionsunterricht, s. o.

[33] Frau Meisel (BBS) beklagt den Mangel an geeignetem Unterrichtsmaterial, insbesondere an authentischem (Text-)Material nichtchristlicher Religionen: „Wo kriege ich das Wissen her? Wo kriege ich auch ein anderes religionsgebundenes Buch her und nicht immer nur die christlichen oder Religionsbücher, die aus dem/ wo der Autor eben auch aus dem konfessionell-kooperativen Bereich kommt, ne? Das ist schwer" (I06, BBS, Pos. 30; *Didaktisch > Mangelndes interrel. Material*).

[34] „Also, ich halte mich mit meiner Perspektive sehr zurück, weil ich eben nicht in diese – wie sagt man? – Missionierung gehen möchte [...] Ich denke, dass es wichtig ist für die

wie Frau Meisel (BBS) schildert. Die Positionalität der Lehrkraft schließt sich hier also unmittelbar als Thema eines religiös und weltanschaulich integrativen Unterrichts an (s. Kapitel 6.2). Eine weitere (hypothetische) Anforderung formuliert ein Gymnasiallehrer. Er befürchtet mangelnden thematischen Tiefgang in einer religiös heterogenen Lerngruppe.[35]

4.3.3 *Herausfordernde Einstellungen und Prägungen aufseiten der Schüler:innen*

Neben diesen didaktischen Anforderungen stehen auch die Herausforderungen aufseiten der Schüler:innen in engem Zusammenhang mit dem schulorganisatorischen Mangel eines Alternativangebotes zum Religionsunterricht. Frau Kaiser (BBS) und Herr Simon (BBS) wiesen beide auf die fehlende Motivation der Schüler:innen zur Teilnahme am Religionsunterricht hin. Die gesteigerte Form dieser mangelnden Motivation sind Abwehrhaltungen von Schüler:innen gegenüber dem Religionsunterricht. Auch dieses Merkmal geht mit der fehlenden Alternative eines Werte-und-Normen-Unterrichts einher und ist somit ein spezifisches Problem eines religiös und weltanschaulich integrativen Religionsunterrichts. Herr Simon (BBS) schildert seinen Umgang mit solchen Abwehrhaltungen so:

> „Und das ist dann (einfach?) so ein bisschen auch so ein Punkt wieder, wo ich am Anfang Barrieren abreiße, weil ich dann einfach merke, okay, da kommen sie so ein bisschen runter. ‚Naja, ist ja dann doch ein bisschen wie Werte und Normen.' Ja, genau, ist ein bisschen wie Werte und Normen, nur dass meine Perspektive eine andere ist und wir vielleicht ein bisschen über andere Dinge sprechen'" (I05, BBS, Pos. 48; *Auf SuS-Seite > Abwehrhaltungen).*

---

[35] Schüler oder wenn sie mich fragen und sagen: ‚Wie machen Sie das?' Dann sage ich es ihnen, aber ich sage ihnen immer noch dazu: ‚Ich darf keinen Einfluss auf Ihren Glauben nehmen.' Und das/ da grenze ich mich sehr deutlich von ab" (I06, BBS, Pos. 28; *Didaktisch > Übergriffigkeit vermeiden).*

„Natürlich ist es ganz toll, wenn man eigene Erfahrungen aus verschiedenen Religionen einbringen kann, aber das ist gar nicht de facto der Fall, unsere Schülerinnen haben ja kaum Erfahrungen intensiver Art und die Identitätsbildung muss jetzt nicht irgendwie evangelisch oder muslimisch sein, sondern menschlich irgendwie. Ziel ist zum Beispiel Respekt, Toleranz, Freiheit, Offenheit, Nächstenliebe und DAS kann zur Identitätsbildung beitragen, aber wenn/ wenn man immer nur an der Schale kratzt und jeder seine Befindlichkeit irgendwie einbringt und man nicht tiefer eindringen kann thematisch, dann ist es auch nicht möglich, eine Identität auszubilden. Also, ich bin so ein bisschen hin- und hergerissen, neige aber eher dazu, zu sagen, Homogenität in einer Lerngruppe macht vieles einfacher und fördert/ befördert ein vertieftes Nachdenken" (I10, Gym, Pos. 46; *Didaktisch > Mangelnder Tiefgang (thematisch)).*

Er betont also die Nähe zwischen Religions- und Werte-und-Normen-Unterricht, um Vorbehalten der Schüler:innen entgegen zu treten. Eine Gesamtschullehrkraft schildert den Widerspruch nicht-christlicher Schüler:innen angesichts christlicher Unterrichtsinhalte im ReWeNo: „Denn da ist es dann tatsächlich manchmal so, dass es bei speziell christlichen Themen manchmal Widerspruch gibt und es einfach anstrengender ist, als wenn man einfach so sein Ding durchziehen könnte (lacht), will ich mal sagen, als Lehrer" (I14, KGS, Pos. 7; *Auf SuS-Seite > Abwehrhaltungen*).[36]

Darüber hinaus lassen sich weitere Merkmale der Schüler:innen als Herausforderungen identifizieren.[37] Zum Teil handelt es sich dabei um schulformspezifische Schwierigkeiten, zum Teil um Herausforderungen, vor denen der Religionsunterricht unabhängig von seiner Unterrichtsform steht, sodass sie an dieser Stelle zu vernachlässigen sind.[38] Auch von interreligiösen Spannungen berichten nicht nur diejenigen Lehrer:innen, die ihren Religionsunterricht im Klassenverband unterrichten. Da hiermit aber eine spezifische Herausforderung einer multireligiösen Lerngruppe (im Rahmen welcher Unterrichtsform auch immer) angesprochen ist, soll an dieser Stelle näher darauf eingegangen werden. Das größte Problem scheinen in diesem Zusammenhang fundamentalistische Einstellungen aufseiten der Schüler:innen zu sein. Konkrete Beispiele berichten sowohl von muslimischen als auch von christlichen Schüler:innen, die ihrem „missionarischen Drang" (03.2, Gym, Pos. 16; *Auf SuS-Seite > Interrel. Spannungen > Fundamentalistische Einstellungen*) folgten und ihre Einstellung als „richtig" (I03.2, Gym, Pos. 16) präsentierten, „sich mit Händen und Füßen dagegen wehrt[en], die Dinge sozusagen aus der historisch-kritischen Sicht zu sehen" (I03.2, Gym, Pos. 16) und ihr „fertiges Bild" (I03.2, Gym, Pos. 16) dekonstruieren zu lassen oder „nicht bereit sind, dort ... andere Meinungen neben ihrer Meinung zu akzeptieren oder Kompromisse im Dia/ im Dialog und in der Diskussion einzugehen." (I09, KGS, Pos. 57; *Auf SuS-Seite > Interrel. Spannungen > Fundamentalistische*

---

[36] Vom ReWeNo berichten zwei Lehrkräfte derselben Schule, eine als ReWeNo unterrichtende Lehrkraft (I15) und eine als Fachleiterin und deshalb über ReWeNo informierte Lehrkraft (I14). Im Detail kann es deshalb zu unterschiedlichen Einschätzungen beider Lehrkräfte kommen. So wurde bereits dargestellt, dass Herr Schönborn als unterrichtende Lehrkraft eher von der überwiegenden Bereitschaft auch nicht-christlicher Schülerinnen und Schüler zur Bearbeitung christlicher Fragestellungen berichtet (vgl. Abschnitt 4.2.2).

[37] Die Kategorie *Herausforderungen (eines rel. heterogenen RUs) > Auf SuS-Seite* lässt sich untergliedern in die folgenden sechs Unterkategorien: *Mangelnde Motivation, Abwehrhaltungen, Mangelnde Vorkenntnisse, Interrel. Spannungen, Intellektuelle Diversität, SuS folgen RULK-Meinung*. Dabei ist keine der Herausforderungen, die in den genannten Kategorien zusammengefasst sind, exklusiv auf die Form des religiös und weltanschaulich integrativen Religionsunterrichts im Klassenverband beschränkt. Allerdings zeigt sich, dass die mangelnde Motivation sowie Abwehrhaltungen der Schüler:innen vorrangig in Verbindung mit dieser Unterrichtsform stehen.

[38] Von fehlenden religiösen Vorkenntnissen aufseiten der Schüler:innen berichten Lehrende aller Schul- und Unterrichtsformen. Diese Befunde werden in Kapitel 5.3 dargestellt.

4.3 Herausforderungen

Einstellungen). Das letzte Zitat zeigt bereits an, was auch an anderen Stellen als Hauptproblem dieser fundamentalistischen Haltungen im Klassenzimmer erscheint: der Diskussionsabbruch bzw. die fehlende gemeinsame Basis für einen konstruktiven Austausch. Dieser werde einerseits von denjenigen Schüler:innen erschwert, die eine fundamentalistische Haltung einbringen und nicht bereit seien, diese zur Diskussion zu stellen. Andererseits fiele es den anderen Mitschüler:innen schwer, eine solche Extremposition nachzuvollziehen. Eine Gymnasiallehrkraft beschreibt die Reaktionen der Lerngruppe auf die Darstellung eines muslimischen Schülers so: „Also er hat das dann vorgetragen und das konnten die anderen ÜBERHAUPT nicht verstehen, wie man so einen Kram ernsthaft glauben kann." (I03.2, Gym, Pos. 16; *Auf SuS-Seite > Interrel. Spannungen).* Auch die Diskussion mit einer christlichen Schülerin, die sich für ein wörtliches Verständnis der Bibel einsetzt, geht am Rest der Lerngruppe vorbei: „Das finde ich eigentlich ein total spannendes Thema, aber da steigen natürlich manche dann auch aus, weil sie/ weil das für sie gar nicht relevant ist so, die dann sowieso nie nicht wörtlich nehmen" (I03.2, Gym, Pos. 16; *Auf SuS-Seite > Interrel. Spannungen).* Konfliktpotenzial ganz eigener Art berge das Verhältnis von Muslimen und Jesiden, das schildert wiederum Herr Simon (BBS):

> „ich frage dann auch mal nach, wie sieht es denn bei den Muslimen aus, aber ich frage auch christliche Schüler, ob sie wissen, wie es bei den Muslimen aussieht. Und das ist zum Beispiel/ Also das hatte ich jetzt schon zweimal dieses Jahr, dass das eine jesidische Schülerin, weil sie wahrscheinlich gedacht hat, dass ich aufgrund ihrer/ ihrer Herkunft denke, dass sie Muslimin ist, da hat sie gesagt: ‚Ich bin keine Muslimin!' Da habe ich gesagt: ‚Nein, habe ich auch gar nicht gesagt, ich habe Sie nur gefragt, ob Sie wissen, wie es bei den Muslimen ist.' So, ne? Und das ist dann natürlich auch wieder/ Dann muss man immer gucken, wie geht man mit diesen kulturellen Vorbildungen und sowas/ und gerade Jesiden und Muslime ist ja nunmal auch, ja, schwierig" (I05, BBS, Pos. 34; *Auf SuS-Seite > Interrel. Spannungen).*

4.3.4 *Zusammenfassung: Religionsunterricht im Klassenverband ist eine Lösung, aber aus der Sicht der Lehrenden nicht ohne Schwierigkeiten*

Zusammenfassend kann festgehalten werden, dass ein religiös und weltanschaulich integrativer Religionsunterricht im Klassenverband in der Darstellung der Lehrenden Herausforderungen mit sich bringt, die auf schulorganisatorischer, didaktischer und schülerbezogener Ebene liegen. Dabei hängen alle drei Problemfelder, das wurde immer wieder deutlich, eng zusammen. So führt ein fehlender Werte-und-Normen-Unterricht zu wenig bis gar nicht motivierten Schüler:innen im Religionsunterricht und zu der Herausforderung eines konfessionellen Unterrichts für eine multi- bis nichtreligiöse Schülerschaft. Zwei der befragten Lehrer:innen nahmen diese Situation als besonders herausfordernd wahr und zeigten sich mit den bisherigen Lösungsansätzen unzufrieden. Von den weiterhin in den Interviews geschilderten didaktischen Herausforderungen und den Anforderungen aufseiten der Schüler:innen sind nicht alle ein spezifisches Problem des gemeinsamen Religionsunterrichts im Klassenverband. Das interreligiöse (und z. T. interkulturelle) Konfliktpotenzial innerhalb der Lerngruppe und die entsprechend hohen Anforderungen an die interreligiöse Kompetenz der Lehrperson fallen jedoch thematisch ins Zentrum der Erfahrung religiös und weltanschaulich integrativen Unterrichtens. So zeigt sich insbesondere im Spiegel der qualitativen Befunde, dass ein Religionsunterricht im Klassenverband nicht als solcher ein zufriedenstellendes Modell religionsbezogener Bildung bieten und zur Zerreißprobe werden kann. Themen wie die Positionalität der Lehrkraft oder die fehlenden religiösen Vorkenntnisse der Schüler:innen schließen sich an und werden im Weiteren bearbeitet (s. Kapitel 6.2 und 5.3).

5 Die Heterogenität der Schüler:innen im Religionsunterricht

Der Umgang mit religiös-weltanschaulicher Pluralität im religionsbezogenen Unterricht wird von Lehrkräften aller Schulformen als eine zentrale Herausforderung wahrgenommen. Dies zeigen schon die Ergebnisse der quantitativen Fragebogenerhebung; die qualitative Interviewstudie legt fortfolgend hierauf einen Schwerpunkt. So zeigen die quantitativen Befunde deutlich, dass die Schüler:innen als entscheidendes Merkmal der Planung und Gestaltung religionsbezogenen Unterrichts gelten. Gleichzeitig werden eben diese Schüler:innen von den Lehrenden auf unterschiedlichen Ebenen als heterogen wahrgenommen.

Im vorliegenden Kapitel werden zunächst die unterschiedlichen von Lehrer:innen angegebenen Kennzeichen für Heterogenität ausgewertet, bevor sich der Blick auf die religiöse Heterogenität der Lerngruppe fokussiert. Anschließend werden die Angaben der Lehrenden zu den (religiösen) Vorkenntnissen und Interessen der Schüler:innen ausgewertet. Analysen zur Bedeutsamkeit der Religion der Schüler:innen für die Unterrichtsgestaltung beschließen das Kapitel und markieren erneut die Relevanz und das Ausmaß des Umgangs mit religiös-weltanschaulicher Pluralität im Religionsunterricht.

5.1 Heterogenität der Lerngruppe

Was bedeutet Heterogenität in Bezug auf die Schule und eine Gruppe von Schüler:innen? Im Fragebogen konnten Lehrende verschiedene Kennzeichen von Heterogenität auswählen, wenn ihnen diese für ihre Lerngruppe relevant erschienen. Als meistgenanntes Merkmal von Heterogenität geben die Lehrer:innen das unterschiedliche kognitive Niveau der Schüler:innen an (s. Abbildung 18). Dahinter nennen viele Lehrende einerseits den unterschiedlichen kulturellen Hintergrund, andererseits die Zugehörigkeit zu verschiedenen Konfessionen. Diese beiden Merkmale können sich gegebenenfalls auch gegenseitig bedingen, da häufig – aber nicht zwangsläufig – Schüler:innen mit anderem kulturellen Hintergrund auch von der Mehrheitskonfession abweichen. Auffällig ist an dieser Stelle, dass die Anwesenheit anderer Konfessionen noch vor anderen Religionen als Kennzeichen von Heterogenität der Lerngruppe verstanden wird. Über die Hälfte der Lehrer:innen geben an, dass 8 von 9 Kennzeichen für Heterogenität auf ihre Lerngruppe zutreffen. Dies deutet auf eine Vielzahl ausgeprägt heterogener Lerngruppen im religionsbezogenen Unterricht hin.

Abbildung 18

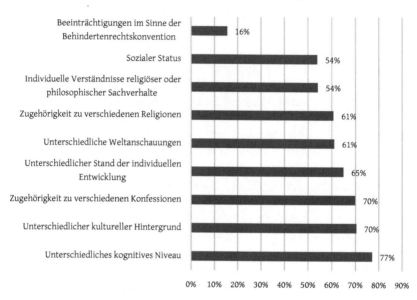

Anmerkung N=972; Mehrfachantworten möglich

Bei der Betrachtung unterschiedlicher Schulformen lassen sich deutliche Differenzen feststellen. So zeigt sich, dass an Gymnasien viele der Kennzeichen deutlich seltener angegeben werden: Den sozialen Status geben beispielsweise nur 38,3 % und die Zugehörigkeit zu verschiedenen Religionen nur 42,0 % der Lehrer:innen als Kennzeichen von Heterogenität an. An Berufsbildenden Schulen werden vier Aspekte überdurchschnittlich häufig angekreuzt: die Zugehörigkeit zu anderen Religionen (88,5 %) und Konfessionen (80,2 %) sowie unterschiedliche Weltanschauungen (82,3 %) und kulturelle Hintergründe (81,3 %). Insbesondere die Religions- und Konfessionszugehörigkeit scheint an Berufsbildenden Schulen sehr häufig Heterogenitätsmarker einer Lerngruppe zu sein.[1] Dies ergibt sich wohl auch daraus, dass an Berufsbildenden Schulen häufig nur ein Religionsunterricht angeboten wird, der von allen Schüler:innen besucht

---

[1] Statistische Daten zur spezifischen Gruppe der Schüler:innen an Berufsbildenden Schulen sowie zu deren religiös-weltanschaulicher Heterogenität fehlen leider, darauf verweist Bernd Schröder, Die Schülerinnen und Schüler im BRU, in: Roland Biewald/Andreas Obermann/Ders. u. a. (Hg.), Religionsunterricht an berufsbildenden Schulen. Ein Handbuch, Göttingen 2018, 135.150.

5.1 Heterogenität der Lerngruppe

wird, und entsprechend keine Vielzahl an parallelen Religionsunterrichten existiert.[2]

Darüber hinaus zeigen sich noch weitere Unterschiede. So geben Förderschullehrer:innen besonders häufig das unterschiedliche kognitive Niveau (89,3 %) und eine Beeinträchtigung im Sinne der Behindertenrechtskonvention als Merkmal von Heterogenität an (78,6 %). Grundschullehrer:innen geben weniger die Kennzeichen ‚Individuelle Verständnisse religiöser oder philosophischer Sachverhalte' (36,3 %) und ‚Unterschiedliche Weltanschauungen' (42,2 %) an, vermutlich da diese bei Grundschüler:innen noch weniger stark ausgeprägt sind als an den weiterführenden Schulen.

Je nach Unterrichtsfach bekommen die Heterogenitätsmerkmale eine andere Gewichtung. So fällt auf, dass im konfessionell-kooperativen Religionsunterricht die Zugehörigkeit zu den Konfessionen die bedeutendste Rolle einnimmt – 80,4 % der Lehrenden des Faches geben dieses Merkmal an. Im Werte- und-Normen-Unterricht stechen mit 82,7 % vor allem der unterschiedliche kulturelle Hintergrund und mit 78,7 % die Zugehörigkeit zu verschiedenen Religionen deutlich hervor und bilden für die Lehrenden die zentralen Heterogenitätsmerkmale ihrer Lerngruppe. Im evangelischen und katholischen Religionsunterricht lässt sich das kognitive Niveau der Schüler:innen als häufigstes Kennzeichen für Heterogenität ausmachen (evangelisch: 77,2 %; katholisch: 77,8 %). Die Zugehörigkeit zu verschiedenen Religionen stellt mit 39,6 % für etwas mehr als ein Drittel der Lehrenden im Fach Katholische Religion ein Merkmal für Heterogenität dar.

Auch in Bezug auf religiöse und weltanschauliche Aspekte zeigt sich deutlich, wie heterogen die Lehrer:innen ihre Lerngruppe wahrnehmen (s. Abbildung 19). Bei einem Mittelwert von 2,30 (SD 1,042) wird die Lerngruppe von den meisten Lehrenden als eher heterogen eingeschätzt. Dementsprechend werden Lerngruppen sehr selten als homogen wahrgenommen. Der binnendifferenzierte Umgang mit der Diversität der Schüler:innen wird somit zu einem wichtigen Aspekt der Unterrichtskonzeption und -durchführung.

---

[2] Ebd., 136. Im Übrigen rechtfertigt dieser Befund die hohe Anzahl an BBS-Lehrer:innen, die im Sample der qualitativen Interviewstudie vertreten sind (s. Kapitel 2.3.1).

Abbildung 19

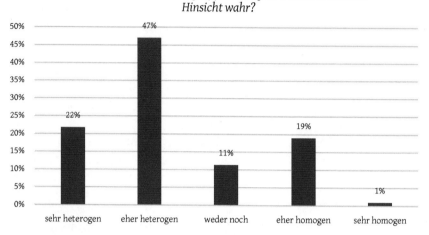

Anmerkung N=938

Bei Förderschul-, Hauptschul- und BBS-Lehrer:innen liegt die durchschnittliche Einschätzung der Homogenität noch niedriger – anders gesagt: Die Lerngruppen werden hier in religiös-weltanschaulicher Hinsicht als noch heterogener wahrgenommen. Dagegen nehmen Lehrer:innen an Grund- und Oberschulen sowie an Gymnasien ihre Schüler:innen etwas homogener wahr, dennoch wird auch an diesen Schulformen die Lerngruppe eher als heterogen verstanden.

Große Differenzen in der Einschätzung der Heterogenität lassen sich im Vergleich der Schulformen allerdings nicht finden: Schulformübergreifend schätzen Lehrer:innen ihre Lerngruppen nicht als homogen, sondern eher als heterogen ein. Die Indikatoren dieser Heterogenität unterscheiden sich teilweise jedoch stark je nach betrachteter Schulform. Beim Vergleich der verschiedenen religionsbezogenen Fächer lassen sich nur kleinere Unterschiede feststellen. So nehmen evangelische Religionslehrende ihre Lerngruppe als weniger heterogen wahr (MW 2,41; SD 1,076) als Werte-und-Normen-Lehrende (MW 2,12; SD 0,942).

Auch in den Interviews wurden die Lehrer:innen gefragt, ob es Differenzierungsmerkmale gebe, die für die Gestaltung des Religionsunterrichts noch relevanter bzw. ähnlich relevant sind wie die Unterscheidung der Schüler:innen nach Religionszugehörigkeit.[3] Die hierauf genannten Merkmale schließen an die

---

[3] Entsprechende Äußerungen wurden der Kategorie *Personenbezogene Rahmenbedingungen des RUs* (= 1. Gliederungsebene) > *(Analyse der) Religionszugehörigkeit der SuS* (= 2. Gliederungsebene) > *Andere Differenzierungen* (= 3. Gliederungsebene) zugeordnet. Die weiteren Unterkategorien (der vierten Gliederungsebene) sind dem Stellennachweis der hier angeführten Zitate in kursiv zu entnehmen. Zur Übersicht über das Kategoriensystem s. Anhang A03.

Ergebnisse der Fragebogenuntersuchung an. So wurden sowohl kognitive Fähigkeiten als auch kulturelle Hintergründe als Merkmale für Heterogenität artikuliert.[4] Darüber hinaus wurde auch Gender als entsprechendes Merkmal genannt.[5] Zwei Lehrende formulierten zudem die Bereitschaft der Schüler:innen zur Auseinandersetzung mit religiösen Themen und Fragestellungen als wichtiges Unterrichtskriterium sowie als differenzierendes Merkmal innerhalb der Lerngruppe.[6] Zwei weitere Lehrende verwiesen auf den (religiösen) Erfahrungshorizont der Schüler:innen als differenzierendes Merkmal und zugleich bedeutenden Faktor für die Unterrichtsgestaltung (s. auch Kapitel 5.3).[7] Der letztgenannte Aspekt rückt die religiöse Heterogenität der Lerngruppe in den Blick, die im Folgenden Gegenstand der Untersuchung sein soll.

5.2 Religiöse Heterogenität der Lerngruppe

Nachdem die Einschätzung der Lerngruppe durch die Lehrenden in Bezug auf vielfältige Kennzeichen von Heterogenität genauer betrachtet wurde, soll nun auf die *religiöse* Heterogenität im Spezifischen eingegangen werden.

5.2.1 Konfession und Religion der Schüler:innen in der Fragebogenerhebung

Zu bedenken ist hier, dass nur etwa zwei Drittel der Lehrer:innen das Vorhandensein unterschiedlicher Konfessionen als Kennzeichen von Heterogenität ihrer Lerngruppe markieren. Im Fragebogen haben wir die Lehrenden dazu auf-

---

[4] Exemplarisch I15: „die Differenzierung nach kognitiver Richtung [ist] zum Teil mindestens genauso relevant, weil wenn man da Schüler sitzen haben, die den Text nicht verstehen, dann ist es egal, welchen Text man denen vorlegt, sie verstehen ihn halt nicht." (I15, KGS, Pos. 42; *Kognitive Fähigkeiten*) und I06: „Die Kultur, weil häufig wird Kultur gleichgesetzt mit Religion" (I06, BBS, Pos. 66; *Kulturelle Hintergründe*).

[5] So I02: „Ja, Männer und Frauen ist ein Thema. Aber das hat ja manchmal auch was mit den tradierten Menschenbildern der religiösen Prägung zu tun." (I02.2, BBS, Pos. 66; *Gender*).

[6] „Ja, aber so richtig/ so richtig ranken kann man es, glaube ich, nicht. Ich glaube, es geht um Bereitschaft. Es geht um Bereitschaft, sich diese Themen zu erschließen." (I05, BBS, Pos. 30; *Offenheit für (Auseinandersetzung mit) Religion)* und ähnlich: „Ich finde, es macht definitiv ja was aus, ob die insgesamt interessiert und offen und kommunikationswillig sind über diese Fragen (...)" (I04, BBS, Pos. 16; *Offenheit für (Auseinandersetzung mit) Religion)*.

[7] „Also manchmal ist es ja so bei auch/ bei so Unterrichtsvorschlägen, dass die irgendwie so davon ausgehen, dass die Kinder so über ganz große Vorerfahrungen verfügen und dann muss man immer da/ Also, merke ich immer ja, darauf kann man jetzt so gar nicht zurückgreifen." (I13, GS, Pos. 28; *Rel. Erfahrungshorizont*) und I12, OS, Pos. 22 (zitiert und analysiert in Kapitel 5.3.2).

gefordert, alle Religionen anzugeben, welche in ihrer Lerngruppe vorhanden sind, um eine Vorstellung davon zu erhalten, wie religiös divers sich die Lerngruppen zusammensetzen. Damit die Zusammensetzungen der Lerngruppen besser erfasst werden können, differenzieren wir in der Auswertung zusätzlich nach der Schulform.

Auf den ersten Blick wird in Abbildung 20 (der Frage 42 des Fragebogens zugrundeliegt) deutlich, dass in den meisten religionsbezogenen Lerngruppen evangelische und konfessionslose Schüler:innen vorhanden sind. In etwa einem Drittel der Lerngruppen gibt es auch katholische und islamische Schüler:innen. Es können allerdings keine Angaben über die absoluten Zahlen innerhalb der Lerngruppe gemacht werden. Diese Angabe wäre bei Lehrer:innen mit verschiedenen Lerngruppen und teilweise mehreren parallel unterrichteten Unterrichtsfächern nicht abfragbar. Es ist davon auszugehen, dass schon das Vorhandensein einzelner Schüler:innen mit einer vom Unterrichtsfach abweichenden Religionszugehörigkeit einen Einfluss auf die Wahrnehmung der Lerngruppe und die Unterrichtsgestaltung hat.

Abbildung 20

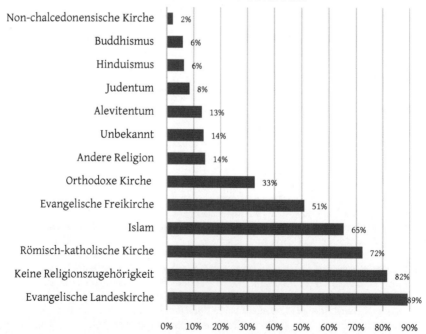

Anmerkung N=974; Mehrfachantworten möglich

Zwei Beobachtungen sollen noch stärker hervorgehoben werden. Zunächst gibt es quer durch alle Schulstufen und -formen wohl keine religiös homogenen Lerngruppen. Im konfessionellen Religionsunterricht sind immer auch Schüler:innen ohne oder mit anderer Religionszugehörigkeit als derjenigen der Anbieter von Religionsunterricht Teil der Lerngruppe. Ebenso sind im Fach Werte und Normen immer auch evangelische oder katholische Schüler:innen vertreten, die trotz ihrer Konfessions- bzw. Kirchenzugehörigkeit nicht am konfessionellen (oder konfessionell-kooperativen) Religionsunterricht teilnehmen.

Die zweite Beobachtung ist der hohe Anteil von Konfessionslosigkeit. Spricht man von religiöser Pluralität, kommen zunächst die Vielfalt der unterschiedlichen Religionen der Schüler:innen und damit einhergehend z. T. diverse kulturelle Hintergründe in den Sinn. Dass aber auch die Abwesenheit einer Konfession religiöse Pluralität beschreiben kann, erschließt sich erst auf den zweiten Blick, wenn sich die Frage stellt, in welchen Kontexten die Konfession der Schüler:innen im religionsbezogenen Unterricht an Relevanz gewinnt (vgl. Kapitel 5.4).

5.2.2 Konfession und Religion der Schüler:innen in den Interviews

Auch in den Interviews wurden die Lehrenden nach der religiös-weltanschaulichen Zusammensetzung ihrer Lerngruppe gefragt. Dabei muss beachtet werden, dass die Wahrnehmung der Lerngruppe als religiös-weltanschaulich heterogen notwendige Bedingung für die Teilnahme am Interview war. D. h., dass nur solche Lehrer:innen interviewt wurden, die ihre Lerngruppe in religiös-weltanschaulicher Hinsicht als heterogen einschätzen.

Eine Liste der in den Interviews genannten Religionen und Konfessionen der Schüler:innen im Religionsunterricht entspräche in etwa der bereits beschriebenen Abbildung 20.[8] Eine auffällige Ergänzung bzw. Spezifizierung birgt jedoch die relativ häufige Nennung jesidischer Schüler:innen, eine einzelne Lehrkraft berichtet zudem von der Präsenz reformierter Schüler:innen. Auffällig ist die von den Lehrenden formulierte Diagnose religiöser Pluralität als ‚bunte Mischung'. Dieser Ausdruck findet sich in etwa einem Drittel aller Interviews[9] –

---

[8] Vgl. die Ausdifferenzierung der Kategorie *Personenbezogene Rahmenbedingungen des RUs > (Analyse der) Religionszugehörigkeit der SuS* in der Darstellung des Kategoriensystems im Anhang. Die im Folgenden zur Veranschaulichung herangezogenen Zitate weisen die Kategoriennamen der Gliederungsebene drei und vier im Anschluss an den Stellennachweis der Zitate in kursiv aus.

[9] Vgl. I14, KGS, Pos. 21; I11.2, BBS, Pos. 6; I10, Gym, Pos. 10; I04, BBS, Pos. 14; I02.1, BBS, Pos. 6. Frau Sternhuf (BBS) vermeidet aktiv den Ausdruck ‚bunte Mischung': „Also eine bunte/ ein bunter Strauß." (I07.1, BBS, Pos. 5). Sie beschreibt sich selbst im Verlauf des Interviews

und zwar sowohl dort, wo die Schüler:innenschaft sich überwiegend aus evangelischen (frei- und landeskirchlich geprägten) sowie konfessionslosen und wenigen katholischen Schüler:innen zusammensetzt,[10] als auch dort, wo christliche Schüler:innen deutlich in der Minderheit sind und der Unterricht religionsübergreifend stattfindet.[11] Das unterstreicht erneut den bereits beschriebenen Befund, dass die Wahrnehmung von religiös-weltanschaulicher Heterogenität auf unterschiedlichen Ebenen stattfinden kann, nämlich sowohl intra- als auch interreligiös (s. Kapitel 5.2.1). Denjenigen (BBS-)Lehrer:innen, die – grob vereinfacht – sowohl intrareligiös heterogene als auch interreligiös heterogene Lerngruppen zu unterrichten haben, sind diese Differenzen bewusst. Zwei solcher Lehrer:innen an Berufsbildenden Schulen vergleichen ihre unterschiedlichen Lerngruppen und kommen beide zu dem Schluss, dass die religiös-weltanschauliche Zusammensetzung in den Lerngruppen des konfessionell-kooperativen Religionsunterrichts ohne das Parallelangebot eines Werte-und-Normen-Unterrichts deutlich pluraler sei, als in Lerngruppen, die zwischen den Fächern Religion oder Werte und Normen wählen können:

> „in einem reinen evangelischen Religionskurs [...] [a]uch da sitzen natürlich ganz unterschiedliche Ansichten, also auch ja atheistisch geprägte Schüler, Schülerinnen oder eben durchaus ja Schülerinnen und Schüler, die aus einem sehr strengen evangelikalen Erziehung auch kommen oder Elternhaus auch kommen, die da sehr verwurzelt sind in/ in Kirche und/ und in ihrer Religion. Das ist also auch da eine bunte Mischung, aber die Heterogenität ist natürlich in den Berufsschulklassen konfessio-

---

als sprachsensibel und möchte vermutlich die Individualität der Schüler:innen gewahrt wissen, die im Ausdruck ‚Mischung' verloren zu gehen droht.

[10] So z. B. die Lerngruppe einer Gymnasiallehrkraft: „tatsächlich sind die/ ist die Mehrzahl der Schüler irgendwann im Laufe der Schulzeit dann auch konfirmiert und hat eine GEWISSE evangelische Sozialisation, aber es gibt in der Schülerschaft alles, was man sich denken kann. Es gibt erklärte agnostische oder atheistische Elternhäuser, es gibt Muslime, die teilnehmen, es gibt katholische Schüler, die teilnehmen am evangelischen Religionsunterricht. Die Mehrzahl ist evangelisch orientiert. NICHT am Religionsunterricht teil nehmen die Zeugen Jehovas. Hier gibt es eine durchaus ordentliche Gruppe, die nehmen nicht teil und ansonsten natürlich gibt es einige Muslime, die nicht teilnehmen und einige, die sich auch mal anders ausprobieren wollen, die eigentlich sogar konfirmiert sind und irgendwann mal sagen: ‚Ich mache auch mal ein Jahr Werte und Normen.', das gibt es auch, also eine ganz bunte Mischung eigentlich." (I10, Gym, Pos. 4; *Diagnose > „bunte Mischung"*).

[11] Das schildert eine BBS-Lehrkraft: „Zweieinhalbtausend Schülerinnen und Schüler ungefähr. Davon so nach den letzten Zahlen, die sind jetzt allerdings schon ein Jahr alt, ungefähr fünfundfünfzig Prozent mit muslimischem Hintergrund. Zehn Prozent noch in den traditionellen Kirchen, also römisch-katholisch, evangelisch-landeskirchlich. [...] Also wovon zwei Prozent sind dann römisch-katholisch, der Rest evangelisch-lutherisch-landeskirchlich, der Rest religiös indifferent. Osteuropäisch geprägte Pfingstgemeinden. Gar nichts, bewusst entschieden nicht in der Kirche zu sein, nie religiös sozialisiert – also halt die bunte Mischung." (I02.1, BBS, Pos. 4–6; *Diagnose > „bunte Mischung"*).

5.2 Religiöse Heterogenität der Lerngruppe

nell-kooperativ nochmal viel größer" (I11.1, BBS, Pos. 16; *Diagnose > „bunte Mischung"*).[12]

Dass die erhöhte Pluralität möglicherweise nicht nur mit dem fehlenden Angebot des Werte-und-Normen-Unterrichts begründet werden kann, gibt Frau Kaiser (BBS) zu bedenken:

> „Aber ich weiß nicht, inwiefern das bei uns mit den Schulformen auch zu tun hat ... Also, das sind jetzt so unterschiedliche Stränge, die da irgendwie eine Rolle mitspielen, ne? Also, hm (nachdenkend), das finde ich schwierig selber zu beurteilen. Also das sind ja auch nicht dieselben Leute, die sich aussuchen, zum beruflichen Gymnasium zu gehen oder zur Berufsfachschule oder eine Ausbildung machen. Also, verstehen Sie, was ich meine? So, das ist so ein bisschen (...) hm (nachdenkend). Also die Mischung ist jedenfalls grundsätzlich bunt vorhanden. Ja" (I04, BBS, Pos. 14; *Diagnose > „bunte Mischung"*).

Ihre Äußerungen weisen auf den Zusammenhang der unterschiedlichen Merkmale von Heterogenität hin, die auch durch die Fragebogenuntersuchung erfasst wurden (vgl. Kapitel 5.1).

Gefragt nach dem Erhebungsinstrument der vorhandenen religiös-weltanschaulichen Prägungen innerhalb der Lerngruppe antworten viele Lehrende, dass sie diese gar nicht erfragen, vor allem, um die eigene Unvoreingenommenheit zu bewahren: „aber ich gehe jetzt nicht in die Klasse und mache eine Abfrage oder so. Was hat das für einen Einfluss auf meinem Unterricht? Das finde ich auch irgendwie so voreingenommen, ja?"[13] (I07.1, BBS, Pos. 29; *Erhebung(-sinstrument) > keine Abfrage*).

Einige Lehrende geben an, bei sich thematisch bietender Gelegenheit nach der Konfessions- und Religionszugehörigkeit der Schüler:innen zu fragen: „Wir haben gerade in Klasse 6 das Thema Evangelisch, Katholisch, da habe ich dann mal abgefragt, wer da katholisch ist" (I12, OS, Pos. 12; *Erhebung(-sinstrument) > Abfrage bei Gelegenheit*). Außerdem geben drei BBS-Lehrer:innen an, dass sie die Schüler:innen zu Beginn des Schuljahres bzw. des Religionsunterrichtes nach

---

[12] Ähnlich auch Frau Kaiser (BBS): „Also doch, ich finde definitiv, dass/ dass ich das gerade im Vergleich jetzt schon sehr deutlich sagen kann, dass/ dass die religiöse Mischung in den/ im Klassenverband deutlich größer ist, als in den REINEN Religionskursen. Doch, auf jeden Fall." (I04, BBS, Pos. 12; *Diagnose > „bunte Mischung"*).

[13] Ähnlich auch I04: „Also ich persönlich erhebe es eigentlich gar nicht. Aber das ko/ also die Schule erhebt das in irgendeiner Weise, dass die auf ihrem Anmeldebogen was ankreuzen müssen, oder so. Ich habe es bisher tatsächlich vermieden, mir die anzugucken, weil ich das gar nicht unbedingt vorher wissen wollte, um nicht selber in irgendwie so Vorurteilsfallen zu tappen." (I04, BBS, Pos. 14; *Erhebung(-sinstrument) > keine Abfrage*) sowie I09: „Also ich möchte eigentlich doch eher offen auf die Gruppe zugehen und nicht vor/ voreingenommen" (I09, KGS, Pos. 29; *Erhebung[-sinstrument] > keine Abfrage*) und I10: „Ja, also ich interessiere mich relativ bewusst nicht für Vornoten [...] und ich interessiere mich auch nicht für ein Bekenntnis, was ja ohnehin nur auf dem Papier in vielen Fällen steht" (I10, Gym, Pos. 50; *Erhebung(-sinstrument) > keine Abfrage*).

ihrer Zugehörigkeit befragen: „[I]ch erhebe das. Ich frage am Anfang nach. // Ich mache eine Vorstellungsrunde, entweder mit einem Steckbrief oder so und da frage dann einmal kurz nach. Und mach mir selber so Kreuze dann oder einen Stern oder einen Halbmond."[14] (I05, BBS, Pos. 32; *Erhebungs(-sinstrument) > Abfrage zu Unterrichtsbeginn*).

Es zeigt sich also, dass aus den unterschiedlichen Erhebungsstrategien religiöser Pluralität keine einheitliche Tendenz abzuleiten ist, auch wenn die Mehrheit angibt, die Religionszugehörigkeiten innerhalb der Lerngruppe nicht gezielt abzufragen.

5.3 Interessen und Vorkenntnisse der Schüler:innen

Die formale Religionszugehörigkeit der Schüler:innen einer Lerngruppe ist nur eine Dimension (religiös-weltanschaulicher) Heterogenität. Insbesondere für die Unterrichtsplanung und -gestaltung spielt damit einhergehend auch das Wissen der Schüler:innen um die eigene Religionszugehörigkeit sowie das Interesse an der eigenen Religion und anderen Religionen eine entscheidende Rolle. Aus diesem Grund geht es im folgenden Kapitel um die Einschätzungen und vorgenommenen Differenzierungen der Lehrer:innen bezüglich Wissensstand und Interesse der Schüler:innen an Religion.

5.3.1 *Einschätzung des Wissensstandes und Interesses der Schüler:innen*

Zur besseren Beurteilung wurden die Lehrer:innen gefragt, wie sie das Interesse und die Kenntnisse ihrer Schüler:innen in Bezug auf Religion einschätzen (s. Tabelle 5). Anhand einer Skala von 1 (sehr niedrig) bis 5 (sehr hoch) konnten so verschiedene Aspekte beurteilt werden. Ein Ergebnis fällt auf: Das Interesse und

---

[14] Ebenso I02: „Und in der ersten Stunde, wenn ich die Schülerinnen und Schüler zum ersten Mal sehe, frage ich einfach. Also ne: ‚Ihr wisst das Fach heißt Religion, ich würde ja gerne von euch wissen, welche religiöse Tradition oder Bindung ihr habt.'" (I02.2, BBS, Pos. 64; *Erhebung(-sinstrument) > Abfrage zu Unterrichtsbeginn*) und I11: „Ich mache es gezielt, dass ich in/ eigentlich in allen Klassen einen Unterrichtseinstieg mache, wo wir uns erstmal so ein bisschen über Glaube unterhalten. Also, das ist/ ich nehme mir in der ersten Doppelstunde immer Zeit für eine/ für eine ausgiebige Vorstellungsrunde, wo eben auch schonmal so verschiedene Sachen abgefragt werden gerade im Religionsunterricht natürlich auch nach Religionszugehörigkeit" (I11.1, BBS, Pos. 18; *Erhebung(-sinstrument) > Abfrage zu Unterrichtsbeginn*).

5.3 Interessen und Vorkenntnisse der Schüler:innen

das Wissen an/über die eigene Religion der Schüler:innen wird eher niedrig eingeschätzt (MW 2,9). Dagegen wird das Interesse an der Religion der Mitschüler:innen etwas höher beurteilt (MW 3,21). Auch das Interesse an der eigenen Religion und der Einfluss der Religionszugehörigkeit auf die religiöse Identität werden etwas höher eingeschätzt als das vorhandene Wissen. Ebenso wird das Interesse an religiösen Fragestellungen im Allgemeinen im Vergleich zum Interesse an der eigenen formalen Religionszugehörigkeit höher eingeschätzt. Insgesamt liegen die Wissens- und Interessenseinschätzung im mittleren Skalenbereich und fallen somit weder besonders hoch noch niedrig aus.

Tabelle 5

Einschätzung des Interesses/Wissens der Schüler:innen an/über Religion[15]

	MW	SD	N
Interesse an eigenen religiösen Fragestellungen	3,28	0,959	969
Interesse an den Religionen/Konfessionen ihrer Mitschüler:innen	3,21	0,966	970
Interesse an der eigenen Religion/Konfession	2,9	0,925	967
Einfluss der Religions- und Konfessionszugehörigkeit auf die religiöse Identität	2,79	0,978	969
Religiosität unabhängig von der tatsächlichen Religionszugehörigkeit	2,64	0,923	969
Kenntnisse über eigene Religion/Konfession	2,43	0,833	966

Anmerkungen Skalenbereich 1 = sehr niedrig, 2 = eher niedrig, 3 = weder noch, 4 = eher hoch, 5 = sehr hoch

Im Vergleich der Schulformen zeigen sich einige Unterschiede in der Einschätzung der Lehrenden. Die Haupt- und Förderschullehrer:innen schätzen die Kenntnisse ihrer Schüler:innen deutlich geringer ein als die Lehrer:innen anderer Schulen. Das Interesse an der eigenen Religion wird von Grundschullehrer:innen deutlich höher eingeschätzt als von Lehrenden anderer Schulformen. Auch das Interesse an religiösen Fragestellungen sowie der Religion der Mitschüler:innen wird von Lehrer:innen der Grundschulen und Gymnasien deutlich höher gewertet als an Haupt- und Förderschulen. Bei den genannten Beobachtungen lässt sich jedoch nicht identifizieren, ob sich die Beurteilung der Lehrenden ausschließlich auf das Themenfeld Religion bezieht oder ob die Kenntnisse

---

[15] Frage 44 lautete: „Wie schätzen Sie das Interesse und die Kenntnisse Ihrer Schüler*innen in Bezug auf religiöse Themen ein? Wie ausgeprägt ist/sind ...".

bei Schüler:innen an Haupt- und Förderschulen generell niedriger und das Interesse in der Grundschule generell höher eingeschätzt wird.

Auch das Unterrichtsfach hat einen Einfluss auf die Einschätzung des Wissens und des Interesses der Schüler:innen. Ein besonders eindrücklicher Unterschied wird zwischen den Unterrichtsfächern Evangelische Religion/Katholische Religion einerseits sowie Werte und Normen andererseits sichtbar. Während das Interesse an religiösen Fragestellungen und der Religion der Mitschüler:innen von den Lehrenden der Religionsunterrichtsfächer deutlich höher eingeschätzt wird, beurteilen Werte-und-Normen-Lehrer:innen beide Bereiche eher niedrig.

Diese Beobachtung verwundert nicht, da Schüler:innen mit einem geringer ausgeprägten Interesse an Religion vermutlich eher dazu tendieren, das Fach abzuwählen und stattdessen Werte und Normen belegen. Auffällig bleibt jedoch die Beobachtung, dass sowohl Werte-und-Normen- als auch Religionslehrende die Kenntnisse und das Interesse ihrer Schüler:innen an der eigenen Religion grundsätzlich eher gering einschätzen. Die Lehrer:innen können demzufolge auf ein geringes religiöses Vorwissen und ein mittleres bis niedriges Interesse an Religion zurückgreifen.

5.3.2 Differenzierung der Vorkenntnisse

Die Analyse der Interviewdaten offenbart einige Details zur Differenzierung der Feststellung ‚geringer Kenntnisstand'. So zeigen die Äußerungen der Lehrenden, dass sich fehlende Kenntnisse aus einem Mangel religiöser Erfahrungen, fehlender religiöser Sprachfähigkeit und Wissensmangel zusammensetzen.[16] Vom fehlenden religiösen Vorwissen aufseiten der Schüler:innen berichten Lehrer:innen aller Schulformen. Es ist aber bezeichnend, dass fast alle Gymnasiallehrer:innen darauf hinweisen, während aus der Gruppe der interviewten BBS-Lehrer:innen nur zwei Personen mangelndes Vorwissen benennen – schulformspezifisch hegen Lehrer:innen religionsbezogener Fächer demnach unterschiedlich hohe Erwartungen im Blick auf Vorkenntnisse und Wissen. Exemplarisch sei hier eine Gymnasiallehrkraft zitiert: „Also, ich/ ich gehe davon aus, dass der überwiegende Teil meiner Schüler echt wenig über Kirche und kirchliche Hintergründe weiß und [...] Dass ich von den schlechtesten Voraussetzungen, was das Wissen angeht, eigentlich immer ausgehe." (I08, Gym, Pos. 28; *Mangelndes Vorwissen*).

---

[16] Im Folgenden wird die Kategorie *Beurteilung des RUs > Herausforderungen (eines rel. heterogenen RUs) > Auf SuS-Seite > Mangelnde Vorkenntnisse* ausgelesen. Die entsprechenden Unterkategorien (der Gliederungsebene fünf) werden im Fließtext im Anschluss an den Stellennachweis der Zitate angegeben. Eine Übersicht über das Kategoriensystem ist im Anhang A03 zu finden.

Eine Lehrkraft an der Oberschule beschreibt den fehlenden religiösen Erfahrungshorizont anschaulich als Verständnisproblem im Religionsunterricht:

> „In Klasse 7 haben wir über das Gottesbild Luthers gesprochen [...] und da hatte ich dann den Eindruck, dass die, die eher sagen: ‚Ach Gott ist mir eigentlich eher egal.', sich so in diesem Sinneswandel, den Luther hatte/ Luther hatte ja erst so eine/ so eine strenge Ansicht von Gott und hatte dann diesen Sinneswandel, dass nicht nur gute Taten einem den Weg zu Gott ebnen. Dass DAS die Schüler, die wirklich sagen: ‚Gott mir egal, interessiert mich nicht.' und so weiter, dass die da wirklich Probleme hatten, das nachzuvollziehen, ne? Also, ich habe versucht, verschiedene Beispiele zu geben, sich da hineinzuversetzen und dieses/ diese/ diesen Wandel des Gottesbildes von Luther da einmal zu skizzieren und das war wirklich schwierig. Da war/ habe ich mich auch selbst etwas überfordert gefühlt, dass auch den Schülern, die etwas indifferenter sind, sage ich mal, nahe zu bringen." (I12, OS, Pos. 22; *Fehlende rel. Erfahrungen*).

Obgleich die Lehrkraft hier nicht explizit über konfessionslose Schüler:innen spricht – denkbar sind z. B. auch christlich getaufte Schüler:innen, denen aber ein religiöser Erfahrungshorizont fern ist[17] – offenbart sich an dieser Schilderung, in welchem Ausmaß bzw. mit welcher Dimension Konfessionslosigkeit als Faktor religiös-weltanschaulicher Heterogenität relevant wird (s. Kapitel 5.2). Der fehlende Erfahrungsbezug bzw. Anknüpfungspunkt für eine religiöse Weltdeutung stellt die Lehrkraft hier vor das Problem, Schüler:innen einen Gottesbezug nachvollziehbar zu machen.

Zwei BBS-Lehrer:innen nennen darüber hinaus explizit fehlende religiöse Sprachfähigkeit der Schüler:innen als Ausgangspunkt ihres Unterrichts und als Ausprägungsvariante fehlender religiöser Kenntnisse. So berichtet Herr Stellreiter:

> „Häufig sind die Schüler auch gar nicht/ gar nicht sprachfähig, so würde ich das mal nennen. Also, es ist schon teilweise auch wirklich was, wo wir/ wo wir erstmal Begriffsklärung betreiben müssen, also mit/ mit Liebe und mit Hoffnung, da kommen die ja noch klar, sage ich jetzt mal, mit Nächstenliebe vielleicht auch noch, aber wenn es dann an/ an Begriffe geht wie, ja, Schuld oder Gnade oder sowas, also das/ da können Schüler gar nichts mehr mit anfangen" (I11.1, BBS, Pos. 22; *Fehlende rel. Sprachfähigkeit*).

Diese Auszüge aus den Interviews führen deutlich vor Augen, dass sich die fehlenden religiösen Vorkenntnisse der Schüler:innen ausdifferenzieren lassen in

---

[17] Vgl. dazu die Äußerungen einer Gesamtschullehrkraft, die dieses Phänomen beschreiben: „weil heutzutage ist ja aus meiner Sicht so eine gewisse Kirchenferne immer mehr bei den Schülern zu sehen. Da steht zwar ‚Ich bin christlich' auf dem Papier und: ‚Ich bin zwar getauft, aber so mit Kirche oder mit Glauben habe ich eher weniger was am Hut, nur so ganz seicht und es wird eher spannend, wenn Konfirmation ansteht und da diese Konfirmationsfeier ist.', aber was, sage ich mal, die so wirklich bedeutet und was das Christentum bedeutet und was gelebte Religion bedeutet, das kriegen sie dann zum Teil eher weniger mit." (I15, KGS, Pos. 18; *Fehlende rel. Erfahrungen*).

fehlendes Wissen, mangelnde Erfahrung und Sprachunfähigkeit. Dabei zeigt die Auswertung der Fragebogenerhebung, dass das Interesse und das Vorwissen der Lerngruppe ein, bzw. *das* entscheidende Kriterium für die Auswahl der Unterrichtsinhalte und -methoden darstellt. Noch vor den Vorgaben aus Kern- und Schulcurriculum richten sich Lehrende nach den Interessen und dem Vorwissen ihrer Lerngruppe. Die Lehrer:innen erachten die Schüler:innen zu 74,3 % als sehr wichtige und zu 21,4 % als wichtige Instanz für die Konzeption und Unterrichtsgestaltung. Mit dieser Quote von mehr als 95 % stellt die Schüler:innenorientierung mit deutlichem Abstand den wichtigsten Orientierungspunkt für die Unterrichtsplanung dar, deutlich vor den eigenen Idealen oder den wissenschaftlichen Erkenntnissen des religionsbezogenen Faches, wie in Tabelle 6 deutlich wird.[18]

Tabelle 6

Auszug Relevanz von Personengruppen, Faktoren und Instanzen für die Unterrichtsplanung[19]

	MW	N	SD
Die Schüler:innen	4,69	972	0,585
Ideale und Visionen	4,01	968	0,814
Wissenschaftliche Erkenntnisse des Faches	3,91	969	0,878
Der Lehrplan/das Kerncurriculum	3,79	973	0,855
Das Lehrer:innenkollegium	3,76	974	0,994

Anmerkung Skalenbereich 1 = überhaupt nicht wichtig, 2 = eher nicht wichtig, 3 = weder noch, 4 = eher wichtig, 5 = sehr wichtig

Wollen Lehrende mit ihrem Unterricht an das religiöse Vorwissen und die Erfahrungen der Schüler:innen anknüpfen, reicht die Kenntnis der formalen Religionszugehörigkeiten innerhalb der Lerngruppe nicht aus, da formale Zugehörigkeit nicht zwangsläufig mit einer religiösen Sozialisation einhergeht. So stellt

---

[18] In der Übersicht zur Relevanz weiterer Personengruppen und Instanzen fällt zudem auf, dass kaum ein Item als überhaupt nicht wichtig oder eher nicht wichtig erachtet wird. Lehrer:innen religionsbezogener Fächer scheinen entsprechend viele verschiedene Aspekte bei ihrer Unterrichtsplanung beachten zu wollen oder zu müssen.

[19] Frage 35 lautete: „Wie wichtig sind Ihnen folgende Personengruppen, Institutionen und Instanzen bei der Konzeption und Gestaltung religionsbezogenen Unterrichts?" Eine ausführlichere Betrachtung der Relevanz von Personengruppen und Instanzen für die Unterrichtsplanung findet sich im Kapitel 6.1 zum religiös-weltanschaulichen Profil der Lehrenden, dort finden sich die Ergebnisse der gesamten Fragestellung.

Bernd Schröder bei der Sichtung einschlägiger Studien zu Jugendlichen und Religion im Kontext der V. Kirchenmitgliedschaftsuntersuchung fest, dass die religiösen Impulse in der Erziehung auch bei christlichen Familien zurückgehen und die religiöse christliche Praxis bei Jugendlichen abnimmt.[20] Zudem bezeichnet sich nur die Hälfte der christlichen Jugendlichen als religiös.[21] Auch in aktuellen Untersuchungen über Jugendliche und ihr Verhältnis zur Religion mittels Mehrfachbefragung konnte festgestellt werden, dass ein rückläufiger Bezug zu Religion und eine steigende Individualisierung des Glaubens junger Menschen besteht.[22] In der SINUS-Studie von 2020, die sich mit der Lebensrealität von Jugendlichen zwischen 14 und 17 Jahren befasst, taucht Religion nicht mehr – wie in vorausgehenden Untersuchungen – als Fokusthema auf, sondern spielt nur im Kapitel „Die Kirche als Arbeitgeberin" eine untergeordnete Rolle.[23] Fast noch wichtiger als die formale Zugehörigkeit zu (k)einer Religionsgemeinschaft, sind also die spezifischen Erfahrungen mit Religion und der individuelle Bezug, den die Schüler:innen zu religiösen Themen oder Fragestellungen haben. Das wissen auch die befragten Lehrer:innen und ziehen daraus Schlüsse für die Gestaltung ihres Unterrichts (s. Kapitel 5.4).

5.4 Die Religion der Schüler:innen im Unterricht

Gefragt nach dem Einfluss der religiös-weltanschaulichen Pluralität der Lerngruppe auf ihre Unterrichtsplanung und -gestaltung antworten die interviewten Lehrer:innen in der Breite von „eigentlich überhaupt keinen" (I10, Gym, Pos. 12) bis „also für mich macht die Frage ‚Wer sitzt da in der Lerngruppe?' schon auch wirklich was aus, für das, was dann Unterrichtsinhalt ist." (I04, BBS, Pos. 16).[24] Für die Analyse der Antworten erwies sich die Unterscheidung von Religionszugehörigkeit und Religiosität als strukturierend. Beide Merkmale offenbaren the-

---

[20] Vgl. Bernd Schröder, Schülerinnen und Schüler und ihr Verhältnis zur (christlichen) Religion. Die einschlägigen Ergebnisse der V. KMU im Vergleich zu Resultaten anderer schulbezogener empirischer Studien der Jahre 2006–2016, in: Ders./Jan Hermelink/Silke Leonhard (Hg.), Jugendliche und Religion. Analysen zur V. Kirchenmitgliedschaftsuntersuchung der EKD (Religionspädagogik innovativ Bd. 13), Stuttgart 2017, 229.

[21] Vgl. ebd.

[22] Vgl. Friedrich Schweitzer/Golde Wissner/Rebecca Nowack, u. a. (Hg.), Jugend – Glaube – Religion II. Neue Befunde – vertiefende Analysen – didaktische Konsequenzen, Münster 2020.

[23] Vgl. Bodo Flaig/James Edwards/Marc Calmbach u. a. (Hg.), SINUS-Studie 2020. Lebenswelten von Jugendlichen im Alter von 14 bis 17 Jahren in Deutschland, Bonn 2020.

[24] Die Frage nach der Relevanz und Rolle der Religion der Schüler:innen für das Unterrichtsgeschehen war im Setting unserer Studie eine spezifisch qualitative Forschungsfrage, sodass an dieser Stelle die Interviewdaten zur Auswertung kommen. Quantitative Befunde zu allgemeinen handlungspraktischen Strategien im Umgang mit der religiös-weltanschaulichen Heterogenität der Lerngruppe werden in Kapitel 6.4.1 dargestellt.

matische, didaktische und methodische Relevanz für das Unterrichtsgeschehen und hängen diesbezüglich an unterschiedlichen Stellen (eng) zusammen.[25]

5.4.1 Religionszugehörigkeit der Schüler:innen im Unterricht

Einige Lehrende berichten, dass die Religionszugehörigkeit der Schüler:innen für ihren Unterricht eine untergeordnete Rolle spiele, die religiösen Erfahrungen, Prägungen und Fragen hingegen Kerngegenstand des Unterrichts seien.[26] Diesen Zusammenhang schildert z. B. Frau Schüne (KGS):

> „Ich finde nicht, dass es [die Differenzierung nach Religion, E. H.] einen großen Einfluss hat, deswegen gehe ich da eben auch so rein und frage nur mal bei Gelegenheit oder wenn ich mir erhoffe, dass vielleicht jemand berichten kann aus irgendeiner Freikirche oder sowas. Dann bitte ich den, ob er vielleicht seine Freikirche mal vorstellen möchte oder ob so ein jesidisches Kind mal was zu seiner Religion erzählen möchte. Also insofern ist es einfach ein interessanter Aspekt. Nein, das ist eigentlich auch unser Geheimnis, würde ich mal sagen, warum das so entspannt läuft, dass wir eben nicht bewusst danach differenzieren oder auch nicht danach fragen, wer da welchen Hintergrund mitbringt, weil, ich finde, also ... [...] wir machen unseren Unterricht eben nicht für die Christen, die da sitzen und auch nicht für die Nichtgläubigen, die da sitzen, sondern eigentlich für die jungen Menschen. Weil die einfach Fragen haben und das ist das Spannende, dass es eigentlich egal ist, aus welchem Hintergrund sie kommen. Das sind alles fragende junge Menschen, die wollen wissen: Wie kann ich erwachsen werden? Woran kann ich glauben? Wie ernst ist die Bibel zu nehmen? Was ist davon zu halten, dass es da irgendwo einen Gott geben soll? Hat Jesus wirklich gelebt? Also solche Sachen. Und da sind eigentlich alle, die da sitzen gleichermaßen dran interessiert, also abgesehen von fünf Leuten, die/ die nichts interessiert, will ich mal sagen" (I14, KGS, Pos. 27; *Geringe/keine Relevanz*).

Auch ein Gymnasiallehrer betont, dass die Differenzierung der Schüler:innen nach Religionszugehörigkeit für seinen Unterricht keine Rolle spiele, da sie die Einstellung zur Religion nicht abbilde: „ich interessiere mich auch nicht für ein Bekenntnis, was ja ohnehin nur auf dem Papier in vielen Fällen steht. Also, es gibt Muslime, die durch ihre Familie geprägt sind, aber eigentlich sich innerlich

---

[25] Ausgewertet wird im Folgenden die Kategorie *Didaktische Stellschrauben im RU > Religion der SuS im RU*, die sich in die Unterkategorien *Religionszugehörigkeit der SuS im RU* und *Religiosität der SuS im RU* gliedert. Diese kategoriale Unterscheidung spiegelt sich in der Untergliederung des Kapitels.

[26] Zur Auswertung kommt in diesem Abschnitt die Kategorie *Didaktische Stellschrauben im RU > Religion der SuS im RU > Religionszugehörigkeit der SuS im RU*. Die Unterkategorien der vierten (sowie in Einzelfällen der fünften) Gliederungsebene sind den Stellennachweisen der Zitate in kursiv angehängt. Eine Übersicht über das Kategoriensystem bietet der Anhang A03.

5.4 Die Religion der Schüler:innen im Unterricht

verabschiedet haben, es gibt das natürlich ganz genauso bei Christen." (I10, Gym, Pos. 50; *Geringe/keine Relevanz*). Und Herr Simon (BBS) legt besonderen Wert auf die Offenheit seiner Schüler:innen gegenüber religiösen Themen und Fragestellungen, ihre Religionszugehörigkeit sei dabei unwichtig: „Mir ist es wirklich komplett egal, ob der Schüler Jeside, Atheist oder keine Ahnung was ist. Aber ich möchte/ ich möchte Begründungen hören, ich möchte hören, dass jemand etwas hinterfragt und dass er darüber spricht." (I05, BBS, Pos. 28; *Geringe/keine Relevanz*).

Neben dieser Einschätzung einer geringen didaktischen Relevanz der Religionszugehörigkeiten innerhalb der Lerngruppe stehen Äußerungen, die zeigen, dass die Lehrenden für die Unterrichtsplanung und -gestaltung sehr wohl auf das Wissen um die Religionszugehörigkeit der Schüler:innen zurückgreifen. Dabei wird einerseits versucht, die Konfessionen und Religionen der Schüler:innen thematisch einzubinden. Die Pluralität der Religionszugehörigkeiten innerhalb einer Lerngruppe hat also Einfluss auf die inhaltliche Gestaltung des Religionsunterrichts.[27] Frau Sternhuf (BBS) bedenkt die Religionszugehörigkeiten ihrer Schüler:innen auch als mögliche Konfliktherde und versucht, diese bei der Unterrichtsvorbereitung mit zu beachten: „Also, wenn ich die Religionszugehörigkeiten weiß, dann gucke ich natürlich auch bei der Abfolge der Lernsituation, ob es irgendwo haken könnte – so würde ich es mal sagen" (I07.2, BBS, Pos. 7). Sie expliziert:

> „,Haken könnte' meint, wenn ich jetzt (6s)/ Versuchen wir mal ein Beispiel. Wir haben hier eine freikirchliche Gruppierung, die sehr in der Presse war im negativen Kontext. Wenn ich dann über evangelisch, katholisch spreche, beispielsweise 2017 war fünfhundert Jahre Reformation, da haben wir Lernsituationen gehabt, wo es dann darum ging, typisch evangelisch, typisch katholisch nochmal zu gucken, wo kommt das überhaupt her, Reformation und so weiter. Und wenn wir dann auch über Entwicklungen der Konfessionen mal gesprochen haben im Religionsunterricht oder das gezeigt haben, in Religionsbüchern sind ja oft so/ so Bäume aufgemalt, wo dann steht, da gehen die reformatorischen Christen, da sind die evangelisch-lutherischen Christen verortet oder da sind die Baptisten haben sich entwickelt oder so, oder Methodisten, was es da an evangelischen Freikirchen gibt. Dann bin ich vorher informiert, welche Schüler zu dieser Gruppe gehören und dass ich die dann auch versuche einzubinden und falls dann jemand darauf zu sprechen kommt, was für eine negative Presse gerade war, da ging es um Grundstücksgeschäfte, dann dass man darauf vorbereitet ist und antwortfähig ist, ja? Sowas" (I07.2, BBS, Pos. 11; *Thematische Relevanz: Pluralität bestimmt Inhalte*).

Frau Kaiser (BBS) formuliert die didaktische Aufbereitung multireligiöser Perspektiven als Anspruch an ihren Unterricht und als Konsequenz religiös-weltanschaulich pluraler Lerngruppen:

---

[27] Vgl. z. B. I12, OS: „Genau, in EINER der beiden sechsten haben wir sogar noch einen orthodoxen Schüler, haben wir dann auch kurz gesprochen über das orthodoxe Christentum." (I12, OS, Pos. 14; *Thematische Relevanz: Pluralität bestimmt Inhalte*).

> „Mein/ Mein persönlicher Anspruch in den (lacht) gemischteren Klassen ist schon noch stärker, auch immer noch sozusagen die Perspektive anderer Religionen aktiv selber einzutragen. Und, also nicht nur abzufragen: ‚Aha, und wir sitzen ja hier in bunter Mischung. Und wie ist es denn bei Ihnen?' Oder: ‚Erzählen Sie doch mal aus Ihren Religionen oder Erfahrungen oder so.', sondern das selber sozusagen auch denen als Arbeitsmaterial ausdrücklicher mitzubringen" (I04, BBS, Pos. 16; *Thematische Relevanz: Pluralität bestimmt Inhalte*).

Andererseits offenbart der hier anklingende Zugriff auf Schüler:innen als Expert:innen ihrer Religion eine methodisch-didaktische Relevanz der Religionszugehörigkeit der Schüler:innen. Häufig werden oder sind Schüler:innen motiviert, ein Referat über ihre Religion zu halten, wobei die Lehrer:innen dann vor allem die Authentizität der Schilderungen wertschätzen:

> „wenn man zum Beispiel das Thema Weltreligionen hat und jemand hat eine andere Religion, dass man sagt: ‚Können Sie dort ein Referat machen oder das den Mitschülern erzählen?' Aus erster Hand, das finde ich immer wichtig. Und dann, da bin ich als Lehrer schon fast überflüssig, da bin ich nur noch Moderator oder Organisator, ne (lacht)?" (I06, BBS, Pos. 18; *Method.(-did.) Relevanz: SuS als Expert:innen*).[28]

Eine Lehrkraft berichtet davon, dass sie durchaus sensibel mit der Ansprache der entsprechenden Schüler:innen umgeht: „Also, ich habe natürlich schon ganz gerne, dass ich das vorbereiten kann, also dementsprechend auch vorher frage, ob die Schülerin oder der Schüler dazu bereit ist. Ich möchte ja nicht irgendwie jemanden bloßstellen." (I09, KGS, Pos. 33; *Method.(-did.) Relevanz: SuS als Expert:innen*). Diese Äußerung zeigt, dass neben Offenheit und Wertschätzung auch Behutsamkeit in der Zuweisung (vermeintlichen) Expertentums relevant ist. Grundsätzlich skeptisch gegenüber der Rolle von Schüler:innen als Expert:innen ist Herr Simon (BBS):

> „Also meine Schüler würden mir alles erzählen, aber ich habe auch, also diesen Fantasieislam, den die sich da manchmal ausdenken, das ist/ ja, das ist schön, dann kann man auch mal darüber sprechen, wie/ wie islamisches Leben stattfindet in unserer Gesellschaft, muslimisches Leben, aber ja das ist dann, wenn man fragt, wo denn das jetzt steht, was die mir da gerade erzählen, dann wird es auch sehr, sehr dünn häufig, ne? Und da muss man dann eben auch gucken, dass man jetzt nicht diese/ dieses Halbwissen, was die selber als/ als die einzige Wahrheit verkaufen dann auch noch in der Klasse rausträgt. Da bin ich auch immer sehr vorsichtig. Die dürfen gerne ihre Meinung sagen und ich frage dann auch mal nach, wie sieht es denn bei den Musli-

---

[28] Ähnlich I09, KGS: „Und ich/ ich habe auch hin und wieder mal auch eine kath/ mal katholische Schüler, wie ich schon sagte, die ich dann eben auch mit in dem Unterricht ha/ wenn es eben zum Beispiel um … Unterschiede zur katholischen Dogmatik oder zur katholischen Glaubenspraxis geht, als Experten einsetzen kann. Was eben in/ auch gewinnt/ Was auch eben sehr gewinnbringend sein kann. Ich meine, ich selber habe auch Kenntnisse darüber, aber authentisch kann ich natürlich nicht sein." (I09, KGS, Pos. 27; *Method.(-did.) Relevanz: SuS als Expert:innen*).

5.4 Die Religion der Schüler:innen im Unterricht

men aus, aber ich frage auch christliche Schüler, ob sie wissen, wie es bei den Muslimen aussieht" (I05, BBS, Pos. 34; *Method.(-did.) Relevanz: SuS als Expert:innen > Contra*).

Simons Vorbehalte lassen erkennen, dass es durchaus einen Unterschied macht, ob Schüler:innen als Expert:innen einer Religion oder als Angehörige einer Religionsgemeinschaft am Unterrichtsgeschehen beteiligt werden.[29]

Darüber hinaus ist in den Interviewdaten zu beobachten, dass Schüler:innen entsprechend ihrer Religionszugehörigkeit Themen und Aufgabenstellungen zugeordnet werden. So versucht z. B. Frau Kaiser (BBS) beim Thema Weltreligionen per „Ausschlusslosverfahren" zu vermeiden, dass die Schüler:innen „ihre eigene Religion zu bearbeiten haben (lacht)." (I04, BBS, Pos. 18). Die Schüler:innen sollen sich in Kleingruppen gezielt „mit was Fremdem beschäftigen" (I04, BBS, Pos. 18) und später im Plenum präsentieren. Das Feedback der Schüler:innen motiviert Frau Kaiser, an diesem Verfahren festzuhalten. Insbesondere das Gefühl der Würdigung und Wertschätzung, die die Präsentation der eigenen Religion durch Angehörige einer anderen Religion auslöst, bestätigt für Frau Kaiser den Erfolg des Modells:

> „Und das Echo darauf fand ich total schön, erstens, dass die eigentlich durchgängig sagen: ‚Das hat dann doch Spaß gemacht, sich damit zu beschäftigen.' Und ich finde besonders schön, und fand es selber auch so, aber es war erstmal eine Muslimin, die das gesagt hat, dass sie das ganz toll fand, von anderen ihre Religion nochmal so vorgestellt zu kriegen. So, das fand sie irgendwie ganz würdigend und/ und wertschätzend auch. Und als eben Musliminnen und so dann das Christentum vorgestellt haben, dachte ich: ‚Stimmt, ich weiß, was sie meint. Es geht mir tatsächlich auch grad so.' (lacht) Also das/ nochmal ganz schön" (I04, BBS, Pos. 18; *Method. Relevanz: (Mis-)matching Inhalt-SuS*).

Auch zwei weitere BBS-Lehrer:innen berichten davon, dass sie die Schüler:innen auf Grundlage ihrer Kenntnis von deren Religionszugehörigkeit auffordern, sich

---

[29] Hier offenbart sich eine besondere Schnittstelle in den Analysekategorien der Interviewdaten. Wenn Schüler:innen im Unterricht nicht als Expert:innen, wohl aber als Angehörige einer Religionsgemeinschaft in Erscheinung treten, dann zeigt sich daran weniger die methodisch-didaktische Relevanz der Religionszugehörigkeit als vielmehr der thematische Einfluss der Religiosität der Schüler:innen auf das Unterrichtsgeschehen. Hier wird dann gelebte Religion zum Unterrichtsgegenstand. Vgl. z. B. I07, BBS: „Also, Katholizismus in Spanien ist etwas anderes als katholisch sein in Polen, ja? Und bringen das dann mit in den Unterricht rein, aber wir sehen das immer positiv und ich versuche dann diese Schüler zum Leuchten zu bringen, ja? Dass sie ihre Sachen einbringen können und dass wir einfach hören, unvoreingenommen: ‚Wie praktiziert ihr das, was macht ihr da?' [...] und ja, das bereichert doch unseren Lebensalltag." (I07.1, BBS, Pos. 19; *Religiosität der SuS im RU > Thematische Relevanz: Gelebte Religion als Unterrichtsgegenstand*). Eine trennscharfe Unterscheidung ist wiederum insofern schwierig, als gelebte Religion selbstverständlich als Beispiel für die entsprechende Religion/Konfession wahrgenommen wird. Auf Ebene der Kategorien zeigt sich also eine besondere Nähe zwischen den beiden Kategorien *Religionszugehörigkeit der SuS im RU > Method.-did. Relevanz: SuS als Expert:innen* und *Religiosität der SuS im RU >Thematische Relevanz: Gelebte Religion als Unterrichtsgegenstand*.

mit Themen (und Orten) anderer Religionen und Konfessionen zu beschäftigen.[30] An diesen Äußerungen offenbart sich also eine methodische Relevanz der Religionszugehörigkeit der Schüler:innen.

5.4.2 Religiosität der Schüler:innen im Unterricht

Daneben klang bereits an, dass die Religiosität der Schüler:innen auch für diejenigen Lehrer:innen, die der Religionszugehörigkeit derselben weniger Bedeutung beimessen, häufig Gegenstand des Religionsunterrichts ist[31]: „Also ich kann das jetzt nicht an irgendwelchen bestimmten Punkten festmachen, weil es ist ja latent immer da. Also natürlich unterhält man sich ja in Religion über etwas, was mit der eigenen Glaubenseinstellung zu tun hat" (I14, KGS, Pos. 39; *Did. Relevanz: Subjektorientierung*). Ähnliche Formulierungen finden sich bei Lehrenden quer durch die Schulformen.[32] Hier offenbart sich das didaktische Prinzip der Subjektorientierung am Umgang mit der religiös-weltanschaulichen Einstellung der Schüler:innen.

---

[30] „Ich habe es dann auch in einer Klasse mal variiert, weil die waren alle so katholisch, dass ich gesagt habe: ‚Gehen Sie doch mal in ein evangelisches Haus oder in eine evangelische Einrichtung. [...]'" (I07.2, BBS, Pos. 9; *Method. Relevanz: (Mis-)matching Inhalt-SuS*); „Also, nicht dass man sagt: ‚Und ihr seid jetzt alle, was weiß ich, in der evangelischen Kirche und dann macht ihr das zur evangelischen Kirche und ihr macht das zum sunnitischen Bereich oder zu dem Bereich.', sondern sie müssen/ auch die Schüler müssen sich dann öffnen und in gemischten Gruppen arbeiten und das machen sie auch." (I06, BBS, Pos. 62; *Method. Relevanz: (Mis-)matching Inhalt-SuS*).

[31] Zur Auswertung kommt in diesem Abschnitt die Kategorie *Didaktische Stellschrauben im RU > Religion der SuS im RU > Religiosität der SuS im RU*. Die entsprechenden Unterkategorien sind den Stellennachweisen der Zitate angehängt.

[32] „Ich hoffe eigentlich, dass/ ja, dass sie [die Schülerinnen und Schüler, E. H.] die [ihre religiös-weltanschaulichen Haltungen, E. H.] irgendwie immer einbringen können. Also dass die hoffentlich irgendwie immer irgendwie wahrgenommen und/ und dann auch irgendwie zum Zuge kommen können" (I13, GS, Pos. 64; *Did. Relevanz: Subjektorientierung*); „Und es können sich eben alle auch sehr persönlich mit einbringen" (I11.1, BBS, Pos. 20; *Did. Relevanz: Subjektorientierung*); „die Schüler stehen halt eben eher im Fokus des Unter/ des Unterrichts und/ und eben ihre religiöse Sozialisation und ihre religiösen ... ja ... Erfahrungen und Denkweisen. Genau. Oder ihre Anschauungen, genau." (I09, KGS, Pos. 43; *Did. Relevanz: Subjektorientierung*); „ihr persönlicher Glaube, der kommt natürlich auch in Gesprächen zum Ausdruck. Es ist unterschiedlich, also es kommt ganz vieles darauf an, am meisten noch auf die Klassenzusammensetzung wie die Schüler so drauf sind, manche geben wenig von sich preis, arbeiten dann so sachkundlich orientiert. [...] Und dann gibt es welche, die erzählen gerne von sich. Die erzählen: ‚Ich sehe Gott aber so und so und ich glaube gar nicht an Gott, und zwar aus den und den Gründen.' Die fangen da gleich in der ersten Stunde mit an und über ihren Glauben wie der sich zusammensetzt und das, klar, das erzählen die dann auch" (I08, Gym, Pos. 22; *Did. Relevanz: Subjektorientierung*).

5.4 Die Religion der Schüler:innen im Unterricht

Thematisch relevant wird die Religiosität der Schüler:innen, wo sie als Angehörige einer Religionsgemeinschaft zu Wort kommen und Formen gelebter Religion zum Unterrichtsgegenstand machen.[33] Ein methodisch-didaktischer Ort, an dem die religiös-weltanschaulichen Überzeugungen der Schüler:innen offenbar werden, ist die Diskussion um (zumeist ethische) Themen und Fragestellungen. Hier argumentieren Schüler:innen aus den sie prägenden Hintergründen heraus, müssen jedoch die überlieferten Moralvorstellungen und Grundsätze für sich fruchtbar machen. Ein Beispiel liefert Frau Schüne (KGS):

> „Wenn man jetzt meinetwegen beim Thema (3s) ja (wegen mir?) beim Thema Abtreibung ist, oder sowas. Natürlich gibt es dann schon Leute, für die es selbstverständlich ist, dass man so ein Kind nicht abtreibt. So. Und dann kommt das dann schon zur Sprache, weil sie eben sagen: ‚Naja, aber es ist doch irgendwie ein Geschöpf oder ein Wesen ...', das ist natürlich schon eine/ eine christliche Einstellung oder eine/eine Glaubenseinstellung, wenn ich glaube, dass so ein kleines Kind ein Geschöpf Gottes ist. Oder beim Thema Sterben und Tod, was kommt nach dem Tod, da kommt natürlich auch zum Tragen, was haben die für Vorstellungen von zuhause mitgebracht (5s).“ (I14, KGS, Pos. 39; *Method.(-did.) Relevanz: Diskussion der Positionen*).

Dabei betont sie, dass Schüler:innen in diesen Diskussionen nicht auf die Position ihrer Herkunftsreligion festgelegt werden:

> „also niemand wird auch auf seine Haltung festgelegt und das ist glaube ich dann auch, im Laufe des Unterrichts wird das auch klar, dass es dann eben nicht DIE freikirchliche Haltung gibt oder DIE nichtchristliche Haltung gibt. Sondern ... jeder formuliert dann auch mal eine zweifelnde Frage oder halt eine Vorstellung, die er hat. Und auch Leute, die konfessionslos sind, haben ja Vorstellungen von irgendeiner höheren Macht oder irgendwie sowas. Genau, das ist jetzt kein/ kein Faktor, sondern eben das Nichtvorhandensein eines solchen Faktors mit Unterschieden (...). Wir packen die Schüler so nicht in Schubladen oder sowas, aber es kommen eben ganz tolle Gespräche dabei rum, wenn man sich darauf einlässt." (I14, KGS, Pos. 27; *Method.(-did.) Relevanz: Diskussion der Positionen*).

---

[33] Ein Beispiel aus der Grundschule: „dass zum Beispiel mal so echte Gegenstände aus so einer Religion irgendwie mitgebracht werden und dass/ ja, dass man überhaupt sowas mal sehen kann, vielleicht auch mal anfassen darf. Ja, in dem/ also, in dem Fall von dem einen Jungen, der dann zum Beispiel mal diesen Gebetsteppich mitgebracht hat und der/ wo auch schon irgendwie deutlich wurde, ja das ist auch was Besonderes, also da muss man jetzt auch irgendwie, kann man jetzt nicht sich so darauf rumfletzen oder so (lacht)" (I13, GS, Pos. 68; *Thematische Relevanz: Gelebte Religion als Unterrichtsgegenstand*). Oder auch aus der BBS: „Beispielsweise, dass dann die Schülerin, das ist so eine Begebenheit aus dem letzten Schuljahr, die dann erzählte, dass zu Hause, ich sage das jetzt mal etwas salopp, alles kurz und klein gebetet wurde, weil der Vater schwer an Krebs erkrankt war. [...] Und dann haben wir denen [den Mitschülerinnen und Mitschülern, E. H.] das erstmal erklärt, was das meint, einen Rosenkranz beten, alle diese Dinge, ja? Und das versuche ich immer, wie gesagt, das habe ich ja vorhin schon auch gesagt, das lebendig zu zeigen, auch mal religiöse Alltagsgegenstände mitzubringen, ne?" (I07.1, BBS, Pos. 27; *Thematische Relevanz: Gelebte Religion als Unterrichtsgegenstand*).

Dass es bei diesen Diskussionen auch zur Verschiebung vermeintlicher Grenzen durch Religionszugehörigkeiten kommen kann, schildert Herr Stellreiter (BBS):

> „Und häufig ist es ganz spannend dann festzustellen, dass muslimische Schüler und/ und ich sage mal, katholische Schüler, die wirklich kirchlich gebunden sind, religiös sind, dass die häufig ganz ähnlich argumentieren, also eher wertkonservativ eben unterwegs sind und bei gewissen Themen eben da sehr, sehr ähnlich diskutieren und/ und dermaßen ganz überrascht sind so nach dem Motto: ‚Wie, jetzt kommst du auch mit dem Argument, ich/ das wollte ich doch auch sagen so ungefähr'. Und da eben so Gemeinsamkeiten nochmal/ nochmal irgendwie auftauchen oder sowas, wenn es jetzt um Abtreibung oder das/ das/ Schutz des Menschenlebens geht oder sowas, ne? Da sind dann häufig/ Oder auch Organspende oder ganz unterschiedliche Dinge, die dann irgendwo, ja, evangelische Schüler, die da häufig ein etwas offeneren Blick vielleicht auch für haben, teilweise auch vielleicht einen völlig unreligiösen Blick darauf haben, mit den atheistischen Schülern oder den/ den nicht religionsgebundenen Schülern häufig in eine ähnliche Richtung argumentieren oder so und da gibt es dann ganz interessante Konstellationen auch (lacht), wo dann Schüler auch immer so Aha-Erlebnisse ‚Ach, ihr seht das auch so.'/ so, und/ und das finde ich einfach total schön und total, ja, auch für die Schüler total spannend und gut zu sehen, dass es eben jetzt nicht an meiner Religion hängt, was ich vielleicht für eine/ für eine Einstellung, für eine Position zu einem oder anderem Thema habe, auch wenn meine Religion vielleicht da eine gewisse Richtung vorgibt, aber das auch das nicht absolut sein muss" (I11.1, BBS, Pos. 28; *Method.(-did.) Relevanz: Diskussion der Positionen*).

Dieses Beispiel macht deutlich, dass die Religionszugehörigkeit für ethische Diskussionen durchaus eine Rolle spielt, sei es in der Grundlegung der Argumente, sei es in der Zuschreibung von Positionen. Allerdings zeigt sich auch, dass diese Diskussionen nicht im Austausch religions- und konfessionsspezifischer Positionalität aufgehen, sondern die individuelle Interpretation und Inanspruchnahme z. B. religiöser Tradition erforderlich machen und gewissermaßen das Resultat dieser Inanspruchnahme offenbaren.

Unterrichtsstunden, in denen es zu diesen Diskussionen der unterschiedlichen religiös-weltanschaulichen Positionen kommt, werden von einer Lehrkraft als „Sternstunden" (I03.2, Gym, Pos. 14) bezeichnet. Auch Herr Stellreiter (BBS) hebt die Relevanz der Diskussionen hervor, in denen sich die unterschiedlichen Einstellungen der Schüler:innen offenbaren:

> „Das ist mir einfach ganz wichtig und das ist, das macht so ein bisschen ja diesen/ diesen konfessionell-kooperativen, diesen sehr pluralen Religionsunterricht aus, dass alle auch zu Wort kommen dürfen und alle Meinungen akzeptiert, toleriert sind, auch wenn ich sie vielleicht nicht teilen muss und das/ da ist, ich/ ich sage jetzt mal flapsig vielleicht, da ist das Thema egal über was wir dann sprechen, weil es an allen möglichen Ecken, die die Schülerinnen und Schüler eben irgendwie mit einbringen, die die interessieren, immer wieder eben genau an diesen Unterschiedlichkeiten kommt, an unterschiedliche Standpunkte kommt, an unterschiedliche … ja Glaubensgrundsätze, unterschiedliche Einstellungen, Positionen kommt und das an/ an ganz vielen Stellen immer wieder einfach interessant ist, sich daran zu reiben, das zu diskutieren, sich darüber auszutauschen" (I11.1, BBS, Pos. 24; *Method.(-did.) Relevanz: Diskussion der Positionen*).

Zusammenfassend wurde deutlich, dass bzw. inwieweit sowohl die Religionszugehörigkeit als auch die Religiosität der Schüler:innen thematischen, methodischen und didaktischen Einfluss auf die Unterrichtsplanung und -gestaltung hat. Während einige Lehrer:innen betonen, dass die Religionszugehörigkeit der Schüler:innen für ihren Unterricht keine Rolle spiele, vielmehr die religiöse Haltung und Entwicklung im Vordergrund stehe, zeigt sich an anderen Äußerungen, dass Lehrende für die thematische und didaktische Gestaltung des Religionsunterrichts bewusst auf die Religionszugehörigkeit der Schüler:innen zugreifen. Die Religiosität derselben gewinnt neben einer grundsätzlichen Subjektorientierung des Religionsunterrichts entweder als Beispiel gelebter Religion oder in Diskussionen ethischer Themen an Bedeutung.

5.5 Zusammenfassung: Heterogene Lerngruppen mit geringen religiösen Vorkenntnissen werden als Ausgangspunkt für die Unterrichtsgestaltung wahrgenommen

Die Lerngruppen im religionsbezogenen Unterricht werden von den Lehrer:innen als heterogen wahrgenommen. Diese Heterogenität ist vor allem durch unterschiedliche kognitive Niveaus und diverse kulturelle Hintergründe der Schüler:innen gekennzeichnet. Die Analysen zur Heterogenität der Schüler:innen im religionsbezogenen Unterricht zeigen zudem, dass Lehrende die formale Religionszugehörigkeit der Schüler:innen als ein wichtiges Merkmal von Heterogenität wahrnehmen. In den Interviews offenbarten sich unterschiedliche Relevanzgrade der formalen Religionszugehörigkeit der Schüler:innen. Während einige Lehrende bewusst auf die Kenntnis derselben verzichten, nutzen andere das Wissen um die Religionszugehörigkeit der Schüler:innen als thematische Anregung für Unterrichtsinhalte oder zu methodisch-didaktischen Zwecken. Den Schüler:innen werden dann aufgrund ihrer Religionszugehörigkeit entsprechende Unterrichtsinhalte zugeteilt oder sie werden als Expert:innen angesprochen.

Wohlgemerkt steht das Merkmal ‚Religionszugehörigkeit' neben diversen anderen Heterogenitätsmarkern, mit denen es z. T. eng verknüpft ist. So werden die religiösen Kenntnisse und das Interesse der Schüler:innen an ihrer eigenen Religion von den Lehrer:innen in der Befragung eher gering eingeschätzt. Sie differenzieren diese Wahrnehmung in den Interviews aus und sprechen von fehlendem Wissen, mangelnden Erfahrungen und Sprachunfähigkeit. Dabei geben die Lehrenden die Orientierung an den Schüler:innen und damit an ihren Erfahrungsrealitäten als maßgeblichen Faktor für die Unterrichtsgestaltung an. Die Analyse der Interviewdaten zeigte, dass neben der Religionszugehörigkeit auch die Religiosität der Schüler:innen methodische, didaktische und thematische Relevanz für die Unterrichtsgestaltung gewinnen kann. Diese äußert sich in der grundlegenden Subjektorientierung des Unterrichts, in der Ansprache der Schüler:innen als religiöse Menschen oder in der Diskussion ethisch-religiöser Positionen.

6 Die Lehrer:innen und ihr Umgang mit Heterogenität im religionsbezogenen Unterricht

Nachdem die Lerngruppe betrachtet wurde und damit die Schüler:innen im Fokus vorausgehender Kapitel standen, werden im folgenden Kapitel die Lehrer:innen religionsbezogener Fächer genauer in den Blick genommen. An dieser Stelle spielen sowohl das religiös-weltanschauliche Profil als auch das didaktische Profil der Lehrenden eine zentrale Rolle. Zunächst werden die Angaben zur Religionszugehörigkeit der Lehrenden religionsbezogener Fächer und ihr Verhältnis zu Religion ausgewertet. Außerdem wird gefragt, inwiefern die religiös-weltanschauliche Haltung der Lehrer:innen im religionsbezogenen Unterricht präsent und relevant ist. Um ein Bild vom didaktischen Profil der Lehrenden zeichnen zu können, werden ihr Rollenverständnis und ihre Ziele im religionsbezogenen Unterricht untersucht. Auch ihre Anliegen im Umgang mit Pluralität gelangen in den Fokus der Betrachtung. Schließlich werden handlungspraktische Strategien im Umgang mit einer religiös-weltanschaulich heterogenen Lerngruppe analysiert.

6.1 Das religiös-weltanschauliche Profil der Lehrenden

Das religiös-weltanschauliche Profil der Lehrenden gliedert sich in der quantitativen Befragung in drei Bereiche, die erfassen sollen, in welchem Verhältnis die Lehrenden religionsbezogener Fächer zu Religion oder einer konkreten Religionsgemeinschaft stehen. Zunächst wird die Religionszugehörigkeit der Lehrer:innen bestimmt. Im zweiten Bereich wird die Religiosität der Lehrenden beschrieben und das persönliche Verhältnis zur Religion und dessen Transparenz im Unterricht thematisiert. Zuletzt befasst sich der dritte Bereich mit dem Verhältnis der Lehrenden zu verschiedenen Personengruppen und Instanzen und deren Relevanz für die Unterrichtsgestaltung.

6.1.1 Die Religionszugehörigkeit der Lehrenden

Um die Religionszugehörigkeit der Lehrer:innen zu bestimmen, bot die Umfrage eine Vielzahl verschiedener Religionen zur Auswahl an. In der Abbildung 21 werden allerdings nur die von den Lehrer:innen tatsächlich gewählten Religionen abgebildet.[1] Eine Besonderheit ist, dass auch Lehrende ohne Religionszugehörigkeit mit der Fragestellung erfasst werden konnten. So gab es die Möglichkeit, die Frage entweder nicht zu beantworten oder die Auswahl „Keine Angabe" zu wählen. Somit wurde keine befragte Person gezwungen, zu ihrer Religion Auskunft zu geben. Eine Besonderheit bietet die Stellung der Frage innerhalb der Umfrage, denn die Frage nach der Religionszugehörigkeit folgt nicht, wie in anderen sozialwissenschaftlichen Erhebungen, im Zuge der Erfassung anderer soziodemografischer Daten, wie dem Alter, dem Geschlecht oder der Einwohnerzahl des Schulortes, sondern ist eingebettet in einen Themenkomplex, der die Religion der Lehrenden explizit und umfangreicher in den Fokus rückt.

Mit großer Mehrheit gehören die befragten Lehrer:innen einer evangelischen Landeskirche an. Etwa ein Viertel der Lehrenden ist römisch-katholisch und weniger als 10 % gehören keiner Religionsgemeinschaft an. Der Großteil der Lehrer:innen, die keiner Religionsgemeinschaft angehören, unterrichtet das Fach Werte und Normen.[2]

Abbildung 21

Gehören Sie einer Religionsgemeinschaft an?

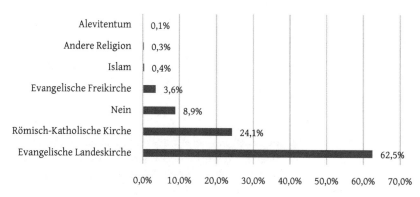

Anmerkung N=969

Bei der Betrachtung der Religionszugehörigkeit der Lehrer:innen nach Unterrichtsfach gibt es einige Auffälligkeiten. Zwar gehören die meisten Lehrenden, welche Evangelische Religion unterrichten, der evangelischen Landeskirche

---

[1] Folgende weitere Religionsgemeinschaften und Konfessionen standen zur Auswahl, wurde von den befragten Lehrer:innen allerdings nicht gewählt: Buddhismus, Hinduismus, Judentum, Non-chalcedonische Kirche (z. B. Koptische Kirche), Orthodoxe Kirche (z. B. Griechisch-Orthodoxe Kirche).

[2] Dies bedeutet im Umkehrschluss nicht, dass Werte und Normen eher von Konfessionslosen unterrichtet wird.

(91,6 %) oder einer evangelischen Freikirche (5,5 %) an, es stellt sich jedoch heraus, dass auch Lehrende anderer Religionszugehörigkeit das Fach unterrichten. Auch wenn diese Lehrer:innen lediglich einen Bruchteil der Gesamtheit aller Lehrenden des Faches Evangelische Religion ausmachen, sollen sie genauer aufgeschlüsselt werden.

So unterrichten 10 katholische Lehrer:innen Evangelische Religion und stellen damit 2,1 % aller Lehrenden des Faches dar. Überraschend geben zwei Lehrer:innen des Faches an, keiner Religion anzugehören, zwei weitere geben eine andere als die aufgeführten Religionen an. Rechtlich ist das Unterrichten eines konfessionellen Religionsunterrichtes ohne die Zugehörigkeit zur Religionsgemeinschaft nicht zulässig; dass es in der Praxis dennoch vorkommt, zeigen die Befunde.

Den konfessionell-kooperativen Religionsunterricht verantworten Lehrer:innen evangelischer und katholischer Religionszugehörigkeit: 59,3 % gehören einer evangelischen Landeskirche an, 3,4 % einer evangelischen Freikirche und 35,7 % der römisch-katholischen Kirche. Allerdings geben auch hier sechs Lehrende an, das Fach ohne jegliche Religionszugehörigkeit zu unterrichten.

6.1.2 *Das eigene Verhältnis zur Religion*

Das eigene Verhältnis zur Religion konnte quantitativ über sechs Einzelfragen näher bestimmt werden. Diese umfassen die eigene Einschätzung zur Nähe und Relevanz von Religion im Alltag, aber auch die Teilnahme an religiösen Feiern oder Gottesdiensten. Abgebildet werden die Zustimmungswerte der Lehrer:innen zu den verschiedenen Aussagen über Religion und religiöse Praxis getrennt nach den Unterrichtsfächern Evangelische Religion, Katholische Religion und Werte und Normen, da deren Zustimmungswerte teilweise weit auseinander gehen.

Lehrer:innen, die Evangelische Religion unterrichten, weisen mittlere bis hohe Zustimmungswerte bei der Einschätzung der Aussagen über Religion und religiöse Praxis auf (s. Tabelle 7). Die eigene Bezeichnung als „religiös" oder „gläubig" steht an erster Stelle, findet also die größte Zustimmung, gefolgt von der Nähe zu einer Religion oder einer Religionsgemeinschaft. Niedrigste Zustimmung findet die Teilnahme an Gottesdiensten. Religion und religiöse Fragen spielen für Lehrer:innen des Faches Evangelische Religion eine wichtige Rolle, Aspekte religiöser Praxis im Alltag, wie der Gottesdienstbesuch, spielen zwar eher eine untergeordnete Rolle, werden aber auch nicht abgelehnt.

Tabelle 7

Wie würden Sie Ihr persönliches Verhältnis zur Religion beschreiben? Lehrende, die das Fach **Evangelische Religion** (ggfls. i.R. von Konfessionell-kooperativem RU) unterrichten

	MW	N	SD
Ich bin „gläubig" oder „religiös".	4,40	477	0,825
Ich stehe einer Religion/einer Religionsgemeinschaft nahe.	4,34	478	0,839
Ich beschäftige mich mit religiösen Fragen im Alltag.	4,29	481	0,863
Die Teilnahme an religiösen Feiern ist mir wichtig.	3,93	478	1,007
Das persönliche Gebet ist mir wichtig.	3,76	474	1,187
Die Teilnahme an einem Gottesdienst ist mir wichtig	3,37	479	1,247

Anmerkung Skalenbereich 1 = stimme gar nicht zu, 2 = stimme eher nicht zu, 3 = weder noch, 4 = stimme eher zu, 5 = stimme voll zu

Die Unterschiede zwischen den Lehrer:innen der Evangelischen und der Katholischen Religion sind nicht groß, aber deutlich erkennbar. Einerseits stimmt die Gewichtung der Aussagen nach höchster und niedrigster Zustimmung bei den Lehrer:innen beider Fächer überein. Andererseits zeigt sich bei Lehrer:innen, die Katholische Religion unterrichten, für alle Aussagen eine durchweg leicht höhere Zustimmung (s. Tabelle 8). Im Mittel wird allen Aussagen voll oder eher zugestimmt.

Tabelle 8

Wie würden Sie Ihr persönliches Verhältnis zur Religion beschreiben? Lehrende, die das Fach **Katholische Religion** (ggfls. i.R. von Konfessionell-kooperativem RU) unterrichten

	MW	N	SD
Ich bin „gläubig" oder „religiös".	4,53	141	0,807
Ich stehe einer Religion/einer Religionsgemeinschaft nahe.	4,41	140	0,777
Ich beschäftige mich mit religiösen Fragen im Alltag.	4,34	143	0,840
Die Teilnahme an religiösen Feiern ist mir wichtig.	4,14	144	0,882
Das persönliche Gebet ist mir wichtig.	3,99	142	1,104
Die Teilnahme an einem Gottesdienst ist mir wichtig	3,64	143	1,190

Anmerkung Skalenbereich 1 = stimme gar nicht zu, 2 = stimme eher nicht zu, 3 = weder noch, 4 = stimme eher zu, 5 = stimme voll zu

6.1 Das religiös-weltanschauliche Profil der Lehrenden

Anders verhält es sich bei Werte-und-Normen-Lehrer:innen (s. Tabelle 9). Diese weisen deutlich niedrigere Zustimmungswerte im Bereich der Religiosität auf. Den höchsten Zustimmungswert erhält, abweichend von den Selbsteinschätzungen der Lehrenden für Evangelische oder Katholische Religion, die Beschäftigung mit religiösen Fragen im Alltag. Aussagen über religiöse Praxis im Alltag, wie das Gebet, den Gottesdienstbesuch oder die Teilnahme an religiösen Feiern, werden eher abgelehnt. Diese Beobachtung verschärft sich, wenn nur die Lehrer:innen berücksichtigt werden, die auch eine Qualifikation für Werte und Normen erlangt haben. Bei der Betrachtung dieser Teilgruppe nehmen die Zustimmungswerte nochmals deutlich ab. Bis auf die Beschäftigung mit religiösen Fragen im Alltag (MW 3,12; N 86; SD 1,475) und die Teilnahme an religiösen Feiern (MW 2,04; N 84; SD 1,294) sinkt die Zustimmung für alle Aussagen um etwa einen Skalenpunkt. Die Lehrer:innen, welche Werte und Normen unterrichten und sich in dem Fach qualifiziert haben, schätzen also ihre Nähe zur Religion deutlich niedriger ein.

Tabelle 9

Wie würden Sie Ihr persönliches Verhältnis zur Religion beschreiben? Lehrende, die das Fach **Werte und Normen** *unterrichten*

	MW	N	SD
Ich beschäftige mich mit religiösen Fragen im Alltag.	3,62	250	1,339
Ich bin „gläubig" oder „religiös".	3,10	245	1,566
Ich stehe einer Religion/einer Religionsgemeinschaft nahe.	3,07	243	1,491
Die Teilnahme an religiösen Feiern ist mir wichtig.	2,73	246	1,383
Das persönliche Gebet ist mir wichtig.	2,52	243	1,508
Die Teilnahme an einem Gottesdienst ist mir wichtig	2,22	245	1,309

Anmerkung Skalenbereich 1 = stimme gar nicht zu, 2 = stimme eher nicht zu, 3 = weder noch, 4 = stimme eher zu, 5 = stimme voll zu

6.1.3 Zur Relevanz von Personengruppen und Instanzen

Um das Profil der Lehrenden genauer zu bestimmen, soll noch ausführlicher auf die Personengruppen und Instanzen eingegangen werden, an denen sich Lehrer:innen für die Gestaltung und Planung von Unterricht orientieren.[3] Ganz

---

[3] Einen Einblick in diesen Fragekomplex gab es bereits bei der Betrachtung der Schüler:innen als Orientierungsinstanz für die Gestaltung von Unterricht, um den außerordentlichen Stellenwert dieser Personengruppe zu verdeutlichen (s. Kapitel 5.3).

überwiegend geht es dabei um personenbezogene Faktoren, eine Ausnahme stellen die Fragen zur Relevanz der „Ideale und Visionen" sowie der „persönliche[n] Bindung an eine Religionsgemeinschaft oder Weltanschauung" dar, da an dieser Stelle keine externe Gruppe oder Institution eingeschätzt wird, sondern die persönliche Haltung relevant wird.

Wie bereits erwähnt, sind die Schüler:innen für die Lehrenden religionsbezogener Fächer der wichtigste Orientierungspfeiler, mit etwas Abstand gefolgt von eigenen Idealen und wissenschaftlichen Erkenntnissen des Faches (s. Tabelle 10). Auch Lehrplan und Kollegium stellen für alle Lehrer:innen religionsbezogener Fächer eher wichtige Aspekte für die Unterrichtsplanung dar.

Tabelle 10

Wie wichtig sind Ihnen folgende Personengruppen, Institutionen und Instanzen bei der Konzeption und Gestaltung religionsbezogenen Unterrichts?

	MW	N	SD
Die Schüler:innen	4,69	972	0,585
Ideale und Visionen	4,01	968	0,814
Wissenschaftliche Erkenntnisse des Faches	3,91	969	0,878
Der Lehrplan/das Kerncurriculum	3,79	973	0,855
Das Lehrer:innenkollegium	3,76	974	0,994
Religiöse Bücher (wie beispielsweise Bibel, Thora oder Koran)	3,6	970	1,026
Ihre persönliche Bindung an eine Religionsgemeinschaft oder Weltanschauung	3,51	970	1,122
Die Erlasse der Landesschulbehörde	3,51	971	0,955
Die Schulleitung	3,33	971	1,066
Die Institutionen der religionsbezogenen Aus-, Fort- und Weiterbildung	3,29	970	1,071
Die Eltern der Schüler:innen	3,11	967	1,009
Die Beauftragung durch die Religionsgemeinschaft	2,92	967	1,133

Anmerkung Skalenbereich 1 = überhaupt nicht wichtig, 2 = eher nicht wichtig, 3 = weder noch, 4 = eher wichtig, 5 = sehr wichtig

Die geringste Relevanz für Lehrer:innen religionsbezogener Fächer scheint die Beauftragung durch die Religionsgemeinschaft zu haben. Da in der Tabelle 10 auch Werte-und-Normen-Lehrer:innen inkludiert sind, welche keine Beauftragung erhalten, verschiebt sich die Wichtigkeit dieses Punktes bei der gesonderten Betrachtung der Unterrichtsfächer. Entsprechend zeigt sich bei Lehrer:innen, die evangelischen, katholischen oder konfessionell-kooperativen Religionsunterricht erteilen, ein etwas anderes Bild. Hier liegen die Werte für die

6.1 Das religiös-weltanschauliche Profil der Lehrenden

Bedeutsamkeit einer kirchlichen Beauftragung leicht höher.[4] Die Relevanz der Beauftragung ist für die genannten Lehrer:innen zwar größer als für den Durchschnitt aller Lehrenden religionsbezogener Fächer, sie wird allerdings auch von diesen als weder wichtig noch unwichtig eingeschätzt.[5]

Auch andere spezifisch religiöse Aspekte, wie die Relevanz von religiösen Büchern oder die persönliche Bindung an die Religionsgemeinschaft liegen bei der Betrachtung der Religionsunterrichtsfächer deutlich über dem Durchschnitt, während sie bei Werte-und-Normen-Lehrer:innen deutlich weniger ins Gewicht fallen. Die Tabelle 11 zeigt die Mittelwerte der Relevanz religiöser Themen und Gruppen für Lehrende des Faches Evangelische Religion und die Tabelle 12 visualisiert diese für Werte-und-Normen-Lehrer:innen.

Tabelle 11

*Wie wichtig sind Ihnen folgende Personengruppen, Institutionen und Instanzen bei der Konzeption und Gestaltung religionsbezogenen Unterrichts? Fach **Evangelische Religion***

	MW	N	SD
Religiöse Bücher (wie beispielsweise Bibel, Thora oder Koran)	3,85	488	0,850
Ihre persönliche Bindung an eine Religionsgemeinschaft oder Weltanschauung	3,65	487	0,864
Die Beauftragung durch die Religionsgemeinschaft	3,13	487	1,018

Anmerkung Skalenbereich 1 = überhaupt nicht wichtig, 2 = eher nicht wichtig, 3 = weder noch, 4 = eher wichtig, 5 = sehr wichtig

Im Antwortverhalten der Werte-und-Normen-Lehrer:innen werden deutlich stärkere Standardabweichungen vom Mittelwert erkennbar. Dies ließe sich damit begründen, dass ein Drittel der Lehrenden im Fach Werte und Normen eigentlich qualifizierte Religionslehrer:innen sind und das Fach zum Teil auch unterrichten. Sobald nur Werte-und-Normen-Lehrer:innen, die auch mit einem entsprechenden Studium und Referendariat qualifiziert sind, in den Blick genommen werden, wird eine noch niedrigere Gewichtung religiöser Aspekte im Antwortverhalten offensichtlich (s. Tabelle 13).

---

[4] Evangelische Religion: MW 3,13, N 487, SD 1,018; Katholische Religion: MW 3,15, N 144, SD 1,017; kokoRU: MW 3,17, N 374, SD 1,008.
[5] An dieser Stelle soll jedoch daran erinnert werden, dass im Fragebogen die Frage der Wichtigkeit der Gruppen und Instanzen konkret auf die Konzeption und Gestaltung von Unterricht bezogen war und daraus keine Aussage über die Beauftragung allgemein abgeleitet werden kann.

Tabelle 12

Wie wichtig sind Ihnen folgende Personengruppen, Institutionen und Instanzen bei der Konzeption und Gestaltung religionsbezogenen Unterrichts? Fach **Werte und Normen**

	MW	N	SD
Religiöse Bücher (wie beispielsweise Bibel, Thora oder Koran)	2,85	252	1,170
Ihre persönliche Bindung an eine Religionsgemeinschaft oder Weltanschauung	2,81	252	1,251
Die Beauftragung durch die Religionsgemeinschaft	2,13	251	1,154

Anmerkung Skalenbereich 1 = überhaupt nicht wichtig, 2 = eher nicht wichtig, 3 = weder noch, 4 = eher wichtig, 5 = sehr wichtig

Tabelle 13

Wie wichtig sind Ihnen folgende Personengruppen, Institutionen und Instanzen bei der Konzeption und Gestaltung religionsbezogenen Unterrichts? **Qualifikation Studium und Referendariat Werte und Normen**

	MW	N	SD
Religiöse Bücher (wie beispielsweise Bibel, Thora oder Koran)	2,30	88	1,156
Ihre persönliche Bindung an eine Religionsgemeinschaft oder Weltanschauung	2,19	89	1,137
Die Beauftragung durch die Religionsgemeinschaft	1,61	88	0,999

Anmerkung Skalenbereich 1 = überhaupt nicht wichtig, 2 = eher nicht wichtig, 3 = weder noch, 4 = eher wichtig, 5 = sehr wichtig

6.1.4 Zusammenfassung: Das religiös-weltanschauliche Profil der Lehrer:innen ist fachspezifisch ausgeprägt

Die Lehrenden lassen je nach religionsbezogenem Fach, das sie unterrichten, einen anderen persönlichen Bezug zu Religion erkennen. Deutlich wird das im Vergleich der Fächer Evangelische und Katholische Religion sowie Werte und Normen. Lehrende eines Religionsunterrichts weisen ein klar erkennbares religiöses Profil auf, beispielsweise durch die hohe Zustimmung zu den Aussagen „Ich bin gläubig/religiös" und „Ich stehe einer Religion/einer Religionsgemeinschaft nahe". Bei Lehrer:innen des Werte-und-Normen-Unterrichts ist ein religiöses Profil weniger eindeutig erkennbar, ein Bezug zu Religion wird teilweise abgelehnt. Dies verwundert wenig, da für Werte-und-Normen-Lehrer:innen die

Konfession keine Voraussetzung für die Erteilung des Unterrichts ist und das Fach weithin als Unterrichtsangebot für Schüler:innen, die keiner Religionsgemeinschaft angehören, verstanden wird. Religiöse Aspekte, wie religiöse Bücher oder die persönliche Bindung an eine Religionsgemeinschaft, werden ebenfalls von Werte-und-Normen-Lehrer:innen als weniger relevant erachtet als von denjenigen Kolleg:innen, die einen konfessionellen Religionsunterricht erteilen. Bei der Frage nach der Bedeutsamkeit von Personengruppen und Instanzen für die Unterrichtsplanung und -gestaltung wird allerdings deutlich, dass die Schüler:innen für Lehrende *aller* religionsbezogenen Fächer den Ausgangspunkt für die Unterrichtsplanung und somit die wichtigste Referenzgruppe für die Unterrichtsgestaltung darstellen.

6.2 Die Rolle der Religion der Lehrenden im Unterricht

Nachdem das religiös-weltanschauliche Profil der Lehrenden religionsbezogener Fächer beleuchtet wurde, ist nun der Frage nachzugehen, ob und inwiefern die religiös-weltanschauliche Haltung der Lehrenden im Unterricht präsent und relevant ist, ob und inwiefern also von Positionalität der Lehrenden im religionsbezogenen Unterricht gesprochen werden kann. Zunächst werden die Befunde der Fragebogenuntersuchung vorgestellt, die die Zustimmungswerte zu Items über Transparenz und Relevanz der eigenen Position im Unterricht abfragen. Anschließend kommen die ausgewerteten Interviewtexte zur Darstellung, die unterschiedliche Zusammenhänge zwischen Konfession, Person und Position der Lehrenden im Unterricht erkennen lassen.

6.2.1 *Quantitative Befunde zur Positionalität der Lehrenden im religionsbezogenen Unterricht*

Wie wichtig religiöse Aspekte den Lehrer:innen sind, hängt maßgeblich vom Unterrichtsfach, das sie erteilen, ab. Da für einen konfessionellen Religionsunterricht die Zugehörigkeit zur jeweiligen Religionsgemeinschaft Voraussetzung ist, überrascht dieses Ergebnis wenig. Umso spannender ist im Anschluss die Betrachtung der Relevanz der eigenen Religion im Unterricht. Wird die eigene Nähe oder Distanz zu Religion oder einer konkreten Religionsgemeinschaft auch im Unterricht sichtbar? Befragt wurden die Lehrer:innen religionsbezogener Fächer nach der Häufigkeit, mit der verschiedene Aspekte der eigenen Position/ Religiosität im Unterricht eine Rolle spielen. Zur Vergleichbarkeit werden hier wieder die Mittelwerte für diejenigen, die die Fächer Evangelische Religion, Katholische Religion sowie Werte und Normen unterrichten, dargestellt.

Selbst bei Religionslehrer:innen eines konfessionellen Religionsunterrichts zeigt sich eher Zurückhaltung, wenn es um die Sichtbarkeit und Thematisierung der eigenen Religiosität geht. Nur manchmal werden die Lehrenden von ihren Schüler:innen nach eigenen religiösen oder ethischen Überzeugungen gefragt. Dass Lehrer:innen ihre Haltung im Unterricht transparent machen, passiert – ob als Reaktion auf eine Frage danach oder aus eigener Motivation – nicht viel häufiger. Am häufigsten können Lehrer:innen des Faches Evangelische Religion der Aussage zustimmen, dass ihr Unterricht manchmal bis oft konfessionell sei (s. Tabelle 14). Es fällt auf, dass die Lehrer:innen trotz der formalen Klarheit ihren Unterricht selbst nicht immer als konfessionell wahrnehmen und scheinbar andere als formale Kriterien für die Beurteilung der Konfessionalität heranziehen.[6] Anscheinend lässt sich ein konfessioneller Unterricht aus der Perspektive der Lehrenden nicht allein durch die konfessionell getrennten Lerngruppen und die religiöse Zugehörigkeit der Lehrperson bestimmen.

Formen religiöser Praxis kommen manchmal bis selten vor und sind abhängig von der jeweiligen Schulform. An Grundschulen geben Lehrende der Evangelischen Religion deutlich häufiger an, mit religionspraktischen Formen und Handlungen im Unterricht zu arbeiten, als an weiterführenden Schulen.

Tabelle 14

Wie häufig spielt Ihre persönliche Religiosität/eigene Position im religionsbezogenen Unterricht eine Rolle? Fach **Evangelische Religion**

	MW	N	SD
Mein religionsbezogener Unterricht ist konfessionell oder von einer bestimmten Weltanschauung geprägt.	3,49	488	0,961
Ich mache meine religiösen und ethischen Überzeugungen im Unterricht transparent.	3,47	488	0,901
Ich werde von Schüler:innen nach meiner eigenen Position zu religiösen und ethischen Sachverhalten gefragt.	3,33	488	0,805
Ich spreche mit meinen Schüler:innen darüber, dass ich (kein) Mitglied einer Kirche bzw. Religionsgemeinschaft bin.	3,01	487	1,035
In meinem religionsbezogenen Unterricht kommen Formen und Handlungen religiöser Praxis wie z. B. Beten, Yoga, Singen oder Meditation vor.	2,62	488	1,056

Anmerkung Skalenbereich 1 = nie, 2 = selten, 3 = manchmal, 4 = oft, 5 = immer

---

[6] Vgl. dazu die Befunde in Kapitel 4.1.1.

6.2 Die Rolle der Religion der Lehrenden im Unterricht

Der Vergleich mit den Lehrenden der katholischen Religion zeigt etwas höhere Häufigkeitswerte für alle Aussagen zur eigenen Position im religionsbezogenen Unterricht (s. Tabelle 15). Besonders die Transparenz der eigenen Überzeugungen, aber auch das Sprechen über die Mitgliedschaft in einer Religionsgemeinschaft wird von katholischen Lehrer:innen im Vergleich zu den evangelischen in der Häufigkeit höher eingeschätzt.

Tabelle 15

Wie häufig spielt Ihre persönliche Religiosität/eigene Position im religionsbezogenen Unterricht eine Rolle? Fach **Katholische Religion**

	MW	N	SD
Ich mache meine religiösen und ethischen Überzeugungen im Unterricht transparent.	3,78	144	0,854
Mein religionsbezogener Unterricht ist konfessionell oder von einer bestimmten Weltanschauung geprägt.	3,48	144	0,989
Ich werde von Schüler:innen nach meiner eigenen Position zu religiösen und ethischen Sachverhalten gefragt.	3,44	144	0,859
Ich spreche mit meinen Schüler:innen darüber, dass ich (kein) Mitglied einer Kirche bzw. Religionsgemeinschaft bin.	3,40	143	1,127
In meinem religionsbezogenen Unterricht kommen Formen und Handlungen religiöser Praxis wie z. B. Beten, Yoga, Singen oder Meditation vor.	2,86	144	1,227

Anmerkung Skalenbereich 1 = nie, 2 = selten, 3 = manchmal, 4 = oft, 5 = immer

In Bezug auf die Transparenz religiöser oder ethischer Überzeugungen geben auch die Werte-und-Normen-Lehrer:innen an, diese manchmal im Unterricht sichtbar zu machen (s. Tabelle 16). Tendenziell wird die Häufigkeit der verschiedenen Aspekte im Vergleich zu den Fächern Evangelische und Katholische Religion niedriger eingeschätzt. Vor allem religionspraktische Handlungen kommen im Unterricht selten bis nie vor und scheinen somit für den Werte-und-Normen-Unterricht eine geringe Rolle zu spielen.

Tabelle 16

Wie häufig spielt Ihre persönliche Religiosität/eigene Position im religionsbezogenen Unterricht eine Rolle? Fach **Werte und Normen**

	MW	N	SD
Ich mache meine religiösen und ethischen Überzeugungen im Unterricht transparent.	3,28	255	1,068
Ich werde von Schüler:innen nach meiner eigenen Position zu religiösen und ethischen Sachverhalten gefragt.	3,19	256	1,012
Ich spreche mit meinen Schüler:innen darüber, dass ich (kein) Mitglied einer Kirche bzw. Religionsgemeinschaft bin.	2,89	255	1,139
Mein religionsbezogener Unterricht ist konfessionell oder von einer bestimmten Weltanschauung geprägt.	2,26	253	1,215
In meinem religionsbezogenen Unterricht kommen Formen und Handlungen religiöser Praxis wie z. B. Beten, Yoga, Singen oder Meditation vor.	1,90	254	1,053

Anmerkung Skalenbereich 1 = nie, 2 = selten, 3 = manchmal, 4 = oft, 5 = immer

Insgesamt zeigen die Religionslehrer:innen je nach Fach eine deutliche Nähe zu einer Religionsgemeinschaft und bezeichnen sich selbst oft als „gläubig" oder „religiös". Auch die Beschäftigung mit religiösen Fragen im Alltag ist ein Aspekt, den viele der Lehrer:innen aller religionsbezogenen Fächer nennen. Ritualisierte religiöse Praxis, wie der Gottesdienstbesuch, wird als deutlich weniger wichtig eingeschätzt als die vorher genannten individualisierten Aspekte von Religion. Diese Aspekte der Religiosität der Lehrperson spielen für Religionslehrer:innen im Unterricht manchmal eine Rolle, scheinen aber keinen besonders großen Raum einzunehmen, insbesondere religionspraktische Formen und Handlungen sind eher selten. Für Werte-und-Normen-Lehrer:innen spielt zunächst die eigene Religiosität eine auffallend geringere Rolle als für Religionslehrer:innen eines konfessionellen Religionsunterrichts. Die Thematisierung der Religionszugehörigkeit der Lehrperson, eine konfessionelle Prägung oder Formen religiöser Praxis sind im Werte-und-Normen-Unterricht selten vorhanden. Ihre eigene Position in Bezug auf religiöse oder ethische Fragen machen Werte-und-Normen-Lehrer:innen dennoch manchmal sichtbar. Festzuhalten ist, dass alle Lehrer:innen religionsbezogener Fächer eigene Positionen zu ethischen und religiösen Fragen haben, die im Unterricht – wenn auch nicht immer häufig – transparent gemacht werden. Über die Nähe zu Religion oder einer Religionsgemeinschaft lässt sich allerdings nicht auf die Häufigkeit schließen, wie oft die Position der Lehrperson im Unterricht tatsächlich eine Rolle spielt.

6.2.2 Qualitative Befunde zur Positionalität der Lehrenden im religionsbezogenen Unterricht

Auch in den Interviews wurden die Lehrer:innen nach der Präsenz und der Relevanz ihrer eigenen Konfessionszugehörigkeit bzw. Konfessionalität[7] für das Unterrichtsgeschehen befragt. Abweichend vom Fragebogen lag der Fokus dabei jedoch nicht auf der Häufigkeit dieser Unterrichtsaspekte. Außerdem wurden nur Religionslehrer:innen befragt. Die Antworten der Lehrenden lassen sich in die folgenden Bereiche untergliedern:
(1) Die Konfession der Lehrkraft spielt als Merkmal ihrer Persönlichkeit im Unterricht eine Rolle,
(2) die Konfessionalität der Lehrkraft ist als religiös-weltanschauliche Position im Unterricht präsent,
(3) die Konfessionalität der Lehrkraft gibt ein Beispiel gelebter Religiosität,
(4) die Konfessionszugehörigkeit der Lehrkraft spiegelt sich in der thematischen Ausrichtung des Unterrichts,
(5) die Konfessionalität der Lehrkraft wird von den Schüler:innen eingefordert,
(6) die Konfession der Lehrkraft ist nachrangig für das Unterrichtsgeschehen.
Diese sechs z. T. unterschiedlichen, z. T. eng zusammenhängenden Ausprägungen werden im Folgenden näher betrachtet und anhand von Zitaten aus dem Interviewmaterial veranschaulicht.[8]

(1) Konfession(-alität) der Lehrkraft als personenbezogenes Merkmal (im Unterricht)
Einige Lehrende nehmen ihre Religions- und/oder Konfessionszugehörigkeit deutlich als Merkmal ihrer Persönlichkeit wahr und beschreiben z. T. einen damit verbundenen Einfluss auf das Unterrichtsgeschehen. Am deutlichsten formuliert eine katholische Lehrkraft den Zusammenhang zwischen Konfession, Person und Unterricht: „Natürlich kommt mein katholisches Bekenntnis zum Tragen, ja? Das kann ich ja gar nicht ablegen. Das ist ja/ gehört ja zu meiner Per-

---

[7] In Anlehnung an die Unterscheidung von Religionszugehörigkeit und Religiosität unterscheiden wir auch hier die formale Konfession(-szugehörigkeit) von einem bewusst gestalteten und zum Ausdruck gebrachten Bekenntnis als Konfessionalität.
[8] Ausgelesen wird im Folgenden die Kategorie *Didaktische Stellschrauben im RU > Konfession(-alität) der Lehrkraft*, die sich in die folgenden sechs Unterkategorien gliedert: *Als personenbezogenes Merkmal (im Unterricht), Als Position im Unterricht, Als Beispiel gelebter Religion, Als thematisches Unterrichtsmerkmal, Wird von SuS eingefordert, Nachrangig für das Unterrichtsgeschehen.* Diese Gliederung spiegelt sich in den Zwischenüberschriften des Kapitels, sodass auf einen Ausweis der Kategorien im Anschluss an die Stellennachweise der Zitate verzichtet werden kann. Die in den jeweiligen Abschnitten angeführten Zitate sind der in der Zwischenüberschrift markierten Kategorie zugehörig. Einen Überblick über das Kategoriensystem bietet der Anhang A03.

son und Persönlichkeit dazu" (I07.1, BBS, Pos. 5). Aber auch evangelische Lehrer:innen sind sich dieses Zusammenhanges bewusst. So formuliert z. B. eine Gymnasiallehrkraft auf die Frage, warum ihr die Kooperation mit der Kirche (vor Ort) für den Religionsunterricht wichtig sei:

> „Ja ich bin ... bin ... bin ... Christ (lacht). Und die Kirche ist mir wichtig und das ist natürlich Grund meines/ ist schon auch Grund meiner Berufswahl, also das ist/ ich bin nicht/ nicht unabhängig von meiner persönlichen Religiosität Lehrer geworden und da ist mir die Kirche schon auch wichtig. Also natürlich ... das allgemeinbildende Schule, ich habe nicht vor, irgendwelche Leute zu missionieren, aber soweit das geht, suche ich schon den Kontakt zur Kirche" (I01, Gym, Pos. 54).

Deutet man das anfängliche Zögern sowie das Lachen beim ersten Satz als Unsicherheit der interviewten Person, dann zeigt diese Stelle auch, dass es für die Lehrkraft keine Selbstverständlichkeit ist, die eigene Religionszugehörigkeit als Motivations- und Gestaltungsgrundlage für Religionsunterricht zu benennen. Der im (gesprochenen) Text unmittelbar damit verbundene, sofortige Hinweis auf keinerlei missionierende Absichten macht deutlich, wie nah beieinander liegend die Lehrkraft konfessorische Positionalität einerseits und missionarische Anliegen andererseits denkt bzw. einen entsprechenden Vorwurf vermutet.[9]

Dass Positionalität eine sensible Wahrnehmung der Lerngruppe erfordert, zeigen Äußerungen einer Schulpastorin:

> „Also, denen ist/ manchen ist es klar, manchen ist es auch nicht klar, dass ich da jetzt auch noch als SchulPASTORIN stehe, nicht nur als irgendwie christliche Religionslehrerin (lacht), manchen ist das auch nicht so klar, manche finden das besonders spannend. Bei manchen Kursen merke ich auch: ‚Ach, das muss ich gar nicht so raushängen lassen.' Da habe ich eher Sorge, dass sie MICH dann in eine Schublade stecken, in die ich eigentlich auch nicht will. So ... das war tatsächlich an der anderen Schule noch viel stärker, dass ich dachte: ‚Wenn ich hier das Wort Pastorin sagen, gehen sofort irgendwie alle Visiere runter, das lasse ich noch erstmal.' (lacht) Das finde ich jetzt gerade anders" (I04, BBS, Pos. 22).

Hier wird deutlich, welche Potenziale und welche Gefahren das Offenlegen der eigenen religiösen Haltung mit sich bringen kann, bzw. welche Gefahren die Lehrer:innen mutmaßen. Im Falle der Schulpastorin scheint vor allem die Offen-

---

[9] Gleiches kann man auch im Interview mit einer Grundschullehrkraft beobachten. Sie spricht über ihren Wunsch eines gemeinsamen, für alle Schüler:innen verpflichtenden Unterrichts und führt aus: „Und klar, hätte das wahrscheinlich immer so den Schwerpunkt eines immer noch CHRISTLICHEN Unterrichts, weil ich jetzt selber auch christlich bin, aber... ich glaube, man möchte ja niemanden da missionieren, das war auch nie unser Auftrag mit diesem Unterricht." (I13, GS, Pos. 6). Auch hier fällt die enge Verbindung zwischen Positionalität und dem Parieren des (angenommenen?) Vorwurfs missionarischer Absichten ins Auge.

6.2 Die Rolle der Religion der Lehrenden im Unterricht

heit der Lerngruppe gegenüber ihrer Person und dem Unterricht der entscheidende Faktor zu sein, der sie zum Bekenntnis anregt oder dieses verhindert.[10]

Stellt man die hier betrachteten Zitate und ihre Auslegung zusammen, dann lässt sich interpretieren, dass die von Lehrer:innen zu hörende enge Verbindung zwischen konfessorischer Positionalität und der Sorge vor Übergriffigkeit auf die Wahrnehmung der Befürchtungen der Schüler:innen zurück gehen kann. So nennen die zitierte Schulpastorin sowie die (in Anm. 10) zitierte Gymnasiallehrkraft deutlich entsprechende Vorbehalte und Ängste der Schüler:innen. Das einende Merkmal der hier ausgewerteten Interviewdaten ist die Reflexion der Lehrenden auf ihre Religions- bzw. Konfessionszugehörigkeit als Merkmal ihrer Person, das in changierender Intensität im Unterricht erkennbar wird.

(2) Konfession(-alität) der Lehrkraft als Position im Unterricht
Während die oben analysierten Zitate einen engen Konnex zwischen Konfession und Person herstellen, gibt es weitere Äußerungen, die Konfession noch deutlicher mit Position verbinden und den Unterrichtskontext obligatorisch mitbedenken.

Ganz allgemein reflektiert Frau Schüne (KGS) auf die notwendige Positionalität einer Religionslehrkraft. Dabei wird deutlich, dass sie der inhaltlichen Ausprägung der religiös-weltanschaulichen Position weniger Bedeutung beimisst als der Reflexion und Gestaltung eines bewussten Standpunkts:

> „Also zu Recht ist es ja so, dass Religion das einzige Fach ist, was man nicht fachfremd unterrichten MUSS. Also das kann einem keiner aufdrücken und das finde ich auch richtig so. Also wegen mir können sie ja ein/ für sich zum Sch/ Standpunkt gekommen sein, dass sie vom Christentum nichts mehr hält, das ist ja egal. Aber sie muss sich die Gedanken auf jeden Fall gemacht haben und sie muss wissen, wovon sie redet, wenn sie so Fachbegriffe wie Glauben oder sowas, wenn sie die verwendet. Also man kann ja nicht über Glauben sprechen, ohne nicht ansatzweise zu wissen, was bedeutet das. Und das, finde ich, ist dann eben unglaubwürdig, ne? (lacht) Und deswegen finde ich, müssen Leute mit irgendeiner Art von Standing Religionsunterricht machen, ja" (I14, KGS, Pos. 61).[11]

Eine Gymnasiallehrkraft definiert das konfessionelle Prinzip des Religionsunterrichts ähnlich offen als „Standpunkt [...], von dem man ausgeht und auf die Welt guckt, auf Phänomene, auf Menschen, auf Religionen" (I10, Gym, Pos. 4). Anders

---

[10] Ganz ähnlich schildert eine Gymnasiallehrkraft: „es ist auch immer so wie offen so eine Lerngruppe ist. Wenn ich da so welche sitzen habe, die Angst haben, sie könnten von mir zu irgendwas überzeugt werden, dann nehme ich mich eher zurück." (I08, Gym, Pos. 62).

[11] Ähnlich I02, BBS: „Also von daher spielt die Lehrkraft schon eine Rolle, weil sie natürlich hoffentlich in der Lage ist, in zwei Sätzen zu sagen, was sie glaubt. Und man sich daran auch abarbeiten kann. Aber sie muss natürlich trotz allem auch noch tolerant sein. Also es geht ja nicht darum, zu sagen, mein Glaube ist der richtige Glaube. Sondern das ist meine Position und ich wünsche mir, dass ihr auch eine Position habt und dann können wir miteinander ins Gespräch kommen." (I02.2, BBS, Pos. 28).

als Frau Schüne berichtet eine Berufsschullehrkraft von der Erwartungshaltung der Schüler:innen im evangelischen Religionsunterricht am Beruflichen Gymnasium, die durchaus konfessionsspezifisch und dementsprechend inhaltlich bestimmt sei:

> „Das ist die Erwartungshaltung, die Schüler an mich haben, dass ich/ dass ich auch, ich sage mal, evangelische, ihnen vielleicht nahe Positionen irgendwo vielleicht vertrete oder jetzt nicht mit/ mit/ mit ja Dingen wie/ wie, ich sage mal, Heiligenverehrung oder sowas um die Ecke komme, das würden sie nicht erwarten von mir als/ als Lehrkraft im evangelischen Religionsunterricht" (I11.2, BBS, Pos. 14).

Die Lehrkraft betont weiterhin die große Bedeutung von Positionalität für die Transparenz des Unterrichtsgeschehens sowie für den Lernprozess der Schüler:innen:

> „Ich glaube, dass das transparent gemacht werden MUSS spätestens an der Stelle, wenn/ wenn/ Also erstmal als/ als Grundlage für die Schülerinnen und die Schüler, die da sitzen überhaupt, muss es klar sein, wer/ wer steht da vorne, wer spricht da, wer verantwortet das und ich glaube, indem/ also an den/ an den Stellen immer wieder, wenn/ wenn ich nach meiner eigenen Position, nach meiner eigenen Meinung gefragt werde, ist das glaube ich was, wo ich/ wo man/ wo man Schüler immer nochmal wieder das vielleicht auch ja mit auf den Weg geben muss, das ist jetzt eine eher evangelisch-geprägte Position" (I11.2, BBS, Pos. 14).

Das Lernen der Schüler:innen bezieht die Lehrkraft auf die Kenntnis der unterschiedlichen religiös-weltanschaulichen Positionen und den Abgleich mit der eigenen Position: „auch um sich selbst nochmal abzugleichen, um selber zu wissen, okay, mit wem trete ich denn, mit welcher Position trete ich denn in Dialog, an was reibe ich mich vielleicht jetzt auch gerade und an welcher Stelle diskutiere ich." (I11.2, BBS, Pos. 14). Den Lernprozess der Schüler:innen hat auch Frau Klinge (Gym) im Blick, wenn sie über Positionalität im Religionsunterricht spricht:

> „Ich habe jetzt auch nicht mehr so Kleine, die man so einfach missionieren kann, die/ die nehmen das ja auch nicht ungefiltert alles auf und alles, was ich mache, ist toll, höchstens noch in der 5. Klasse, aber danach werden sie kritisch, suchen ihren eigenen Weg, brauchen das denke ich auch, dass ich für etwas stehe und sie nachfragen dürfen und können" (I08, Gym, Pos. 26).[12]

Die Grenzen von Positionalität als Lernchance lotet eine weitere Gymnasiallehrkraft aus:

> „Also ich glaube, das braucht es auch, also die brauchen auch dann irgendwie so ein Gegenüber, wo sie erkennen können, was ist jetzt eigentlich da die/ die eigene Posi-

---

[12] Hier wird die Nähe zur Kategorie *Konfession(-alität) der Lehrkraft > Wird von SuS eingefordert* deutlich.

6.2 Die Rolle der Religion der Lehrenden im Unterricht

tion, aber das darf halt nicht zu stark sein, finde ich, ne? Dass man sie nicht/ dass sie nicht das Gefühl haben, sie/ sie müssten jetzt am besten diese Meinung auch übernehmen, damit sie dann hier erstmal gut vorankommen oder so und/ Ja" (I03.2, Gym, Pos. 14).

Dass die eigene Position an Extremen herausgefordert und kenntlich wird, beschreiben zwei weitere Lehrende. Frau Klinge (Gym) berichtet von Beispielen aus Ethikdiskussionen:

> „und manchmal gibt es/ es gibt aber auch Punkte, da schiebe ich ganz klar auch einen Riegel vor, da sage ich: ,Das ist so nicht.' oder: ,Alles, was unsere Kirche lehrt, spricht dagegen.' Zum Beispiel – keine Ahnung – ,Du kommst in die Hölle, wenn du nicht als Jungfrau in die Ehe gehst.' oder irgend so einen Blödsinn so, ne? Oder/ Oder/ Ja, genau: ,Schwule gehören auch in die Hölle und Lesben.' oder so. Also da gibt es dann schonmal Punkte, wo ich auch klar Stellung beziehen würde, ganz egal in/ in welchem Kontext" (I08, Gym, Pos. 62).

Und Herr Sorge (KGS) hat vor allem seinen früheren Berufshintergrund, den Hamburger Religionsunterricht für alle im Kopf, wenn er Situationen beschreibt, in denen „eine Diskussion in die falsche Richtung läuft, [...] oder es Schüler gibt, die Äußerungen bringen, die jetzt nun wirklich nicht mit den/ [...] die eben nicht mit unseren gesellschaftlichen und moralischen Vorstellungen aber auch uns/ auch dem christlichen Menschenbild in Einklang zu bringen sind." Obwohl er im Kontext des Hamburger Religionsunterrichts eher zurückhaltend mit seiner eigenen Position war,[13] provozierten ihn diese Fälle zu einer Stellungnahme: „[d]ass ich dann dort eingreife und sage: ,Tut mir leid, das/ das geht hier zu weit.' Oder ich dazu eine/ dann eben auch Stellung nehme und/ ja, vor allem, wenn es/ wenn es aus meiner Sicht eben zum Beispiel menschenfeindlich wird, dann würde ich da auf jeden Fall zu Stellung nehmen." (I09, KGS, Pos. 49).

Zusammenfassend kann an dieser Stelle festgehalten werden, dass die Positionalität der Lehrkraft von der überwiegenden Mehrzahl der interviewten Lehrer:innen als Merkmal des Religionsunterrichts reflektiert wird – sei es als konstitutives Merkmal konfessionellen Unterrichts, als Lernchance für Schüler:innen oder als unvermeidbare Reaktion auf Schüler:innenbeiträge.

(3) Konfession(-alität) der Lehrkraft als Beispiel gelebter Religion
Etwas spezifischer wird ihre eigene Konfessionalität von drei Lehrenden als Beispiel für gelebte Religion beschrieben. Eine Berufsschullehrkraft betont einer-

---

[13] „dort fühlte ich mich zum Teil im Religionsunterricht, dadurch, dass der Religionsunterricht eben gemeinsamer Religionsunterricht ... ist, [...] ist man eher/ war man eher Moderator zwischen verschiedenen religiösen Meinungen und Weltanschauungen" (I09, KGS, Pos. 51).

seits den interdisziplinären Zusammenhang der Themen des Religionsunterrichts sowie andererseits die Verbindung zur eigenen Lebenspraxis:

> „ich finde es wichtig, dass man das Fach Religion in seinem Zusammenhang auch so sieht. Nicht nur: Ja, da haben wir das Fach Religion und dann war es das, sondern wenn man bestimmte Themen hat, zum Beispiel den Bereich Nächstenliebe oder überhaupt das Thema Liebe, dann ist das ja nicht nur, dass man das in den neunzig Minuten hat und dann war es das, sondern man greift es auch im Pflegeunterricht mit auf, vielleicht auch in Deutsch in der Literatur, also/ und man lebt es auch im Alltag, hoffe ich jedenfalls, ne?" (I06, BBS, Pos. 18).

Den besonderen Stellenwert, der Religionslehrer:innen dabei zukommt, beschreibt Frau Klinge (Gym) so: „Ich bin ja oft oder die Religionslehrer sind für viele Schüler ja DIE Personen, wo sie überhaupt mit Kirche und kirchlicher Praxis mal in Berührung kommen, wenn/ zumindest wenn es in ihrer Familie sonst so nichts gibt, ne?" (I08, Gym, Pos. 46). Sie „genieße" es, „Schülern so Augenöffner mitzugeben, was meine eigene, da wo mein Herz ja auch schlägt, christliche Reli/ Religion betrifft" (I08, Gym, Pos. 46) und wertschätzt deshalb die konfessionelle Bindung des Religionsunterrichts:

> „Also da/ da gibt es oft so positive Reaktionen: ‚Ach das ist aber schön.', ‚Ach das würde ich mir auch wünschen.' oder so. Oder: ‚Das finde ich nicht so gut, aber das/ aber das ist doch ganz interessant.' Oder: ‚Ich kann die Christen doch verstehen.' Das/ Das liegt mir natürlich am Herzen und finde ich auch sehr schön an meinem sehr christlich-geprägten, was christliche Themen betrifft, geprägten Unterricht [...]." (I08, Gym, Pos. 46).[14]

Eine katholische Lehrkraft beschreibt sehr explizit, inwiefern ihre eigene Religiosität im Unterricht präsent wird:

> „als Religionslehrkraft bin ich ja auch berechtigt dazu, mein Bekenntnis mal ab und an zu zeigen. Und selbstverständlich, wenn ich eine Kirchenraumeinheit mache und betrete eine katholische Kirche, bekreuzige ich mich mit Weihwasser. Ich bin ja kein Tourist, das ist ja meine/ im Zweifel vielleicht sogar meine Heimatkirche, wo ich sonst mal zum Gottesdienst gehe und selbstverständlich darf das jemand sehen. Ich tue ja nichts Verbotenes, ja? Aber ich nötige auf keinen Fall meine Schüler, jetzt mit diesen Schritt zu vollziehen" (I07.1, BBS, Pos. 31).

Diese Lehrkraft reflektiert ihre Religiosität deutlich als Teil ihrer Persönlichkeit (s. o.), die sie in den Unterricht einbringt. Sie nennt aber auch Grenzen, die sie in der aktiven Werbung für ihre eigene religiöse Orientierung sieht:

---

[14] Es soll an dieser Stelle nicht unterschlagen werden, dass die Lehrkraft im Verlauf ihrer Ausführungen die konfessionelle Prägung des Unterrichts einem gemeinsamen Religionsunterricht für alle Schüler:innen unterordnet: „auf der anderen Seite entspricht es schon EIGENTLICH nicht der Lebensrealität der Schüler und ich fände es, glaube ich, doch insgesamt besser, sie würden zusammen unterrichtet und hätten einen gemeinsamen Religionsunterricht" (I08, Gym, Pos. 46).

6.2 Die Rolle der Religion der Lehrenden im Unterricht

> „und dieses Bekenntnis, ich trage das ja nicht wie so ein Schild vor mir her, aber vielleicht habe ich mal ein Kreuz um, vielleicht habe ich irgendwelche Ausstellungsgegenstände, gebe gerade jemandem Geld wieder und der sieht meinen Schutzengel im Portemonnaie, solche Dinge. Aber es ist ja nicht, dass ich durch die Klasse laufe und rufe, wann hier irgendwo ein Messgottesdienst ist oder sowas (lacht)" (I07.1, BBS, Pos. 33).

Als Begründung für ihr Verhalten nennt die Lehrkraft das Lernen an Vorbildern und authentischen Positionen, das sie als Schlüssel zu Lernprozessen Jugendlicher beschreibt:

> „Und es sind immer oft große Menschen, die ihre großen Werte auch vorgelebt haben. Daran reibt sich nach meinem Verständnis eine jugendliche Person. Die will wissen: Was bist du für jemand? Wofür stehst du ein? Und ich kann nicht hier über irgendwie Nächstenliebe reden und Perspektivwechsel beim barmherzigen Samariter von dem Satz ‚Wer ist mein Nächster?' zu ‚Wem hat'/ also ‚Wer hat sich als der Nächste dessen erwiesen?', ich muss es auch vorleben" (I07.2, BBS, Pos. 23).

Summierend zeigt sich, dass die hier genannten Lehrenden den Zusammenhang zwischen der thematischen Ausrichtung des Religionsunterrichts und ihrer eigenen religiösen Praxis reflektieren, dass sie z. T. diese gelebte Praxis als authentisches Beispiel christlicher Lebensführung wahrnehmen und als Lernchance für Schüler:innen verstehen. Im Sample der interviewten Lehrer:innen bleiben diese Stimmen allerdings eine Minderheit, auch das muss festgehalten werden.

(4) Konfession(-alität) der Lehrkraft als thematisches Unterrichtsmerkmal
Einige Lehrende nehmen den Einfluss ihrer eigenen Konfessionszugehörigkeit als einen thematischen Einfluss auf das Unterrichtsgeschehen wahr. Exemplarisch beschreibt eine reformierte Lehrkraft die „ungewöhnlich[e]" Ausrichtung ihres Unterrichts als Folge und als Merkmal ihrer konfessionellen Verortung:

> „Also, ich meine, zum Teil wissen die Schüler ja schon, dass ich auch eine Haltung habe, indem ich denen auch immer sage, dass ich zum Beispiel, also dass sie bei mir was über Calvin lernen, weil ich reformiert bin. Und ich mache immer gerne Calvin, mit seiner wunderbaren Gotteslehre und der Vorstellung, dass der Mensch nicht so frei ist, wie er glaubt. Und das merken die Schüler natürlich schon, dass sie da mit Inhalten konfrontiert werden, die ungewöhnlich sind, die man sonst bei Religionslehrern nicht so hört" (I14, KGS, Pos. 33).[15]

---

[15] Ähnlich, wenn auch mit weniger explizit konfessionellem Fokus formuliert Herr Sorge (KGS): „Ich meine, man kann/ man ka/ man hat natürlich schon auch durch die Auswahl der Texte, die man natürlich auch im Unterricht reingibt, dass man natürlich auch schon eine gewisse Vorauswahl und eventuell auch … ja, nach seinen eig/ eigenen Belieben oder Interessen halt eben, wo/ wo man selber auch sagen würde, da möchte ich aus theologisch-religiöser Sicht einen Fokus drauf legen, weil ich/ weil ich dies oder jenes eben wichtig finde." (I09, KGS, Pos. 49).

Auch eine lutherisch geprägte Lehrkraft reflektiert den Einfluss ihrer Konfession auf die inhaltliche Ausrichtung des Religionsunterrichts und geht deshalb von Unterschieden zu einem katholischen Religionsunterricht aus: „Und ich mag Luther und natürlich merkt man das, dass ich diese Zeit für eine wichtige Zeit halte und dass ich das sehr gut finde, dass es Luther gab und solche Sachen. Und wenn ein katholischer Kollege das unterrichtet, wird das vielleicht ein bisschen anders rüberkommen und das ist auch in Ordnung." (I01, Gym, Pos. 78).[16]

Angesichts eines konfessionell übergreifenden Religionsunterrichts sorgt sich eine Oberschullehrkraft um die ungleiche Verteilung konfessionsspezifischer Themen und befürchtet eine Überpräsenz der eigenen – evangelisch(-freikirchlich)en – Perspektive auf Unterrichtsthemen:

> „Kann sein, dass ich da dann auch zu evangelisch bin manchmal dann beim konfessionsübergreifenden Unterricht [...] dass ich dann zum Beispiel an die katholische Perspektive gar nicht denke oder erst zu spät daran dann denke, vielleicht kann man das nochmal kurz damit vergleichen. Ja. Und dann eher auf das Evangelische achte, ja" (I12, OS, Pos. 38–40).

Dieses Zitat führt die spezifische Herausforderung jeglicher konfessions- und religionsübergreifenden Unterrichtsformate vor Augen.

Zusammenfassend zeigen sich zwei Interpretationsmöglichkeiten für die Voraussetzungen der Reflexion auf die thematische Präsenz der eigenen Konfession: Zum einen kann angenommen werden, dass Lehrer:innen zunächst eine bewusst konfessionelle Position ausgebildet haben müssen, um deren thematische Präsenz im Unterricht zu erkennen. In den Interviews zeigen besonders die katholische, die reformierte und eine evangelisch-freikirchliche Lehrkraft diese bewusste konfessionelle Identität. Aus dem Pool der interviewten evangelisch-lutherischen Lehrenden ist es hingegen nur eine Lehrkraft, die sich in diese Richtung äußert. Nun beschreiben auch die quantitativen Daten eine leicht stärker ausgebildete konfessionelle Identität katholischer Lehrer:innen im Gegenüber zu evangelischen Lehrer:innen –, inwiefern an dieser Stelle noch evangelisch-reformierte, evangelisch-freikirchliche und evangelisch-lutherische Lehrende unterschieden werden müssten bzw. könnten, bleibt weiteren Untersuchungen anheimgestellt.

Zum anderen lassen die analysierten Interviews vermuten, dass konfessionelle Spezifika im Religionsunterricht allererst thematisch vorgesehen und präsent sein müssen, um von einem (Un-)Gleichgewicht z. B. der katholischen und der evangelischen Perspektive sprechen zu können. Das dürfte vor allem den evangelischen Religionsunterricht der zitierten Gymnasiallehrkraft sowie den

---

[16] Dieses Zitat macht besonders anschaulich, dass eine thematische und eine positionelle Präsenz der Konfession der Lehrkraft z. T. eng verknüpft sein können. Auf methodischer Ebene gesprochen: Die Kategorien *Konfession(-alität) der Lehrkraft > Als Position im Unterricht* und *Konfession(-alität) der Lehrkraft > Als thematisches Unterrichtsmerkmal* liegen an dieser Stelle sehr eng beieinander.

6.2 Die Rolle der Religion der Lehrenden im Unterricht

erwähnten konfessionsübergreifenden Religionsunterricht betreffen. Bezeichnenderweise berichtet nämlich die Mehrheit der interviewten Berufsschullehrer:innen angesichts ihres religiös und weltanschaulich integrativen Unterrichts nicht von einem inhaltlichen Einfluss ihrer Konfessionszugehörigkeit auf den Religionsunterricht und der Herausforderung der Gleichbehandlung konfessioneller Perspektiven. Es bleibt zu vermuten, dass der Schwerpunkt dieses Religionsunterrichts angesichts der heterogenen Schülerschaft eher auf Ebene der Religionen liegt und konfessionelle Spezifika dabei zweitrangig sind.[17]

(5) Konfession(-alität) der Lehrkraft wird von SuS eingefordert
Fast alle interviewten Lehrer:innen erwähnen, dass die Schüler:innen einen konfessionellen Standpunkt von ihnen einfordern. Diesen Anfragen begegnen die meisten mit einer großen Offenheit, wie das Beispiel einer Oberschullehrkraft zeigt: „Ja, das fragen sie mal gelegentlich, dann/ dann antworte ich da auch offen und ehrlich und sage das. Ja." (I12, OS, Pos. 58). Auch in diesem Zusammenhang ist die Sorge vor Beeinflussung präsent, die zwei Lehrende formulieren:

> „Also, ich halte mich mit meiner Perspektive sehr zurück, weil ich eben nicht in diese – wie sagt man? – Missionierung gehen möchte [...] Aber dann kommt natürlich immer die Frage: ,Ja, und wie ist es bei Ihnen?' Und dann weiß ich/ dann bin ich dann schon manchmal schon so ein bisschen wie so im schwedischen Bereich. Ich will nicht sagen: ,Ich darf das nicht sagen.', ne? Ich mache es dann so, dass ich im Klassenraum mich anders positioniere. Dann sage ich immer so: ,Ich stelle mich jetzt mal woanders hin und jetzt bin ich die Privatperson.' Es ist/ Ich denke, dass es wichtig ist für die Schüler oder wenn sie mich fragen und sagen: ,Wie machen Sie das?' Dann sage ich es ihnen, aber ich sage ihnen immer noch dazu: ,Ich darf keinen Einfluss auf Ihren Glauben nehmen.' Und das/ da grenze ich mich sehr deutlich von ab" (I06, BBS, Pos. 28).

Herr Braune (Gym) bemerkt ebenfalls einschränkend, die eigene Position dürfe nicht zu stark sein, damit Schüler:innen „nicht das Gefühl haben, sie/ sie müssten jetzt am besten diese Meinung auch übernehmen, damit sie dann hier erstmal gut vorankommen oder so" (I03.2, Gym, Pos. 14). Jedoch betont er auch das Interesse der Schüler:innen an der transparenten Haltung der Lehrkraft und betont die Wichtigkeit derselben für den Lernprozess der Schüler:innen:

---

[17] Zwei Indizien dafür sind die Äußerungen von Berufsschullehrkräften, die einerseits im Hinblick auf die Schüler:innenschaft eine fehlende Differenzierung bemerken: „Also so genau differenzieren zwischen katholisch und evangelisch oder so tut hier eh fast keiner. Also, das ist halt christlich, ne?" (I02.2, BBS, Pos. 119); die andererseits auch im Hinblick auf die eigene Unterrichtsgestaltung nicht von einer *konfessions*spezifischen Kontextualisierung der Unterrichtsthemen sprechen, vielmehr *religions*spezifische Kontexte benennen: „zum Beispiel zum Thema Umweltschutz oder wertvolles Handeln oder diakonisches Handeln/ Mache ich auch aus dem christlichen Kontext, weil ich einfach das auch in meiner Ausbildung da mehr verortet bin. Also, ich habe noch nicht im Koran gelesen oder sowas, ne?" (I06, BBS, Pos. 24).

„Manchmal werde ich auch gezielt danach gefragt, ne? Und/ Also in den Leistungskursen und so, dann merke ich schon, ich habe vielleicht jetzt öfter nicht so deutlich signalisiert, wie ich das sehe oder so, sondern sehr auf der sachlichen Ebene versucht, verschiedene Positionen oder so darzustellen. Dann merke ich, sie fragen dann auch nach so, ne? Also ich glaube das braucht es auch, also die brauchen auch dann irgendwie so ein Gegenüber, wo sie erkennen können, was ist jetzt eigentlich da die/ die eigene Position" (I03.2, Gym, Pos. 14).

Auch Frau Schüne (KGS) beschreibt, wie Schüler:innen die Position der Lehrkraft einfordern – gerade in Unterrichtssituationen, die vorwiegend sachlich-informativ gestaltet sind:

„Und dann kommt es zu solchen Nachfragen. Weil sie dann vielleicht auch nicht so genau einschätzen können, weil ich das dann manchmal zu ... sachlich formuliere oder zu viel betone, dass wir doch Wert darauf legen, dass Christen GLAUBEN, dass Jesus auferstanden ist. Und dann kommt natürlich schon mal so die Frage: ‚Naja, glauben Sie das denn gar nicht?' oder so. Ich glaube, damit hängt das zusammen." (I14, KGS, Pos. 33).

Herr Stellreiter (BBS) schätzt besonders die Offenheit der Schüler:innen, die er durch eigene Offenheit gespiegelt bekommt:

„Ich habe auch durchaus die Erfahrung gemacht, je nach dem was ich auch eben reingebe, ne? Wenn Schülerinnen und Schüler natürlich fragen, wenn ich mich vorstelle: ‚Ja, Sie sind doch/ Sie sind doch Ingenieur oder Sie sind doch Maschinenbauer oder so, wieso können Sie denn dann/ wieso glauben Sie dann an einen Gott? Glauben Sie das wirklich?' und so weiter. Da hat man natürlich immer die Chance, auch/ auch dann natürlich von sich selbst was mit einzubringen und da kommt von den Schülerinnen und Schülern auch ganz viel zurück" (I11.1, BBS, Pos. 16).

Die didaktische Pointe der Positionalität der Lehrkraft formuliert Frau Sternhuf (BBS) als interreligiöses Lernen:

„das eigene Bekenntnis schärft sich am Kennenlernen der anderen Religionen im positiven Sinne, ja? Dass das Profil mehr rauskommt, weil eben die Anfrage über das Kennenlernen der anderen kommt oder auch die direkte Anfrage, ne? ‚Warum machen Sie das?' Ja? Und insofern ja, ist das/ ist das immer die/ die Frage des Profils, ja? Und da werde ich natürlich an meinem Bekenntnis gefordert, auskunftsfähig zu sein. Selbstverständlich und da auch schlüssige Erklärungen zu haben, warum ich das eine tue und das andere nicht. Und auch eben Aufklärung zu betreiben" (I07.1, BBS, Pos. 33).

An ihrer Äußerung wird ebenfalls deutlich, dass es sich bei der geforderten Auskunftsfähigkeit über die eigene religiös-weltanschauliche Position auch um eine durchaus anspruchsvolle Kompetenz der Lehrkraft handelt. Herr Thies (BBS) ergänzt noch, dass er vor allem von muslimischen Schüler:innen um eine Positionierung gebeten werde:

„Aber auch nicht/ nicht nur von muslimischen Schülern. Aber von denen aber öfter nochmal. Also gerade wenn Sie vielleicht jetzt sonst stärker in so muslimischen Kontexten eingebunden sind, wo so dieses mit der Fachperson von einer anderen Religion ins Gespräch kommen nicht so häufig vorkommt" (I02.2, BBS, Pos. 115).

Zusammenfassend kann festgehalten werden, dass die überwiegende Mehrheit der interviewten Lehrenden von Anfragen der Schüler:innen berichtet, die sie zum Offenlegen der eigenen religiös-weltanschaulichen Position auffordern. Dabei stellen die Lehrenden unterschiedliche Aspekte dieser Anfragen in den Mittelpunkt, sei es die Sorge vor Beeinflussung, das Interesse der Schüler:innen an Klarheit und Transparenz, das Lernpotenzial solcher Anfragen oder der Kompetenzcharakter von Auskunftsfähigkeit.

(6) Konfession(-alität) der Lehrkraft nachrangig für das Unterrichtsgeschehen
Ein Teil der interviewten Lehrer:innen (ca. 1/3) bringt zum Ausdruck, dass sie ihrer eigenen Konfessionalität keinen Einfluss auf das Unterrichtsgeschehen beimessen. Dabei muss beachtet werden, dass alle diese Lehrenden an anderen Stellen trotzdem Hinweise auf persönliche, konfessionsspezifische Gestaltungsfaktoren geben. Besonders anschaulich wird dieser Zusammenhang an der Äußerung einer Gymnasiallehrkraft. Gefragt nach der Präsenz und Rolle persönlicher Glaubensvorstellungen antwortet die Lehrkraft: „In der Regel [wird das nicht thematisiert, E.H.] nein. Ich denke schon, das wäre falsch, auch deswegen, weil man dann mit Sicherheit Schüler hat, die um der Noten willen, Dinge sagen würden, die sie nicht meinen." (I01, Gym, Pos. 76). Sie beteuert weiter: „Nein, also ich halte mich schon mit meiner eigenen Meinung zurück", bemerkt allerdings einschränkend: „es sei denn, ich werde direkt gefragt. Was nicht so häufig vorkommt, aber es kommt vor." (I01, Gym, Pos. 76). In diesen Fällen, so führt die Lehrkraft weiter aus:

> „mache auch immer sehr, sehr deutlich, dass es nicht darauf ankommt/ dass ich das nicht bewerte, welche Meinung die Schüler haben und versuche auch das nicht/ also ... meine Meinung, meine Glaubensüberzeugung nicht, (...) ja, also nicht direkt auszudrücken. Es sei denn, wie gesagt, ich werde gefragt. (...) Ich glaube, man würde dann zu stark lenken, wenn man ..., wenn man das machen würde. (...) Wobei es natürlich/ das kommt natürlich trotzdem, indirekt kommt es natürlich trotzdem zum Ausdruck, das ist ja klar" (I01, Gym, Pos. 76).

Der letzte Satz offenbart, wie die Lehrkraft über ihre Ausführungen ins Nachdenken kommt und erkennt, dass die eigene religiöse Haltung sehr wohl thematisch und als Position im Unterricht zum Ausdruck kommt (s. o.). Auch als personenbezogenes Merkmal mit Auswirkungen auf die Berufswahl beschreibt dieselbe Lehrkraft im vorangehenden Interviewabschnitt ihre eigene Konfessionalität.

Eine weitere Gymnasiallehrkraft formuliert ganz ähnlich: „Nein, es geht nicht um meine Position, überhaupt nicht. Es geht um die Schüler, die ich da abhole, wo sie sind oder mich zumindest darum bemühe" (I10, Gym, Pos. 52). Wenn sie im Weiteren ihre Unterrichtsziele entfaltet, kann auch dort schon eine konfessionelle Prägung interpretiert werden: „[Ich] versuche ein Stück weit, sie zur Freiheit zu erziehen, Positionen der Aufklärung deutlich zu machen, aber eben auch Möglichkeiten der Sinnstiftung, der Identitätsbildung, der Bedeutung für Religion für ein erfülltes Leben, das versuche ich schon aufzuzeigen." (I10, Gym, Pos. 52). Mit den Worten der oben zitierten Lehrkraft könnte man auch hier also feststellen, dass die eigene religiöse Haltung „indirekt" zum Ausdruck kommt. Im weiteren Verlauf der Ausführungen bemerkt die Lehrkraft allerdings ebenfalls einen direkten Einfluss der eigenen Konfessionalität:

> „Es gibt natürlich, ich sagte vorhin, ein-, zweimal im Jahr werde ich pastoral, dann gibt es so Momente, wo es mir auf den ZEIGER geht, wie oberflächlich manche Schüler denn denken (und wo?) ich das irgendwie so kultiviere, dass ich dann durchaus auch mal was Persönliches rauslasse und das ist auch in Ordnung, ein-, zweimal im Jahr geht das (lacht)" (I10, Gym, Pos. 52).

Diese Beobachtungen ließen sich auch an Äußerungen von Lehrer:innen anderer Schulformen machen. Es eint sie alle, dass die geringe Relevanz bzw. Präsenz der eigenen konfessionellen Identität zwar formuliert wird, diese Aussage jedoch durch andere Äußerungen eingeholt bzw. relativiert wird. Dass die Konfession der Lehrkraft im Religionsunterricht tatsächlich *keine* Rolle spielt, kann anhand der geführten Interviews also deutlich verneint werden.

6.2.3 Zusammenfassung: Die religiös-weltanschauliche Position der Lehrenden ist im Unterricht präsent

Im Hinblick auf die Frage nach der religiös-weltanschaulichen Position der Lehrenden im religionsbezogenen Unterricht ergänzen sich die Befunde der Fragebogenuntersuchung und die Befunde der Interviewstudie.

Die Fragebogenerhebung hat ergeben, dass die Häufigkeit, mit welcher die religiös-weltanschauliche Haltung der Lehrenden im Unterricht thematisiert wird, sich nach den Unterrichtsfächern, die erteilt werden, unterscheiden lässt. So gaben Lehrer:innen, die Werte und Normen unterrichten, seltener an, ihre eigene Position im Unterricht kenntlich zu machen, als Lehrer:innen im konfessionellen Religionsunterricht. Katholische Lehrende zeigten im Vergleich die höchsten Zustimmungswerte zur Präsenz ihrer eigenen konfessionellen Haltung im Unterricht. Insgesamt konnte gezeigt werden, dass die Lehrenden religionsbezogener Fächer ihre eigene religiös-weltanschauliche Position in den Unterricht einbringen, wenn auch eher verhalten bzw. manchmal bis selten. Die Interviewdaten zeigen nun, dass alle befragten Religionslehrer:innen einen Zusammenhang zwischen ihrer eigenen konfessionellen Identität und der Gestaltung des Religionsunterrichts herstellten. Dabei wurden sie nicht nach Häufigkeit oder Intensität dieses Bezuges gefragt, aber es wurde deutlich, dass die Lehrenden verschiedene Muster der Präsenz ihrer eigenen Position im Unterricht erkennen. So wurden von vielen Befragten Zusammenhänge zwischen Konfession, Person und Position im Unterricht hergestellt oder es wurde der inhaltliche Einfluss auf das Unterrichtsgeschehen reflektiert. Viele sprachen außerdem von Positionalität als Forderung der Schüler:innen und als Lernchance für eben diese. Nur vereinzelt nannten Lehrende ihre eigene Haltung und Lebensweise als Beispiel gelebter Religion. Bezeichnenderweise sprach eine katholische Lehrkraft über diesen Zusammenhang, was wiederum zu den quantitativen Ergebnissen der Fragebogenuntersuchung passt. Selbst wo Lehrer:innen in den Interviews von keinerlei Relevanz der eigenen konfessionellen Identität und Haltung für das Unterrichtsgeschehen sprachen, zeigte sich im Verlauf des Nachdenkens bzw. an anderen Stellen des Interviews, dass ein Zusammenhang doch hergestellt werden kann. Dieser Befund spiegelt sich auch in den Befunden der Fragebogenuntersuchung, die zeigen, dass die Lehrenden religionsbezogener Fächer keine der Fragen mit „nie" beantworten, ihre religiös-weltanschauliche Position also mindestens selten in den Unterricht integrieren.

6.3 Das didaktische Profil der Lehrenden im Umgang mit Heterogenität

Bisher wurden das religiös-weltanschauliche Profil der Lehrer:innen religionsbezogener Fächer sowie die Relevanz und Transparenz der religiös-weltanschaulichen Position der Lehrenden im Unterricht betrachtet. Um nun das didaktische Profil der Lehrenden näher zu bestimmen, werden im folgenden Kapitel die eigenen Rollen- und Selbstbilder in den Fokus gerückt. Wie sich Lehrer:innen selbst verstehen, kann wiederrum einen Einfluss auf die Auswahl von Unterrichtszielen, welche in Kapitel 6.3.2 dargestellt werden, und die Unterrichtsgestaltung haben. Zuletzt kommen die Anliegen der Lehrenden hinsichtlich religiös-weltanschaulicher Pluralität in den Blick.

6.3.1 *Rollen- und Selbstbilder von Lehrer:innen religionsbezogener Unterrichtsfächer*

Die Analyse der Umfrageergebnisse offenbart, dass sich die Lehrer:innen fächerübergreifend vor allem mit allgemeinpädagogischen Rollenbildern identifizieren können. Sie verstehen sich als Lehrpersonen, die eine eigenständige Auseinandersetzung initiieren (über 95 % der religionsbezogenen Lehrer:innen können diesem Rollenbild voll oder eher zustimmen), die Schüler:innen bei der Persönlichkeitsentwicklung begleiten sowie einem staatlichen Bildungs- und

Erziehungsauftrag verpflichtet sind. Bei der Identifikation mit der wissenschaftlichen Rolle als Theolog:in oder Philosoph:in gehen die Zustimmungswerte auseinander, obwohl der Großteil der befragten Lehrer:innen in ihrem Fach ein wissenschaftliches Studium absolviert hat. Zwar kann ein Drittel der Lehrer:innen, die religionsbezogenen Unterricht erteilen, dem Rollenbild eher oder voll zustimmen, knapp ein Drittel kann diesem allerdings eher nicht oder gar nicht zustimmen. Bei genauerer Betrachtung der Unterrichtsfächer wird deutlich, dass diese keinen starken Einfluss auf die divergierenden Identifikationen mit dem Rollenverständnis als Theolog:in oder Philosoph:in haben. Allerdings: Unter denjenigen, die eine grundständige Ausbildung (Studium und Referendariat) im Fach Werte und Normen absolviert haben, verstehen sich 49,3 % als Philosoph:in, unter den im Fach „Evangelische" oder „Katholische Religion" Qualifizierten verstehen sich 44,4 % bzw. 43,5 % als Theolog:innen – am geringsten ist dieser Anteil unter den fachfremd Unterrichtenden mit nur 12,8 %.

Recht weit auseinander gehen die Einschätzungen zur Rolle der Theolog:in oder Philosoph:in unter Lehrenden verschiedener Schulformen. Während von den Lehrenden an Grundschulen nur 33,3 % diesem Rollenverständnis „eher" oder „voll" zustimmen, sind es unter den Gymnasiallehrenden 63,6 % (gefolgt von Gesamtschullehrenden mit 52,3 % und Lehrenden an BBS mit 50 %). Markant ist zudem die Differenz nach Geschlechtern (in der sich allerdings auch die Differenz nach Schulformen niederschlägt): Während sich nur 39,1 % der Lehrerinnen „eher" oder „voll" als Theolog:in bzw. Philosoph:in verstehen, sind es 62,7 % der Lehrer.

Die Vermutung, dass das Selbstverständnis als Theolog:in bzw. Philosoph:in entlang der Generationenfolge abschmilzt, bestätigt sich hingegen nicht: Am häufigsten geben vielmehr die Jung-Lehrer:innen mit 1–2 Jahren Unterrichtserfahrung an, sich als Theolog:in bzw. Philosoph:in zu verstehen (53,8 %), gefolgt von den Lehrenden, die mehr als 30 Jahre Unterrichtserfahrung haben (nämlich 47,4 %). Am geringsten fällt die Identifikation mit diesem Rollenverständnis in der Gruppe derer aus, die 11–20 Jahre Berufserfahrung mitbringen.

Bei den weiteren Rollenbildern werden fächerbezogene Unterschiede sichtbar. Lehrer:innen des Faches Evangelische Religion sehen sich hinter den genannten pädagogischen Rollenbildern zunächst als Moderator:innen (s. Tabelle 17). Verhaltene Zustimmung finden die religionsbezogenen und weltanschaulichen Rollen (Authentisches Beispiel gelebter Religion/Weltanschauung, Repräsentant:in und Vermittler:in einer Religion oder Weltanschauung). Für die Rollenbilder als Theolog:in/Philosoph:in oder neutrale Wissensvermittler:in gibt es weder eine klare Zustimmung noch Ablehnung; mit den beiden Rollenbildern können sich Lehrer:innen im Fach Evangelische Religion im Durchschnitt jedoch am schlechtesten identifizieren.

6.3 Das didaktische Profil der Lehrenden im Umgang mit Heterogenität

Tabelle 17

Wie gut können Sie sich mit folgenden Rollen im religionsbezogenen Unterricht identifizieren? Fach **Evangelische Religion**

Ich verstehe mich als...	MW	N	SD
Initiator:in eigenständiger Urteilsbildung und kritischer Auseinandersetzung	4,62	487	0,564
Begleiter:in der Persönlichkeitsentwicklung der Schüler:innen	4,58	488	0,582
Staatliche Lehrkraft, die dem Bildungs- und Erziehungsauftrag verpflichtet ist	4,41	489	0.823
Moderator:in	3,98	487	0,866
Authentisches Beispiel für meine gelebte Religion oder weltanschauliche Haltung	3,80	486	1,016
Repräsentant:in einer Religionsgemeinschaft oder einer Weltanschauung	3,74	485	1,032
Vermittler:in einer Religion oder Weltanschauung	3,60	486	1,103
Theolog:in/Philosoph:in	3,21	484	1,233
Neutrale Wissensvermittler:in	3,09	484	1,210

Anmerkung Skalenbereich 1 = stimme gar nicht zu, 2 = stimme eher nicht zu, 3 = weder noch, 4 = stimme eher zu, 5 = stimme voll zu

Lehrer:innen für Katholische Religion weisen starke Zustimmungswerte für Rollenbilder auf, bei denen die eigene Haltung oder Religion stärker betont wird (s. Tabelle 18). Dem Verständnis, ein authentisches Beispiel für gelebte Religion oder eine weltanschauliche Haltung zu sein, können Lehrer:innen für Katholische Religion deutlich häufiger zustimmen. Sie sehen sich auch stärker als Repräsentant:in einer Religionsgemeinschaft oder Weltanschauung, während sie sich deutlich seltener mit der Rolle als neutrale Wissensvermittler:in identifizieren können.

Tabelle 18

Wie gut können Sie sich mit folgenden Rollen im religionsbezogenen Unterricht identifizieren? Fach **Katholische Religion**

Ich verstehe mich als...	MW	N	SD
Begleiter:in der Persönlichkeitsentwicklung der Schüler:innen	4,54	145	0,677

Ich verstehe mich als ...	MW	N	SD
Initiator:in eigenständiger Urteilsbildung und kritischer Auseinandersetzung	4,48	145	0,746
Staatliche Lehrkraft, die dem Bildungs- und Erziehungsauftrag verpflichtet ist	4,39	144	0,681
Authentisches Beispiel für meine gelebte Religion oder weltanschauliche Haltung	4,10	143	0,902
Repräsentant:in einer Religionsgemeinschaft oder einer Weltanschauung	3,95	144	0,895
Vermittler:in in einer Religion oder Weltanschauung	3,83	144	1,031
Moderator:in	3,79	145	0,922
Theolog:in/Philosoph:in	3,36	145	1,165
Neutrale Wissensvermittler:in	2,89	143	1,217

Anmerkung Skalenbereich 1 = stimme gar nicht zu, 2 = stimme eher nicht zu, 3 = weder noch, 4 = stimme eher zu, 5 = stimme voll zu

Werte-und-Normen-Lehrer:innen sehen sich dagegen eher nicht in einer vermittelnden oder repräsentierenden Rolle für eine Religion oder Weltanschauung. Viel mehr können sich die Lehrer:innen dieses Faches mit den Rollen als Moderator:in oder als neutrale Wissensvermittler:in identifizieren (s. Tabelle 19).

Tabelle 19

Wie gut können Sie sich mit folgenden Rollen im religionsbezogenen Unterricht identifizieren? Fach **Werte und Normen**

Ich verstehe mich als ...	MW	N	SD
Initiator:in eigenständiger Urteilsbildung und kritischer Auseinandersetzung	4,72	252	0,501
Begleiter:in der Persönlichkeitsentwicklung der Schüler:innen	4,55	253	0,606
Staatliche Lehrkraft, die dem Bildungs- und Erziehungsauftrag verpflichtet ist	4,42	253	0.786
Moderator:in	4,00	251	0,827
Neutrale Wissensvermittler:in	3,72	253	1,137
Authentisches Beispiel für meine gelebte Religion oder weltanschauliche Haltung	3,17	252	1,350
Theolog:in/Philosoph:in	3,09	253	1,342

6.3 Das didaktische Profil der Lehrenden im Umgang mit Heterogenität

Vermittler:in in einer Religion oder Weltanschauung	2,58	251	1,387
Repräsentant:in einer Religionsgemeinschaft oder einer Weltanschauung	2,42	252	1,299

Anmerkung Skalenbereich 1 = stimme gar nicht zu, 2 = stimme eher nicht zu, 3 = weder noch, 4 = stimme eher zu, 5 = stimme voll zu

Zusätzlich zu den bereits aufgeführten Rollenbildern wurden die Lehrer:innen auch zu abstrakteren metaphorischen Selbstbildern gefragt, die eher umgangssprachlich formuliert waren. Diese Selbstbilder haben ihren Ursprung in religionspädagogischer Literatur, welche Mirjam Zimmermann und Hartmut Lenhard in ihrem Buch *Praxissemester Religion* zusammentragen.[18] Sie konstatieren, dass über ein authentisches und pädagogisches Handeln von Religionslehrer:innen Einigkeit bestehe, die darüber hinaus aufgeführten Selbstbilder (Zeuge bzw. Glaubensvorbild, (Dialog)Partner:in, Bildungs- und Traditionsagent:in, Repräsentant:in christlicher Religion, Orientierungshelfer:in, Theolog:in, Reiseführer:in, Brückenbauer:in, Fels in der Brandung sowie Hebamme) führen allerdings zu Diskussionen.[19] Ob und inwiefern Lehrende religionsbezogener Fächer diesen umfangreichen und vielfältigen Selbstbildern zustimmen können, wurde mithilfe des Fragebogens untersucht (s. Tabelle 20).

Es zeigt sich, dass allgemeinpädagogischen Selbstbildern stark zugestimmt wird. Deutlich zeichnen sich die Selbstbilder (Dialog)Partner:in und Orientierungshelfer:in mit den höchsten Zustimmungswerten ab. Über 90 % der Lehrer:innen religionsbezogener Fächer stimmen eher oder voll zu, wenn es darum geht, sich als (Dialog)Partner:in zu verstehen. Bei dem Bild der Orientierungshelfer:in stimmen etwa 89 % eher oder voll zu. Auch wenn es im Vergleich verschiedener religionsbezogener Fächer oder Schulformen zu abweichenden Zustimmungswerten kommt, zeichnet sich bezüglich dieser zwei Selbstbilder eine große Einigkeit unter den befragten Lehrer:innen ab.

Bei anderen aufgeführten Selbstbildern ist dieses Maß an Einigkeit nicht gegeben. Am Beispiel der Traditionsagentin oder des Traditionsagenten lässt sich dies gut verdeutlichen. Etwas mehr als ein Drittel der Lehrenden religionsbezogener Fächer stimmt dem Selbstbild eher nicht oder gar nicht zu, ein weiteres Drittel stimmt für die Mittelkategorie ‚weder noch', und etwas weniger als ein Drittel stimmt der Identifikation mit dem Rollenbild eher oder voll zu. Ähnlich verhält es sich mit dem Verständnis als Zeuge oder Zeugin. Dagegen findet sich eine deutlichere Tendenz der Ablehnung beim Selbstbild der Hebamme. Zwar stimmt immer noch knapp ein Drittel der Befragten dem Bild weder zu, noch wird es abgelehnt; allerdings kann eine deutliche Mehrheit von über der Hälfte

---

[18] Mirjam Zimmermann/Hartmut Lenhard, Praxissemester Religion, Göttingen 2015, 31.
[19] Ebd.

aller Lehrer:innen religionsbezogener Fächer dem Selbstbild eher nicht oder gar nicht zustimmen.

Tabelle 20

Folgend sind weitere Selbstbilder beschrieben. Wie gut können Sie sich mit diesen im Unterrichtsalltag identifizieren?

Ich verstehe mich als...	MW	N	SD
(Dialog)Partner:in	4,40	961	0,655
Orientierungshelfer:in	4,27	966	0,699
Brückenbauer:in	3,91	961	0,973
Bildungsagent:in	3,69	954	1,007
Reiseführer:in in das Land der Religionen	3,59	959	1,109
Fels in der Brandung	3,16	954	1,149
Zeug:in	2,94	952	1,173
Traditionsagent:in	2,87	950	1,094
Hebamme	2,30	950	1,165

Anmerkung Skalenbereich 1 = stimme gar nicht zu, 2 = stimme eher nicht zu, 3 = weder noch, 4 = stimme eher zu, 5 = stimme voll zu

Auch bei der Identifikation mit den Selbstbildern lassen sich teilweise deutliche Unterschiede zwischen den Schulformen erkennen. Dargestellt werden besonders auffällige Unterschiede zwischen einzelnen Schulformen anhand der beiden Selbstbilder „Traditionsagent:in" und „Fels in der Brandung". Es wird deutlich, dass sich die Lehrer:innen an Grundschulen etwas stärker als Traditionsagent:innen verstehen als Kolleg:innen an Gesamtschulen (s. Abbildung 22).

6.3 Das didaktische Profil der Lehrenden im Umgang mit Heterogenität

Abbildung 22

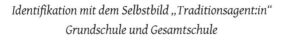

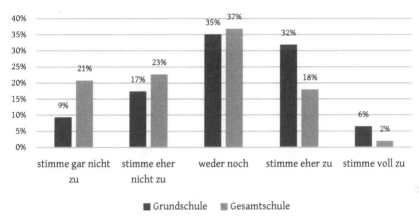

Anmerkung Grundschule n=311; Gesamtschule n=106

Im Vergleich der Schulfächer lassen sich beim Selbstbild „Traditionsagent:in" ebenfalls Unterschiede ausmachen (s. Abbildung 23). So lehnen Werte-und-Normen-Lehrer:innen das Selbstbild deutlich stärker ab (25,3 % stimmen gar nicht zu), während sich bei Lehrenden des konfessionell-kooperativen Religionsunterrichts die größte Zustimmung findet (28,8 % stimmen eher zu; 6,0 % stimmen voll zu). Die Einschätzung der evangelischen Lehrer:innen ist sehr ähnlich, es gibt allerdings auch eine große Schnittmenge an Lehrenden, welche beide Fächer in der Befragung als Unterrichtsfächer angaben. Auffällig ist die Abweichung der Lehrer:innen für Katholische Religion: die Lehrenden verstehen sich auffallend weniger als Traditionsagent:innen (10,1 % stimmen gar nicht zu; 30,9 % stimmen eher nicht zu).

Abbildung 23

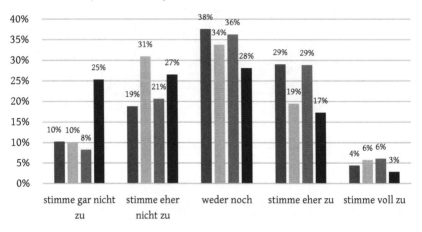

Identifikation mit dem Selbstbild „Traditionsagent:in" Fächer Evangelische Religion, Katholische Religion, Konfessionell-kooperativer Religionsunterricht, Werte und Normen

- Evangelische Religion
- Katholische Religion
- Konfessionell-kooperativer Religionsunterricht
- Werte und Normen

Anmerkung Evangelische Religion n=479; Katholische Religion n=139; Konfessionell-kooperativer Religionsunterricht n=364; Werte und Normen n=249

Beim Selbstbild „Fels in der Brandung" gibt es eine erkennbar stärkere Identifizierung der Lehrenden an Grundschulen als an allen anderen Schulformen. Besonders stark unterscheiden sich die Positionen bei Lehrer:innen an Grundschulen und Gymnasien, wie Abbildung 24 verdeutlicht.

6.3 Das didaktische Profil der Lehrenden im Umgang mit Heterogenität

Abbildung 24

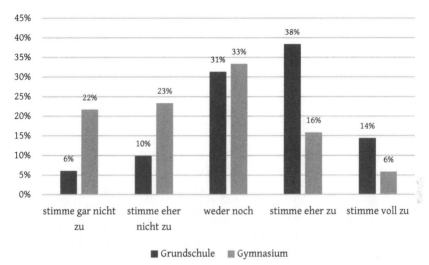

Anmerkung Grundschule n=313; Gymnasium n=240

Dem Selbstbild der Zeugin oder des Zeugen können Lehrende für Katholische Religion am stärksten zustimmen, während sich Lehrer:innen der Fächer Evangelische Religion und Werte und Normen mit dem Selbstbild weniger identifizieren (s. Abbildung 25).

Abbildung 25

Identifikation mit dem Selbstbild „Zeug:in" Fächer Evangelische Religion, Katholische Religion, Konfessionell-kooperativer Religionsunterricht, Werte und Normen

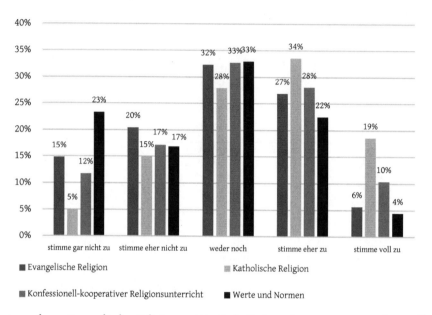

Anmerkung Evangelische Religion n=480; Katholische Religion n=140; Konfessionell-kooperativer Religionsunterricht n=367; Werte und Normen n=249

6.3.2 Unterrichtsziele von Lehrer:innen religionsbezogener Fächer

Dem Rollenverständnis der Lehrer:innen folgen entsprechend Zielvorstellungen für den religionsbezogenen Unterricht, welche wiederum entscheidend für die didaktische Unterrichtsgestaltung sind. Die an der Umfrage teilnehmenden Lehrenden wurden nach ihrer Zustimmung zu 21 Zielvorstellungen befragt. Insgesamt finden die Zielvorstellungen eine sehr hohe Zustimmung, bilden also gut ab, welche Intentionen Lehrer:innen im religionsbezogenen Unterricht verfolgen. Es wird zudem deutlich, dass Lehrende religionsbezogener Fächer eine Vielzahl unterschiedlicher Ziele gleichzeitig in ihrem Unterricht verfolgen (s. Tabelle 21). Zu einem ähnlichen Ergebnis kommt auch Christhard Lück bei der Befragung von Religionslehrer:innen im Bereich der Rheinländischen Landes-

6.3 Das didaktische Profil der Lehrenden im Umgang mit Heterogenität

kirche.[20] Es zeigt sich parallel zu dem Einbringen der eigenen religiösen Position (s. Kapitel 6.2.1), dass das Einbringen religiöser Praxis im Unterricht die geringsten Zustimmungswerte der Lehrer:innen erhält. Bei dieser Zielvorstellung besteht eine Korrelation zur Schulstufe: An Grundschulen wird der Einführung in Formen religiöser Praxis deutlich häufiger zugestimmt als an weiterführenden Schulen.

Die relevantesten Ziele im Unterricht stellen einerseits die Toleranzentwicklung für Andersgläubige und Andersdenkende und andererseits die Förderung von Dialogfähigkeit dar. Diese beiden Ziele sind vor allem dann relevant, wenn eine Lerngruppe heterogen ist und zwischen verschiedenen Positionen oder Glaubensvorstellungen vermittelt wird. Da die meisten Lehrer:innen ihre Lerngruppe in religiöser Hinsicht als heterogen wahrnehmen, erschließen sich diese Zielvorstellungen als mögliche didaktische Konsequenz.

Tabelle 21

Welche Ziele verfolgen Sie in Ihrem religionsbezogenen Unterricht?

Religionsbezogener Unterricht soll ...	MW	N	SD
... dazu beitragen, Andersdenkende und Andersgläubige tolerieren zu lernen	4,73	970	0,521
... Dialogfähigkeit fördern	4,65	971	0,529
... die Entwicklung allgemeiner Wertvorstellungen fördern	4,61	970	0,603
... zur Bildung eines eigenständigen Urteils über religiöse Fragen befähigen	4,61	968	0,580
... zum Allgemeinwissen beitragen	4,60	970	0,571
... befähigen, über religiöse Fragen zu diskutieren	4,51	972	0,636
...Themen ansprechen, die Kinder/Jugendliche wirklich etwas angehen	4,49	970	0,686
... zu einem guten sozialen Klima und einer guten Lernatmosphäre beitragen	4,46	970	0,733
... helfen, Religion(en) zu verstehen	4,46	968	0,642
... Unterschiede und Gemeinsamkeiten zwischen den Weltreligionen aufzeigen	4,43	970	0,668
... zur persönlichen Orientierung und Identitätsfindung beitragen	4,41	970	0,698

---

[20] Martin Rothgangel/Christhard Lück/Philipp Klutz, Praxis Religionsunterricht. Einstellungen, Wahrnehmungen und Präferenzen von ReligionslehrerInnen, Stuttgart 2017, 38.

… ein objektives Bild über Religion(en) und Weltanschauung(en) vermitteln	4,26	972	0,824
… helfen, persönliche Probleme bewältigen zu lernen	4,17	970	0,851
… Inklusion fördern	3,95	967	0,991
… Zugänge zu religiösen Texten (wie Bibel, Thora oder Koran) ermöglichen	3,93	968	0,996
… befähigen, Religion(en) von einem wissenschaftlichen Standpunkt zu betrachten	3,93	969	0,972
… befähigen, über Gott in religiöser Symbolik und Erzählungen zu sprechen	3,84	970	0,521
… in Formen religiöser Praxis einführen	3,15	967	1,128

Anmerkung Skalenbereich 1 = stimme gar nicht zu, 2 = stimme eher nicht zu, 3 = weder noch, 4 = stimme eher zu, 5 = stimme voll zu

Die zwei wichtigsten Ziele Toleranz und Dialogfähigkeit lassen sich als Bausteine zum gelungenen Umgang mit Heterogenität verstehen. Selbst wenn die Lehrenden getrennt nach Fach und Schulform betrachtet werden, sind sie sich über die Relevanz dieser Ziele sehr einig.

6.3.3 Anliegen der Lehrer:innen im Umgang mit Pluralität

Für den professionellen Umgang mit der religiös-weltanschaulichen Heterogenität einer Lerngruppe im Religionsunterricht spielt die Perspektive auf Pluralität bzw. das damit verbundene Anliegen der Lehrenden eine bedeutende Rolle. In den Interviews wurden Lehrer:innen zum einen explizit nach ihrer Perspektive auf Pluralität gefragt, zum anderen wird natürlich auch in weiteren Gesprächsabschnitten deutlich, wie Lehrer:innen auf das Neben- und Miteinander verschiedener Religionen blicken und zu welcher Haltung sie ihre Schüler:innen ermutigen möchten.[21] Die Auswertung der Interviews offenbarte diesbezüglich vier Schwerpunkte, die im Material unterschiedlich stark ausgeprägt sind und z. T. nebeneinander stehen. In einigen Befunden spiegeln sich die Ergebnisse der Fragebogenuntersuchung zu den Zielen der Lehrer:innen im religionsbezogenen Unterricht. Die meisten Lehrenden formulieren in den Interviews (1) Toleranz

---

[21] Die so erläuterte Fragerichtung zeigt, dass die Interviewstudie an dieser Stelle die Ergebnisse der Fragebogenerhebung zu den *Zielen* des Religionsunterrichts zwar ergänzen kann, jedoch mit einem spezifischen Fokus auf religiös-weltanschauliche Pluralität eben nach *Perspektiven* und *Anliegen* fragt.

6.3 Das didaktische Profil der Lehrenden im Umgang mit Heterogenität

als Anliegen ihres Unterrichts. Sie bringen Wertschätzung, Respekt, Offenheit und Neugier am Gegenüber zum Ausdruck und wünschen sich diese Haltung auch für ihre Schüler:innen. Viele betonen zudem (2) ihre eigene Positionalität im Umgang mit Pluralität und formulieren, dass sie sich ihrer christlichen Perspektive bewusst sind, auch wo sie um „Neutralität" bemüht sind. Dieses (3) Bemühen um (vermeintliche) Neutralität bildet einen weiteren Schwerpunkt im Umgang mit religiöser Vielfalt, der sowohl religionskundlich-vergleichend als auch verbindend ausgestaltet sein kann. Einzelne Äußerungen lassen erkennen, dass die Lehrenden (4) die Individualität der vielfältigen Glaubenseinstellungen hervorheben und den institutionellen Bezug von Religion in den Hintergrund rücken.[22]

(1) Toleranz im Umgang mit Pluralität
Den Wunsch nach und das Einüben von gegenseitiger Toleranz formulieren Lehrende aller Schulformen. So betont z. B. eine Berufsschullehrkraft:

> „Also das ist mir auch ganz wichtig im Religionsunterricht, also am Anfang ganz klar zu machen, dass eben jeder alles äußern DARF und dass es auch in Ordnung ist und ALLE Standpunkte und alle ... ja, Überzeugungen auch toleriert werden dürfen und, genau, jeder sich mit einbringen DARF und dadurch kommt eine gewisse Offenheit auch zu Stande" (I11.1, BBS, Pos. 16).

Ähnliches sagt eine Gymnasiallehrkraft: „Ja, auf jeden Fall (unv.) weiß ich die zu respektieren. Das finde ich ganz wichtig, dass keiner irgendwo belächelt wird oder/ Das, finde ich, machen sie [die Schülerinnen und Schüler, E. H.] aber auch weitgehend echt ganz gut, das finde ich." (I08, Gym, Pos. 24).[23]

Frau Sternhuf (BBS) betont, dass diese Offenheit für andere Religionen und Standpunkte eine notwendige Bedingung für gelingenden Unterricht und damit eben auch für den Schulabschluss der Schüler:innen sei:

---

[22] Ausgewertet wird im Folgenden die Kategorie *Didaktische Stellschrauben im RU > Anliegen im Umgang mit Pluralität*. Diese Kategorie gliedert sich in die Unterkategorien *Toleranz, Positionalität, Neutralität* und *Individualität*. Die Kategoriennamen finden sich in den Überschriften, sodass auf einen Ausweis der Kategoriennamen im Anschluss an die Zitate verzichtet werden kann. Alle Zitate eines Unterabschnittes sind der in der Überschrift genannten Kategorie zuzuordnen. Ein Überblick über das Kategoriensystem ist im Anhang A03 zu finden.

[23] Vergleichbare Aussagen treffen auch eine Gesamtschullehrkraft: „und natürlich die/ die Offenheit gegenüber ganz anderen Religionen wie Buddhismus, Hinduismus, dass man das eben auch als [...] eine Möglichkeit des Lebenskonzeptes [...] akzeptiert" (I14, KGS, Pos. 69) sowie eine Grundschullehrkraft: „Und gar/ Und jetzt nicht irgendwie jemanden mit Gewalt von irgendwas zu überzeugen, sondern eben auch verschiedene Überzeugungen zuzulassen" (I13, GS, Pos. 60).

> „ich habe eine große Offenheit und Neugierde. Ich höre erstmal grundsätzlich zu und diese Haltung, die versuche ich auch unseren Schülerinnen und Schülern beizubringen. Das ist ja auch das, was sie im Klassenraum erleben. Ich MUSS mich öffnen und zuhören, was der andere sagt, sonst kann unser Zusammensein hier nicht fruchtbar gelingen und die Schülerinnen und Schüler haben ja auch ein Ziel vor Augen. Also, ich kann nicht sagen: ,Ich möchte nicht mit einem Mädchen zusammen arbeiten in einer Gruppe, was ein Kopftuch trägt, weil ich das doof finde.'" (I07.2, BBS, Pos. 13).

(2) Positionalität im Umgang mit Pluralität
Die eigene religiöse Perspektive erscheint in vielen Äußerungen der Lehrer:innen als Gegenteil zur „Neutralität" in religiös-weltanschaulichen Fragen. Dabei changieren die Voten von der Wertschätzung eines konfessionellen (i. S. eines positionellen) Religionsunterrichts bis hin zum Bemühen um (vermeintliche) Neutralität.

Frau Kaiser (BBS) formuliert es explizit als Vorteil, im Religionsunterricht eine Perspektive vertreten zu dürfen:

> „Also ich merke das schon und das sage ich auch meinen Schülern, dass ich das auch einen Vorteil finde von Religionsunterricht, jetzt für mich persönlich, zu sagen: ,Ich DARF eine eigene Haltung und Meinung auch haben und vertreten.' Wobei mein eigener Anspruch ist (lacht), die anderen genauso gelten zu lassen [...] Und ... aber ich finde das tatsächlich einen Schatz, dass ich nicht neutral tun muss" (I04, BBS, Pos. 28).

Auch sie arbeitet sich am Konzept religiös-weltanschaulicher Neutralität ab, dabei lässt ihre Aussage erkennen, dass „neutral tun" für sie mit einem Verlust von Authentizität einhergehen würde. Für andere Lehrer:innen ist die Reflexion auf den eigenen religiösen Standpunkt mit der Sorge verbunden, dieser würde im Unterricht zu viel Raum einnehmen. So formuliert eine Lehrkraft an der Oberschule, ihr sei aufgefallen:

> „dass meine Aussagen in dem Moment, wo ich sie sage und auch im Nachhinein, wo ich denke: ,Hm, vielleicht ist das jetzt zu evangelisch jetzt ausgesagt, wenn ich dann sage, dass ist die evangelische Haltung.'/ Ich versuche es halt mehr oder weniger neutral zu sagen, das ist die evangelische Haltung, das ist die katholische, aber manchmal denke ich mir dann, das klingt, glaube ich, zu gefärbt nach evangelisch, wenn ich dann den Blick auf das Katholische nochmal darstelle. Da habe ich dann ein bisschen Angst, dass das da zu gefärbt ist, aber naja" (I12, OS, Pos. 16).

Hier wird das Bemühen um eine „neutral[e]" Darstellung konfessioneller Differenzen explizit verbunden mit der Sorge vor einer „zu evangelisch [gefärbten]" Darstellung. Da sich die Lehrkraft an dieser Stelle auf ihren konfessionell über-

6.3 Das didaktische Profil der Lehrenden im Umgang mit Heterogenität 157

greifenden Religionsunterricht bezieht und sich vor diesem Hintergrund besonders in der Pflicht sieht, auch den katholischen Glauben darzustellen,[24] lohnt es sich, die Problemschilderung einmal genauer unter die Lupe zu nehmen. Als konkretes Unterrichtsbeispiel schildert die Lehrkraft folgendes:

> „// Ja, // gestern war das, glaube ich, in der 6. Klasse, da haben wir über den Beichtstuhl, meine ich, gesprochen in der katholischen Kirche. Da haben wir darüber gesprochen, was/ wie/ wie man das in der katholischen Kirche handhabt, dass man seine Sünden/ dass der Priester die Sünden vergibt im Auftrag Gottes und dass man aus evangelischer Sicht sagt, eigentlich sind wir/ haben wir eher eine Gleichheit der Menschen und sehen da keinen erhoben und nur Gott kann eigentlich aus evan/ eher evangelischer Sicht die Sünden vergeben und da habe ich den Eindruck, habe ich das vielleicht ein bisschen zu kritisch gesagt gegenüber der katholischen Position. Ja, habe ich mir in dem Moment selbst gedacht und auch im Nachhinein. Ich habe dann versucht nochmal klarzustellen, ne? Aber beide Ansichten haben ja eine gewisse Berechtigung (lacht) und/ Naja, ich versuche mich da dann so ein bisschen/ halbwegs neutral/ also, komplett neutral geht nicht, ist ja/ geht ja nicht, aber ich versuche es zumindest, in Richtung Neutralität zu bewegen oder angenäherte Neutralität zu bewegen" (I12, OS, Pos. 18).

Die Lehrkraft formuliert deutliche Unsicherheiten im Umgang mit der eigenen konfessionellen Identität und einer entsprechenden Darstellung der Unterrichtsinhalte. Einen Lösungsansatz sieht sie in der Zielsetzung „Neutralität", wobei ihr bewusst ist, dass diese nicht zu erreichen ist. Die Interviewtexte zeigen, dass die Reflexion auf den eigenen Standpunkt und das damit verbundene Bemühen um Neutralität keinen Einzelfall darstellt.[25] Herr Stellreiter (BBS) löst die Aporie zwischen seiner eigenen Perspektive und dem Bemühen um eine neutrale Darstellung mit Transparenz gegenüber den Schüler:innen:

> „Auch, wenn ich diese Positionen nebeneinander darstellen kann, wenn ich versuchen kann, auch da Hintergrund, Einblicke und so weiter zu/ darzustellen und so weiter und da auch, ich sage mal, SELBER das Fachwissen dazu habe, das einigermaßen gut machen zu können und so weiter, ist es doch immer nochmal was anderes und/ und mag es nur unterschwellig von der Konnotation her sein, wie mein Blickwinkel eben vielleicht doch auf gewisse Dinge ist, auch wenn ich mich bemühe, das möglichst neutral darzustellen. Ich glaube, da ist schon eine gewisse Schwierigkeit

---

[24] „Ich versuche, da es ja konfessionsübergreifend ist, versuche ich, ein BISSCHEN auch die katholische Seite zu beleuchten, weiß aber, dass es trotzdem sehr evangelisch geprägt ist" (I12, OS, Pos. 16).

[25] Gefragt nach seiner Perspektive auf eine ihm fremde Religion als Gegenstand des Unterrichts antwortet z. B. Herr Thies (BBS): „Na dann versuche ich es religionswissenschaftlich zu machen. Phänomenologisch, ne? Also zu gucken, was/ Also nein, andersrum. Es ist allen klar, dass ich Christ bin. Aber ähm ich versuche natürlich in dem Fall dann schon eine neutrale Position, also erstmal eine beobachtende Position zu haben und nicht irgendwie von vornherein zu sagen, das sehe ich aber anders oder das finde ich nicht gut oder sowas. Also ... ja." (I02.2, BBS, Pos. 48). Der Zusammenhang zwischen Positionalität und der Sorge vor mangelnder Neutralität wird außerdem deutlich in Kapitel 6.2.2.

und das wird, glaube ich, eine der großen Herausforderungen, das wirklich gut zu machen und/ und ganz neutral kriegt man das einfach nicht hin, von daher ist es, denke ICH, wichtig, das transparent den Schülern gegenüber zu machen, Schülerinnen auch zu machen, wo liegt/ wo liegen meine Wurzeln, wo liegt meine Position" (I11.2, BBS, Pos. 14).

Konkret schildert Herr Simon (BBS), wie er seine eigene Perspektive transparent macht und die Schüler:innen zum Nebeneinander vielfältiger Perspektiven ermutigt:

„Also ich/ ich kläre das dann eigentlich auch meistens so am Anfang, dass ich einen/ ich male ein Kreuz auf an die Tafel, dann male ich ein Auge auf und dann male ich etwas anderes auf. Also, dass ich sage so: ‚Das ist mein Blickwinkel.' So. ‚Ich habe/ Ich bin Christ, ich habe das fünf Jahre lang studiert und eben, wenn ich jetzt hier ankommen würde und würde sagen, ich bin wertneutral, dann finde ich, ist es nicht gerechtfertigt, denn ich bin/ ich gebe mir Mühe und ich fühle mich eigentlich auch sehr wertneutral, trotzdem würde ich immer sagen, ich habe eine christlich-religiöse Perspektive oft auf das Ganze. Und das ist meine Perspektive so.' Dann male ich die anderen Augen dazu. ‚So, das ist dann Ihre Perspektive und so gucken wir uns jetzt alles zusammen einmal an'" (I05, BBS, Pos. 48).

Eine besondere, für Kirche werbende Perspektive formuliert Frau Klinge (Gym): „Und dann mag ich immer gerne für Kirche werben, sie doch mal anzugucken. Nicht für den Glauben, aber dass Kirche doch eigentlich was Positives möchte, so schon so eine positive Einstellung möchte ich, glaube ich, schon vermitteln." Dabei betont sie, dass auch Religionskritik und kirchliches Versagen Gegenstand ihres Unterrichts sei. Aber sie stelle eben auch das diakonische Engagement der Kirche in den Fokus und werbe für positive Erfahrungen in Kirchengebäuden: „Ich möchte nicht missionieren, aber schon einen positiven Eindruck von Kirche und dass man da auch keine Hemmungen haben braucht und da auch hingehen darf, sich geborgen fühlen darf, ne?, das möchte ich schon vermitteln." (I08, Gym, Pos. 24).

(3) Neutralität im Umgang mit Pluralität
Mit dem Bemühen vieler Lehrer:innen um Neutralität ist eine religionskundliche Perspektive auf religiöse Vielfalt thematisch präsent. Sie wird dort explizit, wo Lehrende über Religion als „Allgemeinwissen"[26] sprechen und sich selbst in der Rolle des „Wissensvermittler[s]"[27] beschreiben. Häufig kommt ein verbin-

---

[26] Vgl. I15: „und dass es natürlich auch zum Allgemeinwissen dazugehört, auch was über eine andere Religion zu lernen und auch darüber Bescheid zu wissen und jetzt nicht, wenn sie jetzt zum Beispiel Muslime sind oder Jesiden, dass sie nicht nur bei ihrer Religion verharren und sagen: ‚Die andere geht mich nichts an.'" (I15, KGS, Pos. 14).

[27] Vgl. I09: „Das ist mir wichtig, weil ich eben als Lehrkraft, wenn es um andere Religionen geht, wie ich schon vorhin sagte, eher Wissensvermittler bin, ich selber aber nicht wirklich authentisch bin." (I09, KGS, Pos. 41).

6.3 Das didaktische Profil der Lehrenden im Umgang mit Heterogenität

dendes Anliegen zum Ausdruck, wenn Lehrende die Gemeinsamkeiten der Religionen betonen:

> „Vorteil [religiös-weltanschaulich gemischter Lerngruppen, E. H.] ist, dass man super schnell die Möglichkeit hat, aufzuzeigen, dass wir alle gar nicht so verschieden sind. Habe ich jetzt zum Beispiel gerade/ Wir haben/ machen gerade ‚Doppelgebot der Liebe' in der einen Klasse und da ist es halt super einfach dann ‚Goldene Regel' und ‚Guck mal, wir sind uns doch alle ganz einig.' Und dann haben wir über Rituale geguckt und noch so ‚Ach so, ihr betet?' ‚Ach, so beten wir.' ‚Ach ja, Fasten gibt es bei euch auch?' ‚Ja, wir machen das so.' Dass man dann doch irgendwie merkt, es gibt überhaupt keinen Grund, sich irgendwie doof zu finden, weil wir doch alle relativ ähnlich sind dann, gerade die abrahamitischen Religionen an der Stelle" (I05, BBS, Pos. 42).[28]

Programmatisch fordert eine Grundschullehrkraft, die Gemeinsamkeiten der Religionen im Religionsunterricht zu stärken: „der Religionsunterricht sollte ja eher etwas Verbindendes schaffen und nicht noch mehr Trennung aufbauen als wir vielleicht in so einer vielfältigen Welt und auch vielfältigen Schulgemeinschaft sowieso schon haben" (I13, GS, Pos. 4). Z. T. werden synkretistische Tendenzen deutlich:

> „Und ... dass es natürlich auch immer einzelne Inhalte gibt, die man auch übernehmen kann. Also gerade im Buddhismus gibt es ja diese Liebe zur Natur, das kann man natürlich schon gut auch im Christentum mit einbinden, es schadet ja auch überhaupt nicht, wenn man im Christentum ein bisschen mehr auf die Natur achten würde, zum Beispiel. Also von daher kann man eben auch dazu ermutigen, einzelne Aspekte zu bedenken und zu übernehmen" (I14, KGS, Pos. 69).

Auch wo die religionskundliche Perspektive auf Religionen betont wird, reflektieren Lehrende ihre eigene Position und wissen um den Mangel an Authentizität[29] bzw. die Grenzen ihrer Darstellung:

> „Was ich schon auch immer dann deutlich mache, ist, dass mein Steckenpferd oder meine/ meine Fachkenntnis bei den fremden oder bei den Weltreligionen sich im Prinzip ja auch nur auf Buchwissen be/ beschränkt. Also über den Islam und über den Buddhismus weiß ich auch nur das, was ich gelesen habe. Und das habe ich ja nie selber erlebt oder nicht selber vom Glauben her nachvollziehen können. Das sage ich

---

[28] Ähnlich I11: „Und dann einfach zu gucken, ja, was sind denn Glaubensbekenntnisse in anderen Religionen? Und die sind dann sehr viel kürzer und beziehen sich eben auf den EINEN Gott und dass DAS eben dann die große Gemeinsamkeit auch ist, ne? Dass es eben um den Glauben, also zumindest bei den drei monotheistischen Religionen, eben um den Glauben an den einen Gott geht und dass eben ja heilige Schriften zum Teil die gleichen sind und also, was/ was Schüler auch häufig gar nicht wissen. Und dann zu gucken, dass eben, ja, man sich da sehr, sehr eng, also sehr nah beieinander ist in diesen Religionen auch und zu sehen, das sind die gleichen Propheten, die da unterwegs sind und so weiter, nur die haben vielleicht teilweise eine unterschiedliche Rolle" (I11.1, BBS, Pos. 28).

[29] Vgl. I09: „Ich meine, ich selber habe auch Kenntnisse darüber, aber authentisch kann ich natürlich nicht sein" (I09, KGS, Pos. 27).

schon auch am/ zu Beginn so einer Unterrichtseinheit, dass ich da quasi nicht weiter bin als die Schüler auch, wenn sie ein gutes Buch lesen. Einfach um auch klar zu machen, ich kann auch nicht alles beantworten oder weiß eben auch nicht, warum (lacht) man im Islam an/ an das Paradies mit den Jungfrauen glaubt oder irgendwas. Das kann ich eben auch nicht beantworten. (4s) Und deswegen, das ist dann eben Religionskunde. Da sind meine/ meine Fähigkeiten dann halt auch begrenzt, irgendwie so" (I14, KGS, Pos. 69).[30]

(4) Individualität im Umgang mit Pluralität
Ein besonderes Anliegen im Blick auf religiöse Vielfalt äußert Herr Stellreiter (BBS). Er betont die Individualität der Glaubenseinstellungen und bemerkt auch bei einem Großteil seiner Schüler:innen, dass die Grenzen institutioneller Zugehörigkeit verschwimmen und an Relevanz verlieren: „Also ich/ ich glaube, meine Schüler kommen durchaus ohne klar, also denen ist das vielleicht sogar egal, wo sie zugehörig sind oder ob sie zugehörig sind, das spielt für viele gar keine Rolle." (I11.2, BBS, Pos. 10). Herr Stellreiter beschreibt die Sensibilisierung für die Individualität der Glaubenseinstellungen als Zugangsmöglichkeit zum Thema ‚Religiöse Vielfalt und Weltreligionen' und die Reflexion auf die eigenen Glaubenseinstellungen:

> „Welche Aspekte dann Glaube auch hat und dass Glaube auch einfach was sehr Persönliches ist und eben durchaus abzugrenzen ist von Kirche oder auch von Religion und darüber haben wir dann doch häufig einen Zugang, der einzelnen Schüler auch nochmal, wo ich immer sage, es/ es gibt keine zwei Menschen auf der Welt, die das Gleiche glauben. Dann sind erstmal alle irritiert und dann wenn wir dann aber wirklich da sind und sozusagen, ne?, aufgrund der Erfahrung, die ich mache, und Erlebnisse und Prägungen und so weiter, sind da doch die meisten Schüler dann irgendwann, ja, auch durchaus ... können den Weg mitgehen oder der Behauptung vielleicht zustimmen oder/ Also, auch das diskutieren wir dann natürlich erstmal, ne? Und dann/ das wird durchaus kontrovers gesehen, aber/ ja, aber dass persönlicher Glaube eben was ganz Individuelles ist und es nicht unbedingt ja in allen Punkten der Lehrmeinung meiner Religion oder meiner Kirche oder was auch immer dann zustimmen muss, sondern dass es auch natürlich Sachen gibt, die ich auch nicht glaube, ja?" (I11.1, BBS, Pos. 22).

---

[30] Ähnlich I04: „Ich würde sagen, ich selber habe wahnsinnig viel gelernt in den letzten vier, fünf Jahren über diese unterschiedlichen Religionen und weiß, glaube ich, inzwischen auch eine ganze Menge und kann, glaube ich, manches auch sozusagen aus einer Sachkenntnisebene schon auch selber darstellen. Ich gebe aber auch immer wieder zu, zu sagen: ‚Dafür bin ich nicht die Expertin.', so: ‚Das und das weiß ich, aber dafür bin ich nicht die Expertin, da komme ich an meine Grenzen.', oder so" (I04, BBS, Pos. 22).

6.3.4 Zusammenfassung: Toleranz und Konfessionalität dienen als Koordinaten didaktischer Positionierung

Die vorstehenden Analysen versuchten, didaktische Profile von Lehrenden religionsbezogener Fächer herauszuarbeiten. Dabei zeigen die drei untersuchten Aspekte Rollen-/Selbstbilder, Unterrichtsziele und Anliegen im Umgang mit Pluralität, dass Lehrer:innen um einen dialogorientierten Unterricht bemüht sind, der im Falle des Religionsunterrichts zugleich einen konfessionellen Standpunkt ab- und ausbildet.

So führen die Unterrichtsziele der Lehrenden religionsbezogener Fächer deutlich den Umgang mit religiös-weltanschaulicher Heterogenität als Voraussetzung und Thema des religionsbezogenen Unterrichts vor Augen. Die höchste Zustimmung erfahren die Unterrichtsziele ‚Toleranzentwicklung für Andersgläubige und Andersdenkende' sowie ‚Förderung von Dialogfähigkeit'. Knapp dahinter finden sich Zielformulierungen, die die Entwicklung eigener Wertvorstellungen und Urteile fokussieren und insofern Schüler:innen zu einem konfessionellen Standpunkt (gleich welcher Couleur) anleiten wollen. Stimmig dazu wählten Lehrer:innen schulform- und fächerübergreifend vor allem allgemeinpädagogische Rollen- und Selbstbilder. Sie wollen eine eigenständige Auseinandersetzung der Schüler:innen initiieren, diese in ihrer Persönlichkeitsentwicklung begleiten und damit dem staatlichen Bildungs- und Erziehungsauftrag nachkommen. Hohe Zustimmungswerte erreichten auch die Selbstbilder als (Dialog)Partner:in oder Orientierungshelfer:in. Darüber hinaus ließen sich fachspezifische Tendenzen zeigen. So verstehen sich vor allem katholische Lehrende auch in der Rolle, ein authentisches Beispiel für gelebte Religion oder Repräsentant:in einer Religionsgemeinschaft zu sein, evangelische Lehrende stimmen diesen Rollenbildern etwas verhaltener zu, und Werte-und-Normen-Lehrer:innen betonen stattdessen die Rollenbilder Moderator:in und neutrale:r Wissensvermittler:in.

Die Perspektive der Religionslehrenden auf religiös-weltanschauliche Pluralität ist in fast allen Interviews als tolerant zu bezeichnen. Daneben ist sich ein Großteil der befragten Lehrer:innen ihres konfessionellen Standpunktes bewusst, den sie dezidiert oder eher verhalten in den Unterricht einbringen. Kennzeichen des Ringens um eine multireligiöse Perspektive ist der Wunsch nach Neutralität. Zugleich erkennen die meisten Lehrenden auch religionskundliche Anteile ihres Unterrichts. Auch hier wird also deutlich, dass Toleranz und Konfessionalität die bestimmenden Pole des Religionsunterrichts bilden.

6.4 Handlungspraktische Strategien

Um einen Einblick zu bekommen, welchen Einfluss das Vorhandensein verschiedener Konfessionen und Religionen auf die didaktisch-methodische Unterrichtsgestaltung hat, wurden Lehrende nach ihrem Umgang mit dieser religiösen Pluralität befragt. Dazu konnten sie im Fragebogen Angaben zur Häufigkeit von den in der Tabelle 15 angeführten didaktischen Strategien machen. Hier fokussiert die Befragung weniger den pädagogischen Gehalt einzelner Strategien als vielmehr die deskriptive Erfassung des Vorkommens der jeweiligen Strategien im Schulalltag. In den Interviews wurden die Lehrer:innen dann gezielt nach eigenen Strategien und didaktischen Ansätzen im Religionsunterricht gefragt, ohne eine Vorauswahl anzubieten.

6.4.1 Quantitative Befunde zum Einsatz didaktischer Strategien

Deutlich zeigt sich, dass keine der angebotenen Strategien immer zum Einsatz kommt, sondern überwiegend manchmal oder selten auf die aufgeführten Möglichkeiten zurückgegriffen wird. Der meistgenannte Umgang mit unterschiedlichen Religionen und Weltanschauungen ist der Rückgriff auf die Schüler:innen selbst, um sie als Expert:innen ihrer Religion oder Konfession auftreten zu lassen.[31] Die Lehrer:innen geben an, sich manchmal selbst über die vorhandenen Konfessionen und Weltanschauungen zu informieren. Die Expertise Andersgläubiger wird eher selten eingeholt, sei es zur Vorbereitung des Unterrichts oder mittels Einladung in den Unterricht. Dass diese Möglichkeit weniger genutzt wird, liegt vermutlich auch am organisatorischen Aufwand, der bei dem Besuch Externer im Unterricht deutlich größer ist als beim Rückgriff auf Schüler:innenexpertise.

---

[31] Die qualitativen Befunde zu Schüler:innen als Expert:innen sind in Kapitel 5.4.1 zu finden.

6.4 Handlungspraktische Strategien

Tabelle 22

Wenn Schüler:innen unterschiedlicher Religionszugehörigkeit oder Weltanschauung in meinem Unterricht vorhanden sind, ...

	MW	N	SD
... lasse ich die Schüler:innen als Expert:innen der Religion oder Weltanschauung auftreten und von ihren Erfahrungen berichten.	3,81	960	0,909
... eigne ich mir Wissen durch Literatur und Medien über die in meiner Lerngruppe vorfindlichen Religionen und Weltanschauungen an.	3,59	961	0,915
... greife ich auf Materialien und Erfahrungen aus besuchten Fortbildungen zurück.	3,02	953	1,068
... greife ich auf Materialien und Erfahrungen aus meiner Ausbildung zurück.	2,88	951	1,150
... biete ich religionsspezifisch oder weltanschaulich differenziertes Unterrichtsmaterial an.	2,78	949	1,100
... hole ich zur Vorbereitung Informationen bei Vertreter:innen entsprechender Religionen/Weltanschauungen (auch aus dem Bekanntenkreis) ein.	2,36	955	1,031
... lasse ich Vertreter:innen anderer Religionen/Weltanschauungen auftreten und von ihren Erfahrungen berichten.	2,12	953	1,012

Anmerkung Skalenbereich 1 = nie, 2 = selten, 3 = manchmal, 4 = oft, 5 = immer

Beim Vergleich der Schulformen zeigen sich keine größeren Unterschiede. Auffällig ist allerdings, dass Lehrer:innen an Grund- und Förderschulen deutlich häufiger auf die Erfahrungen der Schüler:innen zurückgreifen als Lehrer:innen anderer Schulformen.

6.4.2 Qualitative Befunde zu didaktischen Strategien

Auch in den Interviews wurden die Lehrenden nach didaktischen Zugängen im Religionsunterricht gefragt. Die Antworten lassen sich in drei Felder clustern: (1) Lernen am Gegenüber, (2) subjektbezogenes Lernen und (3) objektbezogenes Lernen.[32] Im Folgenden werden diese Strategien näher vorgestellt und ihre je-

---

[32] Zur Auswertung kommt im Folgenden die Kategorie *Didaktische Stellschrauben im RU > Did. Konzepte/Methoden*. Diese Kategorie gliedert sich in die folgenden Unterkategorien *Lernen am Gegenüber, Subjektbezogenes Lernen, Objektbezogenes Lernen, Methoden, Außerschulische Lernorte*, wobei die beiden letztgenannten für die folgende Analyse zu vernachlässigen

weiligen Ausprägungen an Beispielen erläutert. Dabei wird auch deutlich, inwiefern es sich um Strategien zum Umgang mit religiös-weltanschaulicher Pluralität handelt.

(1) Lernen am Gegenüber
Im Feld ‚Lernen am Gegenüber' spielt zum einen die Begegnung mit Menschen unterschiedlicher Religionen eine große Rolle. Einige Lehrer:innen schildern, dass sie Angehörige verschiedener Religionen entweder in den Unterricht einladen oder mit der Lerngruppe außerschulische Lernorte besuchen, um vor Ort mit Menschen ins Gespräch zu kommen.[33] Auch digitale Formate wurden in den letzten Jahren erprobt: „Wir haben oben so einen digitalen Klassenraum, wo so eine Kamera ist, die so durch den Raum schwenken kann, und dann haben wir einfach den Pastor über/ über/ vorher Fragen gesammelt und dann haben wir den zugeschaltet." (I05, BBS, Pos. 34; *Lernen an Begegnungen*). Der Lerneffekt, den Lehrende an ihren Schüler:innen beobachten, ist vor allem ein Aufbrechen von Vorurteilen:

> „also das ist zum Beispiel bei der liberalen Synagoge in Hannover wirklich toll, dass sie immer relativ junge Referenten da haben, die dann/ Letztes Mal wa/ war es/ der eine Typ, der/ den fanden die Jungs einfach total cool, tätowiert und so und ja den haben sie sich nicht in einer Synagoge vorgestellt, ne? Und der ihnen dann halt erz/ auch was über die Synagoge erzählt, was wir hier alles schon theoretisch gemacht haben. Kannten sie ja auch alles schon, sozusagen haben sie es wiederentdeckt. Das ist auch schön, aber vor allen Dingen fanden sie es halt spannend, dass der irgendwie ja ganz normal aussieht und Fußball spielt und was weiß ich alles macht" (I03.2, Gym, Pos. 8; *Lernen an Begegnungen*).

Außerdem offenbaren sich an Beispielen gelebter Religion auch die Interpretations- und Ausgestaltungsmöglichkeiten religiöser Grundsätze, wie sie in Lehrbüchern vermittelt werden. Das sensibilisiere für die Vielfalt der Glaubensausprägungen, so Herr Simon (BBS):

> „Also, wenn ich lese, was ein Christ macht und dann gucke ich mich an, dann denke ich: ‚Okay. Entweder bin ich ein schlechter Christ oder ich weiß gerade nicht genau, was/ wovon sie schreiben.' So, ne? Und es ist ja auch diese/ so diese Glaubensgrundsätze. Also, ein evangelischer Christ glaubt, dass nach dem/ nach dem Tod das und

---

sind, da es sich hierbei nicht um Strategien zum Umgang mit religiös-weltanschaulicher Pluralität handelt. Die Namen der auszuwertenden Kategorien der dritten Gliederungsebene sind in den Zwischenüberschriften der folgenden Darstellung zu finden, die Kategoriennamen der vierten Gliederungsebene sind dem Stellennachweis der Zitate angefügt. Einen Überblick über das Kategoriensystem liefert der Anhang A03.

[33] Vgl. z. B. I09: „Wir hatten auch schonmal einen Buddhisten schonmal in der Schule. Oder dass wir eben zum tibetischen Zentrum [.] gefahren sind. Oder eben auch zu einer Moschee sind/ sind wir auch schon gefahren und haben uns eben dort auch mit Vertretern unterhalten" (I09, KGS, Pos. 39; *Lernen an Begegnungen*). Ähnliches schildern I07 (BBS), I05 (BBS) und I03 (Gym).

6.4 Handlungspraktische Strategien

> das passiert und das glaubt ein katholischer Christ und dann denke ich so: ,Ja, kann man das so schreiben?' Ja, und da/ ich/ ich bin selber so weit von dieser Lehrmeinung entfernt, dass ich, glaube ich, dadurch mir durchaus bewusst ist, wie/ wie unterschiedlich einfach auch religiöse Ausprägungen sein können und deswegen möchte ich auch nicht, dass meine Schüler:innen das alles nur aus den Büchern erfahren, sondern die sollen sich mit den Leuten unterhalten, die sollen rausgehen" (I05, BBS, Pos. 32; *Lernen an Begegnungen*).

Die konkrete Anschauung und Erfahrung religiöser Orte und Begegnungen biete zudem Anlass für vertiefende Gespräche über eigene religiöse Erfahrungen oder ein bestimmtes Thema, welches im Unterricht zwar theoretisch, aber nicht in der existenziellen Tiefe bearbeitet werden könne:

> „Also, was weiß ich? Thema Tod in der neunten. Natürlich gibt es schon hier und da mal Konfrontationen der Kinder damit und die Frage ‚Kann man das in dem Raum besprechen?', aber eigentlich finde ich, sind die wichtigen Gespräche, wenn wir dann die Friedhöfe besuchen. Also wenn ich mit denen auf den Friedhof/ bei den Friedhöfen gehe und so dafür sich die Zeit zu nehmen und dann auf dem Weg auch mal darüber zu sprechen oder denen was zu erklären über die verschiedenen Arten der Gräber und so und dann zu merken, manche wissen das, manche kennen sich da aus, manche gehen zum/ wollen noch schnell beim Grab ihrer Großeltern vorbeigehen und so. Das sind eigentlich/ Also auch nicht nur mit mir und den Schülern, sondern auch untereinander in den Gesprächen, ne? Passiert dann ja viel mehr als vorher in der Beschäftigung mit Sterbephasen oder Trauerphasen oder sonst irgendwas" (I03.2, Gym, Pos. 8; *Lernen an Begegnungen*).

Frau Sternhuf (BBS) betont, wie sehr Schüler:innen diese Begegnung mit authentischen Menschen brauchen: „Eine Person, gerade in jungen Jahren, die will vorgelebt bekommen, die will nicht vorgelabert bekommen, die will ECHTE Begegnungen" (I07.2, BBS, Pos. 29; *Lernen an Begegnungen*). Sie würdigt auch den Vorbildcharakter mancher Begegnungen[34] und betont die Nachhaltigkeit des Lernens an Begegnungen:

> „Denn nur am/ am authentischen, an der authentischen Person kann ich/ Buber spricht: ‚Der Mensch wird am Du zum Ich.', kann ich reifen und ich reife nicht daran, ob ich jetzt hier irgendwelche achtzehn Blätter durchgeackert habe, das erinnere ich auch nicht mehr. [...] Letztens saß ich im Zug, da saß eine junge Frau neben mir, die sagte nachher: ‚Sind Sie Frau [Sternhuf]? Ich habe mal bei Ihnen Religionsunterricht gehabt.' Und dann frage ich immer: ‚An was erinnern Sie sich noch?' Und das sind diese Begegnungen, also Begegnungen mit dem/ mit dem Kirchenraum, Begegnung mit der Person, Begegnung mit meiner Person und die erinnern nicht mehr, ob ich Arbeitsblatt x, y, z irgendwann da mal ab- oder aufgeschrieben habe und mit Begegnung verbinde ich auch immer Haltung, ne? Begegnung, Haltung, ne? Ja" (I07.2, BBS, Pos. 23; *Lernen an Begegnungen*).

---

[34] „Ich habe eine große Veranstaltung hier auch gemacht zum Thema Lernen an Vorbildern und habe dann aber Leute auch eingeladen hier, die eine Lebensgeschichte haben, wo man sagen kann: ‚Wusste ich gar nicht, dass das so brüchig ist und trotzdem haben sie sich so entwickelt.'" (I07.2, BBS, Pos. 23; *Lernen an Begegnungen*).

Das hier bereits anklingende Konzept von Lernen an Haltungen schildert auch Herr Simon (BBS) als wichtige Unterrichtsstrategie: „Aber es ist, glaube ich,/ es geht/ geht nur über/ über klare Meinungen und/ und einfach auch die Möglichkeit, dass sich die/ dass sich die Leute an/ irgendwie an einem reiben können und auch irgendwie die/ die Möglichkeit haben, mit einem zu sprechen." (I05, BBS, Pos. 22; *Lernen an Meinungen*).

Einen etwas anderen Schwerpunkt legen diejenigen Lehrer:innen, die das Lernen an Geschichten bzw. an Identifikationsmöglichkeiten und den damit verbundenen Perspektivwechsel initiieren:

> „Und dann ma/ was ich auch gerne mache, dass ich den Schülern auch gerne Texte reingebe, wo zum Beispiel die Sicht eines Religionsvertreters geschildert wird und sie dann eben auch die/ mal die Perspektive/ also aus der Perspektive dieser Person auch mal sprechen sollen, also versuchen halt wirklich sich dann auch in ... ja, also ... in einen ... Vertreter der Religion hineinzuversetzen." (I09, KGS, Pos. 39; *Lernen an Geschichten/Identifikation*).

Frau Schüne (KGS) schildert das besondere Lernpotenzial von Geschichten mit Identifikationsangeboten:

> „Ja, man nimmt die Schüler ja dann mit in diese Welt und sie versetzen sich anhand einer Person in die Problematik und ... wie gesagt, auch/ man kann das auch zu alttestamentlichen Geschichten machen oder zu Jesusgeschichte bei den Kleinen, 5., 6. Klasse oder sowas. Das ist ja immer was anderes, als wenn ich irgendwie so eine Bibelgeschichte lese, die ist dann einfach so weit weg oder wenn ich eine Erzählung habe, wo meinetwegen ein kleiner Junge beobachtet wie Jesus jemanden heilt oder sowas und das aus seiner Kindersicht erzählt. Das ist ja dann was ganz anderes. Und ... Menschen lernen doch wahrscheinlich einfach darüber, dass sie sich identifizieren mit andern Menschen, ne? Vorbildcharakter und ich weiß nicht was. Und ich glaube auch, dass sie geschichtliche oder kirchengeschichtliche Inhalte besser lernen können, wenn sie sich mit den Personen dieser Zeit identifizieren können. Und das macht eben dieses Geschichtenerzählen aus" (I14, KGS, Pos. 45; *Lernen an Geschichten/Identifikation*).

Das Hineinversetzen in eine andere Person, den Perspektivwechsel, schildert auch Herr Sorge (KGS) als Zugangsmöglichkeit zu religiösen Perspektiven:

> „Und dann ma/ was ich auch gerne mache, dass ich den Schülern auch gerne Texte reingebe, wo zum Beispiel die Sicht eines Religionsvertreters geschildert wird und sie dann eben auch die/ mal die Perspektive/ also aus der Perspektive dieser Person auch mal sprechen sollen, also versuchen halt wirklich sich dann auch in ... ja, also ... in einen ... Vertreter der Religion hineinzuversetzen" (I09, KGS, Pos. 39; *Perspektivenwechsel*).

Die hier beschriebenen Unterrichtsstrategien, das Lernen an Begegnungen, das Lernen an Meinungen, das Lernen an Geschichten und der Perspektivwechsel lassen sich als ‚Lernen am Gegenüber' zusammenfassen und führen ins Zentrum der Frage nach dem didaktischen Umgang mit religiös-weltanschaulich pluralen

6.4 Handlungspraktische Strategien

Lerngruppen im Religionsunterricht. Daneben schildern Lehrende Zugänge, die sich als ‚Subjektbezogenes Lernen' clustern lassen. Entsprechende Strategien seien im Folgenden näher beschrieben.

(2) Subjektbezogenes Lernen
Im Feld ‚Subjektbezogenes Lernen' geht es Lehrenden vor allem darum, Themen der Schüler:innen aufzugreifen und den Unterrichtsinhalt an deren Lebensfragen zu orientieren. Für Herrn Stellreiter (BBS) ist es gerade der Religionsunterricht, der abseits von „Prüfungs- oder Leistungszwang" (I11.1, BBS, Pos. 20) ermögliche, „diese Freiheit auch zu nutzen [...] und wirklich einfach mal zu diskutieren und über den Teller zu schauen und zu gucken, was brennt den Schülern wirklich unter den Nägeln, was sind Themen, die die anpacken, wo die, ja, sich für interessieren, wo die sich einfach austauschen wollen auch." (I11.1, BBS, Pos. 20; *Themen der SuS aufgreifen*). Für ein solches Thema wirft er auch mal seine Stundenplanung über den Haufen.[35]

Auch Frau Schüne (KGS) schildert das Interesse der Schüler:innen an Fragen des Lebens und Glaubens: „Das sind alles fragende junge Menschen, die wollen wissen: Wie kann ich erwachsen werden? Woran kann ich glauben? Wie ernst ist die Bibel zu nehmen? Was ist davon zu halten, dass es da irgendwo einen Gott geben soll? Hat Jesus wirklich gelebt? Also solche Sachen." (I14, KGS, Pos. 27; *Themen der SuS aufgreifen*). Aus ihrem Kollegium gab es die Initiative, die Orientierung an Lebensfragen ins Curriculum für den Religionsunterricht einzubringen:

> „Also unsere beiden Fachleiter, [...] die hatten so einen neuen Ansatz entwickelt, [...]. Also die hatten nämlich dann überlegt, genau dieses Konzept auch, also diese Idee vom Schüler aus zu denken, in die Curricula reinzubringen. Und da hatten die dann eben so diese Lebensfragen als Leitfaden die/ für das Curriculum von Klasse 1 bis 10 sich schon so ausgedacht, quasi und wollten auch daran arbeiten, dass das irgendwie in die nächsten Curricula Eingang findet" (I14, KGS, Pos. 65; *Themen der SuS aufgreifen*).

Für den Religionsunterricht an Berufsbildenden Schulen ist außerdem der Bezug auf die Berufspraxis von herausgehobener Wichtigkeit. Frau Sternhuf (BBS) stellt die unterschiedlichen Schwerpunkte und Möglichkeiten der Unterrichtsgestaltung in den verschiedenen Fachrichtungen dar:

---

[35] „und ich kann das NOCH so schön geplant haben vom Unterrichtsablauf und vom Thema und alles mögliche, wenn dann irgendwie so ein/ so ein Schuss aus irgendeiner Ecke kommt, der dann mit einem Mal eben heiß diskutiert wird, dann schmeißt das eben die ganze Stunde über den Haufen, dann ist das eben so. Und das hat dann aber einfach Priorität, wenn das für die Schüler eine Relevanz hat und wenn die das spannend finden, dann ist das Stundenthema an der Stelle eben das Thema, was dann gerade aufploppt" (I11.1, BBS, Pos. 24; *Themen der SuS aufgreifen*).

„ich einen geschätzten Kollegen im Bereich gewerblicher Schulen, der macht zum Beispiel mit seinen Tischlern Kindersärge für früh geborene Kinder. Ja, kann ich hier nicht. Ich kann eine Powerpoint, ich kann eine Kirchenraumbegehung, ich kann solche Sachen, ja? Ne? Aber das ist/ das ist/ muss man gucken, wie es im Berufsfeld geht. Der Bereich Sozialpädagogik wird nochmal anders arbeiten. [...] wir sind hier ebenso eine reine Wirtschaftsschule" (I07.2, BBS, Pos. 15; *Berufsbezug*).

Herr Thies (BBS) betont den Berufsbezug des Religionsunterrichts im Bereich Sozialpädagogik und Pflege:

„Also zum Beispiel im Bereich Erzieherin- und Sozialassistentinausbildung geht es auch darum, ganz praktisch mal so einen Entwurf zu machen: Wie kann ich so ein religiöses Fest, egal ob Weihnachten oder Ramadan oder so mit einer Kindergartengruppe erarbeiten und solche Geschichten. Also das sind ja Ausbildungen, die auch praxisorientierter sind. Und es geht um/ ganz oft auch um so Fragen: ‚Was ist mein Menschenbild?'. Also im Pflegebereich natürlich auch dann Frage von Sterbebegleitung, assistierten Suizid, Palliativpflege und so. Da kommt das auch ganz stark rein. Frage von Leben nach dem Tod oder was/ was passiert da eigentlich. Also so diese Fragen spielen eine Rolle [...] wenn es um Unterrichtsgestaltung geht"[36] (I02.2, BBS, Pos. 44; *Berufsbezug*).

Herr Simon (BBS) tut sein Unverständnis dafür kund, dass der Religionsunterricht häufig nicht für alle Fachrichtungen vorgesehen ist. Er beschreibt zwei seiner (gescheiterten) Initiativen, Religionsunterricht für angehende Bankkaufleute anzubieten und betont die besondere Relevanz des Religionsunterrichts auch für Wirtschaftsschulen:

„Und sorry, aber was kann es wichtigeres geben an/ in einer Bankkaufmannsklasse, als sich mal über ethische Zusammenhänge und Utilitarismus und/ ich habe mit denen gerade ökologische Finanzwende gemacht ‚Wahrung der Schöpfung'. Also up to dater als WIR mit unserem Thema ‚Wahrung der Schöpfung und ökologische Finanzwende' KANN ein Unterricht gar nicht stattfinden. Also, da können die mir zehnmal mit ihren Sicherungsübereignungen von irgendwelchen Grundstücken kommen. Was nehmen die Schüler da am Ende des Tages mit? Womit gehen die zurück in ihre Filiale? Da bin ich mir sicher, da leiste ich was. Denn die gehen zurück und die haben richtig was gelernt. Die haben sich mit ökologischen Zusammenhängen zusammen mit sozialen Zusammenhängen aus einer christlichen Perspektive damit beschäftigt,

---

[36] Ähnlich auch Frau Kaiser (BBS) für die Sozialpädagogik: „Und der Hintergrund ist eben, zu sagen, in der Kita haben sie mit Familien aus sozusagen aller Herren Länder zu tun und damit auch mit ganz unterschiedlichen religiösen Prägungen und sie sollten doch zumindest Grundzüge kennen, um sich dann zum Beispiel auch zu trauen, Kinder zu fragen, wenn die von irgendeinem Fest erzählen, oder so. Da gesprächsfähiger zu werden" (I04, BBS, Pos. 18; *Berufsbezug*) und Frau Meisel (BBS) für den Pflegebereich: „Also von den Themen her ist es immer so, dass man auch sagt: ‚Was hat das für Auswirkungen auf der Pflege, also wenn/ In der Pflege, wenn jemand zum Beispiel sagt: ‚Ich möchte, dass Sie mit mir beten.' und ich aber nicht konfessionsgebunden bin, muss ich das dann machen oder nicht als Auszubildende" (I06, BBS, Pos. 6; *Berufsbezug*).

6.4 Handlungspraktische Strategien

wie sich ihr Umfeld verändert, so. Und das könnte ich bei den Versicherungskaufleuten genauso machen, das könnte ich bei den Automobilkaufleuten genauso machen. Das wäre wichtig, denke ich" (I05, BBS, Pos. 110; *Berufsbezug*).

Auch hier wird der Berufsbezug des Religionsunterrichts deutlich. Neben diesem Praxisbezug und der Orientierung an Lebensfragen und Themen der Schüler:innen spielt auch das biografische Arbeiten eine Rolle im Religionsunterricht mit religiös-weltanschaulich pluralen Lerngruppen. So schildert z. B. Frau Kaiser:

> „Also wir machen so eine Einheit religiöse Spurensuche im/ im Alltag und in der eigenen Biografie und so mit den/ mit dem 11. Jahrgang vom beruflichen Gymnasium und da, (und?) auch mit den anderen, zu gucken sozusagen, welche Merkmale und Elemente von Religion sind eigentlich lebensförderlich und welche können auch gefährlich werden oder nicht lebensförderlich, und das finde ich schon spannend, wenn dann eigentlich bei allen auch immer was Selbstkritisches mit dabei rumkommt" (I04, BBS, Pos. 30; *Biografiearbeit*).[37]

Die hier an Beispielen vorgestellte Subjektorientierung im Religionsunterricht[38] zeichnet sich dadurch aus, dass sie abseits der religiös-weltanschaulichen Un-

---

[37] Ähnlich I06: „also ich finde immer bevor man überhaupt in die Tiefe geht, muss man erstmal das Vertrauen schaffen und da geht es eben immer um dieses biografische Arbeiten" (I06, BBS, Pos. 40; *Biografiearbeit*). Sehr ausführlich I07.1, BBS, Pos. 29.

[38] Zwei Einzelvoten wurden bislang nicht eigens thematisiert. So betont Frau Meisel (BBS) die Kompetenzorientierung ihres Unterrichts und hat dabei vor allem einen kompetenten Umgang der Schüler:innen mit religiös-weltanschaulicher Pluralität im Blick: „Ja, also das Ziel ist für mich immer diese Kompetenzen, die sehr allgemein gehalten sind, sozusagen den/ den/ die Lerngruppe oder jeden einzelnen so zu befähigen, dass er sagt: ,Wo stehe ich? Kann ich dazu reflektiert mich äußern oder habe ich jetzt nur das Wissen zum Christentum oder zum Islam oder zum Judentum oder zum Buddhismus, Hinduismus in verschiedenen Thematiken?' Oder habe ich keine Kompetenz und sage: ,Nein, ich habe das Wissen, aber mehr auch nicht.' Oder habe ich die Schüler soweit befähigt, dass sie hinterher, weil das sind zwanzig Stunden/ dass sie dann auch mal sagen, ich bin nach dem Unterricht auch nochmal da und da hingegangen oder habe mir einen Flyer angeschaut, oder habe mich nochmal informiert." (I06, BBS, Pos. 44; *Kompetenzorientierung*). Frau Klinge (Gym) scheut sich nicht davor, religiöse Erfahrungen im Religionsunterricht zu ermöglichen: „Aber ich habe auch immer wieder Schülergruppen, die dann fragen, ob sie auch eine Kerze anzünden dürfen und in dieses Buch schreiben dürfen und die sich irgendwo hinsetzen. Ich habe mal, [...] in einem Raum, das war so eine Art wie so ein Kuschelraum. Da habe ich so eine Art gestaltete Mitte gemacht und man durfte beten, wenn man wollte. Man konnte einen Stein hinlegen oder eine Kerze anzünden. Mich haben Eltern nachmittags angerufen und gesagt, das wäre wohl die tollste Stunde überhaupt je gewesen. Also, ich habe gedacht, es gäbe viel Kritik, also sie DURFTEN, das war ein Angebot. Aber die Schüler haben da, finde ich, oft eine große Sehnsucht nach. Und das muss nicht/ das könnte auch das buddhistische Kloster sein, aber/ Ja. Das ist ja auch das, was ihnen fehlt, ne? Wenn Religion im Alltag abhanden kommt, Rituale, Möglichkeit nach innen zu gehen und Stille zu finden oder sich auch mal selbst zu begegnen dann/ dann/ dann ist sowas ganz besonders wichtig, finde ich." (I08, Gym, Pos. 34; *Rel. Erfahrungen ermöglichen*). Hierbei

terschiede der Schüler:innen an deren Gemeinsamkeiten ansetzt: sei es die Frage nach dem Sinn des Lebens, sei es die angestrebte Berufspraxis oder auch die Brüchigkeit der eigenen Biografie, die zwar je individuell erfahren wird, aber dadurch doch eine Gemeinsamkeit darstellt. Insofern zeichnet sich in einer starken Subjektorientierung auch eine Strategie zum Umgang mit religiös-weltanschaulicher Pluralität ab, nämlich die Fokussierung auf die anthropologisch, gesellschaftlich und beruflich bedingten, gemeinsamen Fragehorizonte der Schüler:innen.

(3) Objektbezogenes Lernen
Ein weiteres Feld, mit dem sich didaktische Strategien der Lehrer:innen im Umgang mit der religiös-weltanschaulichen Heterogenität ihrer Lerngruppe summieren lassen, wird als ‚Objektbezogenes Lernen' überschrieben. Hierunter fallen handlungspraktische Zugänge, die den Gegenstand des Religionsunterrichts ins Zentrum rücken. Im Einzelnen berichten Lehrende vom Theologisieren mit Jugendlichen, von bibelbezogenen Lernsettings, von symboldidaktischen oder historischen Zugängen zu Themen des Religionsunterrichts, von religiöser Praxis als Anschauungsgegenstand sowie von religionskundlichen oder interdisziplinären Ansätzen.

Frau Schüne (KGS) erzählt vom Theologisieren mit ihrem Oberstufenkurs: „es kommen eben ganz tolle Gespräche dabei rum, wenn man sich darauf einlässt. Also vor allem Richtung Oberstufe, also ab Klasse 10 oder so wird das wirklich ... also ich sage immer: ‚Wir philosophieren und wir theologisieren hier.' Und zum Teil eben auch wirklich in Reinform." (I14, KGS, Pos. 27, *Theologisieren/Philosophieren*). Es sei für sie „eine Freude einfach (lacht) mit denen zu arbeiten" (I14, KGS, Pos. 27), zumal Schüler:innen bereit seien, sich auf theologische Themen und Diskussionen einzulassen und so ihren Horizont zu erweitern:

> „viele kann man mit diesen Themen dann auch einfach packen und dann diskutieren die mit und bestätigen dann auch hinterher in so einer Reflexion dann, dass sie irgendwas mitgenommen haben. Also, dass sie über Dinge nachgedacht haben, über die sie sonst nie nachgedacht haben, zum Beispiel, finde ich immer einen schönen Spruch: ‚Ich habe (unv.) über was nachgedacht, über das habe ich noch nie nachgedacht.' Das finde ich immer klasse (...)." (I14, KGS, Pos. 27; *Theologisieren/Philosophieren*).

Von erfolgreichen bibeldidaktischen Zugängen berichten eine Grundschul- und eine Berufsschullehrkraft. An der Grundschule steht vor allem das Interesse der Schüler:innen an biblischen Geschichten im Vordergrund.[39] Für die Berufsschul-

---

handelt es sich, wie gesagt, um Einzelstimmen, die das subjektbezogene Lernen noch weiter ausdifferenzieren.

[39] Vgl. I13: „Und ja, also auch/ sind auch BEGEISTERT würde ich sagen, also sie sind hoch interessiert an/ an diesen ganzen Geschichten, also auch an biblischen Geschichten. Die wollen glaube ich gar nicht irgendwie so/ so eine Dilemma-Geschichte hören, wo (lacht)

6.4 Handlungspraktische Strategien

praxis schildert Herr Simon die methodischen Vorteile der Textarbeit, die er in der konzentrierten Beschäftigung der Schüler:innen sieht:

> „Ich merke jetzt zum Beispiel auch wieder in dieser/ gerade in den einfacheren Klassen, in Anführungsstrichen, dass so eine/ so eine Arbeit an einem Bibeltext, die manchmal mehr zufrieden stellt, als wenn ich mit denen offen über Liebe diskutiere, [...] ne? Aber da habe ich manchmal mehr Input und Output am Schluss, weil sie dann das vielleicht auch mehr wahrnehmen vielleicht, mehr akzeptieren. Also dieser Text vom barmherzigen Samariter, den habe ich wirklich als Text reingegeben erstmal. Da war richtig RUHE im Raum, dann hat das jeder erstmal gelesen und/ und dann haben wir da darüber gesprochen und so" (I05, BBS, Pos. 48; *Bibelarbeit*).

Eine Gymnasiallehrkraft macht den symboldidaktischen Zugang ihres Religionsunterrichts stark und veranschaulicht ihr Vorgehen am Beispiel des Sonnenaufgangs als Symbol:

> „Und diesen Dreisatz aus der Mathematik versuche ich zum Bespiel eben auch, in der Religion/ im Religionsunterricht zu etablieren. In der Oberstufe kann man es dann noch weiter aufbauen, dass man eben sagt: ‚Wir haben in einem ersten Schritt ein naives Stadium, dann das Stadium der Entmythologisierung und in einem dritten Schritt wird dann der Mythos rehabilitiert als SYMBOL mit hinweisender Kraft. Also, wenn ich zum Beispiel/ Eines meiner Lieblingssymbole ist dann Sonnenaufgang. Ich kann natürlich sagen, die Sonne geht auf, wenn ich mich hinstelle und zugucke, weil ich habe ja einen festen Stand auf der Erde, dann komme ich zum geozentrischen Weltbild. Das ist eigentlich erstmal naiv, denn wenn ich das entmythologisiere und mich in den Weltraum beame und von draußen darauf gucke, dann sehe ich eben, dass sich die Erde um die Sonne dreht und habe die Idee des heliozentrischen Weltbildes, aber im dritten Schritt kann ich vielleicht erkennen, dass mein/ meine Heimat ist eben auf der Erde und SonnenAUFGANG ist ein wichtiges Symbol. Man kann natürlich sagen: ‚Wissenschaftlich betrachtet ist Sonnenaufgang ein unsinniger Begriff, weil es dreht sich ja eigentlich die Erde um die Sonne.', aber nein, dieses Symbol Sonnenaufgang ist wichtig, weil ich erlebe das, es ist erfahrungsgesättigt. Und das ist der Maßstab für mich eigentlich. Also, Dreisatz in der Oberstufe ist auch total wichtig" (I10, Gym, Pos. 16; *Symboldidaktik*).

Übertragen auf die Frage religiöser Bildung betont die Lehrkraft, es müsse Ziel des Religionsunterrichts sein, den Schüler:innen zu einem symbolischen Glaubensverständnis zu verhelfen, um religionsmündig zu werden und das Stadium der Entmythologisierung überwinden zu können:

> „Also, ich glaube schon, dass wir ... die Schüler ... bis zum Abitur in eine Situation hier bringen müssen, dass sie WIRKLICH religionsmündig werden, also wenn Schüler, ich sage mal, so ein bisschen fundamental groß werden in ihrer Heimatgemeinde und über das naive Stadium nicht hinaus kommen, sich ein ganz persönliches Gottesbild erhalten und das eben nicht irgendwie in irgendeiner Form transzendieren, symbolisieren können, wie auch immer, dann droht die Gefahr aus meiner Sicht, dass sie

> irgendwie Ute und Michael in Streit geraten, sondern/ Also, die finden das schon spannender, da irgendwie ja eine biblische Geschichte zu hören." (I13, GS, Pos. 36; *Bibelarbeit*).

> irgendwann im Studium zum Beispiel dann, wenn sie denn irgendwie aufgeklärt werden, was auch immer das dann nun sein soll, ihren Glauben verlieren. Dann kommt eben das Stadium der Entmythologisierung und sie haben kein Werkzeug an der Hand, ihren Glauben zu retten über das Symbol und deswegen müssen wir das bis zum Abitur schaffen. Das ist eine ganz wichtige Aufgabe, dass wir das Symbol kenntlich machen. Und dafür gibt es vielleicht dann auch irgendwann in der Mittelstufe so eine gewisse schmerzliche Erfahrung" (I10, Gym, Pos. 22; *Symboldidaktik*).

Die hier formulierte Symboldidaktik wurde als objektbezogenes Lernen charakterisiert, da sie am Gegenstand des Religionsunterrichts, an (religiösen) Symbolen und Glaubensverständnissen ansetzt. Darüber hinaus ist der Zielsetzung ein deutlicher Subjektbezug abzuhören.

Ein Beispiel für historisches Lernen im Religionsunterricht liefert eine Oberschullehrkraft. Sie betont, dass das Thema „Evangelisch, Katholisch [...] jetzt bei Luther eigentlich [...] ja eher ja ziemlich historisch" sei und „auch ohne jene/indifferent vom Hintergrund her eigentlich behandelt werden" (I12, OS, Pos. 24; *Historisches Lernen*) könne. Lediglich der Wandel des Gottesbildes bei Luther sei eine thematische „Herausforderung", die für religiös indifferente Schüler:innen schwer nachvollziehbar zu machen sei.[40] „[A]ber sonst ist es ja ein bisschen wie Geschichtsunterricht, der religiös gefärbt ist" (I12, OS, Pos. 24; *Historisches Lernen*).

Weitere objektbezogene Lernstrategien, von denen Lehrer:innen berichten, sind das Lernen an „religiöse[n] Alltagsgegenstände[n]" (I07.1, BBS, Pos. 27; *Gelebte Religion als Gegenstand*) bzw. Texten gelebter Religion.[41] Auch religionskundliche Ansätze sind den Schilderungen einiger Lehrer:innen zu entnehmen, vor allem dort, wo thematisch die Weltreligionen im Fokus stehen. Ein Beispiel schildert Frau Kaiser (BBS):

> „Gesundheitskaufleute, Thema Sterben und Tod, geht dann letztendlich Richtung aktuelle Debatte um Sterbehilfe weiter. Und wir haben jetzt aber erstmal bisschen niedrigschwelliger anfangen. So der Vergleich: Sterben in Deutschland früher – Sterben in Deutschland heute, Veränderung in der Trauerkultur, christliche Trauerrituale und welche Funktion haben die eigentlich, und da ist jetzt ein nächster Schritt sozusagen auch Trauerrituale aus Judentum, Islam, Buddhismus, Hinduismus die erarbeiten zu lassen. Das sind jetzt Texte, die ich für authentisch halte (lacht), also, so, die ich nicht selber formuliert habe und die ich sie auch letztendlich in Kleingruppen erarbeiten lasse und die sich dann eben das auch gegenseitig vorstellen" (I04, BBS, Pos. 18; *Religionskunde*).

---

[40] Vgl. die Analyse von I12, OS, Pos. 22 in Kapitel 5.3.2.
[41] Frau Sternhuf (BBS) berichtet von einer Lernsituation ‚Der Gebetomat', die die Beschäftigung mit unterschiedlichsten Gebeten ins Zentrum rückt (I07.1, BBS, Pos. 29; *Gelebte Religion als Gegenstand*). Frau Meisel (BBS) schildert einen Unterrichtseinstieg anhand einer NDR-Morgenandacht, die die Schüler:innen nachhaltig beschäftigt habe (I06, BBS, Pos. 84.88; *Gelebte Religion als Gegenstand*).

6.4 Handlungspraktische Strategien

Die Schilderungen von Herrn Schönborn (KGS) über den bereits dargestellten ReWeNo-Unterricht (s. Kapitel 4.1.3, Exkurs) betonen die Nähe zwischen Religions- und Werte-und-Normen-Unterricht und lassen insofern einen religionskundlichen Ansatz vermuten:

> „wie gesagt, im Wert/ im Werte-und-Normen-Unterricht würde auch eben halt das Christentum, meine ich, auch drankommen als eigenes Thema und das Judentum würde auch drankommen als eigenes Thema. Also, egal in welchen Unterricht sie gehen würden, sie würden trotzdem mit dem religiösen Teil konfrontiert." (I15, KGS, Pos. 14; *Religionskunde*).

Nicht zuletzt betonen drei Lehrende die Interdisziplinarität der Themen des Religionsunterrichts. Die Ausführungen zur Symboldidaktik am Gymnasium verwiesen bereits auf den Zusammenhang zwischen dem Dreisatz der Mathematik, der Atomphysik und dem Religionsunterricht.[42] Auch Frau Meisels (BBS) Bezug auf den Pflegeunterricht sowie den Deutschunterricht wurde bereits zitiert.[43] Eine weitere Gymnasiallehrkraft betont vor allem den Wunsch nach Interdisziplinarität, der im Schulalltag jedoch selten einzuholen sei:

> „man findet das wünschenswert mit anderen Fächern zusammenzuarbeiten, auch nicht nur in Religion und Werte und Normen, sondern auch in Geschichte und Religion oder in Geschichte und Deutsch. Man würde es wünschenswert finden, aber man kommt einfach nicht dazu, weil man zu viel anderes zu tun hat" (I01, Gym, Pos. 60; *Interdisziplinarität*).

Die hier veranschaulichten gegenstandsbezogenen Lernsettings eint in ihrer Unterschiedlichkeit ihr Ausgangspunkt. Das in den Interviews beschriebene symboldidaktische wie historische oder interdisziplinäre Lernen, das Lernen am Bibeltext und an Beispielen gelebter Religion, Theologisieren und Religionskunde setzen am Gegenstand ‚Religion' an und suchen von dort aus Wege zu den Schüler:innen. In der dargestellten Umsetzung dieser Lernwege schien die religiös-weltanschauliche Heterogenität der Schüler:innen keine einflussreiche Rolle zu spielen. Insofern handelt es sich auch bei objektbezogenen Lernsettings um Strategien zum Umgang mit eben jener Heterogenität, als damit Lernwege beschrieben werden, die unabhängig von der individuellen religiös-weltanschaulichen Haltung der Schüler:innen beschritten werden können.

---

[42] Zum Dreisatz im Religionsunterricht s. o. I10, Gym, Pos. 16. Ergänzend dazu: „auch die Physik kommt eben nicht ohne solche Symbole, die heißen dann nur eben Modelle, aus und wir können als Menschen eben nur in unserer Sprache mit Wirklichkeit umgehen. Das müssen wir erstmal akzeptieren, damit umgehen. Das macht die Physik, also mindestens die Atomphysik, genauso wie die Religion" (I10, Gym, Pos. 18; *Interdisziplinarität*).

[43] Vgl. I06, BBS, Pos. 18. Zitiert und ausgelegt im Zusammenhang der Frage nach der Konfessionalität der Lehrenden im Unterricht (s. Abschnitt 6.2.2).

6.4.3 Zusammenfassung: Lehrende verfügen über plurale Strategien zum Umgang mit Heterogenität

Die dargestellten Befunde der Fragebogenuntersuchung zu Umgangsformen mit religiös-weltanschaulicher Heterogenität unterstreichen einmal mehr, dass diese Heterogenität unterrichtsgestaltend wirkt. So eignen sich Lehrer:innen (manchmal bis oft) Wissen über die anwesenden Religionen an und befragen auch ihre Schüler:innen dazu. Ansonsten zeigte sich, dass die vermuteten Strategien zum Umgang mit der religiös-weltanschaulichen Heterogenität der Lerngruppe nicht auf hohe Zustimmungswerte bzgl. ihrer Umsetzung stoßen. Auch die Interviewtexte offenbarten eine Fülle von Strategien und Zugängen, die z. T. nur vereinzelt von Lehrenden geschildert wurden, also sehr individuell zum Einsatz kommen. Clustern ließen sich die beschriebenen handlungspraktischen Strategien in die Felder ‚Lernen am Gegenüber', ‚Subjektbezogenes Lernen' und ‚Objektbezogenes Lernen'. Alle drei Felder offenbaren unterschiedliche Schwerpunkte im Umgang mit Heterogenität und umfassen eine Fülle spezifischer Lernsettings. Das Lernen am Gegenüber fokussiert vor allem Lehr-Lern-Prozesse, die auf authentische Begegnungen setzen und Perspektivwechsel initiieren. Subjektbezogenes Lernen stellt die Schüler:innen in den Vordergrund und geht von deren Gemeinsamkeiten aus – sei es z. B. die verbindende berufliche Perspektive oder die geteilte Erfahrung biografischer Brüchigkeit. Objektbezogenes Lernen schließlich denkt vom Gegenstand des Religionsunterrichts aus und initiiert z. B. symbol- oder bibeldidaktische Lernprozesse, die für Schüler:innen unterschiedlicher religiös-weltanschaulicher Haltungen gleichermaßen vollziehbar sind.

Die Pluralität handlungspraktischer Strategien zum Umgang mit der religiös-weltanschaulichen Heterogenität der Lerngruppe im religionsbezogenen Unterricht zeigt, dass die Lehrenden religionsbezogener Fächer ein sensibles Gespür für die Voraussetzungen der jeweiligen Lerngruppe zeigen. So offenbarte sich ein Tableau unterschiedlicher Zugangsformen, die nicht nur die religiös-weltanschauliche Prägung der Schüler:innen, sondern ebenso das intellektuelle Niveau, die methodische Kompetenz, die spezifischen Interessen, die biografischen Situationen und die Zukunftsaussichten der Lernenden berücksichtigen. Insofern bestätigt sich an dieser Stelle die Vorannahme der Studie auch für die didaktische Ebene des Religionsunterrichts: Religionsbezogene Bildung wird in hohem Maße schulformspezifisch gestaltet.

7 Kooperationen von Lehrer:innen religionsbezogener Fächer

Im folgenden Kapitel sollen unterschiedliche Formen von Kooperationen dargestellt werden, welche Lehrer:innen in ihrem Schulalltag eingehen. Insbesondere wird hier die Art der Zusammenarbeit mit anderen Kolleg:innen betrachtet. Dabei wird die Fachgruppe/Fachkonferenz als ein Ort kollegialer Zusammenarbeit genauer untersucht. Ebenso kooperieren Lehrer:innen im Bereich ‚Religion im Schulleben' sowie mit außerschulischen Einrichtungen.

Die Betrachtung von Kooperationen von Lehrer:innen erlaubt einerseits einen Einblick in die schulische Praxis, andererseits kann sich in solchen Kooperationen der Umgang von Lehrer:innen mit (religiös-weltanschaulicher) Pluralität abbilden. So können etwa Kooperationen zwischen Religions- und Werte-und-Normen-Unterricht, interreligiöse Gottesdienste im Bereich ‚Religion im Schulleben' oder der Besuch verschieden-religiös konnotierter außerschulischer Lernorte eine Möglichkeit sein, mit einer als heterogen wahrgenommenen Schüler:innenschaft umzugehen.

7.1 Kooperationen mit Kolleg:innen

Ein Faktor für die Gestaltung von Unterrichtspraxis ist die Zusammenarbeit mit Kolleg:innen des eigenen Faches oder anderer Fächer. In dieser Hinsicht erfasste der Fragebogen die Ausgestaltung, Dauer und personelle Zusammensetzung der Kooperationen religionsbezogener Fächer. Auch die möglichen Gründe, warum eine Kooperation nicht zustande kommt, wurden erhoben sowie die Zufriedenheit mit den bestehenden Kooperationen. Zunächst soll betrachtet werden, welche Fächer die Kolleg:innen unterrichten, mit denen die Lehrenden religionsbezogener Fächer kooperieren (s. Abbildung 26).

Religionsbezogene Kooperationen finden oft mit Kolleg:innen desselben Faches statt. Lehrer:innen aller religionsbezogenen Unterrichtsfächer geben darüber hinaus häufig an, mit Lehrenden des Faches Evangelische Religion zusammenzuarbeiten. Kooperationen mit Lehrenden der Fächer Islamische Religion und Jüdische Religion sind selten. Der Grund dafür liegt vor allem in der Seltenheit entsprechend qualifizierter Lehrer:innen an niedersächsischen Schulen.[1]

---

[1] Die Betrachtung einzelner bestehender Kooperationen mit Lehrer:innen der Islamischen und Jüdischen Religion ließe sich, im Anschluss an die ReBiNiS-Studie, qualitativ weiter beforschen.

Abbildung 26

Mit welchen Kolleg:innen, die ein religionsbezogenes Fach unterrichten, kooperieren Sie?

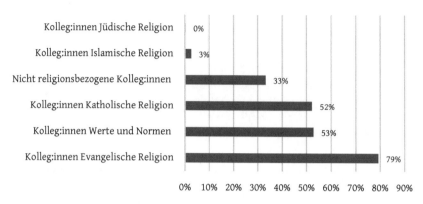

Anmerkung N=966; Mehrfachnennungen möglich

Zwischen den Lehrer:innen der verschiedenen Unterrichtsfächer werden unterschiedliche Kooperationstendenzen sichtbar. Eine bevorzugte Zusammenarbeit mit Kolleg:innen des eigenen Unterrichtsfaches lässt sich jedoch fächerübergreifend feststellen.

Die Lehrenden für evangelischen Religionsunterricht kooperieren zunächst mit Kolleg:innen des eigenen Faches (79,9 %). Knapp die Hälfte dieser Lehrenden gibt an, mit Kolleg:innen der Fächer Werte und Normen (47,4 %) und Katholische Religion (47,6 %) zusammen zu arbeiten. Ein Drittel gibt an, auch mit Lehrer:innen nicht-religionsbezogener Fächer zu kooperieren (33,5 %). Auffällig erscheint, dass die Lehrenden des Faches Katholische Religion deutlich häufiger mit Kolleg:innen der Evangelischen Religion kooperieren (86,7 %) als mit denen ihres eigenen Faches (63,6 %). Dies könnte damit zusammenhängen, dass es nicht an allen Schulen mehrere Lehrer:innen für das Fach Katholische Religion gibt. Knapp die Hälfte der katholischen Lehrenden gibt an, mit Werte-und-Normen-Lehrer:innen zu kooperieren (49 %), allerdings nennen im Vergleich zu den evangelischen Kolleg:innen nur 24,5 % der Lehrer:innen Katholischer Religion die Zusammenarbeit mit nicht-religionsbezogenen Fächern.

Die Werte-und-Normen-Lehrer:innen nennen ebenfalls häufig eine Kooperation mit Kolleg:innen ihres Faches (86,6 %) und des Faches Evangelische Religion (72,8 %). Knapp die Hälfte gibt an, mit Lehrenden der Katholischen Religion zu kooperieren (46,9 %). Auffällig ist die Zusammenarbeit mit Kolleg:innen nicht-religionsbezogener Fächer, diese liegt bei 42,1 %. Damit kooperieren Werte-und-Normen-Lehrer:innen im Vergleich zu den anderen Lehrenden religionsbezogener Fächer am häufigsten mit Lehrenden nicht-religionsbezogener

7.1 Kooperationen mit Kolleg:innen

Fächer. Als mögliche Erklärung dafür lässt sich der hohe Anteil fachfremd unterrichtender Werte-und-Normen-Lehrer:innen anführen.[2]

Lehrende des konfessionell-kooperativen Religionsunterrichts fallen einerseits durch eine vergleichsweise hohe Kooperation mit Lehrenden nicht-religionsbezogener Fächer auf (38,4 %). Andererseits geben diese Lehrer:innen mit 34,8 % die geringste Zusammenarbeit mit Kolleg:innen des Faches Werte und Normen an. Als Erklärungsansatz ließe sich hier anführen, dass das Fach selbst bereits eine Kooperation zweier Fächer und somit Lehrer:innen zweier christlicher Konfessionen darstellt. Da die bestehenden Absprachen zwischen den beiden Religionsunterrichtsfächern bereits organisatorische und zeitliche Ressourcen beanspruchen, bliebe dann weniger Zeit für zusätzliche Kooperationen mit Kolleg:innen anderer Fächer. Denkbar ist auch, dass neben dem konfessionell-kooperativen Religionsunterricht gar keine Alternative, wie Werte und Normen, angeboten wird, so beispielsweise an vielen Berufsbildenden Schulen.

Welche Art der Kooperation mit den Kolleg:innen eines bestimmten Faches besteht, ist mithilfe der hier vorhandenen Daten nicht überprüfbar. Es lässt sich lediglich feststellen, mit welchen Kolleg:innen kooperiert wird und welche Arten von Kooperation im Allgemeinen bestehen.[3] Auffällig erscheint, dass unabhängig von der Schulform drei Kooperationsarten häufig genannt werden (s. Abbildung 27). Die häufigste Form der Kooperation ist der persönliche Kontakt zu den anderen Lehrer:innen – von weit über 90 % der Lehrenden aller Schulformen wird angegeben, dass sie in dieser Weise kooperieren. Die Häufigkeit dieser Kooperationsform kann auf die Niedrigschwelligkeit der Zusammenarbeit zurückgeführt werden. Der persönliche Kontakt ist weder durch einen bestimmten Ort noch zeitlich begrenzt. Umso spannender wäre die Beobachtung, wie der persönliche Kontakt von den Lehrenden in der Schulpraxis individuell ausgestaltet wird. An zweiter Stelle nennen die Lehrenden aller Schulformen die Zusammenarbeit in Form des Austausches innerhalb der Fachgruppe/Fachkonferenz. Diese besondere Form der Kooperation der Lehrer:innen wird im nächsten Kapitel genauer beschrieben. Die dritthäufigste Kooperationsform stellt die Zusammenarbeit bei besonderen Anlässen dar.

---

[2] Wie in Kapitel 2.2 beschrieben, unterrichten etwa ein Drittel der Werte-und-Normen-Lehrer:innen das Fach ohne eine entsprechende Aus- oder Weiterbildung.

[3] Aufschlussreich können weitere Untersuchungen sein, die sich mit der genaueren Ausgestaltung der Kooperation befassen. Gibt es beispielsweise Themen oder Anlässe, bei denen verstärkt mit Lehrer:innen einer bestimmten Fachgruppe/Fachkonferenz kooperiert wird, oder unterscheidet sich die Art der Kooperation je nach Unterrichtsfach? So könnte die Zusammenarbeit mit Kolleg:innen des eigenen Faches vor allem gemeinsame Unterrichtsabsprachen beinhalten, während die Zusammenarbeit mit anderen Kolleg:innen sich auf die Projektarbeit oder einzelne Exkursionen beziehen könnte. Die genauere qualitative Betrachtung exemplarischer, schulformspezifischer Kooperationsformen anschließend an die hier gewonnenen Erkenntnisse wäre aufschlussreich.

Abbildung 27

Anmerkung N=968; Mehrfachantworten möglich

Im Blick auf die Art der Kooperation bestehen allerdings deutliche Unterschiede zwischen den Schulformen. Die anlassbezogene Kooperation ist in Berufsbildenden Schulen häufiger (77,1 %) zu finden als beispielsweise in Gesamtschulen (59,3 %). Die Zusammenarbeit bei religiösen Festen nennen zwei Drittel der Grundschullehrer:innen (66,7 %). Dagegen gibt nur etwas mehr als ein Drittel der Lehrer:innen an Gesamtschulen diese Kooperationsform an (37,0 %). Inwiefern diese Diskrepanz mit der Ausgestaltung und dem Vorhandensein religiöser Feiern und Angebote im Bereich ‚Religion im Schulleben' zusammenhängt, wird im entsprechenden Kapitel weiter analysiert. Es zeigen sich ebenso Unterschiede bei der Exkursionsplanung und -durchführung. Fast die Hälfte der Gymnasiallehrer:innen (46,9 %) führt Kooperationen in Form von gemeinsamer Exkursionsplanung durch, während nur 28,1 % der Lehrer:innen in den Berufsbildenden Schulen diese Form der Zusammenarbeit angeben. Zeitintensive Formen der Kooperation, wie ein gemeinsamer Unterricht, sind schulformübergreifend tendenziell seltener. Den gemeinsamen Unterricht geben zwischen 11,9 % (Gymnasium) und 16,7 % (Gesamtschule) aller Lehrenden als Kooperationsform an.

Im Anschluss soll die genauere Ausgestaltung der Kooperation in Bezug auf den Unterricht spezifischer betrachtet werden (s. Abbildung 28). Es dominieren zwei Arten mit Kolleg:innen zusammenzuarbeiten, die mit den Angaben zu den Kooperationsangeboten übereinstimmen: die Vorbereitung von Unterrichtsthemen und das Feedbackgeben an Kolleg:innen. Beide Formen können als niedrigschwellige Formen der Kooperation bezeichnet werden, die keiner größeren Organisation bedürfen und vor allem kaum eine zeitliche Mehrbelastung darstellen.

7.1 Kooperationen mit Kolleg:innen

Abbildung 28

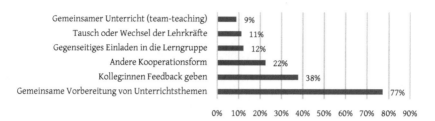

Wie kooperieren Sie mit diesen Kolleg:innen im religionsbezogenen Unterricht?

Kooperationsform	Anteil
Gemeinsamer Unterricht (team-teaching)	9 %
Tausch oder Wechsel der Lehrkräfte	11 %
Gegenseitiges Einladen in die Lerngruppe	12 %
Andere Kooperationsform	22 %
Kolleg:innen Feedback geben	38 %
Gemeinsame Vorbereitung von Unterrichtsthemen	77 %

Anmerkung N=931; Mehrfachnennungen möglich

Es lassen sich darüber hinaus Unterschiede zwischen den Schulformen erkennen. Grundschullehrer:innen geben zu 81,9 % an, gemeinsam an der Vorbereitung von Unterrichtsthemen zu arbeiten, dagegen geben dies nur 68,4 % der Gymnasiallehrer:innen an. Im Vergleich zu den anderen Schulformen geben Gymnasiallehrer:innen ihren Kolleg:innen am meisten Feedback (41,3 %), an Oberschulen nennen 33,3 % diese Form der Unterrichtskooperation.

Viele Lehrende nennen zusätzlich zu der vorgegebenen Auswahl noch andere Kooperationsformen im Unterricht. Fast ein Drittel der Gymnasiallehrer:innen (29,8 %) nennt andere Formen der Zusammenarbeit. Oft wird in der offenen Eingabe der Austausch von Unterrichtsmaterialien und -methoden wie der Einsatz von digitalen Plattformen im Unterricht, die Planung von Projekten sowie die gemeinsame Vorbereitung oder der Austausch von Klausuren genannt. Auch Absprachen über die fachliche Konzeption oder die Erstellung des Schulcurriculums oder eines Lehrplanes werden hier aufgeführt. Die gemeinsame Planung von Schulgottesdiensten wird häufig erwähnt. Dies macht deutlich, dass religiöse Angebote im Schulleben nicht losgelöst vom religionsbezogenen Unterricht wahrgenommen werden. Ebenso wird der konfessionell-kooperative Religionsunterricht nicht nur als Unterrichtsfach verstanden, sondern aufgrund der häufigen Nennung im Freifeld auch als eine Form der Kooperation mit Kolleg:innen im Unterricht.

Andere Kooperationsformen im Unterricht wie das gegenseitige Einladen in die Lerngruppe, der Tausch von Lehrer:innen oder das gemeinsame Unterrichten in Form des team-teaching, werden seltener von den Lehrenden genannt. Hier geben Berufsschullehrer:innen mit 22,1 % deutlich häufiger als Lehrende anderer Schulformen an, sich gegenseitig in die Lerngruppen einzuladen. Das gemeinsame Unterrichten wird zwar von etwa einem Viertel der Förderschullehrer:innen und beinahe der Hälfte der Hauptschullehrer:innen genannt, aufgrund der geringen Grundgesamtheit sind diese Angaben allerdings nicht repräsentativ.

Um das Kooperationsformat des gemeinsamen Unterrichts genauer zu bestimmen, schließt sich die Frage nach der Dauer dieses Formates an (s. Abbildung 29). Hier zeigt sich nochmal deutlich, ob Kooperationen dauerhaft oder nur für kurze Zeit angelegt sind. Am häufigsten wird schulformübergreifend eine kurze Kooperationsdauer für den Zeitraum einzelner Stunden oder Doppelstunden genannt – insofern bestätigt sich eine Tendenz zu wenig zeitintensiven Kooperationsformaten. Knapp ein Drittel der Lehrenden gibt an, dass Kooperationen für die Dauer einer Unterrichtseinheit angelegt sind.

Abbildung 29

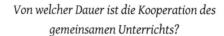

Anmerkung N=892; Mehrfachantworten möglich

Die häufigsten Nennungen für Kooperationen von einem Schulhalbjahr oder länger gehen auf Grundschullehrer:innen (38,6 %) und Gesamtschullehrer:innen (37,8 %) zurück, in diesen Schulformen scheinen Kooperationen eher langfristig angelegt zu sein. Dagegen geben nur 21,5 % der Lehrenden an Gymnasien und 22,2 % an Berufsbildenden Schulen eine so lange Zusammenarbeit an; deutlich häufiger werden hier Kooperationen für die Dauer eines Projekttages oder einer Projektwoche angegeben (Gymnasium: 44,3 %; BBS: 44,4 %). Die Kooperationen sind hier also tendenziell eher anlassbezogen und von kurzer Dauer. Die Vorbereitungsdauer einer Exkursion nennen etwa ein Viertel der Lehrenden der Grund-, Ober- und Gesamtschulen sowie der Berufsbildenden Schulen. Dagegen gibt fast die Hälfte der Gymnasiallehrer:innen (42,0 %) diese Form der Zusammenarbeit an. Inwiefern ein Zusammenhang mit der Häufigkeit oder dem Stellenwert des Besuches außerschulischer Lernorte besteht, wird im entsprechenden Kapitel weiter erörtert.

Mit Blick auf die bis dato beschriebenen Kooperationen muss in Rechnung gestellt werden, dass keineswegs alle für wünschenswert erachteten oder konkret angestrebten Kooperationen zustande kommen. Im Gegenteil: Nur 44 % der Befragten geben an, dass alle gewünschten Kooperationen tatsächlich auch zustande kommen (s. Abbildung 30).

Eine entsprechende Frage unserer Untersuchung eröffnet ein klares Bild, aus welchen Gründen Kooperationen nicht zustande kommen:

Abbildung 30

Aus welchen Gründen kommen keine Kooperationen mit religionsbezogenen Kolleg:innen zustande?

Anmerkung N=863; Mehrfachantwort möglich

Auch hier zeigen sich deutliche Unterschiede zwischen den Schulformen. Über die Hälfte der Lehrenden an Grundschulen (55,9 %) und Berufsbildenden Schulen (52,9 %) gibt an, dass alle gewünschten Kooperationen auch umgesetzt werden. An Gymnasien sind es dagegen nur 32,9 %. Das größte Hindernis für die Kooperation mit Kolleg:innen stellt der zu hohe organisatorische und zeitliche Aufwand dar. Dies erklärt auch die Wahl der wenig zeitintensiven, niedrigschwelligen Kooperationsformen.

Dass Kolleg:innen keine Kooperation wünschen, wird am häufigsten von Gymnasiallehrer:innen genannt (14,7 %). Auch das Fehlen inhaltlicher Überschneidungen (17,8 %) und Differenzen in den Fachkulturen (20,4 %) werden von Gymnasiallehrer:innen am häufigsten als Begründungen angegeben. Die intensivere Zusammenarbeit der Lehrenden wird entsprechend nicht nur durch die strukturellen Rahmenbedingungen verhindert, sondern auch durch fachliche Aspekte.

Um die Kooperationen mit Kolleg:innen abschließend zu beurteilen, soll die Zufriedenheit der Lehrer:innen religionsbezogener Fächer mit den vorhandenen Kooperationen herangezogen werden (s. Tabelle 23). Schulformübergreifend lässt sich eine tendenziell mittlere bis hohe Zufriedenheit feststellen. Die hohen Standardabweichungen von größtenteils knapp oder größer als 1 weisen allerdings auf eine große Uneinheitlichkeit hin. Mit 45,5 % gibt fast die Hälfte der Lehrenden an, eher zufrieden mit den bestehenden Kooperationen zu sein, 18,5 % sind sogar sehr zufrieden. Nur 3,4 % der befragten Lehrer:innen sind sehr unzufrieden mit der bestehenden Zusammenarbeit.

Tabelle 23

Wie zufrieden sind Sie mit der Kooperation und/oder der gemeinsamen Unterrichtsgestaltung?

	MW	N	SD
Grundschule	3,85	317	1,016
Oberschule	3,52	124	1,032
Gesamtschule	3,56	108	0,969
Gymnasium	3,57	240	0,935
BBS	3,66	96	1,150
Insgesamt	3,66	962	1,023

Anmerkung Skalenbereich 1 = sehr unzufrieden, 2 = eher unzufrieden, 3 = weder noch, 4 = eher zufrieden, 5 = sehr zufrieden

Vergleicht man die Zufriedenheitswerte mit dem jeweils unterrichteten Fach, ergeben sich keine auffälligen Unterschiede zu dem bivariaten Vergleich nach Schulformen. Allerdings weisen Lehrende, die angegeben haben, dass bei ihnen alle gewünschten Kooperationen zustande kommen, unabhängig vom religionsbezogenen Fach oder der Schulform eine höhere Zufriedenheit auf (MW 3,97; SD 0,974).

7.2 Zusammenarbeit und Austausch in der Fachgruppe/Fachkonferenz

Die Fachgruppe/Fachkonferenz stellt einen wichtigen Bereich der Kooperation von Lehrenden dar. Auch für die Ausgestaltung von Unterrichtspraxis ist dieser Bereich relevant, denn in dieser Arbeitsgruppe sollen wichtige organisatorische und inhaltliche Fragen des Unterrichts beantwortet werden. So fällt z. B. die Gestaltung eines Fachcurriculums theoretisch unter die Aufgaben der Fachgruppe/Fachkonferenz. Wie das Gremium in der Schulpraxis ausgestaltet wird und welche Aufgaben es im Schulalltag übernimmt, soll mithilfe der nachfolgenden

7.2 Zusammenarbeit und Austausch in der Fachgruppe/Fachkonferenz

Analysen dargestellt werden. Von den befragten Lehrer:innen geben 41,2 % an, Sprecher:in der Fachkonferenz/Fachgruppe zu sein (eine Auskunft, die zeigt, dass keineswegs nur die Sprecher:innen der Fachkonferenzen den Fragebogen stellvertretend für ihre Schule ausgefüllt haben).

Einen Hinweis auf die Arbeitspraxis der Fachgruppe/Fachkonferenz liefert bereits die Bezeichnung der Arbeitsgruppe.

Abbildung 31

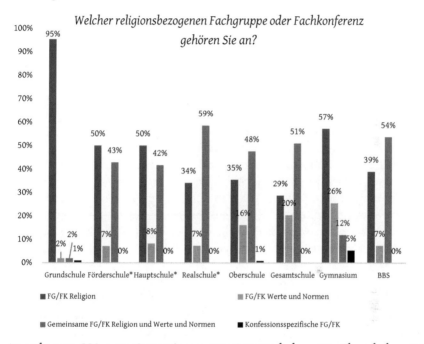

*Anmerkungen BBS n=95, Gymnasium n=243, Gesamtschule n=108, Oberschule n=124, Grundschule n=321; *niedrige Grundgesamtheit für Förder- (n=28), Haupt- (n=12) und Realschulen (n=41)*

Konfessionsspezifische Fachgruppen/Fachkonferenzen kommen in allen Schulformen äußerst selten vor, von den Lehrenden der Gesamt- und Berufsbildenden Schulen werden sie gar nicht genannt. Wie die jeweilige Fachgruppe/Fachkonferenz bezeichnet wird, hängt stark von der jeweiligen Schulform und den angebotenen religionsbezogenen Fächern ab (s. Abbildung 31). Die Bezeichnung ‚Fachgruppe/Fachkonferenz Religion' dominiert deutlich in Grundschulen mit 95,3 %, allerdings ist das Fach Werte und Normen in dieser Schulform auch noch nicht flächendeckend in Niedersachsen eingeführt. An Ober-, Gesamt-, Real- und Berufsbildenden Schulen wird am häufigsten das Vorhandensein einer gemeinsamen ‚Fachgruppe/Fachkonferenz Werte und Normen und Religion' genannt. Am Gymnasium gehören die meisten Lehrenden mit 57,2 % der ‚Fachgruppe/

Fachkonferenz Religion' an. Dies kann auf eine stärkere Trennung der konfessionellen Fächer vom Fach Werte und Normen hindeuten. Bei genauerer Analyse wird deutlich, dass 75,6 % aller Werte-und-Normen-Lehrer:innen an Gymnasien Teil einer ‚Fachgruppe/Fachkonferenz Werte und Normen' sind; 12,2 % kooperieren in einer gemeinsam benannten Fachgruppe/Fachkonferenz mit dem Fach Religion, und 9,8 % sind integriert in der ‚Fachgruppe/Fachkonferenz Religion'. Anders stellt es sich beispielsweise an der Gesamtschule dar, hier geben nur 40,4 % der Werte-und-Normen-Lehrer:innen an, dass sie einer ‚Fachgruppe/ Fachkonferenz Werte und Normen' angehören, und eine Mehrheit von 55,8 % nennt eine gemeinsame Fachgruppe/Fachkonferenz mit Religion; nur 3,9 % geben an, einer ‚Fachgruppe/Fachkonferenz Religion' anzugehören.

Das Vorhandensein einzelner Fächer oder deren Abwesenheit – wie im Falle des Faches Werte und Normen in der Grundschule – kann also nicht allein als Erklärung für eine stärkere Kooperation und das Vorhandensein einer gemeinsamen Fachgruppe/Fachkonferenz herangezogen werden.

Deutliche Unterschiede lassen sich beim Vergleich der Unterrichtsfächer der Lehrenden und der Zugehörigkeit zu den Fachgruppen/Fachkonferenzen erkennen. Exemplarisch werden hier das Fach Evangelische Religion und das Fach Werte und Normen verglichen (s. Abbildung 32). Etwa drei Viertel der Lehrenden für Evangelische Religion gehören der ‚Fachgruppe/Fachkonferenz Religion' an; etwa ein Fünftel (20,7 %) ist Teil einer gemeinsamen ‚Fachgruppe/Fachkonferenz Werte und Normen und Religion'. Dagegen sind nur knapp die Hälfte (47,1 %) der Werte-und-Normen-Lehrer:innen Teil einer ‚Fachgruppe/Fachkonferenz Werte und Normen', allerdings gehören 40,8 % zu einer gemeinsamen ‚Fachgruppe/Fachkonferenz Werte und Normen und Religion'. Sogar 11,4 % gehören der ‚Fachgruppe/Fachkonferenz Religion' an. Die nicht seltene Integration der Werte-und-Normen-Lehrer:innen in eine ‚Fachgruppe/Fachkonferenz Religion' oder eine konfessionsspezifische Fachgruppe/Fachkonferenz könnte als ein Indikator für die noch nicht vollständige Etablierung des Faches interpretiert werden.

7.2 Zusammenarbeit und Austausch in der Fachgruppe/Fachkonferenz 185

Abbildung 32

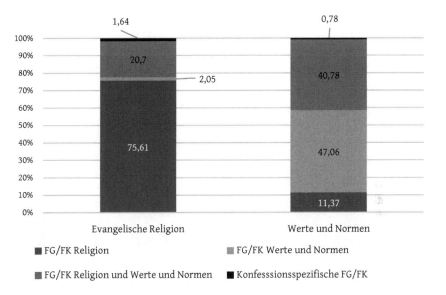

Anmerkung Evangelische Religion n=483, Werte und Normen n=254

Um die Zusammensetzung der Fachgruppe/Fachkonferenz besser zu verstehen, wird in Abbildung 33 betrachtet, welche Fächer in den jeweiligen Arbeitsgruppen vertreten sind. Untergliedert sind zunächst die verschiedenen Fachgruppen. Innerhalb der jeweiligen Fachgruppen wird angezeigt, wie häufig Lehrende die ausgewählten religionsbezogenen Fächer als in ihrer Fachgruppe vorhanden angeben. Wenn ein Fach beispielsweise von allen religionsbezogenen Lehrer:innen der Fachgruppe genannt wird, wird dieses Fach in der Abbildung mit 100 % markiert.

Insgesamt wird deutlich, dass die Fachgruppen/Fachkonferenzen vielfältig angelegt sind und oft mit Kolleg:innen anderer religionsbezogener Fächer zusammengearbeitet wird. Auffällig ist, dass sowohl in den konfessionsspezifischen Fachgruppen/Fachkonferenzen als auch in der ‚Fachgruppe/Fachkonferenz Werte und Normen' Lehrende anderer religionsbezogener Fächer vertreten sind. Zusätzlich dazu sind in der ‚Fachgruppe/Fachkonferenz Werte und Normen' oft auch Lehrer:innen nicht-religionsbezogener Fächer Teil der Gruppe. Unabhängig von der Bezeichnung der Fachgruppe/Fachkonferenz handelt es sich also in der Regel nicht um fachexklusive Arbeitsgruppen, sondern um *multifachlich zusammengesetzte Teams*. Die Fachgruppe/Fachkonferenz wird somit zum Ort interdisziplinärer Kooperation für die Lehrenden.

Abbildung 33

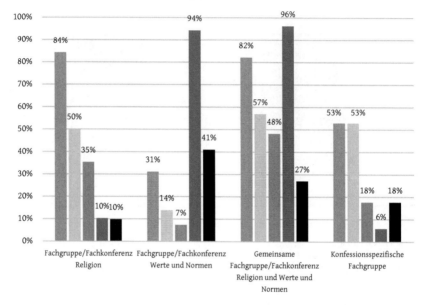

Welche Fächer unterrichten die Lehrkräfte, die in dieser Fachgruppe oder Fachkonferenz vorhanden sind?

Anmerkung Gemeinsame FG/FK n=241, FG/FK Werte und Normen n=122, FG/FK Religion n=591, niedrige Grundgesamtheit Konfessionsspezifische FG/FK n=17; Mehrfachnennung möglich

Welche Aufgaben die Fachgruppe/Fachkonferenz tatsächlich übernimmt, soll zunächst ohne Spezifikation dargestellt werden und im Anschluss nach Schulformen gefiltert betrachtet werden. Die mit knapp 91 % Zustimmung am häufigsten genannte Aufgabe der Fachkonferenz/Fachgruppe (s. Abbildung 34) ist die Ausgestaltung des Fachcurriculums, gefolgt von der Auswahl der Schulbücher (77,8 %). Daran schließen sich Diskussionen über die Unterrichtsorganisation (68,6 %) sowie Materialerstellung (55,5 %) an. Ähnlich häufig werden Absprachen zu Angeboten im Bereich ‚Religion im Schulleben' genannt (54,4 %). Weniger als die Hälfte der befragten Lehrer:innen nennt technische Absprachen zum Unterricht als eine Aufgabe der Fachgruppe/Fachkonferenz. 39,5 % behandeln die Planung von Exkursionen innerhalb der Fachgruppe/Fachkonferenz, und knapp ein Drittel nennt Vernetzung und geselliges Beisammensein als Aufgabe der Fachgruppe/Fachkonferenz.

Bei der Betrachtung der Aufgaben für die einzelnen Fachgruppen/Fachkonferenzen fallen keine größeren Unterschiede auf. Die Aufgabe ‚Absprache zu An-

7.2 Zusammenarbeit und Austausch in der Fachgruppe/Fachkonferenz 187

geboten von ‚Religion im Schulleben' stellt die einzige Ausnahme dar. Diese wird für die ‚Fachgruppe/Fachkonferenz Werte und Normen' deutlich seltener genannt. Da das Fach Werte und Normen als Alternative zum Religionsunterricht angeboten wird und weder kirchliche Verantwortung noch konfessionelle Gebundenheit voraussetzt, verwundert es nicht, dass Lehrende des Faches auch weniger für Angebote im Bereich ‚Religion im Schulleben' verantwortlich sind. Es erstaunt eher, dass Absprachen zu religiösen Angeboten im Schulleben noch von 14,0 % der Lehrer:innen in der ‚Fachgruppe/Fachkonferenz Werte und Normen' genannt werden. Ein möglicher Grund dafür kann die hohe Anzahl Religionslehrender sein, die fachfremd Werte und Normen unterrichten und sich gleichzeitig für ‚Religion im Schulleben' engagieren.

Abbildung 34

Welche Aufgaben setzt die Fachgruppe/Fachkonferenz um?

Anmerkungen N=974; Mehrfachauswahl möglich

Die Schulform hat sich bisher als einschlägiges Unterscheidungsmerkmal für die Ausgestaltung der Unterrichtspraxis herausgestellt. Dies lässt sich auch für die Analyse der Aufgaben der Fachgruppe/Fachkonferenz bestätigen.

Exemplarisch für die Differenzen zwischen den Schulformen kann die Aufgabe ‚Auswahl der Schulbücher' herangezogen werden. Während Lehrende der Oberschule, der Gesamtschule und des Gymnasiums zu über 90 % die Schulbuchauswahl als Aufgabe der Fachkonferenz/Fachgruppe benennen, geben weniger als die Hälfte der Berufsschullehrer:innen und knapp zwei Drittel der Grundschullehrer:innen diese Aufgabe an. Unterschiede zeigen sich auch im Bereich ‚Religion im Schulleben' oder der Exkursionsplanung. Ob sich dies über das Vorhandensein der jeweiligen Angebote erklären lässt, wird in den Kapiteln 7.3 Religion im Schulleben und 7.4 Außerschulische Kooperationen geklärt.

Andere Aufgaben, die im entsprechenden Freifeld häufig genannt werden, sind die Anschaffung von Materialien, die Besetzung von Gremien, die Betreuung von Praktikant:innen und Referendar:innen sowie die Digitalisierung. Auch die Planung von Gottesdiensten und die Zusammenarbeit mit Kirchen und Gemeinden werden an dieser Stelle als Aufgabe der Fachkonferenz/Fachgruppe genannt.

Zwar lässt sich klar zeigen, welche Aufgaben häufig von den Fachgruppen/Fachkonferenzen bearbeitet werden, auf den zeitlichen Aufwand und die Organisation dieser Aufgaben lässt sich anhand der erhobenen quantitativen Daten jedoch kein Rückschluss ziehen. Wie Fachkonferenzen/Fachgruppen arbeiten, welche Aufgaben sie in den jeweiligen Schulformen priorisieren und welche Logik sich hinter der Organisation und Praxis verbirgt, stellt ein Forschungsdesiderat dar, dem mittels der quantitativen Erhebung nicht weiter nachgegangen werden kann.[4]

7.3 Kooperationen im Bereich ‚Religion im Schulleben'

Neben dem religionsbezogenen Unterricht bestehen an vielen Schulen zusätzliche religiöse Angebote zum Schulleben, die auf freiwilliger Basis stattfinden und hauptsächlich von Lehrenden religionsbezogener Fächer und den entsprechenden Fachgruppen/Fachkonferenzen getragen werden. Im folgenden Kapitel soll die Ausgestaltung dieses extracurricularen Bereichs von Religion in der Schule näher betrachtet werden (s. Abbildung 35).

---

[4] Für einen genaueren Einblick bietet sich die Beobachtung des Ablaufs und der Organisation von Fachgruppensitzungen an. Die Interaktion zwischen den teilnehmenden Lehrer:innen unterschiedlicher Fächer während solcher Sitzungen kann nicht nur für die praktische Ausgestaltung von Kooperationen, sondern auch für den Stellenwert der jeweiligen Fächer im Kanon der vorhandenen religionsbezogenen Fächer aufschlussreich sein. Wie sich die Vertreter:innen der einzelnen Fächer vor allem in gemischten Fachgruppen/Fachkonferenzen präsentieren und ansprechen, kann unter dem Stichwort ‚Fachkultur' beobachtet werden.

7.3 Kooperationen im Bereich ,Religion im Schulleben'

Abbildung 35

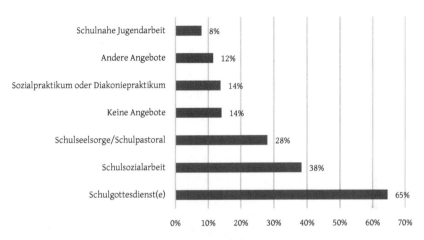

Welche Angebote gibt es an Ihrer Schule im Bereich ,Religion im Schulleben'?

Anmerkungen N=973; Mehrfachantworten möglich

Die religiösen Angebote zum Schulleben unterscheiden sich je nach Schulform stark. Die Schulsozialarbeit etwa wird von knapp 66,0 % der Berufsschullehrer:innen als bestehendes Angebot genannt, aber nur von einem Viertel der Gymnasiallehrer:innen. An Ober- und Gesamtschulen gibt etwa die Hälfte der Lehrenden an, dass es an ihrer Schule Schulsozialarbeit gibt.

Im Bereich der Schulseelsorge zeigt sich, dass dies an Berufsbildenden Schulen ein stark vertretenes Angebot ist: Mit deutlichem Abstand geben 75,3 % der Lehrenden das Bestehen dieses Angebotes an. An Grundschulen scheint Schulseelsorge hingegen kaum Verbreitung zu finden. Diese Befunde unterstreichen die schulformspezifischen Gestaltungsmöglichkeiten des Feldes ,Religion im Schulleben'.

Die schulnahe Jugendarbeit kommt schulformübergreifend seltener vor als die zuvor genannten Angebote. Am häufigsten wird sie von Lehrenden der Oberschulen (17,5 %) angegeben,[5] gefolgt von Gesamtschullehrer:innen (15,1 %) und Berufsschullehrer:innen (11,3 %). An Grundschulen und Gymnasien wird die Jugendarbeit nur sehr selten angeboten.

---

[5] Die Schulform „Oberschule" ist vergleichsweise jung; an etlichen Oberschulen wurde im Rahmen eines kirchlichen Förderprogramms in den zurückliegenden Jahren mit innovativen Formen von Religion im Schulleben experimentiert – darunter auch mit schulnaher Jugendarbeit. Vgl. dazu detailliert Birte Löw: Perspektiven für religiöse Bildung an neuen Sekundarschulformen: Eine qualitative Interviewstudie an Oberschulen und Integrierten Gesamtschulen aus religionspädagogischer Sicht, Göttingen 2020.

Etwa ein Viertel aller Gymnasiallehrer:innen gibt an, dass es an ihrer Schule ein Sozial- oder Diakoniepraktikum gibt. Auch 22,6 % der Lehrenden an Gesamtschulen und 14,3 % der Oberschullehrer:innen nennen das Angebot an ihrer Schule. An Grund- und Berufsbildenden Schulen kommt ein Sozial- oder Diakoniepraktikum sehr selten vor.

Schulgottesdienste bilden das am häufigsten genannte Angebot im Bereich ‚Religion im Schulleben'. Die meisten Schulgottesdienste gibt es an den Grundschulen, hier geben 74,6 % der Lehrenden das Angebot an, an Gymnasien geben 70,0 % das Vorhandensein von Schulgottesdiensten an. Bei der Aufschlüsselung der Arten von Schulfeiern (s. Abbildung 36) zeigt sich an vielen Schulen ein vielfältiges Angebot. Häufig wird mehr als eine Form der Schulfeier angeführt.

Abbildung 36

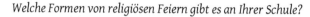

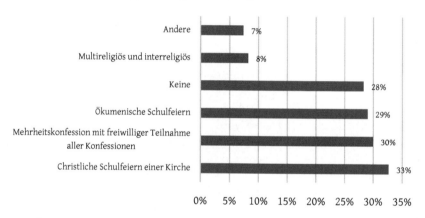

Anmerkung N=965; Mehrfachantworten möglich

An Grundschulen geben 51,1 % der Lehrenden an, es fänden christliche Schulfeiern einer Kirche statt. Auch Schulfeiern der Mehrheitskonfession mit freiwilliger Teilnahme aller nennen 36,4 % der Lehrenden an Grundschulen. Damit geben Grundschullehrer:innen die höchsten Werte für die beiden Formen von Schulfeiern an. Das verwundert nicht, da an Grundschulen auch der Religionsunterricht oft ohne Alternativen angeboten wird und so andere Formen von religiösen Schulfeiern seltener sind. An Grundschulen kommt das Angebot ‚Schulgottesdienst' außerdem am häufigsten vor. Dieses Ergebnis ließe sich mit dem pädagogischen Anspruch der Schulstufe begründen. So schaffen anlassbezogene Schulgottesdienste eine ritualisierte Schuljahresstruktur und eröffnen Räume für erfahrungsbezogenes Lernen.

Überwiegend ökumenische Schulfeiern gibt es an Gymnasien, aber auch an Hauptschulen. Aufgrund der geringen Grundgesamtheit kann das Ergebnis der Hauptschulen nicht als repräsentativ für die Schulform gewertet werden. Da an

7.3 Kooperationen im Bereich ‚Religion im Schulleben'

Gymnasien neben dem konfessionell-kooperativen Religionsunterricht oft auch der konfessionelle Religionsunterricht Bestand hat, könnte ein Grund für die große Häufigkeit ökumenischer Schulfeiern sein, eben diesem Nebeneinander der Konfessionen gerecht zu werden, statt eine Schulfeier nur einer Konfession mit freiwilliger Teilnahme aller anzubieten.

Der größte Anteil multireligiöser Schulfeiern findet sich in Berufsbildenden Schulen. Hier geben 17,9 % der Lehrenden an, dass solche Formen an ihren Schulen existieren. Da die Schüler:innenschaft an Berufsbildenden Schulen häufig multireligiös geprägt ist, bietet sich eine entsprechend angepasste Form der religiösen Schulfeier eher an als beispielsweise Schulfeiern allein einer christlichen Konfession – diese Form der Schulfeier nennen nur 13,7 % der BBS-Lehrer:innen. Auch an Gesamtschulen (14,0 %) und Hauptschulen (16,7 %) findet sich ein vergleichsweise höherer Anteil multireligiöser Schulfeiern. An Gesamt-, Ober-, Förder- und Realschulen ist die häufigste Antwort, dass keine religiösen Schulfeiern stattfinden. Hier ist allerdings die geringe Grundgesamtheit für Förder- und Realschulen zu beachten, die eine repräsentative Aussage über die jeweilige Schulform nicht zulässig macht.

Oft werden zusätzlich zur gebotenen Auswahl andere sehr spezifische religiöse Angebote im Schulleben genannt. Häufiger werden „Stille Pausen", Pausenandachten, Meditationen oder die Einrichtung eines Raumes der Stille genannt; ebenso gemeinsame Projekte oder die Gestaltung von Ausstellungen innerhalb der Schule. Viele Lehrende nennen zudem vielfältige Exkursionsformate als religiöses Angebot im Schulleben. Angebote zur Trauerberatung – beispielsweise ein ‚Trauerkoffer', eine Schul-AG, in der Materialien für Trauerfeiern in der Schule erstellt werden oder auch das Veranstalten von Trauerfeiern – werden häufiger ausgewiesen. Schließlich finden sich Angebote zu Stationen im Kirchenjahr wie ein ‚Lebendiger Adventskalender', ‚Weihnachten im Schuhkarton' oder Veranstaltungen zum Reformationstag.

Abbildung 37

Wer ist für die Betreuung der Angebote im Bereich ‚Religion im Schulleben' hauptsächlich verantwortlich?

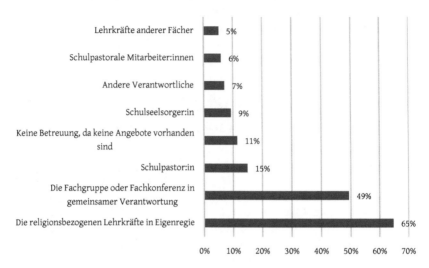

Anmerkung N=973; Mehrfachnennung möglich

Abbildung 37 macht deutlich, dass die Verantwortung für religiöse Angebote im Schulleben hauptsächlich – und zwar schulformübergreifend nahezu identisch – bei den Lehrenden religionsbezogener Fächer und den entsprechenden Fachgruppen/Fachkonferenzen liegt. Dass keine größere Verantwortung bei Schulpastor:innen, schulpastoralen Mitarbeiter:innen oder Schulseelsorger:innen liegt, hängt vermutlich damit zusammen, dass an vielen Schulen diese Stellen nicht vorhanden sind.

In Bezug auf die Zufriedenheit der Lehrer:innen mit den Angeboten im Bereich ‚Religion im Schulleben' wurden verschiedene Aspekte erfragt. Deutlich werden hier mittlere Zufriedenheitswerte (s. Tabelle 24). Es gibt keinen Aspekt, mit dem die Lehrenden religionsbezogener Fächer auffällig unzufrieden oder zufrieden sind.

7.3 Kooperationen im Bereich ‚Religion im Schulleben'

Tabelle 24

Wie zufrieden sind Sie mit den Angeboten im Bereich ‚Religion im Schulleben'?

	MW	N	SD
Zusammenarbeit mit Kolleg:innen	3,85	822	0,989
Inhaltliche Schwerpunktsetzung	3,79	769	0,918
Zusammenarbeit mit Religionsgemeinschaften (z. B. Gemeinde)	3,75	746	0,999
Unterstützung der Schulleitung	3,71	819	1,186
Qualität des Angebots	3,68	795	1,049
Teilnahme der Schüler:innen	3,66	779	1,052
Zusammenarbeit mit anderen außerschulischen Partner:innen	3,57	593	0,969
Häufigkeit	3,25	819	1,153
Organisatorischer und zeitlicher Aufwand	3,23	768	1,007

Anmerkung Skalenbereich 1 = sehr unzufrieden, 2 = eher unzufrieden, 3 = weder noch, 4 = eher zufrieden, 5 = sehr zufrieden

Die Zusammenarbeit mit Kolleg:innen im Bereich ‚Religion im Schulleben' erlangt bei den Lehrenden die höchste Zufriedenheit. Da Kooperationen, die in dem Bereich zustande kommen, von Freiwilligkeit und dem Engagement der Einzelpersonen geprägt sind, verwundern die hohen Zufriedenheitswerte nicht. Lehrende können sich ihre Kooperationspartner:innen selbst wählen, sodass Kooperationen mit personell konfliktanfälligen Konstellationen vermutlich weniger oder nicht stattfinden. Auch die inhaltliche Schwerpunktsetzung lässt hohe Zufriedenheitswerte aufgrund der individuellen Gestaltungsfreiheit der jeweiligen Lehrenden vermuten. Aspekte wie Häufigkeit sowie organisatorischer und zeitlicher Aufwand erreichen niedrigere Zufriedenheitswerte.

Von den befragten Lehrer:innen gaben 14,1 % an, dass an ihren Schulen keine Angebote im Bereich ‚Religion im Schulleben' stattfinden; 28,3 % gaben an, dass es keine religiösen Schulfeiern gebe (s. Abbildung 36). Im Folgenden soll betrachtet werden, welche Gründe dazu führen, dass es keine Angebote oder weniger Angebote als gewünscht gibt (s. Abbildung 38).

Abbildung 38
Warum kommen Angebote im Bereich ‚Religion im Schulleben' nicht zustande?

Anmerkung N=934; Mehrfachantworten möglich

Ein Drittel aller Befragten gibt an, dass alle Angebote stattfinden können, die gewünscht sind. Über die Hälfte der Lehrenden gibt an, dass Angebote aufgrund der zu hohen zeitlichen und organisatorischen Mehrbelastung nicht zustande kommen.

Bei genauerer Betrachtung einzelner Schulformen fällt auf, dass an Grundschulen deutlich häufiger alle gewünschten Angebote zustande kommen (43,9 %), entsprechend geringer fallen die prozentualen Angaben für die möglichen Gründe aus, warum ein Angebot nicht stattfindet. Dagegen nennen nur 21,2 % der Gesamtschul- und 7,3 % der Realschullehrer:innen (geringe Grundgesamtheit n=41), dass an ihren Schulen alle Wunschangebote auch umgesetzt werden.

Dass ein Angebot aufgrund der Ablehnung durch die Schulleitung nicht zustande kommen kann, wird gemeinhin eher selten von den Lehrenden genannt. Eine Ausnahme stellt allerdings die Gesamtschule dar, hier führen 21,2 % der Lehrenden diesen Grund als Erklärung für das Nicht-Zustandekommen religiöser Angebote im Schulleben an. Fraglich bleibt, welche Faktoren zu diesen Ergebnissen führen und warum Schulleiter:innen an Gesamtschulen religiöse Angebote zum Schulleben eher ablehnen. Möglicherweise werden extracurriculare Angebote an Gesamtschulen häufiger abgelehnt, da die Arbeitsbelastung für Lehrende aufgrund der besonderen Herausforderung einer heterogenen Schülerschaft bereits sehr hoch ist. Dies deckt sich auch mit der Angabe von 60,6 % der Gesamtschullehrer:innen, dass organisatorischer und zeitlicher Aufwand religiöse Angebote verhindern. Ebenso könnte der integrative Ansatz der Schulform dazu führen, dass nur Angebote durchgeführt werden, die alle gleichermaßen einbeziehen und nicht an die Konfession oder Religion der Schüler:innen geknüpft sind, auch wenn dies rechtlich über die positive Religionsfreiheit gedeckt wäre.

Eine vergleichsweise starke Ablehnung vonseiten der Schüler:innen geben Oberschullehrer:innen (27,8 %), aber auch Realschullehrer:innen[6] (26,8 %) an. Weiter beforschen ließe sich, ob es sich hierbei um einen aktiven Protest handelt, indem sich Schüler:innen beispielsweise bei den Lehrenden oder der Schulleitung beschweren und die Absage religiöser Angebote fordern, oder ob es sich um eine passive Ablehnung durch Fernbleiben der Veranstaltungen handelt. Welche Beweggründe Schüler:innen haben, um Angebote im Bereich ‚Religion im Schulleben' abzulehnen, könnte anschließend an die erhobenen Ergebnisse in einer quantitativen oder qualitativen Befragung der Schüler:innen bestimmter Schulformen weiter erörtert werden und bleibt an dieser Stelle ein Desiderat. Bereits bestehende Untersuchungen der Haltung der Schüler:innen zu religiösen Angeboten in der Schule betrachten vor allem spezifische Angebote. Tanja Gojny hebt in ihrer qualitativen Untersuchung der Schulgottesdienste in Bayern vor allem die Akzeptanz der Schüler:innen hervor. Sie benennt zwar vereinzelte Abmeldungen von den Veranstaltungen, verfolgt jedoch nicht die Beweggründe ablehnender Haltungen.[7] Sie räumt in ihrer Untersuchung vor allem der Perspektive der Schulleitung Raum ein und befragt nicht die Schüler:innen zu ihrer Haltung.

7.4 Außerschulische Kooperationen

Exkursionen sind an vielen Schulen fester Bestandteil des Unterrichts. Inwiefern auch im religionsbezogenen Unterricht der Besuch außerschulischer Lernorte regelmäßig stattfindet und welche pädagogischen Ziele damit verbunden sind, damit befasst sich dieses Kapitel.

Die am häufigsten besuchten Orte im religionsbezogenen Unterricht sind – wenig überraschend – christliche Kirchen und Klöster. Neben dem unübersehbaren inhaltlichen Bezug zum evangelischen, katholischen oder konfessionell-kooperativen Religionsunterricht bieten Kirchen sich auch als religionswissenschaftliche Lernorte im Werte-und-Normen-Unterricht an. Gleichzeitig stellt sich die Kirche als niedrigschwelliger Exkursionsort dar. Viele Kirchen sind tagsüber geöffnet, und es gibt keine Eintrittskosten. In ländlichen Regionen sind Kirchen ebenso vorhanden wie in großen Städten und können oft auf kurzem Fußweg von den Schulen erreicht werden. Entsprechend bieten sich auch kurze Exkursionen in einzelnen Schulstunden an. Damit stellen Kirchen und Klöster

---

[6] Geringe Grundgesamtheit n=41
[7] Tanja Gojny, Perspektiven von Schulleiter*innen auf Schulgottesdienste und multireligiöse Schulfeiern, in: Theo-Web, 19/2 (2020), 112–131.

besonders in Hinblick auf die Exkursionsplanung niedrigschwellige außerschulische Lernorte dar. Gleiches gilt für christliche Friedhöfe, die von mehr als der Hälfte aller Lehrenden im Unterricht besucht werden. Auch nicht-christliche religiöse Lernorte werden oft besucht: 41,2 % der Lehrer:innen geben an, mit ihrer Lerngruppe eine Moschee zu besuchen, 30,1 % besuchen eine Synagoge. Andere religiöse Lernorte werden eher seltener besucht. Neben explizit religiösen Lernorten werden auch Ausstellungen und Museen sowie Gedenkstätten von den Lehrer:innen religionsbezogener Fächer als Exkursionsorte gewählt.

Die Abbildung 39 verdeutlicht, dass mit der gegebenen Ortsauswahl viele der von Lehrenden besuchten Orte abgedeckt werden, nur 4,0 % der Lehrenden geben darüber hinaus noch weitere Orte an, die sie mit ihren Lerngruppen besuchen. Als andere Exkursionsorte werden beispielsweise Bestattungsinstitute, Alten- und Pflegeheime, der Kirchentag, Obdachlosenunterkünfte oder Jugendvollzugsanstalten genannt. Mehrfach wird auch die Mitgestaltung der Aktion ‚Stolpersteine' zur Erinnerung an in der NS-Zeit deportierte Menschen genannt.

7.4 Außerschulische Kooperationen

Abbildung 39

Welche der folgenden außerschulischen Lernorte besuchen Sie im Rahmen Ihres religionsbezogenen Unterrichts?

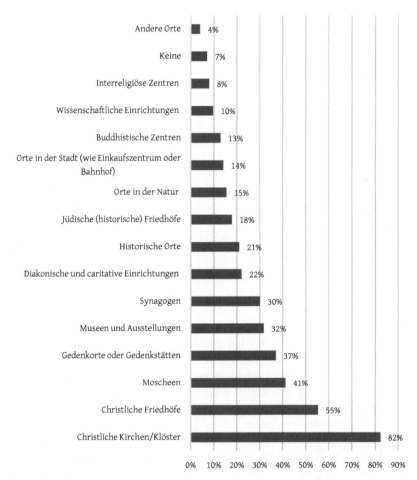

Anmerkung N=975; Mehrfachantworten möglich

Bedingt durch die Corona-Pandemie konnten im Befragungszeitraum Dezember 2020 bis Januar 2021 vermutlich wenig Exkursionen stattfinden, oder der Unterricht fand gezwungenermaßen außerhalb der Schule statt, allerdings im eigenen Kinder- oder Jugendzimmer. Dieser Umstand wirft die Frage neu auf, was einen außerschulischen Lernort ausmacht. Eine Lehrkraft nennt als Beispiel für einen anderen außerschulischen Lernort digitale Exkursionen von Kirchenräumen. Hier findet der Ortsbesuch virtuell statt. Dabei bleiben einige der charakterisierenden Aspekte für das Lernen an außerschulischen Orten auch beim virtuellen

Kirchenbesuch bestehen. Zunächst kann jede:r Schüler:in eigenständig und im eigenen Tempo den Ort entdecken und dabei individuelle Schwerpunkte setzen, wenn sie oder ihn ein Objekt oder ein architektonisches Merkmal besonders interessiert. Das digitale Angebot mancher Kirchen geht auch über den optischen Eindruck hinaus, indem man interaktiv Objekte anklicken kann, um mehr Informationen zu erhalten. Oder es wird eine auditive Atmosphäre geschaffen, indem im Hintergrund Orgelmusik gespielt wird. Der digitale Besuch des Kirchraumes geht entsprechend über die klassische mediale Arbeit im Unterricht, mit Bildern, Videos oder Tonaufnahmen, hinaus. Allerdings können im virtuellen Kirchraum vielfältige architektonische Eindrücke nicht gleichermaßen vermittelt werden, wie z. B. die Höhe des Kirchenschiffes. Auch die besondere Akustik in einem Kirchraum oder der Geruch können schwer im digitalen Format nachempfunden werden.[8]

Zwischen der Primar- und Sekundarstufe gibt es deutliche Unterschiede im Blick auf die Wahl außerschulischer Orte. Während der Besuch von Kirchen oder Klöstern in der Primarstufe im religionsbezogenen Unterricht beinahe obligatorisch zu sein scheint – 96,3 % aller Lehrenden an Grundschulen geben an, einen solchen außerschulischen Ort zu besuchen –, besuchen an weiterführenden Schulen ‚nur' etwa drei Viertel der Lehrenden Kirchräume (an Gymnasien 77,7 %, an Gesamtschulen 67,7 %, an Oberschulen 72,8 % und an Berufsbildenden Schulen 77,1 %). Diese Differenz lässt sich abermals in Bezug zum Fehlen des Faches Werte und Normen an Grundschulen bringen. Nur 58,0 % der Werte-und-Normen-Lehrer:innen geben an, Kirchen oder Klöster zu besuchen – diese unterrichten größtenteils an Gesamt- und Oberschulen oder Gymnasien.

Außerschulische Lernorte mit Bezug zum Judentum werden vor allem in weiterführenden Schulen besucht, hingegen deutlich seltener von Lerngruppen in der Grundschule (14,6 % geben an, Synagogen und 5,0 % geben an, jüdische Friedhöfe zu besuchen). Demgegenüber werden Synagogen von etwa der Hälfte der Lehrenden an Gesamtschulen (49,1 %) und 39,7 % der Gymnasiallehrer:innen als Exkursionsziele angegeben. Auch Moscheen werden an Gesamtschulen (50,9 %), Gymnasien (50,4 %) und Berufsbildenden Schulen (49,0 %) deutlich häufiger besucht als an Grundschulen (30,0 %). Ähnliche Differenzen zwischen Primar- und Sekundarstufe sowie Berufsbildenden Schulen lassen sich auch beim Besuch von Museen und Gedenkstätten feststellen. Vermutlich sind manche Lernorte eher auf den Besuch von älteren Kindern und Jugendlichen ausgelegt aufgrund der Komplexität oder Zugänglichkeit der Themen.

Im Vergleich der Lehrenden der unterschiedlichen religionsbezogenen Fächer fällt auf, dass sich vor allem Werte-und-Normen-Lehrer:innen von den Lehrenden von Religionsunterricht (Evangelische und Katholische Religion sowie konfessionell-kooperativer Religionsunterricht) unterscheiden. Religiöse christ-

---

[8] Um die Frage zu beantworten, wie Kinder und Jugendliche den Besuch eines digitalen Kirchraumes tatsächlich empfinden, bietet sich eine tiefergehende empirische Arbeit an.

7.4 Außerschulische Kooperationen

liche Lernorte wie Kirchräume, Friedhöfe oder diakonische/caritative Einrichtungen werden deutlich seltener besucht, dagegen werden Museen, historische Orte oder Gedenkstätten häufiger angegeben (s. Abbildung 40).

Abbildung 40

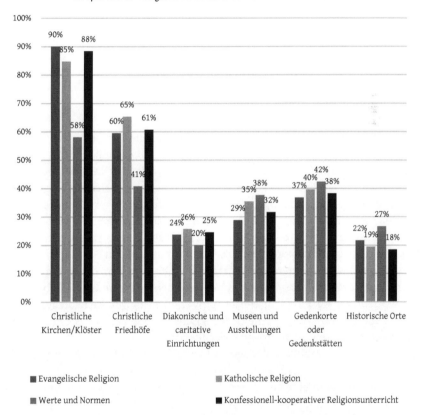

Ausgewählte außerschulische Lernorte im Fachvergleich Evangelische Religion, Katholische Religion, Konfessionell-kooperativer Religionsunterricht sowie Werte und Normen

Anmerkung Evangelische Religion n=489; Katholische Religion n=144; Werte und Normen n=255; Konfessionell-kooperativer Religionsunterricht n=379; Mehrfachantwort möglich

Insgesamt lässt sich festhalten, dass Lehrer:innen religionsbezogener Fächer vielfältige außerschulische Lernorte besuchen. Über die Hälfte dieser Exkursionen findet einmal im Jahr statt, knapp ein Viertel der Lehrer:innen gibt an, auch zweimal im Jahr einen außerschulischen Lernort zu besuchen (s. Abbildung 41). Daneben gibt es noch zwei kleinere Gruppen, die noch häufiger oder nie Exkursionen mit ihrer Lerngruppe durchführen.

Abbildung 41

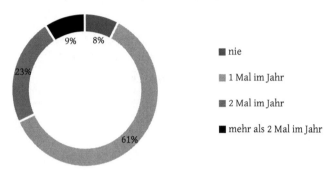

Anmerkung N=965

Bei der Betrachtung verschiedener religionsbezogener Fächer wird deutlich, dass Lehrer:innen für Werte und Normen seltener außerschulische Lernorte besuchen, 18,1 % geben sogar an, nie eine Exkursion mit ihrer Lerngruppe durchzuführen. Zum Vergleich: Von den Lehrer:innen für Evangelische Religion geben nur 3,7 % an, dass sie keine Exkursionen durchführen. Häufigere Besuche – zweimal oder mehr als zweimal im Jahr – finden eher an Grundschulen statt.

Auch die Gründe für den Besuch außerschulischer Lernorte im religionsbezogenen Unterricht wurden in der Erhebung untersucht. Ein Fokus ist in diesem Zusammenhang wieder der Umgang mit religiöser Pluralität, daher wurde auch nach der Relevanz der Begegnung mit der eigenen und fremden Religion sowie der Verdeutlichung der lebensweltlichen Verankerung von Religion gefragt. In der Tabelle 25 sind verschiedene pädagogische Gründe nach ihrer Relevanz für die Lehrer:innen religionsbezogener Fächer sortiert.

Es gibt eine Vielzahl von pädagogischen Gründen, die für die befragten Lehrer:innen wichtig und sehr wichtig sind. Einzig die Umsetzung von Curriculum oder Lehrplan spielt eine geringere Rolle beim Besuch außerschulischer Lernorte. Hinter der unmittelbaren Veranschaulichung bildet die Begegnung mit anderen/fremden Religionen den zweitwichtigsten Grund für eine Exkursion mit einer religionsbezogenen Lerngruppe.

7.4 Außerschulische Kooperationen

Tabelle 25

Wie wichtig sind Ihnen folgende pädagogische Gründe für den Besuch eines außerschulischen Lernortes in Ihrem religionsbezogenen Fach?

	MW	N	SD
Unmittelbare Veranschaulichung	4,44	958	0,708
Begegnung der Schüler:innen mit anderen/fremden Religionen/Konfessionen	4,43	961	0,726
Steigerung der Motivation der Schüler:innen	4,40	959	0,706
Authentisches Erleben	4,39	958	0,775
Begegnung der Schüler:innen mit der eigenen Religionen/Konfessionen	4,31	961	0,877
Erhöhte Aufmerksamkeit und Handlungsfähigkeit der Schüler:innen im Alltag	4,20	958	0,807
Erkennen der lebensweltlichen Verankerung von Religion	4,20	953	0,849
Eigenständige Erkundung der Orte	4,06	958	0,883
Erkennen der historischen Verankerung von Religion in der heutigen Gesellschaft	4,04	955	0,871
Erhöhung des individuellen Lernerfolgs des Schüler:innen	3,96	957	0,921
Umsetzung des Curriculums oder des Lehrplans	3,30	961	1,006

Anmerkung Skalenbereich 1 = gar nicht wichtig, 2 = eher nicht wichtig, 3 = weder noch, 4 = eher wichtig, 5 = wichtig

Zwischen den Schulfächern lassen sich keine größeren Abweichungen feststellen, so gewichten die Lehrenden die pädagogischen Gründe fachübergreifend sehr ähnlich. Eine Ausnahme stellen Werte-und-Normen-Lehrer:innen bei der Gewichtung des pädagogischen Grundes „Begegnung der Schüler:innen mit der eigenen Religion/Konfession" dar. Für knapp ein Viertel der Werte-und-Normen-Lehrer:innen ist dieser Grund sehr wichtig (23,4 %), während mehr als die Hälfte der Lehrenden im Religionsunterricht diesen Grund als sehr wichtig erachtet (Evangelische Religion 57,4 %; Katholische Religion 56,3 %; konfessionell-kooperativer Religionsunterricht 57,3 %).

Die Gewichtung der pädagogischen Gründe unterscheidet sich zwischen den Schulformen. Besonders auffällig ist der Grund der „Begegnung der Schüler:innen mit der eigenen Religion/Konfession". Diesen gewichten 62,8 % der Grundschullehrer:innen als sehr wichtig, während Lehrende an Oberschulen und Gesamtschulen diese seltener als sehr wichtigen pädagogischen Grund für eine Exkursion angeben (Oberschule 32,8 %; Gesamtschule 35,6 %). An Gymnasien geben 46,9 % der Lehrer:innen die Begegnung mit der eigenen Religion als sehr wichtigen Grund an, an Berufsbildenden Schulen sind es 45,3 %.

Zwar geben die meisten Lehrenden an, dass sie außerschulische Lernorte besuchen, allerdings bedeutet das nicht, dass auch alle gewünschten Exkursionen umgesetzt werden können. Zudem geben 7,6 % der Lehrer:innen an, dass sie nie mit ihrer religionsbezogenen Lerngruppe außerschulische Orte besuchen. Warum Exkursionen nicht zustande kommen, soll die Abbildung 42 verdeutlichen. Dabei muss bewusst gehalten werden, dass über ein Drittel der Lehrer:innen religionsbezogener Fächer angibt, dass alle gewünschten Besuche außerschulischer Lernorte zustande kommen (35,7 %).

Abbildung 42

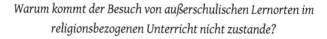

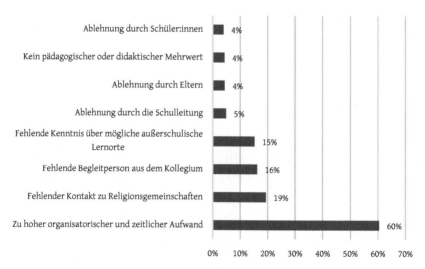

Anmerkung N=943; Mehrfachantworten möglich

Fächerübergreifend werden die Gründe für das Zustandekommen von Exkursionen recht ähnlich angegeben. Zwischen den Schulformen gibt es dagegen größere Unterschiede. Zunächst fällt auf, dass fast die Hälfte aller Grundschullehrer:innen (44,7 %) angeben, dass alle gewünschten Exkursionen auch durchgeführt werden können. Im Vergleich dazu geben dies nur etwa ein Viertel der Lehrenden an Oberschulen (26,1 %) und Gesamtschulen (26,7 %) sowie ein Drittel an Gymnasien (33,8 %) an. Die Ablehnung von Exkursionen durch die Schulleitung ist an Grundschulen äußerst selten ein Grund für das Nicht-Zustandekommen, hier geben 1,0 % der Lehrenden diesen Grund an. Dagegen nennen 9,9 % der Gesamtschullehrer:innen und 7,2 % der Gymnasiallehrer:innen diese Begründung. Die Ablehnung durch Schüler:innen geben ebenfalls nur 1 % der Grundschullehrenden an, während an Oberschulen 9,2 % und an Gesamtschulen 8,9 %

der Lehrer:innen dies anführen. Auch der zeitliche und organisatorische Aufwand wird an Grundschulen seltener genannt (49,5 %) als beispielsweise an Gymnasien (66,2 %), Gesamt- (70,3 %) und Oberschulen (69,7 %).

7.5 Zusammenfassung: Lehrer:innen kooperieren in multifachlichen Teams

Neben dem persönlichen Kontakt zu Kolleg:innen ist die Fachgruppe/Fachkonferenz ein relevanter Ort für Kooperationen von Lehrer:innen religionsbezogener Unterrichtsfächer. Die Fachgruppe/Fachkonferenz setzt sich dabei häufig aus Vertreter:innen verschiedener religionsbezogener Fächer zusammen. Gemeinsame Fachgruppen/Fachkonferenzen der konfessionellen Fächer mit Werte und Normen sind vor allem an Ober-, Gesamt- und Berufsbildenden Schulen die häufigste Form. Zu den meistgenannten Aufgaben der Fachgruppe/Fachkonferenz gehören die Planung und Organisation des religionsbezogenen Unterrichts, wie die Auswahl von Schulbüchern oder die Ausgestaltung von Schulcurricula. Auch Angebote im Bereich ‚Religion im Schulleben', wie Schulgottesdienste, liegen oft in gemeinsamer Planungsverantwortung der Fachgruppe/Fachkonferenz.

Zum Bereich ‚Religion im Schulleben' bleibt festzuhalten, dass der Schulgottesdienst das häufigste Angebot darstellt, wobei Häufigkeit und Form dieses Angebotes sich wiederum abhängig von der Schulform und -stufe zeigt. Dies trifft ebenso auf die Wahl und Häufigkeit des Besuchs außerschulischer Lernorte zu. Differenzen lassen sich hier vor allem zwischen Primar- und Sekundarstufe feststellen. Während z. B. Grundschullehrer:innen fast geschlossen angeben, Kirchen oder Klöster im Unterricht zu besuchen, sinkt diese Angabe für die Lehrenden der weiterführenden Schulen deutlich ab. Dagegen werden Lernorte mit Bezug zum Judentum häufiger von Lehrenden weiterführender Schulen besucht. Als Begründung, warum Angebote im Bereich ‚Religion im Schulleben' und Exkursionen nicht zustande kommen, führen die Lehrer:innen mit großem Abstand den organisatorischen sowie zeitlichen Aufwand an.

8 Zukunft des religionsbezogenen Unterrichts

Die Bestandsaufnahme und vertiefte Analyse der Perspektive der Lehrenden auf den religionsbezogenen Unterricht in Niedersachsen schließt mit einem Blick in die Zukunft. Dafür wurden die Lehrer:innen religionsbezogener Fächer zunächst nach ihrer Einschätzung der Relevanz unterschiedlicher gesellschaftlicher Herausforderungen – wie Migration, Globalisierung und Konfessionslosigkeit – für die Praxis ihres Unterrichts gefragt. Außerdem wurden ihnen im Rahmen der Fragebogenuntersuchung verschiedene Zukunftsszenarien und Reformmaßnahmen für den religionsbezogenen Unterricht vorgeschlagen und es wurde ihre Zustimmung zu denselben abgefragt. In den Interviews artikulierten die Religionslehrenden Wünsche und Sorgen, die den Religionsunterricht der Zukunft betreffen. Diese entsprechen z. T. den Items der Fragebogenuntersuchung, lassen aber auch eigene Schwerpunkte erkennen. Nicht zuletzt wurden die Lehrer:innen im Rahmen der Interviewstudie zu ihrer Einschätzung der niedersächsischen Initiative eines gemeinsam verantworteten christlichen Religionsunterrichts befragt. Im Ganzen ergibt sich so ein facettenreiches Bild der Visionen und Ängste der Lehrenden hinsichtlich der zukünftigen Gestaltung religionsbezogenen Unterrichts in Niedersachsen.

8.1 Gesellschaftliche Herausforderungen für religionsbezogenen Unterricht

Auf den ersten Blick fällt auf, dass keine der im Fragebogen gelisteten gesellschaftlichen Herausforderungen den Lehrer:innen religionsbezogener Fächer unwichtig erscheint (s. Tabelle 26). Sie haben entsprechend eine Fülle an Herausforderungen vor Augen, wenn sie ihren religionsbezogenen Unterricht gestalten. Die wichtigsten Herausforderungen stellen die Themen Migration, Antisemitismus und Werteverfall dar. Dagegen haben Konfessionslosigkeit, aber auch die Zukunft der Kirche weniger Relevanz für Lehrer:innen. Um die Bedeutung der aufgeführten Themen für die Lehrer:innen besser nachzuvollziehen, sollen im Folgenden die Herausforderungen vor dem Hintergrund der unterschiedlichen Schulformen und -stufen sowie der verschiedenen Unterrichtsfächer genauer betrachtet werden. Dafür werden besonders auffällige Ergebnisse aufgeführt, die eine Abweichung vom durchschnittlichen Antwortverhalten darstellen.

8.1 Gesellschaftliche Herausforderungen für religionsbezogenen Unterricht

Tabelle 26

Wie gewichten Sie die folgenden gesellschaftlichen Herausforderungen für Ihre konkrete unterrichtliche Praxis?

	MW	N	SD
Migration	4,13	951	0,788
Antisemitismus	4,07	951	1,022
Werteverfall	4,05	953	0,961
Erinnerungskultur	4,01	954	0,856
Klimawandel	3,94	954	0,978
Multireligiosität	3,89	953	0,978
Islamfeindlichkeit	3,89	950	0,933
Globalisierung	3,77	954	0,927
Inklusion	3,69	959	1,094
Verschwörungsideologien	3,69	950	1,134
Digitalisierung	3,62	954	0,991
Fundamentalismus	3,6	952	1,095
Zukunft der Kirche	3,45	952	1,083
Konfessionslosigkeit	3,28	958	1,237

Anmerkung Skalenbereich 1 = gar nicht wichtig, 2 = eher nicht wichtig, 3 = weder noch, 4 = eher wichtig, 5 = sehr wichtig

Beim Vergleich der Beurteilung der Herausforderungen von Lehrer:innen unterschiedlicher Schulformen und -stufen wird deutlich, dass die Mittelwerte bei vielen Herausforderungen nah beieinanderliegen. Zwei Schulformen/-stufen fallen besonders mit abweichenden Mittelwerten auf: die Grundschule und die Berufsbildende Schule. Dass an dieser Stelle die größten Diskrepanzen auftreten, bestätigt abermals die Beobachtung der gesamten Untersuchung, dass in Bezug auf die religionsbezogene Praxis vor allem zwischen den Schulformen und Schulstufen genauer unterschieden werden muss.

Die Lehrer:innen der Berufsbildenden Schulen bewerten viele der Herausforderungen als bedeutender für ihre konkrete Unterrichtspraxis als Lehrpersonen anderer Schulen. Dies wird bei den Themen Multireligiosität (MW 4,37; SD 0,729), Digitalisierung (MW 4,03; SD 0,76) und Globalisierung (MW 4,14; SD 0,803) deutlich. Besonders hervorzuheben sind die Angaben für die Relevanz von Multireligiosität: Für die Hälfte der Lehrer:innen der Berufsbildenden Schule stellt dieses Thema eine sehr wichtige Herausforderung für die zukünftige Unterrichtspraxis dar (50,0 %). Unter Lehrpersonen anderer Schulformen und -stufen geben hier zwischen 22,0 % (Realschule) und 33,3 % (Förder- und Hauptschule) an, dass diese Herausforderung für sie von hervorragender Bedeutung ist. Dieses

Ergebnis überrascht zunächst nicht, da immer wieder die Heterogenität der Schüler:innenschaft an Berufsbildenden Schulen herausgestellt wird. Auch wird die verschiedene Religionszugehörigkeit der Schüler:innen als Differenzmarker gekennzeichnet. Es fehlt allerdings an einer quantitativen Erfassung der Religionszugehörigkeit der Schüler:innen an Berufsbildenden Schulen.[1] Um der Einschätzung der Lehrer:innen weiter auf den Grund zu gehen, wären solche Daten sehr sinnvoll.

Im Gegensatz zu den Lehrer:innen an Berufsbildenden Schulen geben die Grundschullehrer:innen für ihre Unterrichtspraxis die meisten Herausforderungen als etwas weniger relevant als der Durchschnitt an (vgl. das Folgende mit den Durchschnittswerten in Tabelle 26). Das zeigt sich insbesondere bei den Themen Globalisierung (MW 3,55; SD 0,945), Digitalisierung (MW 3,35; SD 0,977), Antisemitismus (MW 3,88; SD 01,083) und Fundamentalismus (MW 3,33; SD 1,064). Das Thema Inklusion bewerten die Lehrer:innen der Primarstufe allerdings auffallend hoch (MW 3,91; SD 1,023). Im Vergleich dazu hat das Thema Inklusion für Gymnasiallehrer:innen am wenigsten Relevanz für die zukünftige Unterrichtspraxis (MW 3,17; SD 1,13).

Abbildung 43

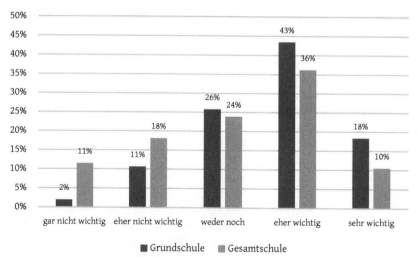

Vergleich Grundschule und Gesamtschule: Herausforderung Zukunft der Kirche

Anmerkung Grundschule n=311; Gesamtschule n=105

---

[1] Bernd Schröder, II 1. Die Schülerinnen und Schüler im BRU, in: Roland Biewald u. a. (Hg.), Religionsunterricht an Berufsbildenden Schulen. Ein Handbuch, Göttingen 2018, 150.

8.1 Gesellschaftliche Herausforderungen für religionsbezogenen Unterricht

Besonders herauszustellen sind die Ergebnisse in Bezug auf das Thema „Zukunft der Kirche". Hier geben Lehrer:innen der Grundschule die höchste Relevanz an (MW 3,66; SD 0,961): 61,7 % der Grundschullehrer:innen finden dieses Thema eher oder sehr wichtig für ihre zukünftige Unterrichtsgestaltung (s. Abbildung 43). Dagegen ergibt sich bei Lehrer:innen an Gesamtschulen die niedrigste Relevanz (MW 3,16; SD 1,186): Knapp ein Drittel von ihnen schätzt diese Herausforderung als ‚eher nicht wichtig' oder ‚gar nicht wichtig' ein. Es stellt sich weiterführend die Frage, aufgrund welcher Faktoren die Zukunft der Kirche in manchen Schulformen und -stufen größere Bedeutung für die Unterrichtspraxis besitzt als in anderen.

Beim Vergleich der Fächer Evangelische Religion, Katholische Religion sowie Werte und Normen werden besonders in Bezug auf religionsbezogene Herausforderungen wie Konfessionslosigkeit oder die Zukunft der Kirche Unterschiede erkennbar. Religionslehrer:innen der Fächer Evangelische und Katholische Religion nehmen das Thema Konfessionslosigkeit deutlich stärker als Herausforderung für ihre zukünftige Unterrichtspraxis wahr als Werte-und-Normen-Lehrer:innen (s. Abbildung 44).

Abbildung 44

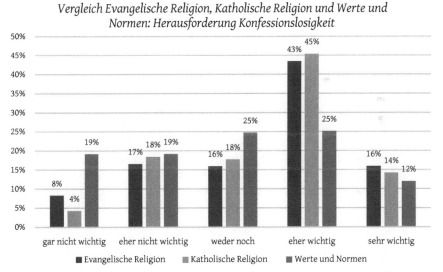

Anmerkung Evangelische Religion n=484; Katholische Religion n=141; Werte und Normen n=251

Noch deutlicher wird die unterschiedliche Gewichtung der verschiedenen Fachlehrer:innen beim Thema „Zukunft der Kirche" (s. Abbildung 45). Insbesondere Lehrer:innen, welche Katholische Religion unterrichten, halten die Zukunft der Kirche für eine sehr relevante Kategorie für ihre zukünftige Unterrichtspraxis:

75,7 % geben diese Herausforderung als ‚eher wichtig' oder ‚sehr wichtig' an. Bei den Kolleg:innen mit dem Fach Evangelische Religion sind es mit 59,6 % etwas weniger. Von den Werte-und-Normen-Lehrer:innen dagegen geben 41,8 % an, dass die Zukunft der Kirche für ihre Unterrichtsgestaltung ‚eher nicht wichtig' oder ‚gar nicht wichtig' ist.

Abbildung 45

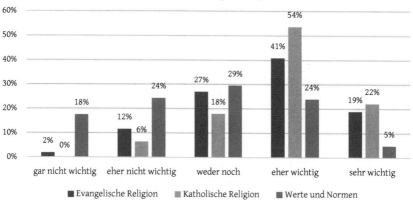

Vergleich Evangelische Religion, Katholische Religion und Werte und Normen: Herausforderung Zukunft der Kirche

Anmerkung Evangelische Religion n=483; Katholische Religion n=140; Werte und Normen n=251

Während bei den Themen Konfessionslosigkeit und Zukunft der Kirche deutliche Unterschiede zwischen den Fachlehrer:innen sichtbar werden, so zeigt sich bei anderen religionsbezogenen Themen wie Multireligiosität ein anderes Bild. Hier gibt es nur minimale Unterschiede zwischen den drei Fächern, diese Herausforderung scheint unabhängig vom Unterrichtsfach für Lehrer:innen von Relevanz zu sein (s. Abbildung 46). Weitere gesellschaftliche Herausforderungen wie Globalisierung und Verschwörungsideologien weisen ebenfalls nur geringfügige fachbezogene Differenzen auf: Die Werte-und-Normen-Lehrer:innen bewerten diese stärker als zukünftige Herausforderungen für ihre Unterrichtspraxis (Globalisierung 77,8 % ‚eher wichtig/sehr wichtig'; Verschwörungsideologien 73,7 % ‚eher wichtig/sehr wichtig').

Abbildung 46

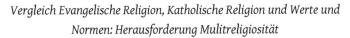

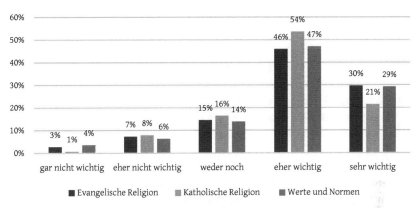

Anmerkung Evangelische Religion n=482; Katholische Religion n=140; Werte und Normen n=253

8.2 Zukunftsvorstellungen und Reformmaßnahmen für religionsbezogenen Unterricht

In Bezug auf Zukunftsformate des religionsbezogenen Unterrichts wurden den Lehrer:innen im Rahmen der Fragebogenuntersuchung zwei Fragen gestellt: Zunächst wurde ihre Unterstützung verschiedener Zukunftsvorstellungen von religionsbezogenem Unterricht erfragt, im Anschluss daran die Zustimmung oder Ablehnung einiger sich daraus ableitender Reformmaßnahmen. Neben der Betrachtung von Schulform, Fach oder Qualifikation soll bei der Auswertung in den Blick genommen werden, ob die Zukunftsvorstellungen der Lehrenden auch mit den entsprechenden Reformzustimmungen korrelieren. Weitere Einflussfaktoren, wie das Geschlecht und die Einwohnerzahlen des Schulortes wurden ebenfalls überprüft, haben insgesamt jedoch nur wenig Einfluss auf das Antwortverhalten der Lehrer:innen.[2]

---

[2] Nur bei der Einführung eines verpflichtenden Werte-und-Normen-Angebots zeigen sich Auffälligkeiten in Bezug auf die Einwohner:innenzahlen des Schulortes. Bei der Einführung einer allgemeinen Religionskunde gibt es eine erkennbare Korrelation mit dem Geschlecht der Lehrer:innen. Diese Beobachtungen werden bei den entsprechenden Zukunftsszenarien ausgeführt.

8.2.1 Zukunftsszenarien

Unter den Szenarien zur zukünftigen Unterrichtsgestaltung gewinnt die stärkere Etablierung des Faches Werte und Normen die größte Unterstützung. Konkret befürworten die Lehrer:innen am stärksten die Wahlmöglichkeit zwischen einem Religions- oder Werte-und-Normen-Unterricht ab dem 14. Lebensjahr (s. Tabelle 27) und den Wahlpflichtcharakter dieser Alternative. Diese beiden Zukunftsvorstellungen lassen den Wunsch nach einem Nebeneinander und einer Gleichwertigkeit beider Fächer erkennen.

In Bezug auf den Religionsunterricht wird deutlich, dass die konfessionelle Differenzierung der Lerngruppen wenig Unterstützung findet und stattdessen ein konfessionell-kooperatives Unterrichtsformat verschiedener christlicher Konfessionen von den Lehrer:innen bevorzugt wird (s. Tabelle 27). Szenarien, in denen eine allgemeine Religionskunde oder ein integratives Fach, welches thematisch den Religions- sowie Werte-und-Normen-Unterricht abdeckt, eingeführt wird, finden dagegen weniger Unterstützung. Ein interreligiöser Religionsunterricht wird weder besonders unterstützt noch abgelehnt.

Tabelle 27

Welche Gestaltung des religionsbezogenen Unterrichts unterstützen Sie für die Zukunft?

	MW	N	SD
Für Schüler:innen, die an keinem Religionsunterricht teilnehmen, soll ein verpflichtender Werte-und-Normen- oder Philosophie-Unterricht eingeführt werden.	4,59	971	0,773
Ab dem 14. Lebensjahr sollen die Schüler:innen frei wählen, ob sie an einem Religionsunterricht oder am Werte-und-Normen-Unterricht teilnehmen wollen, statt sich vom Religionsunterricht abzumelden.	4,19	972	1,141
Schüler:innen verschiedener christlicher Konfessionen sollen konfessionell-kooperativ unterrichtet werden.	4,08	970	1,047
Der Religionsunterricht soll sich zu einem interreligiösen Fach entwickeln.	3,18	966	1,371
Eine allgemeine Religionskunde für alle Schüler:innen soll eingeführt werden.	2,77	967	1,408
Ein integratives Fach soll anstelle von Religion sowie Werte und Normen eingeführt werden, das alle Schüler:innen gemeinsam mit Religion und Ethik vertraut macht.	2,45	966	1,453
Die Lerngruppen des Religionsunterrichts sollen weiterhin konfessionell getrennt unterrichtet werden.	2,22	969	1,241

8.2 Zukunftsvorstellungen und Reformmaßnahmen

Der Religionsunterricht soll abgeschafft werden.	1,47	969	1,045

Anmerkung Skalenbereich 1 = unterstütze ich gar nicht, 2 = unterstütze ich eher nicht, 3 = weder noch, 4 = unterstütze ich eher, 5 = unterstütze ich sehr

Um die Zukunftsszenarien etwas differenzierter zu betrachten, wurden die einzelnen Maßnahmen nach Schulform, Fach und Qualifikation getrennt analysiert. Der Fokus der hier aufgeführten Ergebnisse dieser Analysen liegt auf auffälligen Abweichungen von den vorausgegangenen Mittelwerten. Bei Zukunftsvorstellungen mit insgesamt hohen oder niedrigen Zustimmungswerten sollen dementsprechend diejenigen Lehrer:innen genauer bestimmt werden, die davon abweichend votieren.

Dass ein verpflichtender Werte-und-Normen-Unterricht eingeführt werden soll, findet bei Lehrer:innen aller Schulformen und -stufen sowie Schulfächer höchste Zustimmung. Einzig die Grundschullehrer:innen weichen minimal davon ab und weisen auch vereinzelt geringe Unterstützung für das Zukunftsszenario aus (etwa 6,2 % unterstützen das Zukunftsmodell eher nicht oder gar nicht).[3] An dieser Stelle gibt es auch eine Korrelation mit der Größe des Schulortes: In kleineren Orten (unter 5000 Einwohner:innen) wird die verpflichtende Einführung des Faches Werte und Normen mit 54,3 % seltener voll unterstützt als in Städten mit höheren Einwohner:innenzahlen. Lehrer:innen, die in einem Schulort mit Einwohner:innen von 10.000 bis >100.000 unterrichten, unterstützen zu etwa 75 % die Einführung.[4] Hier lässt sich kaum auseinanderhalten, ob die

---

[3] Das Votum einer Grundschullehrkraft im Interview lässt die Gründe einer ablehnenden Haltung gegenüber der Einführung von Werte und Normen vor Augen treten. Die Lehrkraft plädiert sehr deutlich für den Erhalt der Klassengemeinschaft im religionsbezogenen Unterricht und führt auch schulorganisatorische Gründe gegen den Werte-und-Normen-Unterricht an: „Also ich war da immer sehr skeptisch, habe das dann manchmal so als Lösungsmöglichkeit gesehen, wenn ich gedacht habe: ,Ja, dann hätten die zumindest, also die Kinder, die nun nicht teilnehmen dürfen, einen Ersatzunterricht.' Gleichzeitig gefällt mir daran überhaupt nicht, dass man wieder dieses Trennende hat und dass das ja auch im Stundenplan berücksichtigt werden muss, dass das auch einen/ also, so rein administrativ ein riesiges/ ein riesiger Aufwand ist. Dann muss Religion/ müssen Religion und Werte und Normen immer auf einem Band irgendwie im Stundenplan liegen und man hat auch wieder dieses Hin-und-her-Gerenne zwischen Räumen und irgendwie das, was vielleicht auch, also so eine Stimmung, wie zum Beispiel da heute oben bei Jona in dieser 3. Klasse, von der ich gerade erzählt habe, dann denke ich manchmal: ,Ja, würde das dann da so aufkommen?' Also es wäre dann wieder so eine andere Gruppe, die sich da auch ja erstmal finden muss und/ Ja. Wenn dann jemand krank ist, dann hat man wieder/ Das ist alles irgendwie umständlich. Also, ich wünsche mir das irgendwie nicht, ich möchte eigentlich in der Grundschule, dass die Kinder irgendwie viel zusammen machen können und, ja, dass/ dass sie auch erstmal/ Ja, ich will nicht dieses Auftrennende" (I13, GS, Pos. 52).

[4] Aufschlüsselung der Angabe ,unterstütze ich sehr' für das Zukunftsszenario „Einführung eines verpflichtenden Werte-und-Normen-Unterrichts": 10.000–20.000 Einwohner:innen 73,7 %; 20.000–50.000 Einwohner:innen 75,6 %; 50.000–100.000 Einwohner:innen 77,4 %; >100.000 Einwohner:innen 75,7 %.

geringere Zustimmung von der Größe des Schulortes oder der Schulform abhängt. Denn gerade an Grundschulen, die deutlich häufiger auch an Orten mit wenig Einwohner:innen vorhanden sind, unterstützen die Lehrer:innen das Zukunftsszenario ebenfalls weniger stark.

Die Perspektive einer Wahl zwischen einem Werte-und-Normen- oder einem Religionsunterricht ab 14 Jahren statt einer bloßen Abwahl des Religionsunterrichts, findet im Vergleich der Schulformen geringere Unterstützung bei Lehrer:innen an Gymnasien und Berufsbildenden Schulen. Über ein Fünftel aller Berufsschullehrkräfte (22,7 %) unterstützt das Zukunftsszenario eher nicht oder gar nicht; an Gymnasien sind es 14,7 %.

Den Fortbestand der konfessionellen Differenzierung unterstützen die Lehrer:innen der verschiedenen Schulformen und -stufen eher nicht oder gar nicht, wie Abbildung 47 zeigt. Dennoch gibt es zwischen den Schulformen deutliche Unterschiede. Vor allem die Gymnasiallehrer:innen fallen mit deutlicher Befürwortung der konfessionellen Differenzierung auf: Über ein Viertel (26,7 %) unterstützt auch in Zukunft die konfessionelle Differenzierung der Lerngruppe eher oder sehr. Im Vergleich dazu tun dies nur 7,3 % der Lehrer:innen an den Berufsbildenden Schulen. Diese weisen entsprechend die höchsten Werte bei der Ablehnung konfessioneller Differenzierung auf (89,7 % unterstützen die konfessionelle Differenzierung in Zukunft eher nicht oder gar nicht). Auch an Gesamtschulen findet die konfessionelle Differenzierung der Lerngruppe wenig Unterstützung. Lehrer:innen an Grundschulen lehnen eine konfessionelle Differenzierung zwar auch eher ab, allerdings deutlich verhaltener als die Kolleg:innen der Berufsbildenden Schulen und der Gesamtschulen.

Abbildung 47

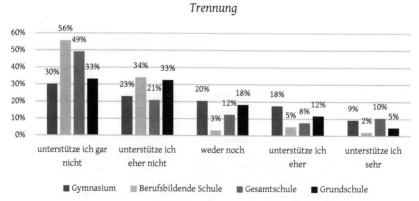

Anmerkung Gymnasium n=240; Berufsbildende Schule n=97; Gesamtschule n=106; Grundschule n=320

8.2 Zukunftsvorstellungen und Reformmaßnahmen

Ähnliche Unterstützungswerte finden sich für den konfessionell-kooperativen Religionsunterricht. Alle Lehrenden befürworten dieses Unterrichtsformat in der Zukunft. Jedoch ist die Zustimmung abermals bei den Lehrer:innen an Gymnasien verhaltener als an anderen Schulformen und -stufen.

Um zu überprüfen, ob die bisherige Form des Religionsunterricht Einfluss auf die zukünftige Unterrichtsgestaltung hat, werden zunächst Gymnasiallehrer:innen genauer betrachtet. Bei denen, die berichteten, Religionsunterricht finde hauptsächlich konfessionell-kooperativ statt (58,8 %), kann eine signifikante Korrelation für eine Weiterführung dieses Szenarios in der Zukunft festgestellt werden (Korrelation Pearson 0,277**). Ein ähnlicher Zusammenhang zeigt sich für die Beibehaltung der konfessionellen Differenzierung bei Gymnasiallehrer:innen, welche hauptsächlich konfessionell getrennte Lerngruppen unterrichten (etwa 65 %)[5] (Korrelation Pearson 0,275**). An diesem Beispiel wird deutlich, dass die bereits bestehenden, bekannten organisatorischen Rahmenbedingungen ein Faktor für die Vorstellung zukünftiger Unterrichtsgestaltung sein können.

Die stärkste Zustimmung für konfessionelle Kooperation in der Zukunft findet sich bei Lehrer:innen an der Berufsbildenden Schule (93,8 % unterstütze ich eher/unterstütze ich sehr). Außerdem geben an Berufsbildenden Schulen 95,5 % der Lehrer:innen an, gegenwärtig hauptsächlich konfessionell-kooperativen Religionsunterricht zu erteilen. Auch hier gibt es entsprechend starke Überschneidungen zwischen dem bestehenden und dem zukünftig gewünschten Unterrichtsformat. Die stark unterschiedlichen Positionen werden durch die Gegenüberstellung der beiden Schulformen Gymnasium und Berufsbildende Schule in Abbildung 48 verdeutlicht.

---

[5] Wie bereits in vorigen Kapiteln beschrieben, handelt es sich um eine Mehrfachantwortmöglichkeit. Der kokoRU und der konfessionell getrennte Religionsunterricht konnten somit gleichzeitig als Unterrichtsformat gewählt werden.

Abbildung 48

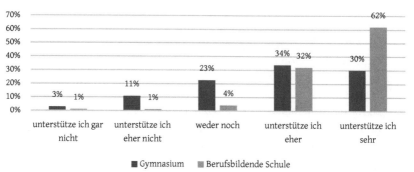

Anmerkung Gymnasium n=240; Berufsbildende Schule n=97

Ein weiteres Zukunftsszenario ist die Einführung eines interreligiösen Religionsunterrichts. Hier zeigen sich drei unterschiedliche Positionen, die durch den Vergleich des Gymnasiums, der Grundschule und der Berufsbildenden Schule in Abbildung 49 visualisiert sind. Bei den Lehrer:innen der Berufsbildenden Schulen lässt sich eine klare Unterstützung für das Format des interreligiösen Religionsunterrichts erkennen: 69,1 % unterstützen das Szenario eher oder sehr, es verbleiben jedoch immer noch fast ein Fünftel (18,6 %), die dem Format skeptisch gegenüberstehen und es eher nicht oder gar nicht unterstützen. Dagegen wird an Gymnasien eher ein Trend zur Nicht-Unterstützung des Unterrichtsformats deutlich. Ein Viertel (26,4 %) der Lehrer:innen an Gymnasien gibt an, dass sie einen interreligiösen Religionsunterricht gar nicht unterstützen; ein Fünftel (20,1 %) unterstützt das Format eher nicht. Es gibt zwar auch Unterstützung für das interreligiöse Unterrichtsformat an Gymnasien, diese fällt im Vergleich zur Ablehnung aber zurückhaltend aus (18,0 % unterstützen das Szenario sehr). Zwischen dem Trend zur Unterstützung an Berufsbildenden Schulen und dem zur Nicht-Unterstützung an Gymnasien liegt die dritte Position der Grundschullehrer:innen. Hier lässt sich keine eindeutig unterstützende oder ablehnende Haltung ausmachen. Auffallend viele der befragten Grundschullehrer:innen belegen die Mittelkategorien ‚weder noch' (25,4 %). Das Antwortverhalten derer, die einen interreligiösen Religionsunterricht eher unterstützen oder eher ablehnen, hält sich ungefähr die Waage. Bezüglich der Randpositionen lässt sich eher der Trend zur Unterstützung des Unterrichtsformates ausmachen, 18,8 % der Lehrer:innen an Grundschulen zeigen ihre volle Unterstützung, während 9,1 % das Format komplett ablehnen. Ob ein interreligiöser Religionsunterricht Unterstützung findet, ist insgesamt stark von der Schulform und Schulstufe abhängig.

8.2 Zukunftsvorstellungen und Reformmaßnahmen

Abbildung 49

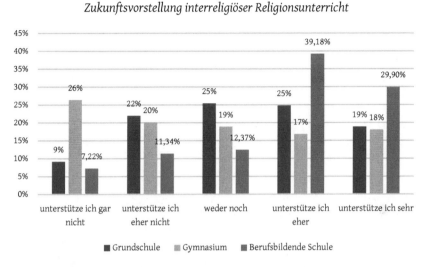

Anmerkung Grundschule n=319; Gymnasium n=239; Berufsbildende Schule n=97

Das Zukunftsszenario einer allgemeinen Religionskunde wird am stärksten von Gesamtschul- und Gymnasiallehrer:innen abgelehnt. An Gesamtschulen unterstützt knapp die Hälfte der Befragten (48,1 %) ein solches Unterrichtsformat eher nicht oder gar nicht; an Gymnasien sind es sogar 63,5 %. Allerdings findet sich auch die größte Zustimmung für eine allgemeine Religionskunde an Gesamtschulen, 39,6 % der Lehrer:innen unterstützen das Szenario eher oder sehr. Damit werden an Gesamtschulen in Bezug auf die zukünftige Entwicklung einer Religionskunde zwei Lager sichtbar. An dieser Stelle wäre eine weitere Untersuchung der Gründe für oder gegen das Unterrichtsmodell erforderlich. Beim Vergleich der Geschlechter wird deutlich, dass männliche Lehrer die Einführung einer allgemeinen Religionskunde stärker ablehnen als ihre weiblichen Kolleginnen (,unterstütze ich gar nicht' männlich=41,3 %; weiblich=22,9 %).

Die Einführung eines integrativen Unterrichtsfaches anstelle des Nebeneinanders von Religions- und Werte-und-Normen-Unterricht wird von den meisten Lehrer:innen nicht unterstützt. Am deutlichsten wird die Ablehnung bei Gymnasiallehrer:innen, knapp die Hälfte unterstützt ein solches Fach gar nicht (49,4 %). Am ehesten findet ein integratives Fach Unterstützung an Gesamtschulen (17,0 % ,unterstütze ich sehr') und an Oberschulen (18,5 % ,unterstütze ich sehr').

Bei der genaueren Betrachtung der etwa 7 % aller Befragten, welche die Abschaffung des Religionsunterrichts eher oder sehr unterstützen, wird deutlich, wie ausschlaggebend die Qualifikation für die Beurteilung dieses Zukunftsszenarios ist. Vor allem Lehrer:innen, die sich über das Studium und Referendariat Werte und Normen qualifiziert haben, und fachfremd Unterrichtende[6] zeigen höhere Unterstützungswerte (s. Abbildung 50). Fast ein Drittel der Werte-und-Normen-Lehrer:innen unterstützt entsprechend die Abschaffung des Religionsunterrichts sehr (29,1 %). Auch die fachfremd unterrichtenden Lehrer:innen weisen eine etwas höhere Unterstützung für die Abschaffung des Religionsunterrichts auf: 7,8 % stimmen sehr und 13,0 % stimmen eher zu. Die meisten anders qualifizierten Lehrer:innen unterstützen die Abschaffung des Religionsunterrichts nur äußerst selten.

Abbildung 50

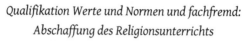

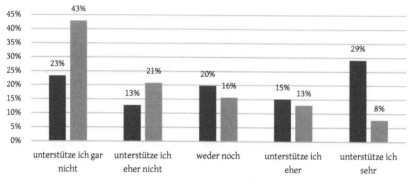

Anmerkung Qualifikation Studium und Referendariat Werte und Normen n=86; fachfremd n=77

8.2.2 Reformmaßnahmen

Damit die Wünsche zur zukünftigen Gestaltung von religionsbezogenem Unterricht umgesetzt werden können, bedarf es einiger, zum Teil weitreichender Maßnahmen. Zu vier Maßnahmen haben wir in Bezug auf die vorausgegangene Frage der Zukunftsvorstellungen nach der Zustimmung der Lehrer:innen ge-

---

[6] Von den befragten Lehrer:innen gaben 80 an, fachfremd zu unterrichten. Davon entfallen 54 % auf das Fach Werte und Normen, 38 % auf Evangelische Religion, 19 % auf den kokoRU und 3 % auf Katholische Religion. Je eine Lehrperson unterrichtet fachfremd Jüdische Religion und Islamische Religion.

8.2 Zukunftsvorstellungen und Reformmaßnahmen

fragt. Der weitreichendsten Maßnahme 1, der Streichung des Artikels 7.3 aus dem Grundgesetz, wird am wenigsten zugestimmt (s. Abbildung 51). Lediglich ein kleiner Teil der Lehrenden unterstützt dies (7,2 %). Über die Hälfte der befragten Lehrer:innen stimmen bezüglich gesetzlicher Änderungen der Maßnahme 2 zu: der Aufnahme von Werte und Normen als Alternativfach in die Rechtstexte. Dass sich die Kirchen auf ein einheitliches Unterrichtsmodell einigen sollen, findet zwar eher Zustimmung als Ablehnung, es lässt sich aber mit 30,8 % unentschlossenen und 29,2 % ablehnenden Lehrer:innen keine klare Tendenz erkennen. Dass die Einzelschule zukünftig allein für die Form des religionsbezogenen Unterrichts zuständig sein soll, wird von 55,6 % der Lehrer:innen abgelehnt. Wie schon bei den Zukunftsvorstellungen zeigt sich auch bei den Reformmaßnahmen, dass Werte und Normen als Unterrichtsfach gestärkt werden soll, sogar mit einer gesetzlichen Verankerung.

Abbildung 51

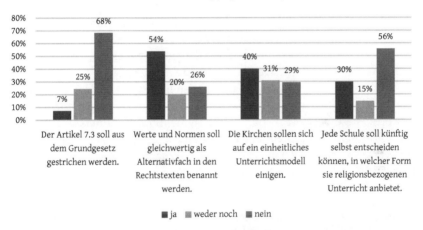

Stimmen Sie der Umsetzung folgender Maßnahmen zu?

Anmerkung Maßnahme 1 n=948; Maßnahme 2 n=962; Maßnahme 3 n=958; Maßnahme 4 n=962

Bei der Frage nach Reformmaßnahmen zur Umsetzung der jeweiligen Zukunftsvorstellungen entspricht die Maßnahme „Der Art. 7.3 soll aus dem Grundgesetz gestrichen werden". der Konsequenz, welche sich aus der Abschaffung des Religionsunterrichts ergibt. Die Streichung findet ähnlich wie die Zukunftsvorstellung der Abschaffung Zustimmung bei 7,2 % der befragten Lehrer:innen. Die drastische Maßnahme der Grundgesetzänderung scheint den Befürworter:innen der Abschaffung des Religionsunterrichts bewusst zu sein und findet eine ähnliche Zustimmung. Die Schulform spielt bei dem Zukunftsszenario der Abschaffung insofern eine Rolle, als ein Großteil der qualifizierten Werte-und-Normen-

Lehrer:innen, welche an der Umfrage teilgenommen haben und sich in besonderem Maße für die Abschaffung aussprechen (s. Abbildung 50), an Gymnasien oder Gesamtschulen arbeitet.

8.3 Sorgen und Wünsche der Religionslehrer:innen im Blick auf religionsbezogenen Unterricht

Vor dem Hintergrund der dargestellten quantitativen Befunde zur Wahrnehmung der gesellschaftlichen Herausforderungen, möglicher Zukunftsszenarien und notwendiger Reformmaßnahmen für einen religionsbezogenen Unterricht der Zukunft durch die Lehrer:innen religionsbezogener Fächer werden im Folgenden die Interviewtexte im Hinblick auf die dort artikulierten Sorgen und Wünsche der Religionslehrer:innen analysiert. Dabei muss vorausgeschickt werden, dass sich zu vielen in der Fragebogenuntersuchung abgebildeten Positionen auch Aussagen in den Interviews finden lassen, diese Doppelung soll im Folgenden allerdings nicht im Detail dargestellt werden. Vielmehr liegt der Fokus auf ergänzenden Befunden und Impulsen aus den Interviewtexten, die die Fragebogenuntersuchung nicht abbildet (bzw. nicht abbilden kann).[7]

So fällt zunächst auf, dass sich auch in den Interviews Lehrer:innen für den Ausbau und die Stärkung des Faches Werte und Normen aussprechen. Bemerkenswerterweise berichtet eine Gesamtschullehrkraft von den Überlegungen ihres Kollegiums, den gemeinsamen Religions- und Werte-und-Normen-Unterricht (ReWeNo, vgl. den Exkurs in Kapitel 4.1.3) zugunsten zweier getrennter Fächer aufzulösen. Den Impuls für diese Überlegungen habe die Fachleitung Werte und Normen gesetzt:

> „Also die Initiative kam von meiner/ also ich muss dazu sagen, ich mache die Fachkonferenz Religion, und meine Kollegin von der Fachschaft Werte und Normen, die arbeitet seit Jahren darauf hin, dass halt ihr Fach ... stärker in den/ also st/ gestärkt

---

[7] Auf Ebene der Kategorien handelt es sich hierbei um *Zukunft des RU > Sorgen der RULK* sowie *Zukunft des RU > Wünsche/Visionen der RULK*. Letztgenannte Kategorie ist weiter untergliedert in *Modifikationen am gegenwärtigen Modell* und *Gemeinsamer RU für alle*, hier wird bereits deutlich, dass die Wünsche der Religionslehrenden für einen zukünftigen Religionsunterricht in dieser Hinsicht zu unterscheiden sind. Sie skizzieren entweder auch für die Zukunft einen bekenntnisgebundenen Unterricht und benennen einzelne Maßnahmen zur Verbesserung des gegenwärtigen Modells, oder sie entwerfen einen gemeinsamen religionsbezogenen Unterricht in unterschiedlicher Ausgestaltung. Da die weitere Untergliederung der Kategorien nur thematischen, nicht aber systematischen Wert hat, werden im Anschluss an die Stellennachweise der Zitate lediglich die Kategoriennamen der Ebenen zwei und drei ausgewiesen. Ein Überblick über das Kategoriensystem und die entsprechende Gliederungsebene vier ist dem Anhang A03 zu entnehmen.

8.3 Sorgen und Wünsche der Religionslehrer:innen

wird, quasi. Ich würde mal sagen vor fünfzehn Jahren gab es ja noch gar keine Werte- und-Normen-Lehrer, da haben wir Religionslehrer das mitgemacht. Und ihr ist einfach wichtig, dass das als eigenständiges Fach wahrgenommen wird und ernst genommen wird. Und deswegen kam die Idee quasi von ihr." (I14, KGS, Pos. 7; *Wünsche/ Visionen der RULK > Modifikationen am gegenwärtigen Modell*).[8]

Sodann gibt es in den Interviewtexten auch Stimmen, die den Ausbau des islamischen Religionsunterrichts befürworten und damit strukturell die Fächerdifferenzierung religionsbezogener Bildung, inhaltlich das konfessionelle Prinzip religiöser Bildung unterstützen. Eine Lehrkraft an der Berufsbildenden Schule formuliert sehr deutlich: „Wir brauchen gut ausgebildete muslimische Religionslehrkräfte" (I07.2, BBS, Pos. 23). Sie erlebt den bereits stattfindenden islamischen Religionsunterricht an den Grund- und allgemeinbildenden Schulen im Umkreis als wertschätzendes Zeichen an die muslimischen Schüler:innen und wünscht sich dergleichen auch für die Berufsbildenden Schulen:

„Also wäre es auch gut, wenn irgendwann welche [der islam. Religionslehrenden, E. H.] hier in der BBS ankommen. Also einfach damit auch ein Schüler merkt: ‚Aha, ich bin jetzt hier angekommen. Ich bin keine Ausnahmeerscheinung mehr.' Christian Wulff hat gesagt: ‚Der Islam gehört zu Deutschland.' Ja? Also ich muss jetzt nicht sagen ‚der Islam', aber die muslimischen Schülerinnen und Schüler gehören zu Deutschland, die sind hier aufgewachsen, die sind hier geboren und die gehören in unser Schulsystem. Also brauchen sie das auch" (I07.2, BBS, Pos. 25; *Wünsche/Visionen der RULK > Modifikationen am gegenwärtigen Modell*).[9]

Diese Lehrkraft spricht sich an anderer Stelle auch explizit für einen bekenntnisgebundenen Unterricht und die Transparenz des Bekenntnisses im Unterricht aus:

„Was ich mir in jedem Fall wünschen möchte weiterhin, ist, dass man ein religiöses Bekenntnis BEKENNEN darf im Religionsunterricht. Ich möchte auf KEINEN Fall in einen weltanschaulich-neutralen Werteunterricht oder LER oder was in anderen Bundesländern, sondern die/ die Persönlichkeitsstruktur im Sinne: ‚Was bestimmt

---

[8] Hier spiegeln sich die Ergebnisse der Fragebogenuntersuchung, nach denen 97 % der befragten Werte-und-Normen-Lehrer:innen angeben, dass sie einen verpflichtenden Werte- und-Normen-Unterricht eher oder voll unterstützen.

[9] Ganz ähnlich auch eine weitere BBS-Lehrkraft: „ich finde es gut, dass zum Beispiel in Osnabrück ja inzwischen auch die Ausbildung von muslimischen Religionslehrkräften nach Landesrecht sozusagen, also außerhalb der Koranschulen, angelaufen ist. Und ich würde das klasse finden, wenn wir hier jemanden bekommen würden aus dem Kontext [...]. Also ich finde das wichtig. Gerade/ Gerade in so Schulen, wo/ wo man wirklich einen sehr starken Anteil von Menschen mit muslimischen Hintergrund hat." (I02.2, BBS, Pos. 32; *Wünsche/Visionen der RULK > Modifikationen am gegenwärtigen Modell*). Die Lehrkraft wirbt für eine Ergänzung des Kollegiums um muslimische Religionslehr:innen, „[w]eil dann könnten wir eben auch auf Ebene der Lehrkräfte abbilden, dass wir verschiedene Traditionen haben und trotzdem irgendwo in diesem Land miteinander gut zurechtkommen wollen." (I02.2, BBS, Pos. 91; *Wünsche/Visionen der RULK > Modifikationen am gegenwärtigen Modell*).

mein Handeln? Was ist mir wichtig? Wie gehe mit dem Nächsten um?' Das darf und soll und muss meines Erachtens sichtbar werden" (I07.2, BBS, Pos. 23; *Wünsche/Visionen der RULK > Modifikationen am gegenwärtigen Modell*).[10]

Auch eine Gymnasiallehrkraft spricht sich für bekenntnisgebundenen Religionsunterricht aus: „Ich würde es als Verlust empfinden, wenn es keinen Religionsunterricht mehr geben würde. Also, keinen Unterricht, wo der Standpunkt erstmal geklärt ist [...]" (I10, Gym, Pos. 32; *Sorgen der RULK > Weltanschaulich neutraler RU*). Zugleich denkt diese Lehrkraft über Unterrichtsformate nach, die für alle Schüler:innen verbindlich sein könnten:

> „Ich habe vor vielen Jahren da auch mal darüber nachgedacht und gesagt, wir müssten ein neues Unterrichtsfach vielleicht erfinden und habe das dann WIE genannt mit einem Fragezeichen. Also, WIE entwickel ich mich, stelle mich zur Welt und so weiter, Welt-Ich-Erfahrung sollte das dann heißen, aber es ist ja auch nicht so viel anders als Ethik oder Werte und Normen ODER Religion. Eigentlich geht das in allen Fächern ja um/ um Ähnliches." (I10, Gym, Pos. 30; *Wünsche/Visionen der RULK > Gemeinsamer RU für alle*).

Hier spiegelt sich der Zwiespalt vieler Religionslehrender, die einerseits den Wunsch nach einem gemeinsamen, integrativen Unterrichtsfach äußern, andererseits die Beschäftigung mit Religion und religiösen Fragen sowie die transparente Positionierung aufseiten der Lehrenden wie der Lernenden für so wichtig halten, dass sie darauf nicht verzichten wollen. So steht einer Grundschullehrkraft ein „dialogischer Religionsunterricht" nach Hamburger Vorbild vor Augen, der für alle Schüler:innen verpflichtend sein soll, den sie aber – losgelöst vom kirchlichen Mitspracherecht – in christlicher Verantwortung und Ausgestaltung versteht:

> „Ja, ich möchte das EIGENTLICH gar nicht ganz vom Christentum irgendwie ablösen, denn das ist ja schon irgendwie auch, eine zentrale Religion in Deutschland nach wie vor, also viele Feste und Feiertage orientieren sich daran und ich finde deswegen hat es schon irgendwie seine Daseinsberechtigung und ich glaube trotzdem/ also, ich glaube auch, dass/ dass das total in Ordnung ist, so mit biblischen Geschichten zu arbeiten. Das würde ich auf jeden Fall gerne beibehalten wollen in/ in einem Religionsunterricht, aber ich würde den eben, ja, verpflichtend für alle machen und dann dürfte der eben nicht mehr so konfessionell oder so formal ausgelegt sein, sondern der müsste eben offen sein und letztlich dürfte dann die Kirche da eigentlich gar kein Mitspracherecht mehr haben, sondern das müsste eine rein schulische Angelegenheit dann sein" (I13, GS, Pos. 42; *Wünsche/Visionen der RULK > Gemeinsamer RU für alle*).

Weiter gefragt nach der Position und Verantwortung der Lehrperson in diesem Unterrichtsszenario wird deutlich, dass eine areligiöse Lehrkraft nicht dem Wunschszenario entspräche:

---

[10] Einer anderen Lehrkraft steht gerade das LER-Modell als zukunftsweisendes Vorbild vor Augen, vgl. I09, KGS, Pos. 67 (s. u. Anm. 11).

8.3 Sorgen und Wünsche der Religionslehrer:innen

> „Also das Problem wird natürlich sein, wenn da jetzt jemand kommt, der damit eben GAR NICHTS am Hut hat, dass das dann auch sehr vielleicht weg geht von/ also, von jeglicher Religion. Also, es könnte auch eine/ Ist best/ Kann vielleicht passieren/ Ja, aber ich/ Also mir wäre das trotzdem einfach wichtig. Ich glaube, dass, zumindest wenn ich jetzt für unsere Schule spreche, dass ich denke, alle machen das sehr verantwortungsvoll, alle sind dem/ also, haben eben irgendwie einen christlichen Bezug [...]" (I13, GS, Pos. 44; *Wünsche/Visionen der RULK > Gemeinsamer RU für alle*).

Konkret nachgefragt, ob eine religiöse Lehrkraft für dieses Szenario eines gemeinsamen Religionsunterrichts notwendig wäre, gerät die Lehrkraft ins Nachdenken:

> „Wahrscheinlich schon. Also man/ (...) Ah, vielleicht auch nicht, weil es/ Ja. // Weiß ich nicht // (beide lachen) (unv.) Sehr spannend. (5s) Also ich glaube, dass schon die/ Ja, wahrscheinlich ist schon so, dass die eigenen religiösen Erfahrungen nicht ganz unerheblich sind, vielleicht wie man das/ Ja, vielleicht widerspreche ich mir auch total (lacht). Ich meine/ Ja, wenn ich da so darüber nachdenke, ich/ (seufzt) (...) Ja, ich glaube, wenn man jetzt so gar keinen Bezug hat, dann würde man das wahrscheinlich alles sehr so als sachliche Unterweisung so vielleicht bearbeiten und da/ da ist Religion eben auch noch mehr. Also/ (8s) Ja, schwierig" (I13, GS, Pos. 94; *Wünsche/Visionen der RULK > Gemeinsamer RU für alle*).

Das erwähnte „mehr" von Religion spezifiziert sie wie folgt: „Ja, so vielleicht so dieses manchmal Meditative oder/ oder so Spirituelle, was vielleicht schon in so einem Religionsunterricht stattfindet, das, was so durch bestimmte Methoden vielleicht irgendwie erzeugt wird" (I13, GS, Pos. 92; *Wünsche/Visionen der RULK > Gemeinsamer RU für alle*).

Auch Herr Thies (BBS) referenziert auf „Modelle wie in Hamburg oder Berlin, Brandenburg mit LER oder ReligionEN als übergreifendes Fach" als „sinnvoller [...] im Blick auf die Zukunft" (I02.2, BBS, Pos. 26). Er geht dabei von einer Lehrperson aus, die weiß, „wo sie sich religiös verortet" (I02.2, BBS, Pos. 32) und rechtfertigt das Fach inhaltlich:

> „Religion ist etwas, was Menschen bewusst oder unbewusst prägt in ihrer Wahrnehmung, in ihrer Selbstwahrnehmung und auch eher unbewusst immer noch eine Rolle in der Gesellschaft spielt, weil viele unserer Werte und/ und Verhaltensweisen oder so auf/ auf dieser religiösen Tradition, die wir hier hatten in Westeuropa, fußen. Und es halt manchmal einfach notwendig ist, mal darauf zu hören, was die Menschen, die jetzt auch hier bei uns oder mit uns hier leben und eine andere religiöse Prägung haben, was die zu sagen haben, um dann gemeinsam zu gucken, wie kann das gelingen hier gut zusammen zu leben" (I02.2, BBS, Pos. 26; *Wünsche/Visionen der RULK > Gemeinsamer RU für alle*).

Einer anderen Lehrkraft liegt vor allem die (religiöse) Sozialisation und Erfahrung der Schüler:innen am Herzen. Sie wünscht sich, dass diese auch in einem gemeinsamen Religions- und Werte-und-Normen-Unterricht nach dem Brandenburger LER-Modell einen Platz finden.[11] Es ließen sich an dieser Stelle weitere Beispiele anfügen, die zeigen, dass einige der befragten Religionslehrer:innen sich im Zwiespalt zwischen dem Wunsch nach einem gemeinsamen Religionsunterricht aller Schüler:innen und dem Wunsch nach einer konfessionsgebundenen Gestaltung des Unterrichts – sei es in Bezug auf die Themen, die Methoden, die Positionierung der Lehrkraft oder den Erfahrungsbezug der Schüler:innen – befinden.

Ein Wunsch der Religionslehrenden für die Zukunft des Religionsunterrichts abseits der Frage nach einem geeigneten Unterrichtsmodell ist aus den Interviewtexten noch zu ergänzen. So formulieren einige Lehrer:innen ihren Bedarf an interreligiösen Fortbildungen. Exemplarisch soll an dieser Stelle eine katholische Lehrer:in einer Berufsbildenden Schule zu Wort kommen: „Wir brauchen Fortbildungen, denn die/ die Kolleginnen und Kollegen sind ja noch grundständig ausgebildet im Bereich Katholische Religion, aber von mir wird erwartet, dass ich für alle antwortfähig bin, ja?" (I07.2, BBS, Pos. 23).[12]

Zusammenfassend kann festgehalten werden, dass sich im Rahmen der geführten Interviews bezüglich eines zukunftsfähigen Modells von Religionsunterricht Positionen finden, die sich weiterhin einen bekenntnisgebundenen Religionsunterricht wünschen, die neben der Stärkung des Werte-und-Normen-Unterrichts auch für den Ausbau des islamischen Religionsunterrichts plädieren, die das Hamburger Modell eines dialogischen Unterrichts entweder befürworten oder befürchten und denen ein gemeinsamer Religions- und Werte-und-Normen-Unterricht nach Brandenburger Vorbild als Gewinn oder Verlust vor Augen steht. An dieser Vielfalt und Gegensätzlichkeit der Positionen wird deutlich, dass die Religionslehrenden individuell unterschiedliche Zukunftsvisio-

---

[11] „Das [LER-Modell aus Brandenburg, E. H.] könnte ich mir schon als Vorbildmodell vorstellen ... So lange nicht eben grundsätzlich, [...] ja, Relig/ die religiöse/ die religiöse Sozialisierung der Schüler irgendwie ausgeschlossen wird oder verteufelt wird. Also dass/ Ich finde schon, dass Kinder da schon eben auch in den Unterricht ihre eigene religiöse Sozialisierung und ihren Glauben/ Glaubensvorstellungen und Weltanschauung mit einbringen sollten zu bestimmten Themen" (I09, KGS, Pos. 67; *Wünsche/Visionen der RULK > Gemeinsamer RU für alle*).

[12] Ähnlich auch I06: „man muss nochmal Schulungen auch haben, welche/ Wo kriege ich das Wissen her? Wo kriege ich auch ein anderes religionsgebundenes Buch her und nicht immer nur die christlichen oder Religionsbücher, die aus dem/ wo der Autor eben auch aus dem konfessionell-kooperativen Bereich kommt, ne? Das ist schwer." (I06, BBS, Pos. 30) und I08: „Es ist viel fruchtbarer, wenn die miteinander über ihren Glauben und über ihre Unterschiede reden und gerade bei den muslimischen Schülern, wenn ich da mal welche hatte, da gab es schon so sehr unreflektierte Meinungen. Ich hatte auch eher die Kleinen und fände das, wenn wir das miteinander diskutieren könnten: ‚Was glaubst du denn? Wie betet ihr denn? Wie macht ihr das? Ah ja, ihr macht das anders.', das fände ich viel frucht/ oder nochmal viel fruchtbarer. Wahrscheinlich auch/ auch schwieriger. Ich müsste wahrscheinlich auch nochmal eine Fortbildung besuchen." (I08, Gym, Pos. 40).

nen, -wünsche und -ängste formulieren,[13] die sich nicht immer zu einem widerspruchsfreien Modell von religionsbezogenem Unterricht formen lassen. Ob und inwiefern das für Niedersachsen vorgeschlagene Modell eines christlichen Religionsunterrichts diesen Wünschen oder Befürchtungen entspricht, werden die folgenden Analysen zeigen.

8.4 Die niedersächsische Initiative ‚Christlicher Religionsunterricht' in der Wahrnehmung der Lehrenden

Es wurde bereits darauf hingewiesen, dass der Vorschlag der Schulreferent:innen der evangelischen Kirchen in Niedersachsen und der katholischen Diözesen zur flächendeckenden Etablierung eines *„gemeinsam verantworteten christlichen Religionsunterricht[s]"*[14] (kurz CRU) im Mai 2021 so überraschend kam, dass im Rahmen der Fragebogenuntersuchung dazu keine Daten erhoben werden konnten (s. Kapitel 1.1). In den Interviewleitfaden wurde nach Bekanntwerden des Vorschlages ein entsprechender Frageimpuls zum CRU eingefügt, sodass 13 Lehrende im ersten Schulhalbjahr 2021/22 zu ihrem Kenntnisstand und einer professionellen Einschätzung der Konsequenzen dieses Vorstoßes befragt werden konnten.[15]

8.4.1 Kenntnisstand zum CRU

Gefragt nach ihrem Kenntnisstand zur Initiative der evangelischen Kirchen und katholischen Bistümer in Niedersachsen, einen gemeinsam verantworteten

---

[13] Die quantitativen Befunde schulformspezifischer Zukunftsvorstellungen von religionsbezogenem Unterricht lassen sich mithilfe der Interviewdaten nicht bestätigen, das liegt jedoch weniger am Datenmaterial als vielmehr an der grundsätzlichen Ausrichtung der qualitativen Interviewstudie, die keine Aussagen über quantitative Tendenzen treffen will und kann.

[14] Gemeinsam verantworteter Christlicher Religionsunterricht. Ein Positionspapier der Schulreferentinnen und Schulreferenten der evangelischen Kirchen und katholischen Bistümer in Niedersachsen, Hannover (Mai) 2021, https://cdn.max-e5.info/damfiles/default/religionsunterricht_in_niedersachsen/Downloads/Positionspapier-CRU.pdf-fbba549507cf0766ac39916f7f528265.pdf (Zugriff am 12.12.2022).

[15] Im Folgenden handelt es sich um die Kategorie *Zukunft des RU > Einschätzungen der RULK zum CRU*. Die weiteren Unterkategorien entsprechen den Zwischenüberschriften der Teilkapitel, sodass auf einen Ausweis der Kategorienzuordnung im Anschluss an die Zitate verzichtet werden kann. Ein Überblick über das Kategoriensystem ist dem Anhang A03 zu entnehmen.

christlichen Religionsunterricht einzuführen, antworteten drei Lehrer:innen ganz explizit, dass sie davon noch nichts gehört hätten.[16] Eine weitere Gymnasiallehrkraft wundert sich ausdrücklich über die entsprechende (Nicht-)Informationspolitik:

> „Ich weiß nichts genaues. Ich/ Ja, genau. Es ist merkwürdig, dass man als Religionsunterrichtender irgendwie auch nur was aus der Presse entnimmt oder auch nur weniges und das muss man ja auch ganz vorsichtig angucken und dass unsere Fachfrau mal IRGENDWIE WAS gehört hat, aber das auch nur in zwei Sätzen wiedergeben konnte, ja, das ist schon merkwürdig" (I10, Gym, Pos. 38).

Eine Lehrer:in der Berufsbildenden Schule berichtet, von dem Vorstoß auf einer Fortbildung erfahren zu haben und schildert ihren Eindruck einer schulformspezifischen Informationsdifferenz: „Ich habe davon das erste Mal gehört, als wir vor zwei oder drei Wochen in Loccum waren. Da waren wir auf einer Fortbildung für Gymnasiallehrer zum Thema Gottesbilder und da waren die anderen deutlich besser informiert als ich" (I05, BBS, Pos. 90).

Eine weitere Lehrkraft wurde auf einer regionalen Dienstbesprechung der Religionslehrenden informiert, dort kam es zum Austausch der unterschiedlichen Positionen der Kolleg:innen.[17] Unsicherheiten bezüglich der Rahmendaten des Vorhabens offenbarte allerdings auch diese Lehrkraft: „Ich weiß auch gar nicht, ist das in Niedersachen oder war das ein deutschlandweites Vorgehen oder Vorstoß, das mit dem christlichen Religionsunterricht?" (I14, KGS, Pos. 55).

Die Ausführungen zeigen, dass sich etwa ein halbes Jahr nach Veröffentlichung des Vorschlages zur Etablierung eines christlichen Religionsunterrichts die betroffenen Lehrer:innen tendenziell wenig informiert fühlten bzw. fühlen über das Vorhaben und den laufenden Beratungsprozess. Dieses Ergebnis kontextualisiert die im Folgenden dargestellten Einschätzungen der Lehrer:innen.

---

[16] Das sind I06 (BBS), I08 (Gym) und I12 (OS): I: „[...] Ich würde Sie nur noch fragen zu der Initiative jetzt der christlichen Kirchen in Niedersachsen: Christlicher Religionsunterricht. Haben Sie davon was schon was gehört?" B: „Nein. // Wann ist diese Ini/ // Wann ist diese Initiative entstanden?" (I06, BBS, Pos. 97-98); I: „Vielleicht können wir noch einmal einen Blick werfen, sofern Sie davon schon mitbekommen haben, von der Initiative christlicher Religionsunterricht, die jetzt die niedersächsischen Kirchen, die evangelischen und die katholische gestartet haben. Zuerst // (einmal?)/ // Die Frage, genau, haben Sie davon schon was mitbekommen? Nein." (I08, Gym, Pos. 55); „Ja, also direkt davon habe ich jetzt nicht davon gehört, aber die Ideen gab es ja, glaube ich, jetzt mal inoffiziell immer irgendwie ein bisschen. Aber da jetzt konkret habe ich da nichts/ nichts zu gehört, ne?" (I12, OS, Pos. 52).

[17] „Ja, da sind wir informiert worden drüber, also auf der letzten Dienstbesprechung. Die Initiative ist doch innerhalb der beiden Kirchen entstanden, oder sehe ich das nicht richtig? // Doch. // Ja, habe ich was von mitbekommen und wir hatten uns darüber unterhalten, bei dieser Dienstbesprechung mit den anderen Fachkollegen aus [der Region]." (I14, KGS, Pos. 53).

8.4.2 Einschätzungen zu praktischen Konsequenzen des CRU

Die alltagspraktischen Konsequenzen einer Einführung des CRU werden von den befragten Lehrer:innen sehr unterschiedlich eingeschätzt. Viele formulieren eine bürokratische Erleichterung durch die wegfallenden Antragsverfahren für konfessionell-kooperativen Religionsunterricht: „Grundsätzlich wäre ich dafür, ja. Dann bräuchte ich keine Anträge mehr stellen .... (lacht). [...] Also für uns an unsere Schule gäbe es keine anderen Konsequenzen, weil wir das ja eben schon immer machen." (I14, KGS, Pos. 53–55). Hier klingt bereits an, dass der konfessionell-kooperative Religionsunterricht auch inhaltlich dem CRU äquivalent erscheint:

> „Also ehrlich gesagt, dadurch dass wir diesen konfessionell-kooperativen Unterricht haben und da ja auch katholische und evangelische Inhalte berücksichtigen müssen, würde ICH sagen, dass man gar nicht so viel verändern muss. Also, ich glaube, dass sich das inhaltlich nicht großartig unterscheiden würde, dass da keine großen Anpassungen jetzt notwendig wären, sondern dass wir da dann sagen können: ‚Ja, wir haben gut vorgearbeitet.' (lacht) Ja" (I13, GS, Pos. 50).

Insbesondere aus der Perspektive der Lehrer:innen an Berufsbildenden Schulen scheint der CRU kaum unterrichtspraktische Veränderungen vorzugeben. So erläutert z. B. Frau Kaiser (BBS), dass sich für die Praxis eines als konfessionell-kooperativ ausgewiesenen Religionsunterrichts im Klassenverband keine Konsequenzen ausmachen lassen:

> „also aus Sicht der Berufsbildenden Schulen ist das nicht aufregend, was da Neues kommt. Weil wir, [...] wie gesagt, entweder sowieso aktuell Religionsunterricht im Klassenverband machen und das zwar dann im Zeugnis evangelischer Religionsunterricht heißt, wenn ich das unterrichte, konfessionell-kooperativ erteilt, in echt aber ja ein/ein sehr ausgewogenes, alle Religionen Zuwortkommenlassen darstellt" (I04, BBS, Pos. 52).

Sie betont zudem die Perspektive der Schulleitung sowie des Kollegiums, für die die Differenz zwischen konfessionell-kooperativem Religionsunterricht und dem angestrebten CRU sowie die konfessionelle Unterscheidung der Religionslehrenden weder ersichtlich noch bedeutsam seien:

> „Und ... im Blick auf zum Beispiel das berufliche Gymnasium, glaube ich ist/ ist jetzt ... aus Sicht der Schule und der Schulleitung wird man nicht groß verstehen, wo ist jetzt der Unterschied vom Christlichen Religionsunterricht zum konfessionell-kooperativen. ‚Ist das nicht eigentlich dat gleiche heißt nur nochmal irgendwie anders und man muss im Zeugnis nicht rumtüdeln zwischen katholischer Religionsunterricht konfessionell-kooperativ erteilt oder evangelischer Religionsunterricht konfessionell-kooperativ erteilt?', und dann wundern sich die Kollegen, weil die ja

auch gar nicht wissen, ob jetzt die Kollegin XY evangelisch oder katholisch ist. Sondern das sind halt die, die hier Reli unterrichten (lacht), so" (I04, BBS, Pos. 52).

Auch Herr Simon (BBS) hat seinen religiös und weltanschaulich integrativen Religionsunterricht im Klassenverband vor Augen und betont angesichts der multireligiösen Zusammensetzung sowie des kognitiven Niveaus seiner Lerngruppen, für ihn seien die Neuerungen des CRU irrelevant und von daher „egal":

> „Und wenn ich jetzt ganz ehrlich bin, ist mir das komplett egal. Also weil ich habe hier sowieso alle. Also ich/ ich weiß nicht, was sich für mich verändern soll. Also ich muss irgendwie die katholische Perspektive nochmal ein bisschen besser mir angucken, aber ich glaube, letztendlich verändert sich für mich gar nichts. Also sollen die machen (B und I lachen). Also das ist mir echt egal. Das ist mir vollkommen wurst. Also solange ich jetzt nicht konvertieren muss (lacht) ist es für mich egal. Ja. Wir haben keine katholische Lehrkraft hier, wir haben eigentlich einen/ sehr wenige katholische Schüler:innen und die nehme ich einfach als Christen wahr. Und also diese Unterschiede, komm also. Das ist mir/ Das ist/ Auf dem Niveau, auf dem wir uns hier befinden ist das egal. Sehe ich so. Ja" (I05, BBS, Pos. 90).

Simons Äußerungen machen die empfindende Diskrepanz zwischen seinem Unterrichtsalltag und den konzeptionellen Entwürfen und Weiterentwicklungen des Religionsunterrichts („sollen die machen") sehr deutlich. Dabei kann man ihm ein fehlendes Bewusstsein für die konfessionellen Differenzen *nicht* vorwerfen. Simon reflektiert an anderer Stelle seine evangelisch-freikirchliche Prägung und bemerkt immer wieder Unterschiede seiner Position zum Katholizismus: „Also im Nachhinein [in der Reflexion der freikirchlichen Sozialisation, E. H.] habe ich festgestellt, dass ich schon sehr lutherisch bin und dann denke ich manchmal, wenn ich mich mit einem Katholiken unterhalte, dass ich denke, okay es sind da schon noch Unterschiede, aber (unv.) wie gesagt, das spielt hier/ das spielt hier alles keine Rolle." (I05, BBS, Pos. 94).

Eine andere Lehrerin einer Berufsbildenden Schule versteht die Umsetzung einer gemeinsamen evangelisch-katholischen Verantwortung für den Religionsunterricht geradezu als Erleichterung ihrer Unterrichtsgestaltung. Sie hält fest, dass sie sich vor diesem Hintergrund „auch trauen würde, mehr den katholischen Bereich noch (lacht) aufzugreifen. [...] Also, ich meine, es ist EINE Religion, das sage ich auch so zu den Schülern, es ist EINE Religion und dann sollte man doch an einem Strang ziehen und nicht noch auf Kleinigkeiten gucken, die uns trennen, ne?" (I06, BBS, Pos. 104). Die Lehrkraft schildert ihre Unterrichtserfahrungen, nach denen sie mit ihren Schüler:innen häufig und lieber katholische statt evangelische Kirchen besuche, „weil die einfach auf sind" (I06, BBS, Pos. 104) und der organisatorische Aufwand gegenüber dem Besuch evangelischer Kirchen deutlich geringer ausfalle. Von der Einführung des CRU erhoffe sie sich „auch sozusagen von Oben den Segen, dass man das darf (lacht)" (I06, BBS, Pos. 108). An dieser Stelle wird das hierarchische Verständnis religionsunterrichtsgestaltender Instanzen der Lehrkraft besonders deutlich.

8.4 Die niedersächsische Initiative ‚Christlicher Religionsunterricht'

Frau Sternhuf (BBS) reflektiert die Folgen einer gemeinsamen Verantwortung für den Religionsunterricht auf institutioneller Ebene und nennt dafür auch ökonomische Gründe.[18] Sie denkt sowohl an gemeinsame Veranstaltungen z. B. zur Verleihung der Missio und Vocatio, an Fort- und Weiterbildungsseminare in evangelisch-katholischer Verantwortung und Ausgestaltung sowie an die Zusammenarbeit und Vernetzung der Bildungshäuser.[19] Die bereits erfolgte Zusammenlegung der regionalen Medienstellen ihres Bistums führt sie als Beispiel für mögliche konfessionsübergreifende Zusammenlegungen „arbeitspädagogische[r] Stellen" (I07.2, BBS, Pos. 31) an, um Personalressourcen einzusparen und technische Vernetzungsmöglichkeiten auszuschöpfen.

Zusammenfassend kann festgehalten werden, dass diejenigen Lehrer:innen, die in konfessionell-kooperativen bzw. religiös und weltanschaulich integrativen Unterrichtsformaten unterrichten, die unterrichtspraktischen Konsequenzen eines CRU sehr gering einschätzen. Schulorganisatorisch wird vor allem eine Reduktion des bürokratischen Aufwandes um den Religionsunterricht erwartet. Strukturell rücken gemeinsam verantwortete Aus- und Weiterbildungsformate sowie Kooperationen und Zusammenlegungen der kirchlichen Bildungshäuser und pädagogischen Arbeitsstellen in den Blick.

8.4.3 Fürsprache für den CRU

Die Fürsprache für einen gemeinsam verantworteten christlichen Religionsunterricht kommt von Lehrer:innen unterschiedlicher Schulstufen und -formen und wird durch verschiedene Argumente gestützt. So macht z. B. eine Gymnasiallehrkraft die Perspektive der Schüler:innen stark, die eine konfessionelle Differenzierung kaum nachvollziehen könnten: „Ja, ganz klar positiv. Ich finde, das entspricht fast überall der Lebensrealität. [...] für die Schüler ist das totaler Humbug, dass man das in katholisch und evangelisch auftrennt." (I08, Gym, Pos. 56). Eine andere Gymnasiallehrkraft geht noch weiter und betont, dass dieser Schritt

---

[18] „[W]enn die Kirchen zusammengehen und das werden sie tun – Klammer auf: müssen – allein schon aufgrund auch der/ der finanziellen Zuwendungen, die zu erwarten sind, dass man Veranstaltungen zusammenlegt, ja?" (I07.2, BBS, Pos. 31).

[19] „Vielleicht gibt es eine gemeinsame Veranstaltung, Vocatio und Missio. Das Land Niedersachsen hat ja jetzt zum ersten Mal eine Weiterbildungsmaßnahme aufgelegt, wo evangelische Religionslehrkräfte BBS zusammen mit katholischen Lehrkräften BBS ausgebildet werden. Die ist jetzt angefangen 2021, geht bis 2023 [...] und da wird am Ende der Veranstaltung eine gemeinsame Missio- und Vocatio-Verleihungsfeier stattfinden. Und das gehört zum christlichen Religionsunterricht. [...] Also das sind so Sachen, da wird sich sicherlich in der äußeren Form auch was/ die Bildungszusammenarbeit der Bildungshäuser, die Vernetzung und die Technik gibt das ja her, ja? Das wäre auch so eine Zukunftsperspektive" (I07.2, BBS, Pos. 31).

„wirklich nun total überfällig" sei und „die eigentliche Realität" noch nicht erreiche (I03.2, Gym, Pos. 32).

Diese Wahrnehmung der „Überfälligkeit" teilen weitere Lehrer:innen.[20] Frau Sternhufs (BBS) Äußerung zeigt, wie nah Fürsprache und Kritik am CRU beieinanderliegen. Sie formuliert: „also ich finde es gut, dass die Kirchen sich endlich auf den Weg machen, aber ich glaube, es geht wie/ wie es immer geht, dass es eher ein hinterher Laufen ist, anstatt ein vorausschauendes, weitblickendes Agieren" (I07.2, BBS, Pos. 29).

Als Weiterentwicklung des konfessionell-kooperativen Religionsunterrichts würdigt Frau Schüne (KGS) den CRU, betont dabei jedoch ihre Perspektive als evangelische Lehrerin in einer vorwiegend evangelisch geprägten Gegend:

> „Aber so für viele Gebiete in Niedersachsen fände ich das völlig einfach zu praktizieren und völlig naheliegend einfach auch. Denn wir machen doch auch nichts anderes. Also auch im evangelischen Unterricht ist man ja gehalten, katholische Lehren mit einzubeziehen, zumindestens vorzustellen oder auch als gleichwertig stehen zu lassen" (I14, KGS, Pos. 55).

Aus einer fingierten Minderheitenposition heraus könne sie sich durchaus vorstellen, dass „ich mich dann von der katholischen Seite bev/ bevormundet fühlen würde" (I14, KGS, Pos. 55). Im Rückblick auf eine Diskussion um den CRU mit Kolleg:innen betont sie vor allem die begriffliche Klarheit des Unterrichtsmodells:

> „Ich war erstaunt, dass viele Kolleginnen und Kollegen dagegen waren und da ging es komischerweise um den Titel. Die wollen nicht, dass das Christlicher Religionsunterricht heißt. [...] Jedenfalls hatten die argumentiert, wenn es christlicher Religionsunterricht heißt, dann kommen unsere muslimischen Schüler nicht mehr. Ja, ist ja auch ok, ich meine, das ist doch sonst eine Mogelpackung, ne? Wenn ich einfach nur sage, es heißt konfessionell-kooperativ, das verstehen die Muslime nicht und dann kommen sie, dann kann ich die bekehren oder so. Das ist doch irgendwie komisch gedacht, finde ich. Also ich kann den Ansatz nur befürworten, weil wir ja eigentlich seit Jahren eben auch konfessionell-kooperativ arbeiten und damit auch gute Erfahrungen gemacht haben" (I14, KGS, Pos. 53).

Ihre Schilderungen lassen Erfahrungen einer Konkurrenzsituation des Religionsunterrichts vermuten.

Die zitierten Äußerungen zeigen, dass einige Lehrer:innen die vorgeschlagene Einführung des CRU deutlich befürworten, sie erleben die konfessionelle Differenzierung als wenig plausibel und begrüßen den CRU als Weiterentwick-

---

[20] „Ich finde die [Neuerung, E. H.] überfällig. Also, ich finde das ganz unbedingt notwendig, dass das so als gemeinsamer Unterricht stattfindet" (I13, GS, Pos. 48); „Also (unv.), ich bin der Meinung das wird Zeit. [...] ich glaube es/ es führt nicht weiter, wenn wir da so ausdifferenzieren" (I02.2, BBS, Pos. 26).

8.4 Die niedersächsische Initiative ‚Christlicher Religionsunterricht'   229

lung des konfessionell-kooperativen Religionsunterrichts. Dabei sind einige Lehrer:innen der Meinung, die geplanten Neuerungen gingen nicht weit genug und hinkten der realen religiös-weltanschaulichen Pluralität der Schüler:innenschaft hinterher.

8.4.4 Konzeptionelle Anfragen an den CRU

Ein deutlicher Schwerpunkt der konzeptionellen Anfragen an den CRU vonseiten der (evangelischen) Lehrer:innen liegt auf der bleibenden positionellen Bindung an ihr Bekenntnis.

Eine Lehrer:in an der Berufsbildenden Schule beschreibt die sich für sie darstellende Problemlage so:

> „Ich glaube, da sind noch einige bisher noch nicht bedachte Baustellen, die da noch aufploppen werden, die durchaus auch noch gewissen Zündstoff mit sich bringen, vor allen Dingen auch die Frage, die jetzt eben unter den Kolleginnen, Kollegen natürlich diskutiert wird, inwiefern muss ich jetzt die Position der anderen Konfession jeweils mit vertreten, wo die auch ganz klar gesagt haben, da sind Grenzen. Also, ich kann nicht mich entsprechend positiv zu gewissen Dingen da verorten zum … ob nun Zölibat oder Marienverehrung oder Heiligenverehrung oder der ganze/ ganze Bereich Papst und Co. und so weiter, das Amtsverständnis. Also, da/ das/ das ist eine große Unsicherheit im Moment auch da, wie soll damit umgegangen werden und wie/ ja, inwiefern kann ich dann noch so kritisch vielleicht auch mit Dingen umgehen, die ich jetzt in meinem evangelischen Religionsunterricht aus evangelischer Sicht kritischer angehen kann, als wenn ich irgendeine gemeinsame Verantwortung habe und ja vielleicht auch diese Position irgendwo darstellen, (präsentieren?) muss. Kann ich dann noch so kritisch damit umgehen, wo ich eben, ne?, Amtsverständnis, Umgang mit/ mit Frauen im/ im Priesteramt und so weiter. Wo ich ja dann vielleicht gehemmt bin aufgrund dieser gemeinsamen Verantwortung, die mir da auferlegt wird, ob das nicht ein Hemmschuh auch wird da wirklich konstruktiv kritisch damit umzugehen mit gewissen Sachen oder so" (I11.2, BBS, Pos. 20).

Hier werden vor allem Unsicherheiten im Umgang mit konfessionellen Differenzen deutlich, die sich in der Frage nach der Reichweite und der inhaltlichen wie positionellen Konsequenz der gemeinsamen Verantwortung für den christlichen Religionsunterricht kundtun. Eine Gesamtschullehrkraft beschreibt den Verlust einer authentisch-konfessionellen Position für die (in diesem Fall: katholischen) Schüler:innen als Folge der Aufhebung konfessioneller Differenzierung:

> „Ich … denke, dass … ich trotzdem was/ was mir ja so im Religionsunterricht eben auch so ergeht, dass ich trotzdem eben nicht die … ja, die katholische Perspektive übernehmen kann, auch/ und mich eigentlich auch, wenn es um Them/ Themen des christ/ also wenn es da wirklich um so beim Thema evangelisch-katholisch geht, dass ich das wirklich auch/ eher auch nur neutral unterrichten kann, ich wirklich nur

> aufzeigen kann, was dort die Pra/ Glaubenspraxis und die Glaubensinhalte sind, aber ich da nicht irgendwie authen/ dass nicht irgendwie authentisch vermitteln kann. Also es ... ja, das wäre für mich irgendwie au/ also ... auch ... ja, ... dass/ da/ ich weiß nicht ob da/ ob da eventuell etwas verloren ginge, also das heißt, für kath/ für katholisch geprägte Schüler, die/ die vor/ also die vorher bei einer katholischen Lehrkraft ... Unterricht hatten und jetzt auf einmal dann bei einer evangelisch/ einer evangelischen Lehrkraft Unterricht haben, weil jeder das unterrichten darf. Da weiß ich nicht, ob da irgendwas verloren geht. Also eben an gewisser Authen/ Authentinizi/ Authenzität" (I09, KGS, Pos. 69).

Auch in diesem Votum steht die konfessionelle Bindung der Lehrkraft im Zentrum des Nachdenkens über die Ausgestaltung eines christlichen Religionsunterrichts.

Darüber hinaus formuliert eine Gesamtschullehrkraft den Entwurf eines gemeinsamen Kerncurriculums als Herausforderung. Dabei nimmt sie ihre eigenen Erfahrungen mit der Ausarbeitung eines fächerverbindenden Lehrplans für den konfessionell-kooperativen Religionsunterricht als Ausgangspunkt und reflektiert die Lehrunterschiede der katholischen und evangelischen Kirche sowie die theologischen Differenzen:

> „ich bin mal gespannt, ob das wirklich wahr wird, weil manche Inhalte von katholischer Seite ja schon exklusiv sind. Also einige katholische Richtlinien heißen ja schon: Die Schülerinnen und Schüler lernen, dass die Kirche ... na, der Weg zum Heil ist, will ich mal ganz grob sagen. Und das kann man als evangelischer Theologe so nicht stehen lassen. Also die katholische Lehre geht auch noch immer mehr davon aus: Wir GLAUBEN an die Auferstehung. Punkt. Oder so etwas. Und auf evangelischer Seite ist es ja schon seit Jahrzehnten diskutabel: Glauben wir wirklich an die Auferstehung oder ist die ganz anders gemeint? Oder wie auch immer. Also da sind wir ja natürlich auch viel ... liberaler im Denken und ich bin gespannt, ob man das tatsächlich unter einen Hut kriegt oder ob die Kirchen sich da einigen können" (I14, KGS, Pos. 53).

Auch diese Lehrkraft einer Berufsbildenden Schule denkt über die inhaltliche Ausgestaltung des CRU nach und wünscht sich eine verstärkte „Auseinandersetzung mit anderen religiösen und weltanschaulichen Traditionen" (I02.2, BBS, Pos. 167) gegenüber genuin christlichen resp. theologischen Themen: „Also ich denke, dass zukunfts-/zukunftsweisend ist es eher, zu gucken, miteinander ins Gespräch zu kommen als irgendwie Grenzen zu ziehen." (I02.2, BBS, Pos. 167).

Andere Lehrer:innen denken über die Reichweite des christlichen Religionsunterrichts nach. Dabei wird die begriffliche Klarheit – vor allem im Gegenüber zum konfessionell-kooperativen Religionsunterricht – zunächst positiv gewürdigt (s. o.). Zwei Lehrer:innen fragen jedoch an, inwiefern auch die reformierte und die orthodoxe(n) Kirche(n) sowie freikirchliche Gruppierungen an der konzeptionellen Entwicklung und der Verantwortung für einen christlichen Religionsunterricht beteiligt werden.[21]

---

[21] „Also, ich weiß, dass mit der orthodoxen Kirche zumindest schon Sondierungsgespräche, sage ich jetzt mal, stattgefunden haben. Wie sieht es aus mit/ mit Freikirchen, wie sieht es

8.4 Die niedersächsische Initiative ‚Christlicher Religionsunterricht'

Nicht zuletzt steht die Rechtfertigung der Neuerungen im Fokus, die, wie bereits dargestellt, für Kolleg:innen und Schulleiter:innen von Religionslehrenden nicht weit genug gehen. Eine Gymnasiallehrkraft beschreibt ihre Wahrnehmung der Situation, die bestimmt ist von Anfragen der (Werte-und-Normen-)Kolleg:innen: „warum gibt es überhaupt den Unterschied noch, ne? Die wollen ja eigentlich gerne so einen religionskundlichen Unterricht oder so für alle, weil eben diese Organisation und diese Absprachen, das alles so nervt" (I03.2, Gym, Pos. 30). Insbesondere die Werte-und-Normen-Lehrer:innen stünden häufig vor der Herausforderung, einen aus mehreren Klassen zusammengesetzten Werte- und-Normen-Kurs „irgendwie zu einer Gruppe zu machen", worunter das Verständnis für konfessionellen Religionsunterricht deutlich leide: „Ja, da ist glaube wenig Verständnis noch dafür da, was eigentlich evangelischer Religionsunterricht sozusagen ist für evangelische Kinder so, dieser Grundansatz" (I03.2, Gym, Pos. 30). Die Einschätzung dieser Lehrkraft ist deshalb, dass sich ein konfessioneller Religionsunterricht – trotz rechtlicher Verankerung – nicht mehr lange werde halten können:

> „und deswegen glaube ich, ist die fast, ist es nur di/ eine Frage der Zeit, dass wir noch weitergehen als am Ende christlichen Religionsunterricht, sondern sich wirklich die Frage stellt: ‚Ist es eigentlich/' Ich meine, es ist ja gesetzlich gesichert in gewisser Weise, aber die Frage ist ja auch, wenn wir dann irgendwann wirklich unter fünfzig Prozent sind, was die Christen angeht in/ in Deutschland, lässt sich das so halten? Vielleicht ist es ja dadurch dass man jetzt vielleicht auch islamischen Unterricht versucht zu institutionalisieren sogar leichter geworden, es zu erhalten, weil man dann ein bisschen differenzierter Angebote machen kann, weil man dann auch Lehrer hat, aber das Verständnis sozusagen, dass man die Klassen so auseinander pult und so und dann über diese Fragen, ne?, nicht mit allen reden kann in der vertrauten Gruppe ist eigentlich, glaube ich, nicht mehr so richtig da oder nimmt ab – auch hier auf dem Land" (I03.2, Gym, Pos. 30).

Zum Schluss der Ausführungen bemerkt die Lehrkraft noch, dass es auch ihr selbst schwerfalle, das konfessionelle Prinzip des Religionsunterrichts zu rechtfertigen:

> „Und ich merke auch, dass ich mich da schwer verständlich machen kann, wenn ich das versuche, einzubringen und zu sagen, das ist aber doch das Eigentliche und das Besondere des Religionsunterrichts und so, das geht auch immer um die/ um die persönliche/ den persönlichen Zugang und das/ die Kinder brauchen das als Gegenüber und so, dass/ Ja." (I03.2, Gym, Pos. 30).

---

aus mit anderen Gruppierungen eben im/ im katholischen, evangelischen Bereichen, inwiefern sind die da mitgedacht? Werden die auch mitgenommen in diesem Prozess oder ist das wirklich ein Ding, was jetzt eben die beiden großen oder reformierte Kirche, die drei großen vielleicht irgendwo, ja ihr Ding machen und/ Also, ich bin da/ bin da mal sehr gespannt, wie sich dieser Prozess weiter gestalten wird." (I11.2, BBS, Pos. 20); „Ich habe, glaube ich, fast mehr Orthodoxe als/ als Katholiken. Sind die dann auch mit dabei? Wahrscheinlich nicht" (I05, BBS, Pos. 90).

Zusammenfassend bleibt festzuhalten, dass die Anfragen an den CRU die Positionalität der Lehrkraft, die inhaltliche Ausgestaltung des Unterrichts sowie die Reichweite des Konzeptes betreffen und dabei auch die Grenzen des konfessionellen Unterrichts thematisieren.

8.4.5 Kritik am CRU

Neben den anklingenden Irritationen über die bisherige Informationspolitik betrifft die Kritik am CRU in einigen Äußerungen der Lehrer:innen die fehlende Reichweite des Konzeptes. Es klang bereits an, dass einige Religionslehrende einen gemeinsamen christlichen Religionsunterricht bereits für überholt halten und ein multireligiöses Konzept entsprechend der religiös-weltanschaulichen Pluralität der Schüler:innen demgegenüber bevorzugten. So formuliert die Lehrkraft einer Berufsbildenden Schule:

> „Von daher/ Ja, Nachteile, wenn ich jetzt auch mit/ mit Blick vielleicht auf das, was geplant ist, im christlichen Religionsunterricht so ein bisschen schaue, ich finde, das ist eigentlich nur der halbe Sprung, der da vollzogen wird. Also, wir haben ja den großen Vorteil, dass wir seit zwanzig Jahren an Berufsbildenden Schulen schon konfessionell-kooperativ, also offen für alle Schülerinnen und Schüler, unterrichten können. Also, ich sage mal, viel mehr passiert ja nicht, als dass es jetzt formal für alle quasi anberaumt ist, das gemeinsam zu verantworten auch. Ich würde mir eigentlich schon fast den nächsten Schritt eher wünschen, also einen multireligiös angesetzten Religionsunterricht" (I11.2, BBS, Pos. 6).[22]

Diese Position wird schulformübergreifend geteilt.[23] Es gibt aber auch die Stimme einer Gymnasiallehrkraft, die die gemeinsame Verantwortung für den CRU als Öffnung des konfessionellen Prinzips kritisiert. Die Lehrkraft sieht den Vorstoß zum CRU „auf der einen Seite natürlich auch der Situation der Kirchen geschuldet" (I10, Gym, Pos. 42). Um einen konfessionell gebundenen Unterricht anbieten zu können, müsse eben eine bestimmte Schüler:innenzahl vorhanden sein, insofern sei die gemeinsame Verantwortung für den Religionsunterricht die Folge sinkender Kirchenmitgliedszahlen. Allerdings befürchtet die Lehr-

---

[22] Ähnlich auch I07: „aber ich glaube, es geht wie/ wie es immer geht, dass es eher ein hinterher Laufen ist, anstatt ein vorausschauendes, weitblickendes Agieren" (I07.2, BBS, Pos. 29).

[23] Vgl. dazu die Grundschullehrkraft I13: „das ist auch für mich ein, ehrlich gesagt, überfälliger Schritt, aber ich würde eigentlich gerne sogar noch viel weiter gehen und sagen, wir brauchen eigentlich einen dialogischen Religionsunterricht, der irgendwie auch grundsätzlich für alle verpflichtend stattfindet, weil ich finde, dass das einfach Themen sind, die für alle Kinder wichtig sind" (I13, GS, Pos. 6) und die Gymnasiallehrkraft I03: „das Gefühl ist glaube ich da, das ist ja tot/ wirklich nun total überfällig. [...] aber das ist/ ist noch die eigentliche/ erreicht noch nicht die eigentliche Realität" (I03.2, Gym, Pos. 32).

8.4 Die niedersächsische Initiative ‚Christlicher Religionsunterricht'

kraft, dass es durch diese Öffnung zur Abschaffung des konfessionellen Religionsunterrichts kommen könnte:

> „Aber wenn das auf der anderen Seite der Einstieg ist diese Konfessionsungebundenheit in ein Auflösungsmodell, dann muss man es vielleicht wieder kritisch sehen. Das kann ich mir sehr gut vorstellen. Erstmal öffnen wir das Ganze mal ein bisschen auf christlich und dann machen wir es überhaupt auf Religion und dann können wir es ja eigentlich auf den Menschen ausdehnen, wird dann immer breiter oder offener, das ist natürlich Fake. Und billiger ist es natürlich auf JEDEN Fall, wenn man dann JEDEN unterrichten lassen kann, der ein Wochenendseminar gemacht hat, ja? Ja, muss Kirche schon aufpassen" (I10, Gym, Pos. 42).

Das ökonomische Argument führt in diesem Fall auch zur Existenzangst der Religionslehrkraft.

Eine weitere Lehrkraft kritisiert das Konzept eines gemeinsam verantworteten christlichen Religionsunterrichts aufgrund der konfessionellen Differenzen zwischen katholischem und evangelischem Christentum:

> „Ich/ Also ich/ ich/ ich muss sagen, ich kann mich jetzt mit dem Vorhaben der katholischen und evangelischen Kirchen nicht wirklich anfreunden, einen gemeinsamen Religionsunterricht ... ja, zu entwickeln, ein/ gemeinsame Kerncurricula zu entwickeln, da ich .../ ich einerseits die Unterschiede sowohl in der Glaubenspraxis als auch in der/ in der Dogmatik sehe" (I09, KGS, Pos. 61).

Der Wahrnehmung der konfessionellen Differenzen zum Trotz wünscht sich auch diese Lehrkraft ein Religions- und Werte-und-Normen-Unterricht verbindendes Modell: „Ich persönlich würde eigentlich ... eher einen Unterricht bevorzugen, der sowohl gesellschaftliche als auch ethische und aber auch religiöse Elemente umfasst und der in gemeinsamer Verantwortung mit Werte und Normen unterrichtet wird." (I09, KGS, Pos. 61). Die Aufhebung der „Spaltung [...] zwischen Werte-und-Normen-Unterricht und Religionsunterricht", die die Lehrkraft in einem Wechselphasenmodell realisierbar findet,[24] scheint ihr dringlicher und einfacher als die Konzeption eines gemeinsam verantworteten christlichen Religionsunterrichts.

Darüber hinaus kritisiert eine andere Lehrkraft die fehlende Perspektive der Lehrer:innenausbildung:

> „Ich habe jetzt die/ dieses ja Papier noch nicht komplett gelesen da die fünfundvierzig Seiten, das war viel, aber/ Also, dass an einigen Ecken, das wirklich ein bisschen

---

[24] „dass es ... ein Halbjahr eine Religionslehrkraft in/ in die Klasse hineingeht und bestimmte religiöse Inhalt behandelt, aber eben auch dann/ aber eben auch dann gleichzeitig auch gesellschaftliche Themen und ethische Themen behandelt. Dann/ Aber dann auch wieder in einem anderen Halbjahr der Fokus eben bei Werte-und-Normen-Lehrern liegt. Das finde ich/ also das wäre so zum Beispiel ein Modell, was ich mir gut vorstellen könnte" (I09, KGS, Pos. 61).

> mit der/ mit der heißen Nadel oder zumindest nicht so gut durchdacht gestrickt worden ist, sagten einige Kolleginnen und Kollegen, das ist im Moment nur Hörensagen, aber dass das an/ an gewissen Punkten wirklich noch zum Knacken kommen wird und gerade wenn es dann eben in die/ in die Didaktik geht, wie setzt man das Ganze um und vor allen Dingen der ganze Vorlauf zu sagen, was muss sich dann eben auch in Lehrer/ in Lehrerausbildung ändern. Das betrifft dann ja eben die Universitäten, die Studienseminare und so weiter. Das muss ja dann viel früher ansetzen, das heißt, das wird sowieso ein länger dauernder Prozess sein und ich glaube auch nicht, dass man mit diesem einem Jahr, was jetzt als Sondierung anberaumt ist, hinkommt" (I11.2, BBS, Pos. 20).

Nicht zuletzt ist einem Kommentar der Unmut über die mangelnde Information der Schulen und Religionslehrenden abzuhören. Hier wird eine Parallele zu politischen Entscheidungen im Kontext des Hamburger Religionsunterrichts für alle gezogen und auch der Vorstoß zum CRU als top-down-Prozess kritisiert:

> „Ich weiß nichts genaues. Ich/ Ja, genau. Es ist merkwürdig, dass man als Religionsunterrichtender irgendwie auch nur was aus der Presse entnimmt oder auch nur weniges und das muss man ja auch ganz vorsichtig angucken und dass unsere Fachfrau mal IRGENDWIE WAS gehört hat, aber das auch nur in zwei Sätzen wiedergeben konnte, ja, das ist schon merkwürdig. Aber in der Politik ist es ja auch so, in Hamburg war es soweit ich das einschätzen kann, ja auch so, dass dieses Hamburger Modell dann von (unv.) nordelbischen Kirche gelebt wurde, weil die Politik gesagt hat: ‚Jetzt holen wir aber mal eben die DITIB mit an den Start und dann sollt ihr mal gucken, wie ihr damit zurecht kommt. Und jetzt könnt ihr mal irgendwie alle paar Wochen den Lehrer wechseln oder so.' Das ist ja völlig unpädagogisch, das kann aber hier auch drohen und das sind ja die ersten Zeichen dieser Entwicklung, dass man vielleicht vor vollendete Tatsachen gestellt wird als Schule, als Kirche, als Unterrichtsfach" (I10, Gym, Pos. 38).

Zusammenfassend bleibt festzuhalten, dass die Kritik der Religionslehrenden am CRU vielfältig ist, wobei nicht vergessen werden darf, dass es sich in den meisten Fällen um Einzelvoten handelt. So wird das Vorgehen als Entscheidungsprozess ‚von oben' wahrgenommen, die fehlenden Überlegungen zur Lehrer:innenausbildung kritisiert, unüberbrückbare inhaltliche Differenzen hervorgehoben und die Auflösung des konfessionellen Religionsunterrichts befürchtet. Einigen Lehrer:innen gehen die Neuerungen nicht weit genug, sie halten einen gemeinsam verantworteten christlichen Religionsunterricht für überholt und plädieren stattdessen für ein multireligiöses Unterrichtsmodell.

8.5 Zusammenfassung: Lehrer:innen sehen sich im Zwiespalt zwischen gemeinsamem und bekenntnisgebundenem Unterricht

Lehrer:innen religionsbezogener Fächer schwebt eine Vielzahl unterschiedlicher Herausforderung vor, wenn sie an ihre zukünftige Unterrichtspraxis denken. Zwar gibt es hier zwischen den Schulformen und Unterrichtsfächern unterschiedlich starke Gewichtungen einzelner Herausforderungen, wie bei den Themen Zukunft der Kirche oder Konfessionslosigkeit, insgesamt scheint aber keines der aufgeführten Themen den Lehrer:innen irrelevant für die Zukunft zu sein. Die Beachtung so vieler religionsbezogener und gesellschaftlicher Themen lässt sich selbst bereits als eigene Herausforderung für die Gestaltung von Unterricht interpretieren.

Bei konkreten Zukunftsszenarien für den religionsbezogenen Unterricht herrscht hinsichtlich der stärkeren Verankerung des Faches Werte und Normen große Einigkeit und Zustimmung unter den befragten Lehrer:innen. Kommt es zu den verschiedenen Modellen des Religionsunterrichtes, ergibt sich kein so eindeutiges Bild. Zwar wird die konfessionelle Differenzierung der Lerngruppen eher abgelehnt und ein konfessionell-kooperatives Unterrichtsmodell eher bevorzugt, jedoch bestehen insbesondere zwischen den Schulformen auch hier unterschiedliche Einschätzungen. Die weiteren Modelle, wie eine Religionskunde, ein interreligiöser Religionsunterricht oder ein integratives Fach anstelle von Religions- und Werte-und-Normen-Unterricht, finden unter den befragten Lehrer:innen keine mehrheitliche Zustimmung. Auch die Abschaffung des Religionsunterrichtes ist keine Option für die Zukunft.

Die Zustimmung zu den nachfolgenden Reformmaßnahmen konnte die Tendenzen der Zukunftsvorstellungen noch einmal bestätigen: Deutlich wird der Wunsch nach einer stärkeren Fachetablierung für Werte und Normen, der Streichung des Artikels 7.3 wird eine deutliche Absage erteilt. Darüber hinaus wird der tendenzielle Wunsch nach einem einheitlichen Religionsunterrichtsmodell und die verhaltene Ablehnung eines individuellen Einzelschulkonzepts offenbar. Aus den Interviewtexten ergeben sich einzelne Impulse, die das Bild z. T. bestätigen, z. T. noch weiter ausdifferenzieren. So sprechen sich einige Lehrer:innen für den Ausbau des islamischen Religionsunterrichts aus und stützen damit die konfessionelle Differenzierung der Lerngruppe auch für die Zukunft. Daneben finden sich Stimmen, die einen gemeinsamen Religionsunterricht aller Schüler:innen stärken wollen, einen bekenntnisgebundenen Unterricht jedoch nicht vermissen möchten. Der hier wahrnehmbare Zwiespalt entspricht den Befunden der Fragebogenuntersuchung, die zwar eine tendenzielle Ablehnung der konfessionellen Trennung erkennen lassen, allerdings auch zeigen, dass die Lehrer:innen die grundgesetzliche Verankerung des Religionsunterrichts wertschätzen und ganz überwiegend keine Zustimmung zu einem religionskundlichen bzw. religiös-weltanschaulich integrativen Unterrichtsmodell ausdrücken. Ob sich der für Niedersachsen angedachte Christliche Religionsunterricht als ein Weg aus diesem Zwiespalt eignet, wird abzuwarten sein. Den Voten der Lehrer:innen ist einerseits Zustimmung zu diesem Ausbau des konfessionell-kooperativen Religionsunterrichts – so die Wahrnehmung einiger – abzuhören. Insbesondere wegfallende bürokratische Hürden werden sehr begrüßt. Andererseits wird auch Kritik am fehlenden Realitätsbezug, nämlich am Bezug auf die interreligiöse Pluralität der Schüler:innen, hörbar. Diese wird vor allem von Lehrer:innen an Berufsbildenden Schulen geäußert. Die konzeptionellen Anfragen an den Vorschlag betreffen die Vereinbarkeit von bekenntnisgebundener Perspektive der Lehrer:innen und überkonfessioneller Ausrichtung des Unterrichts.

9 Kommentierungen der Studienergebnisse

Im Folgenden werden die Ergebnisse der ReBiNiS-Studie einer Kommentierung in dreifacher Perspektive zugeführt – zum einen der Perspektive religionsbezogener Fächer, zum zweiten einer regionalen Perspektive und zum dritten einer schulformspezifischen Perspektive. Die Verweise in Klammern beziehen sich dabei jeweils auf die Kapitel und Seitenzahlen der hier vorliegenden ReBiNiS-Studie.

9.1 Die Ergebnisse der ReBiNiS-Studie aus der Perspektive religionsbezogener Fächer

9.1.1 Kommentierung der Ergebnisse aus der Perspektive des Islamischen Religionsunterrichts (Jörg Ballnus)

Jan-Heiner Tück und Helmut Hoping formulierten in der Frankfurter Allgemeinen Zeitung ein neues Ziel im Kontext des konfessionell gebundenen Religionsunterrichts an unseren Schulen. Demnach sei vor dem Hintergrund des Wandels von einer christlich homogenen zu einer religionspluralen Gesellschaft dem Religionsunterricht auf der der Grundlage von Art. 7, Absatz 3 GG eine stärker interreligiöse Form zu geben.[1]

Was bedeutet dies für das noch junge Konstrukt des islamischen Religionsunterrichts, seine Zielgruppen und Akteure? Im Zusammenhang mit der empirischen Studie „Religionsbezogene Bildung in Niedersächsischen Schulen" (ReBiNiS) möchte ich aus drei Perspektiven in eine Diskussion mit ausgewählten Punkten aus dieser Studie kommen. Sie berühren die schulische Praxis, die Ausbildung der Lehrenden sowie sich entwickelnde didaktische Konzepte in der noch jungen Fachtradition meiner Disziplin. Und sie ergeben sich aufgrund meiner täglichen Arbeit: Ich bin Lehrender an zwei Schulen in kirchlicher Trägerschaft, am Institut für Islamische Theologie der Universität Osnabrück und besuche unsere Studierenden im Praxisblock an unterschiedlichen Schulen.

---

[1] Jan-Heiner Tück/Helmut Hoping, Theologie unter Legitimationsdruck, Frankfurter Allgemeine Zeitung, 07.07.2022.

1. Religionsunterricht im Klassenverband
Zunächst stellt sich die Frage nach dem Zustand und den hohen Zahlen des gemeinsamen Religionsunterrichts im Klassenverband, weil es hier um ein Phänomen geht, dass es in dieser Breite eigentlich nicht geben dürfte. Das Grundgesetz regelt die Zuständigkeiten der Verantwortung sowohl für Lernende wie auch Lehrende. Schulleitungen müssen sich aber hier die Frage gefallen lassen, warum es so häufig einen Religionsunterricht im Klassenverband gibt, obwohl dieser rechtlich nicht zulässig ist. Natürlich ist es so, dass die Lehrenden für das Schulfach Islamische Religion noch nicht überall anzutreffen sind, jedoch sollten muslimische Lernende dann eben nur innerhalb des bekenntnisunabhängigen Formats des Fachs Werte und Normen unterrichtet werden. Alles andere scheint ein doch großer rechtlicher Graubereich zu sein.

2. Die Ausbildung der Lehrenden
Um dem von Jan-Heiner Tück und Helmut Hoping formulierten neuen Ziel einer stärker interreligiös orientierten Form zu entsprechen, muss es im Studium und ggf. im Vorbereitungsdienst Möglichkeiten geben, diese Form anbahnen zu können. Für die erste Phase des Studiums haben wir an der Universität Osnabrück in Kooperation mit der Universität Hildesheim bereits zum fünften Mal unsere Interreligiösen Studientage durchgeführt, in denen paritätisch je zehn christliche und je zehn muslimische Studierende für drei Tage zusammengekommen sind, um das jeweils Andere im Kontext von Themen wie Gotteshäuser, religiöse Feste, Schriftverständnis und Gebet kennenlernen zu können. Zusätzlich gab es bei den letzten drei Interreligiösen Studientagen auch je einen Austausch mit einem/einer Studierenden des Abraham Geiger Kollegs aus Potsdam.[2]

Wenn es jedoch um das oben angesprochene Ziel eines stärker interreligiös orientierten Religionsunterrichts geht, muss hier eindeutig mehr im Kontext der Studiengänge getan werden, um allen künftigen Lehrenden am Lernort Schule die Möglichkeit zum Erwerb von diesbezüglichen Kompetenzen zu geben. Ein solches interreligiöses „Scharnier" muss von den beteiligten Instituten gemeinsam entwickelt werden. Hierbei dürfen Kooperationen mit den Lehrenden der Studiengänge für das Fach Werte und Normen nicht unberücksichtigt bleiben.

3. Heterogenität der Lerngruppen
Mittlerweile haben sich auch in den von mir zu betreuenden Lerngruppen des islamischen Religionsunterrichts bezüglich der kulturellen Heterogenität starke Veränderungen ergeben. Waren etwa vor 15 Jahren die Migrationshintergründe der Lernenden nahezu mehrheitlich mit der Türkei verbunden, hat sich das Feld mittlerweile deutlich erweitert: So finden sich jetzt beispielsweise Lernende mit

---

[2] https://www.feinschwarz.net/interreligioese-begegnung-in-virtuellen-lernraeumen/ (Zugriff am 02.03.2023).

Migrationshintergründen aus der Türkei, Syrien, Bulgarien, Albanien, dem Kosovo, dem Libanon, dem Iran, Afghanistan, dem Sudan oder der Elfenbeinküste in den Lerngruppen wieder. Aber nicht nur in den Lerngruppen des islamischen Religionsunterrichts ist eine größere kulturelle Heterogenität zu finden. Auch in den Lerngruppen des katholischen oder evangelischen Religionsunterrichts spiegelt sich die Entwicklung zu kulturell heterogeneren Gruppen. Dies ist vor allem ein Ergebnis zunehmender Migrationsprozesse innerhalb der EU, wodurch vielfach Lernende mit vorwiegend ost- und südosteuropäischer Herkunft hinzugekommen sind. Diese Entwicklungen wirken sich auch auf die religiöse Zusammensetzung der Lerngruppen aus und beinhalten gleichsam unterschiedliche gelebte Formen von Religiosität. Diesen Herausforderungen muss sich der schulische Religionsunterricht stellen und die Vielfalt gleichsam als Bereicherung des Unterrichts wahrnehmen.

4. Kooperationen am Lernort Schule
Dieser Bereich bedarf einer größeren Aufmerksamkeit, wenn es um eine stärker akzentuierte interreligiöse Form des schulischen Religionsunterrichts gehen soll. Denn diese neue und nicht nur stärkere Akzentuierung bedarf neuer Rahmenbedingungen, da es das Interreligiöse nicht zum Nulltarif gibt. Hier werden neue curriculare, inhaltliche und personelle Akzente benötigt, um dieses Mehr an Interreligiösem erfolgreich bewältigen zu können. Der schuleigene Jahresarbeitsplan muss sich darauf einlassen und Themen ausmachen, in denen Lernende und Lehrende interreligiöse Lernprozesse gemeinsam gestalten und erleben. Begegnung muss geplant und vorbereitet werden. Wichtig ist, Gemeinsames aber auch Trennendes zu finden und daran zu lernen, dass es trotz vieler Unterschiede auch Verbindendes gibt.

Diese Kooperationen kann es aber nur geben, wenn es neue Impulse durch eine verbesserte Ausbildung in Universität, Vorbereitungsdienst aber auch in Fortbildungen gibt. Hierfür muss es gute Beispiele geben, die niedrigschwellig umsetzbar sind. Liegen die Unterrichtsstunden in parallelen Bändern, ist der organisatorische Aufwand oftmals gar nicht so groß. Das Begegnungslernen ermöglicht zudem einen Perspektivenwechsel, um eine andere Religion kennenzulernen und dann ggf. das Eigene zu reflektieren oder im besten Falle neue Zugänge zur eigenen Religion zu gewinnen.

Die Herausforderungen, die an die Fächergruppe der Religionen aber auch des bekenntnisfreien Fachs „Werte und Normen" bzw. „Philosophie" in den Schulen gestellt werden, sind groß. Einerseits sinken religiöse Zugehörigkeiten bei den Lernenden. Andererseits verliert möglicherweise das Fach Religion bei künftigen Lehrenden an Attraktivität. Zudem ändert sich durch den Christlichen Religionsunterricht die Fächerstruktur erheblich. Dies übt mit Sicherheit auch Druck auf den sich gerade erst entwickelnden islamischen Religionsunterricht aus. Wichtig ist, dass diesem Fach der notwendige Raum gegeben wird, um sich im Austausch in Lehre und Schulpraxis bewähren und den kommenden Aufgaben hinsichtlich der religiösen und weltanschaulichen Pluralisierung stellen zu können.

Dr. phil. Jörg Ballnus, M.A. ist wissenschaftlicher Mitarbeiter am Institut für Islamische Theologie der Universität Osnabrück.

9.1.2 Kommentierung der Ergebnisse aus katholisch-theologischer Perspektive (Christina Kalloch)

Die vorliegende, sich auf alle Schulformen beziehende ReBiNis-Studie wirft einen erhellenden Blick auf die Landschaft gegenwärtigen Religionsunterrichts in Niedersachsen. Ihr Erscheinen zum jetzigen Zeitpunkt ermöglicht die differenzierte Wahrnehmung des inzwischen weit verbreiteten Modells des konfessionell-kooperativen Religionsunterrichts (kokoRU) und lässt eine Einschätzung der Chancen und Grenzen des in naher Zukunft zu etablierenden Christlichen Religionsunterrichts (CRU) zu. Die empirische Erhebung bietet nicht nur Kriterien an, die zur Bewertung der Praxis des kokoRU beitragen, sie bildet möglicherweise auch die Grundlage für die Gewinnung von Maßstäben für die Ausgestaltung des zukünftigen CRUs.

ReBiNiS konzentriert sich auf die Perspektive der Lehrenden auf Religion und will damit die schulische religionsbezogene Bildungslandschaft kartographieren. Ein zentrales Ergebnis ist es, dass Lehrer:innen sich im Zwiespalt der Befürwortung gemeinsamen oder bekenntnisgebundenen Unterrichts (S. 235f.) sehen. Dementsprechend formulieren sie nicht nur pluriforme, zum Teil widersprüchliche Szenarien zukünftigen Religionsunterrichts (S. 222f.), sie geben zugleich Auskunft über den Ist-Zustand gegenwärtiger schulischer religiöser Bildung, der Fragen aufwirft.

Die Kommentierung der Studie aus katholischer Perspektive konzentriert sich auf die folgenden vier Fragen, die zunächst auf schulisch verortete religiöse Bildung im katholischen Kontext (1) zielen und Charakteristika des Rollen- und Selbstbildes katholischer Religionslehrer:innen (2) fokussieren, bevor es um deren festzustellende Qualifikation geht (3). Der letzte Punkt fragt nach der Zukunftsfähigkeit unterschiedlicher Modelle religionsbezogener Bildung (4).

1. Das Fach Katholische Religion in der Schule als Bekenntnisunterricht – eine zunehmend ungeklärte Frage?
Die konzeptionelle Verortung des katholischen Religionsunterrichts in Deutschland ist maßgeblich auf offizielle kirchliche Dokumente wie Verlautbarungen der Bischofskonferenz und Bischofsworte zurückzuführen.

Die sich darin abzeichnende Entwicklung soll hier kurz skizziert werden. Die

9.1 Die Ergebnisse ... aus der Perspektive religionsbezogener Fächer 241

Würzburger Synode[3] nahm mit der Trennung der Lernorte Schule und Gemeinde eine entscheidende Weichenstellung hinsichtlich des schulischen Religionsunterrichts vor. Indem sie den Religionsunterricht vom Verkündigungsanspruch entlastete und diese Aufgabe der Gemeindekatechese zuschrieb, stärkte sie die Ziele religiöser Bildung in der Schule. Denn Religionsunterricht erhob damit den Anspruch, nicht mehr nur gläubigen Schüler:innen Orientierung im Feld der Religionen zu vermitteln, sondern auch für nicht konfessionell gebundene Kinder und Jugendliche ein Bildungsangebot bereitzustellen. Die damit verbundene Öffnung, die zu einer partiellen Aufweichung der Trias mit Blick auf die Subjekte dieses Unterrichts führte, vollzog sich unbeschadet der Voraussetzung, dass der Unterricht auf Grundlage des Artikels 7,3 GG „in Übereinstimmung mit den Grundsätzen der Religionsgemeinschaften" zu erteilen und damit Bekenntnisunterricht war. In dem Dokument „Die bildende Kraft des Religionsunterrichts"[4] aus dem Jahr 1996 ging es dann aber nicht um eine Weiterentwicklung des religiösen Bildungsangebots auch für nicht katholische Schüler:innen, sondern um eine Rückwärtsbewegung, die eher auf gemeindliche Vollzüge im Religionsunterricht setzte, wenn von ihm religiöse „Beheimatung" gefordert wurde.[5] Die Feststellung zurückgehender kirchlich-religiöser Sozialisation führte also nicht dazu, diese Situation zum Ausgangspunkt einer Neukonzipierung von Religionsunterricht zu nehmen, sondern Kompensationsleistungen wie das „Nachholen" konfessionsspezifischer Sozialisation anzustreben.

Vor diesem Hintergrund mutete die Einführung des konfessionell-kooperativen Unterrichts in Niedersachsen 1998 – wenn sicher auch schulorganisatorisch begründet – überraschend an. Er war zwar durch eine Angleichung der Kerncurricula inhaltlich vorbereitet und durch Fortbildungsangebote gestützt worden, die ReBiNis-Studie zeigt aber, dass er nicht gänzlich in der intendierten Weise umgesetzt wurde bzw. wird, sondern gegenwärtig eher als Religionsunterricht für alle firmiert. Der kokoRU führt je nach Schulform zu unterschiedlichen Wahrnehmungen seitens der Religionslehrenden. Während in der Berufsschule das Etikett „konfessionell-kooperativ" eher als Freiraum gesehen wird, alle Schüler:innen in die eine Form von Religionsunterricht einbeziehen zu können, nehmen Gymnasial-Religionslehrer:innen kokoRU stärker als Herausforderung wahr, dem Anspruch, auch andere Konfessionen angemessen unterrichten zu können, gerecht zu werden (S. 73f.). Im ersten Fall findet die Bekenntnisgebundenheit schulischen Religionsunterrichts zu wenig Berücksichtigung. Im zweiten Fall lässt sich hinsichtlich eines bekenntnisgebundenen Religionsunter-

---

[3] Gemeinsame Synode der Bistümer in der Bundesrepublik Deutschland (Hg.), Beschlüsse der Vollversammlung. Offizielle Gesamtausgabe, Freiburg im Breisgau 1976, Beschluss 4.

[4] Sekretariat der Deutschen Bischofskonferenz (Hg.), Die bildende Kraft des Religionsunterrichts. Zur Konfessionalität des Religionsunterrichts (Die deutschen Bischöfe 56), Bonn 1996.

[5] DBK, bildende Kraft (s. o. Anm. 4), 78.

richts ein stärkeres Problembewusstsein erkennen, das zum Teil zur Verunsicherung seitens der Lehrenden führen könnte. So ergibt sich aus der Erhebung die Konsequenz, die Ziele eines bildenden Unterrichts in Religion zu justieren und transparent zu machen, indem herausgestellt wird, dass es um die Auseinandersetzung mit dem christlichen Glauben in seinen unterschiedlichen konfessionellen Facetten geht und nicht um Konfessionskunde und konfessionsspezifische Sozialisation. Die Ergebnisse der Studie legen es zudem nahe, den kompetenten Umgang mit dem eigenen Glauben und dem anderer als Kern der Professionalisierung des Religionslehrer:innen-Berufs deutlich zu machen. Dieses Desiderat umfasst auch die Reflexion des eigenen Rollen- und Selbstbildes, die systematisch zu verankern wäre.

2. Entsprechen Rollen- und Selbstbilder von Lehrer:innen dem heutigen Anforderungsprofil religionsbezogener Fächer?
„Lehrer:innen für Katholische Religion weisen stärkere Zustimmungswerte für Rollenbilder auf, bei denen die eigene Haltung oder Religion stärker betont wird" (S. 145). Ihrem Selbstverständnis nach sind sie eher ein authentisches Beispiel für gelebte Religion und sehen sich häufiger als Repräsentanten einer Religionsgemeinschaft und deutlich seltener als neutrale Wissensvermittler:innen. Die deutliche Bindung an die eigene Religionsgemeinschaft und der Anspruch, authentisch zu sein, lässt sich möglicherweise auf die lange Zeit geforderte religiöse Beheimatung von Schüler:innen zurückführen, sie lässt sich aber auch als Realisierung des nach wie vor geltenden Konfessionsprinzips lesen. Als bezeichnend erweist sich in diesem Zusammenhang zudem die Feststellung, dass katholische Lehrkräfte ihre eigene Praxis auch in Abhängigkeit von der Zukunft der Kirche sehen (S. 207). Dem entspräche darüber hinaus die mangelnde Identifizierung mit der Rolle von neutralen Wissensvermittler:innen. Anschließen würde sich an dieser Stelle auch die erwähnte Befürchtung, andere Konfessionen im Religionsunterricht nicht authentisch (S. 229f.) und mit ausreichender Empathie berücksichtigen zu können. Das Selbstverständnis der Lehrkraft, Begleiter:in der Persönlichkeitsentwicklung der Schüler:innen und Initiator:in eigenständiger Urteilsbildung zu sein, wird heute im Studium der Katholischen Theologie grundgelegt und entspricht der religionspädagogischen Orientierung an allgemeinpädagogischen Inhalten der Lehrerbildung.[6] Die Fähigkeit der neutralen Wissensvermittlung ist ausdrücklich kein Ziel religionsdidaktischen Kompetenzerwerbs.

Vor diesem Hintergrund wird verständlich, warum der Zwiespalt zwischen einem Religionsunterricht für alle und einem bekenntnisgebundenen Unterricht persönlich zur Zerreißprobe werden kann. Einerseits ist der pädagogische wie theologische Gewinn eines Lernens miteinander im Hinblick auf Verständ-

---

[6] Gemeinsame Synode, Beschlüsse der Vollversammlung (s. o. Anm. 3), Beschluss 4, Punkt 8.

nis und Toleranz gegenüber den anderen nicht von der Hand zu weisen. Andererseits führt das Wissen um das potentielle Scheitern eines solch anspruchsvollen Projekts vermutlich nicht selten zu der Einsicht, konfessioneller Unterricht könne nicht nur der praktikablere, sondern auch der angemessenere sein. Darin mag auch ein Grund liegen, warum katholische Lehrkräfte einer Differenzierung tendenziell eher zustimmen (S. 73) und Werte und Normen als ergänzendes Fach postulieren – erst dies macht die Trennung von Bekenntnisunterricht und positionsneutralem Unterricht möglich und bedeutet eine Entlastung für konfessionsspezifisch ausgebildete Lehrkräfte.

3. Sind Religionslehrer:innen qualifiziert für das Format, das sie unterrichten?
Neben der Befürchtung, andere christliche Konfessionen nicht authentisch zu Wort kommen lassen zu können und damit der neuen Rolle nicht gerecht zu werden, ist aus den Antworten der Studie teilweise auch Unsicherheit im Hinblick auf die eigene fachliche Qualifikation herauszuhören. Denn mangelndes Wissen bzw. eine fehlende Hermeneutik im Umgang mit theologischen Aussagen kann dazu beitragen, dass Positionen nicht hinreichend geklärt werden, wie es sich im Zitat einer Lehrkraft (S. 230, I14, KGS, Pos. 53) spiegelt: „Also die katholische Lehre geht auch noch immer mehr davon aus: Wir GLAUBEN an die Auferstehung. Punkt. Oder so etwas. Und auf der evangelischen Seite ist es ja schon seit Jahrzehnten diskutabel: Glauben wir wirklich an die Auferstehung oder ist die ganz anders gemeint? Oder wie auch immer. Also, da sind wir natürlich auch viel ... liberaler im Denken ...".

Die Befürchtung der Lehrenden, im Religionsunterricht undifferenziert in den Diskurs über den christlichen Glauben zu treten, ist berechtigt. Es geht gerade im konfessionell-kooperativen Unterricht nicht allein um die Frage, wie mit Verbindendem bzw. Trennendem umgegangen wird, sondern auch und zuerst darum, worin Verbindendes und Trennendes besteht. Zu Recht wird daher gefordert, sich im kokoRU nicht nur auf Gemeinsamkeiten zu fokussieren, sondern auch den Unterschieden ausreichende Beachtung zu schenken.[7] Als problematisch erweist sich dabei allerdings, dass letztere – wie das zitierte Beispiel zeigt – teilweise nur oberflächlich gekannt werden. Zu differenzieren sind neben Inhalten auch Frömmigkeitspraxen, unterschiedlich prägende religiöse Traditionen und kulturelle Kontexte. Diese zu thematisieren erschöpft sich eben nicht in der Aufarbeitung dogmatischer Unterschiede, sondern setzt die Fähigkeit zur Perspektivenübernahme und der Vergegenwärtigung von unterscheidend Christlichem voraus.[8]

---

[7] Vgl. dazu z. B. Friedrich Schweitzer/Albert Biesinger (Hg.), Gemeinsamkeiten stärken – Unterschieden gerecht werden. Erfahrungen und Perspektiven zum konfessionell-kooperativen Religionsunterricht. Freiburg i. Br. 2002. 103–160.
[8] Christina Kalloch/Stephan Leimgruber/Ulrich Schwab, Lehrbuch der Religionsdidaktik. Für Studium und Praxis in ökumenischer Perspektive (Grundlagen Theologie), 3., überarb.

Ergänzend sei an dieser Stelle auf Äußerungen Studierender als zukünftig in religionsbezogener Bildung Agierende hingewiesen, die zunehmend den Eindruck der eigenen Unzulänglichkeit in inhaltlicher Hinsicht anzeigen. Die anspruchsvolle Aufgabe, als katholische Christen wahrnehmbar und im eigenen Bekenntnis identifizierbar zu sein und zugleich die gemeinsam tragende christliche Glaubensbasis in den Mittelpunkt treten zu lassen, setzt profundes Wissen und einen souveränen Umgang mit diesem Wissen voraus. Katholische Studierende problematisieren in der Auseinandersetzung um einen konfessionsübergreifenden Unterricht zudem ein Phänomen, das sich möglicherweise als Unterlegenheitsgefühl und Scham apostrophieren ließe und sich besonders dann einstellt, wenn sie kirchlich-katholische Positionen (z. B. zur Rolle der Frau in der Kirche oder der katholischen Ehe- und Sexualmoral) während ihres Studiums in ihrer apodiktischen Form kennenlernen und sich nicht mit ihnen identifizieren können. Sie sehen sich offensichtlich dann dem Druck ausgesetzt, diese vor den Zugehörigen anderer Konfessionen gegen ihre Überzeugung vertreten zu müssen. Das könnte eventuell ein Erklärungsansatz sein, sich gerade im Religionsunterricht der Sekundarstufe II, in dem diese Themen anstehen und der in hohem Maße differenzierte Kenntnisse voraussetzt, im monokonfessionellen Unterricht sicherer zu fühlen und sich auch den inhaltlichen Anforderungen eher gewachsen zu sehen (S. 59).

4. Welches Szenario religionsbezogener Bildung kann sich als zukunftsfähig erweisen?
Angesichts der sich gewandelten gesellschaftlichen Situation bei nahezu gleich gebliebenen rechtlichen Rahmenbedingungen für den schulischen Religionsunterricht war es zu erwarten, dass die Studie eine große Heterogenität im Hinblick auf religiöse Sozialisation, Gestaltungsformen und Zukunftsvisionen religionsbezogener Bildung offenbaren würde.

Wie wenig sich das Modell des konfessionell-kooperativen Unterrichts als präsentester Unterrichtsform (S. 72) jedoch in seiner ursprünglich angedachten Gestalt verwirklicht, ist zumindest in der Deutlichkeit überraschend. Im Schulalltag ist offensichtlich kokoRU häufig genug Religionsunterricht für alle. Es ist zu befürchten, dass die Implikationen eines kokoRU, eines CRU und eines *Religionsunterrichts für alle* nicht mehr unterschieden werden können und in der Praxis eine Gemengelage entsteht, die weder bildungstheoretischen noch rechtlichen Vorgaben entspräche. Als signifikant erweist sich in dieser Situation des Hin- und Hergerissen-Seins zwischen dem Befürworten einerseits übergreifender und andererseits konfessionsbezogener religiöser Bildung die Äußerung eines Berufsschullehrers. Er betont zunächst, dass es durchaus die Schärfung des eigenen Profils bedeuten kann, sich mit anderen Ansichten und Standpunkten auseinanderzusetzen und plädiert damit für einen „allgemeinen" religionsbezo-

---

Aufl., Freiburg 2014 sowie Bernd Schröder/Jan Woppowa (Hg.): Theologie für den konfessionell-kooperativen Religionsunterricht. Ein Handbuch. Tübingen 2021.

genen Unterricht, relativiert dieses Argument dann aber mit dem Hinweis auf die große Verunsicherung, die es angesichts zunehmender Patchwork-Religiosität geben könnte und gesteht sich ein, nicht zu wissen, ob er dies „schlecht oder gut finde" (S. 82, Anm. 26).

Praktizierte Formen von Religionsunterricht entsprechen gegenwärtig in ihrer Gesamtheit ebenfalls einem Patchwork und sind Ausdruck unterschiedlicher Erwartungen und Ziele, aber auch Beweggründe, die sich mit diesem Unterricht verbinden. So wird – möglicherweise nur in Einzelstimmen, aber als vielstimmiger Chor eben doch aufschlussreich – beispielsweise formuliert, im Unterricht das Christliche unter Ausschluss der Kirchen (S. 220, I13, GS, Pos. 42) beibehalten zu wollen. Oder es wird auch für multireligiöse Lerngruppen der Anspruch auf Konfessionalität erhoben und zugleich konstatiert, dass das nicht gelingen könne, weil es am Ende dann eben doch ein religionskundlicher Unterricht sei (S. 88f.). Da Religionslehrer:innen ihren Unterricht an den Voraussetzungen ihrer Schüler:innen ausrichten müssten, habe sich im kokoRU dessen Profil ohnehin in Richtung religionskundlicher Elemente verändert (S. 161).

Unabhängig davon, ob – wie von nicht wenigen erwartet – der CRU entweder die organisatorische Vereinfachung des kokoRU oder ein Übergangsmodell angesichts eines Religionsunterrichts für alle sein soll, werden sich die Anforderungen an die Lehrkräfte in einem Ausmaß erhöhen, dem nur mit einer völligen Neuausrichtung der Lehrerbildung in religionsbezogenen Fächer begegnet werden kann. Inwieweit sich die Katholische Kirche der Tragweite einer Entscheidung für den CRU bewusst ist, werden die konkreten Schritte der Umsetzung in naher Zukunft zeigen. Dabei wird es die größte Herausforderung sein, den CRU als zukünftige Form des Religionsunterrichts in Niedersachsen angesichts des gesellschaftlichen Wandels als konfessionellen Religionsunterricht plausibel zu machen und zugleich zu zeigen, wie der Anspruch eines Bekenntnisfaches realisiert werden kann.

Dr. Christina Kalloch ist Professorin für Katholische Religionspädagogik an den Universitäten Hannover und Hildesheim.

9.1.3 Kommentierung der Ergebnisse aus philosophiedidaktischer Perspektive (Anne Burkard)

Die vorgelegte Studie zu religionsbezogener Bildung in niedersächsischen Schulen bietet fachdidaktisch, schulpraktisch und bildungspolitisch ausgesprochen spannende und aufschlussreiche Einblicke in die Ausgestaltung des Religionsunterrichts sowie zum Status des Werte-und-Normen-Unterrichts im Bundesland. In meinem Kommentar möchte ich drei Ergebnisse herausgreifen, die ich aus philosophiedidaktischer Perspektive für besonders beachtenswert und teils anschlussfähig für den fach- und disziplinenübergreifenden Austausch halte: Das sind erstens bildungspolitische Desiderata bezüglich des Werte-und-Normen- und Philosophieunterrichts, die in der Studie dokumentiert werden, das sind zweitens Fragen, die den Religionsunterricht im Klassenverband betreffen, und das ist drittens das Thema der eigenen Position(ierung) der Lehrer:innen, das insbesondere in den Interviews des qualitativen Studienteils auf aufschlussreiche Weise verhandelt wird. Ich schließe mit Bemerkungen zu Grenzen der Aussagekraft der Studie bezüglich der Fächer Werte und Normen und Philosophie.

1. Bildungspolitische Desiderata
Laut Auskunft der befragten Lehrer:innen wird an etwas mehr als einem Drittel der niedersächsischen Schulen kein Werte-und-Normen- oder Philosophieunterricht erteilt. Darüber hinaus sind zwei Drittel derjenigen, die diesen Ersatz- oder Alternativunterricht für den bekenntnisorientierten Religionsunterricht erteilen, nicht grundständig dafür ausgebildet (vgl. Kapitel 4.1.2). Zudem wird auch an einigen Schulen, an denen das Fach Werte und Normen vorhanden ist, dennoch kaum Unterricht im Fach – sondern Religionsunterricht im Klassenverband – angeboten (vgl. die entsprechenden Zahlen bezogen auf Berufsbildende Schulen in Kapitel 4.1.3).

Vergleichbare Desiderata wurden in Bezug auf die Ethikfächer vieler Bundesländer zwar bereits wiederholt in Übersichtsstudien dokumentiert.[9] Doch diesen Übersichten fehlt es an Detailschärfe und tiefergehenden Analysen, bisweilen sind die Angaben unvollständig oder beschränken sich auf den Verweis auf die gesetzlichen Vorgaben, ohne dass angegeben würde, wie die Realität an den Schulen tatsächlich aussieht. Dies gilt auch für den Eintrag zum Fach Werte und Normen in der letzten diesbezüglichen Übersicht der Kultusministerkonferenz zu den Ethikfächern, in der zudem das Fach Philosophie, das in Niedersachsen in der Sekundarstufe II als Wahlfach neben Werte und Normen und den Religionsfächern angeboten wird, gar nicht mit aufgelistet ist.[10] Insofern sind die detaillierten Zahlen und Interviewdaten der Studie ein großer Gewinn für die empirisch informierte fachdidaktische und bildungspolitische Arbeit an der Weiterentwicklung des Religions-, Werte-und-Normen- und Philosophieunterrichts in Niedersachsen.

Besonders interessant ist aus philosophiedidaktischer Perspektive auch das Ergebnis, dass ein sehr hoher Anteil der Befragten der Aussage zustimmt, dass

---

[9] Vgl. etwa Kultusministerkonferenz (Hg.), Zur Situation des Unterrichts in den Fächern Ethik, Philosophie, Lebensgestaltung-Ethik-Religionskunde (LER), Werte und Normen in der Bundesrepublik Deutschland, 2020, https://www.kmk.org/themen/allgemeinbildende-schulen/unterrichtsfaecher/religion-ethik-philosophie.html (Zugriff 27.02.2023); Fachverband Ethik, Denkschrift zum Ethikunterricht – Zwischen Diskriminierung und Erfolg, 2016, https://www.fachverband-ethik.de/ (Zugriff 27.02.2023).

[10] Siehe Kultusministerkonferenz, Zur Situation des Unterrichts (s. o. Anm. 9), 49–55.

9.1 Die Ergebnisse ... aus der Perspektive religionsbezogener Fächer 247

„[f]ür alle Schüler:innen, die an keinem Religionsunterricht teilnehmen, [...] ein verpflichtender Philosophie- oder Werte und Normen-Unterricht eingeführt werden" soll (vgl. Kapitel 8.2.1). In diesem Zusammenhang ist zudem das Ergebnis aufschlussreich, dass sich mehr als die Hälfte der Befragten dafür ausspricht, dass Werte und Normen gleichwertig als Alternativfach – statt wie bislang als Ersatzfach – in den Gesetzestexten verankert wird (vgl. Kapitel 8.2.2). Beide Ergebnisse verdeutlichen, dass es auch unter Religionslehrkräften deutliche Zustimmung für eine Aufwertung des Faches Werte und Normen oder eines anderen Alternativfaches zum Religionsunterricht gibt, und dass entsprechend deutliche Unzufriedenheit mit dem Status quo vorherrscht.

Mit Blick auf die Situation an Grundschulen, für die in der Studie die mit Abstand höchsten Zahlen bezüglich einer fehlenden Alternative zum Religionsunterricht angeführt werden, ließe sich nun auf die gegenwärtig erfolgende Einführung von Werte und Normen als ordentliches Schulfach für die Primarstufe verweisen. So liegen nach einer Erprobungsphase seit 2022 curriculare Vorgaben für diesen Unterricht vor, und seit dem Schuljahr 2022/23 können im Rahmen einer Übergangsphase erste Lerngruppen für das Fach Werte und Normen eingerichtet werden. Dies sind fraglos wichtige Fortschritte, die auch im Sinne vieler der befragten Lehrer:innen sein dürften. Allerdings darf hierbei nicht übersehen werden, unter welchen Bedingungen diese Einführung stattfindet (Stand Februar 2023): Es gibt nach wie vor keine Möglichkeit, im Grundschulbereich eine grundständige Ausbildung für das Fach zu absolvieren, da bislang keine entsprechenden Studiengänge eingerichtet worden sind. Es gibt bisher, trotz der in den letzten Jahren erfolgten Qualifikation einer Reihe von Multiplikator:innen, auch keine Weiterbildungsangebote. Ein entsprechendes Angebot wird auf den Seiten des Bildungsportals Niedersachsen aktuell „für die Zeit nach 2024" angekündigt. Das einzige gezielte Fortbildungsangebot für Werte und Normen, das Grundschullehrkräften derzeit vom Land gemacht wird, umfasst lediglich vier Fortbildungstage. Bezüglich der Ressourcen, die Schulen für die Einführung des Faches bereitgestellt werden, heißt es im entsprechenden Erlass: „Eine Zuweisung zusätzlicher Lehrkräftestunden ist mit der Einrichtung von Lerngruppen Werte und Normen nicht verbunden."[11] – Nach einer bildungspolitischen Entscheidung dafür, das Fach als gleichwertige Alternative zum konfessionellen Religionsunterricht zu etablieren, sieht diese Form der Facheinführung nicht aus.

---

[11] Bildungsportal Niedersachsen, Werte und Normen im Primarbereich, https://bildungsportal-niedersachsen.de/allgemeinbildung/unterrichtsfaecher/philosophische-faecher/werte-und-normen-primarbereich-neu (Zugriff am 27.02.2023) und RdErl. d. MK v. 21.2.2022 – 36-82105/50-10 – VORIS 22410.

2. Religionsunterricht im Klassenverband

Ein weiterer Themenbereich der Studie, der aus philosophiedidaktischer Perspektive sehr aufschlussreich ist, sind die Ergebnisse zum Religionsunterricht im Klassenverband, die insbesondere in Kapitel 4 vorgestellt werden. Auch Teile der in Kapitel 8 dargestellten Studienergebnisse zu Fragen nach der Zukunft des religionsbezogenen Unterrichts sind für diese Unterrichtsform sehr aufschlussreich. Zwar durfte im quantitativen Teil der Studie nach Maßgabe der zuständigen Landesschulbehörde nur nach dem Vorhandensein dieses Unterrichts gefragt werden, nicht aber nach dessen konkreter Ausgestaltung.[12] Zudem kamen im qualitativen Teil der Studie, indem die „Gründe und die Logik hinter einem religiös und weltanschaulich integrativen Unterricht im Klassenverband" erforscht wurden (vgl. Kapitel 4.1.3), nur noch Religionslehrer:innen zu Wort, so dass hierzu keine Auskünfte von Werte-und-Normen- oder Philosophielehrkräften vorliegen.

Ungeachtet dieser Einschränkungen ist allein die hohe Zahl von 60,1 % der Schulen, an denen Religionsunterricht (auch) im Klassenverband erteilt wird, bemerkenswert. Insbesondere an Grundschulen (87,3 %) und an Berufsbildenden Schulen (88,5 %), aber auch an Gesamtschulen (51 %) sind die Prozentzahlen der zustimmenden Antworten der Lehrer:innen auf die Frage, ob an ihren Schulen Religionsunterricht (auch) im Klassenverband unterrichtet wird, erstaunlich hoch (vgl. Kapitel 4.1.3). Wenn an einer Schule zudem zwar offiziell eine Abmeldemöglichkeit besteht und einzelne Schüler:innen auch davon Gebrauch machen, an der Schule das einzige religions- oder philosophiebezogene Unterrichtsangebot jedoch im konfessionell-kooperativen Unterricht besteht (wie es offenkundig nicht selten an Grund- und Berufsbildenden Schulen der Fall ist), dann sind die Zahlen für einen einzigen, alternativlos angebotenen Religionsunterricht möglicherweise sogar noch höher.

Auch wenn die Ausgestaltung des gemeinsamen Unterrichts variiert, scheint offenkundig zu sein, dass Lehrer:innen in diesem Rahmen den insgesamt sehr unterschiedlichen Fachzuschnitten von Werte und Normen auf der einen Seite und (ihrerseits diversen) Religionsfächern auf der anderen Seite kaum gerecht werden können. Nicht zuletzt die großen philosophischen Anteile des Faches Werte und Normen dürften in diesem Religionsunterricht im Klassenverband kaum angemessen zur Geltung kommen. Hinzu kommt die komplexe Thematik der religiösen Positionalität der Lehrer:innen, die für den konfessionellen Religionsunterricht so bedeutsam ist. Wie im qualitativen Teil der Studie deutlich wird, ringen viele der Befragten mit den spannungsreichen Anforderungen, mit denen sie sich als evangelische oder katholische Religionslehrer:innen ge-

---

[12] Dass dieser teils im rechtlichen Graubereich, teils wohl rechtswidrig erteilte Unterricht nicht näher untersucht werden durfte, stellt eine äußerst fragwürdige Beschränkung der Forschungsfreiheit dar – zumal in Verbindung mit der Tatsache, dass dieser Unterricht ja offenkundig durch die Schulbehörden geduldet wird.

9.1 Die Ergebnisse ... aus der Perspektive religionsbezogener Fächer

rade im Kontext des Unterrichts im Klassenverband konfrontiert sehen (vgl. v. a. Kapitel 4.3 und 8.3; siehe auch das Folgende).

Besonders problematisch an dieser Konstruktion ist darüber hinaus die Tatsache, dass mit dem Unterricht im Klassenverband in vielen Fällen der Anspruch der Schüler:innen vernachlässigt wird, sich zur Wahrung ihrer grundgesetzlich garantierten negativen Religionsfreiheit von einem bekenntnisorientierten Unterricht abzumelden. Zudem wird auch die *positive* Religionsfreiheit, auf die bisweilen zur Begründung eines bekenntnisorientierten Religionsunterricht verwiesen wird,[13] nicht für alle Schüler:innen gleichermaßen berücksichtigt, wenn der Unterricht primär durch eine Konfession oder Religion geprägt wird – ein Umstand, den die befragten Religionslehrer:innen selbst problematisieren (vgl. z. B. Kapitel 4.3.2). Zwar diskutieren die Lehrer:innen dabei auch die Frage, wie bekenntnisorientiert oder konfessionell dieser Unterricht in der Praxis tatsächlich ist oder sein sollte. Doch solange die Gestalt des erteilten Unterrichts insbesondere in Form der Lehrkräftebildung, der Erstellung von Curricula und Lehrmitteln sowie der Erteilung der Vocatio, Missio oder Idschaza maßgeblich von den Religionsgemeinschaften mitbestimmt wird, ist die in der Studie dokumentierte Schulrealität didaktisch und rechtlich doch äußerst fragwürdig. So ist denn auch ein deutliches Unbehagen einiger Religionslehrer:innen mit der vorgefundenen Praxis in den Ergebnissen der qualitativen Studie erkennbar, und zwar sowohl bezogen auf den Unterricht im Klassenverband als auch bezogen auf den konfessionell-kooperativen Unterricht, an dem ebenfalls viele nichtchristliche Schüler:innen teilnehmen und den die Lehrer:innen teils als „Mogelpackung" oder „Mogelbegriff" ansehen (vgl. u. a. Kapitel 4.3.1; dort wird auch deutlich, dass der konfessionell-kooperative Unterricht teils mit dem Unterricht im Klassenverband zusammenfällt).

Neben den Schwierigkeiten, die die befragten Lehrer:innen mit dem Unterricht im Klassenverband thematisieren, werden von ihnen demgegenüber auch diverse pädagogische, schulorganisatorische und nicht zuletzt gesellschaftspolitische Gründe angesprochen, die ihres Erachtens *für* einen gemeinsamen Unterricht sprechen (vgl. z. B. Kapitel 8.3). Außerdem wird in den Interviews wiederholt ein religionskundlicher Unterricht als mögliche, zumeist jedoch als überwiegend unattraktiv beurteilte Alternative angesprochen (vgl. z. B. Kapitel 4.3.2, 6.3.3 und 8.5). Auffällig, wenn auch angesichts der fachlichen Hintergründe der Befragten vielleicht nicht verwunderlich, ist, dass als Alternative zum bekenntnisorientierten Religionsunterricht ein Philosophie- oder Ethikunterricht für alle Schüler:innen gar nicht explizit in den Blick kommt. Ein solcher gemeinsamer philosophischer Unterricht existiert ja durchaus, in Deutschland vor

---

[13] Vgl. z. B. Kerstin Gäfgen-Track, Der konfessionelle Religionsunterricht und das Fach „Werte und Normen" bzw. „Ethik". Das grundgesetzliche Gebot der Religionsfreiheit in der Schule, in: Bernd Schröder/Moritz Emmelmann (Hg.), Religions- und Ethikunterricht zwischen Kooperation und Konkurrenz, Göttingen 2018, 203–211, hier 207.

allem mit dem Fach Ethik in Berlin, das alle Schüler:innen der Sekundarstufe I besuchen, aber etwa auch in Frankreich und in einigen Schweizer Kantonen mit dem Fach Philosophie an Gymnasien.[14]

Doch in den Interviews klingen interessanterweise wiederholt Schilderungen eines als attraktiv beurteilten Unterrichts im Klassenverband an, dessen Charakterisierung und Zielsetzungen teils sehr nach einem philosophischen Unterricht klingen, und die sich teils in vergleichbarer Form auch in philosophiedidaktischen oder bildungsphilosophischen Argumentationen für einen Philosophie- oder Ethikunterricht für alle finden.[15] Um diese Beobachtung anschaulich zu machen, seien hier einige Auszüge aus den dargestellten Ergebnissen zitiert (alle Zitate stammen aus Kapitel 4.2.2): Es stehe „die intellektuelle Bearbeitung ethischer und wertbildender Themen und Fragestellungen im Zentrum, die die Schüler:innen auch zur Selbstreflexion und Selbstverortung anregen soll". Gerade für einen Unterricht, in dem es „um die wichtigen Fragen des Lebens geht", sei die Separierung der Schüler:innen fragwürdig. Fragen wie „Was glaubst du? Was ist der Sinn des Lebens? Warum sind wir hier? Wie sollten wir miteinander umgehen?" sollten in einem gemeinsamen Unterricht besprochen werden. Es werden „gesellschaftliche Grundwerte" thematisiert, und daher wäre es „echt schade, wenn wir über die Hälfte der Schüler:innen nicht erreichen würden". Das gemeinsame Lernen fördere „die Toleranzentwicklung", es wirke sich „positiv auf das Zusammenleben in der Gesellschaft" und „die Pluralitätsfähigkeit der Schüler:innen" aus.

Vor dem Hintergrund dieser und weiterer, in eine ähnliche Richtung zielende Ergebnisse der Studie wäre es möglicherweise lohnend, im fachdidaktischen Diskurs und in der Lehrkräftebildung für die Religions- und Ethikfächer stärker das Philosophieren als gemeinsamen Nenner der Fächer in den Blick zu nehmen. Dies scheint im Bewusstsein der befragten (Religions-)Lehrer:innen zumindest nicht explizit ausreichend Beachtung zu finden, wohingegen eine religionskundliche Perspektive häufiger explizit angesprochen und problematisiert wird – eine Problematisierung, der sich auch Philosophie- und Werte-und-Normen-Lehrkräfte wohl nicht selten anschließen könnten.

3. Zur Frage der Position(ierung) der Lehrer:innen
Die letzte Beobachtung zu den Studienergebnissen, die ich hier anführen möchte, betrifft das für die Religions- und Ethikfächer gleichermaßen komplexe

---

[14] Grundgesetzeskonform und zugleich bildungspolitisch umsetzbar ist dieser Fachzuschnitt in Berlin allerdings nur aufgrund der sog. Bremer Klausel, die dafür sorgt, dass ein bekenntnisorientierter Religionsunterricht dort keine Pflicht darstellt und so Raum für ein Ethikfach für alle ist.

[15] Vgl. z. B. Michael Bongardt, Sprachfähigkeit. Über Aufgaben und Ausbildungen von Ethiklehrkräften in Berlin, in: Marie-Luise Rathers (Hg.), Werte in Religion und Ethik, Dresden 2011, 99–112; Michael Hand, On the Distinctive Dducational Value of Philosophy, in: Journal of Philosophy in Schools 4, (2018), Issue 2, 4–19.

Feld der Positionierung der Lehrer:innen zu religiösen, existenziellen, ethischen, politischen und anderen oder als kontrovers geltenden Fragen. Diesbezüglich möchte ich mit Blick auf die Studie und philosophiedidaktische Beiträge zum Thema die Vermutung anführen, dass die Gemeinsamkeiten zwischen den Ethikfächern und den bekenntnisorientierten Religionsfächern größer sind, als es teils offenbar von den befragten Religionslehrer:innen angenommen wird und auch die fachdidaktische Literatur der jeweiligen Schulfächer in Teilen nahelegt (vgl. Kapitel 6.2). Auch wenn die Begrifflichkeiten und Diskurse sich unterscheiden (beispielsweise ist die Rede von „Positionalität" in der Philosophie- und Ethikdidaktik unüblich), so scheinen die Lehrer:innen in der Praxis teils doch sehr ähnliche Fragen umzutreiben. Unsicherheiten und Ambivalenzen bezüglich der Offenlegung der eigenen ethischen, religiösen, philosophischen oder auch politischen Haltungen, die Bedeutung von Authentizität und Transparenz, aber auch die Ablehnung einer neutralen Position einerseits und bestimmter starker Formen der Positionierung (oder der „Missionierung") andererseits werden nicht nur in den Interviews mit den Religionslehrer:innen formuliert; teils verblüffend ähnliche Einschätzungen und Fragen werden etwa auch von Philosophie- und Ethiklehrkräften in einer kleineren Interview-Studie zum Ausdruck gebracht.[16] Zudem wird das ganze Themenspektrum seit langem intensiv in der Philosophie- und Ethikdidaktik und der Bildungsphilosophie diskutiert.[17] Ich hielte es für fruchtbar, sowohl in der fachdidaktischen Theoriebildung als auch in der Ausbildungs- und Unterrichtspraxis relevante Gemeinsamkeiten und Unterschiede in Bezug auf Fragen der Positionierung im Religions- und Philosophie- und Werte-und-Normen-Unterricht genauer auszuleuchten.[18]

4. Grenzen der Studie bezüglich des Werte-und-Normen- und Philosophieunterrichts
An dieser Stelle mit kritischen Anmerkungen zu einer Studie zu enden, die von Kolleg:innen mit großem Aufwand durchgeführt wurde und die zu neuen, äußerst aufschlussreichen Daten und vertieften Einblicken in die niedersächsische Bildungslandschaft bezogen auf den Religions-, Werte-und-Normen- und

---

[16] Anne Burkard, Handlungsspielräume jenseits philosophischer Überwältigung und Beliebigkeit: Gruppendiskussionen mit Lehrkräften zur Bedeutung und Legitimität von Positionierungen im Philosophieunterricht, in: Johannes Drerup/Douglas Yacek/Miguel Zulaica y Mugica (Hg.), Dürfen Lehrer ihre Meinung sagen? Demokratie, Bildung und der Streit über das Kontroversitätsgebot, Stuttgart 2021, 100–129.

[17] Um nur zwei jüngere Beispiele aus diesem breiten Diskurs anzuführen: Brian Besong, Teaching the Debate, in: Teaching Philosophy 39 (2016), Iss. 4, 401–412; Minkyung Kim/Katharina Neef/Jan Friedrich/Tobias Gutmann (Hg.), Werte im Ethikunterricht. An den Grenzen der Wertneutralität, Leverkusen-Opladen 2021.

[18] Bezogen auf den Politik- und Religionsunterricht findet sich ein aufschlussreicher Vergleich dieser Art etwa in: Simone Müller/Julia Münch-Hirtz, ‚Neutral' unterrichten? Eine Lektüre des Beutelsbacher Konsenses hinsichtlich der Positionalität von Politik- und Religionslehrpersonen, in: Österreichisches Religionspädagogisches Forum 29:1, 2021, 124–141.

Philosophieunterricht geführt hat, erscheint unpassend. Dennoch ist es mir zur Einordnung der wertvollen Studienergebnisse ein Anliegen, drei Grenzen der Studie zu thematisieren, die aus philosophiedidaktischer Perspektive wohl besonders ins Auge fallen müssen (teils werden sie von den Autor:innen auch selbst angesprochen).

Erstens ist das die Tatsache, dass – aus nachvollziehbaren Gründen – für den qualitativen Studienteil keine Werte-und-Normen-Lehrer:innen befragt wurden. Da die Ergebnisse der Interviews beträchtlichen Raum in der Studie einnehmen und auch zur Einordnung des quantitativen Studienteils herangezogen werden, bleiben die Perspektiven dieser Lehrer:innen im Vergleich zu denen der Religionslehrer:innen etwas blass und unterbestimmt. Zweitens ist etwas bedauerlich, dass Philosophielehrer:innen offenbar nicht explizit für die Studie angesprochen wurden, obwohl sie einen nicht zu vernachlässigenden Anteil derjenigen Lehrer:innen ausmachen, die eines der Ersatz- bzw. Alternativfächer zu den bekenntnisorientierten Religionsfächern unterrichten.[19] Es wird zudem im Zuschnitt der Studie nicht immer klar, inwiefern Philosophie mitgemeint ist oder nicht, und es gibt Unstimmigkeiten in der Fachbezeichnung („Praktische Philosophie" gibt es in Niedersachsen jedenfalls offiziell nicht). Drittens ist die zentrale Kategorie der Studie, die der „religionsbezogenen Bildung", so gewählt, dass Werte und Normen und Philosophie als Fächer nur sehr bedingt in ihren jeweiligen Fachlogiken in den Blick kommen; nach dem Selbstverständnis eines Großteils der Vertreter:innen dieser Fächer in Schulpraxis, Ausbildung und Forschung, aber etwa auch in der Fächerkategorisierung der Kultusministerkonferenz, wäre eine Zuordnung zu den „Ethikfächern" oder zur Fächergruppe „Philosophie und Ethik" wesentlich treffender als die Einordnung als religionsbezogene Unterrichtsfächer. Nun war es fraglos nicht das Anliegen der Studie, Werte und Normen und Philosophie genauer in den Blick zu nehmen, und die gewählten thematischen Schwerpunktsetzungen sind sicher sehr sinnvoll gewählt im Kontext des religionspädagogischen Diskurses, in dem die Studie primär verortet ist. Die Autor:innen weisen zudem einleitend explizit darauf hin, dass das Fach Werte und Normen nur mit einem seiner Themenbereiche, „Religion und Religionen", in den Blick genommen werde. Dennoch erhält die Thematisierung von Werte und Normen, auch in Verbindung mit der weitgehenden Vernachlässigung von Philosophie, durch den Zuschnitt der Studie, einschließlich der gewählten Begrifflichkeiten und der theoretisch-diskursiven Verortung, einen gewissen vereinnahmenden Zug. Dies wäre womöglich vermeidbar gewesen durch

---

[19] Stand 2021 waren es auf alle allgemeinbildenden Schulformen bezogen gut halb so viele Philosophie- wie Werte-und-Normen-Lehrer:innen, an Gymnasien machten Philosophielehrerinnen knapp die Hälfte aus: Niedersächsisches Kultusministerium (Hg.), Die niedersächsischen allgemeinbildenden Schulen – Zahlen und Grafiken – Schuljahr 2021/22, 17, https://www.mk.niedersachsen.de/startseite/service/statistik/die-niedersaechsischen-allgemein-bildenden-schulen-in-zahlen-6505.html (Zugriff am 27.02.2023).

eine noch klarere Benennung der Grenzen des Erkenntnisinteresses und der Aussagekraft der Studie in Bezug auf die beiden Fächer.

Zusammengenommen hätte vor dem Hintergrund der drei hier angesprochenen Aspekte nach meinem Dafürhalten die primäre disziplinäre Verortung der Studie in der Religionspädagogik und die damit verbundene begrenzte Aussagekraft bezüglich des Werte-und-Normen- und Philosophieunterrichts in der Darstellung noch etwas transparenter sein können. Die hier angemerkten Punkte tun jedoch dem großen Verdienst der Studie mit ihren detaillierten und aufschlussreichen Ergebnissen zur religionsbezogenen Bildung in niedersächsischen Schulen keinen Abbruch. Insbesondere die Einblicke, die die Studie zum Religionsunterricht im Klassenverband und zu anderen Spielarten des gemeinsamen Unterrichts gibt, sind gerade auch aus philosophiedidaktischer Perspektive und mit Blick auf eine mögliche Weiterentwicklung des Faches Werte und Normen äußerst wertvoll.

Dr. Anne Burkard ist Professorin für Didaktik der Philosophie und das Fach Werte und Normen an der Georg-August-Universität Göttingen.

9.2 Die Ergebnisse der ReBiNiS-Studie aus regionaler Perspektive

9.2.1 *Kommentierung der Ergebnisse aus der Perspektive Bayerns (Manfred Pirner)*

1. *Eine wertvolle Basis für die evidenzbasierte Weiterentwicklung religionsbezogener Bildung – zur Gesamteinschätzung der ReBiNiS-Studie*

Die ReBiNiS-Studie kommt nicht nur zu rechten Zeit, sondern ist in ihrem Forschungsdesign auch gut geeignet, das Wissen um die Stellung von Religion an niedersächsischen Schulen auf solide Beine zu stellen. Zwar war zum Befragungszeitpunkt die Initiative zur Einführung eines landesweiten „Christlichen Religionsunterrichts" noch nicht absehbar; jedoch können die Ergebnisse insbesondere für die aktuelle Diskussion um diese Initiative als hilfreiche empirische Basis dienen, aber auch darüber hinaus wertvolle Einsichten liefern. Dies hängt mit mehreren klaren Stärken der Studie zusammen: Anders als jüngere Vorläuferstudien wurde eine zweifellos aussagekräftige Zahl von N = 982 Lehrkräften (davon ca. 750 Lehrkräfte mit RU-spezifischer Ausbildung) befragt – auch wenn die proklamierte Repräsentativität fraglich bleibt, weil die Grundgesamtheiten der befragten Lehrkräfte-Gruppen nicht ausgewiesen werden und auch nicht klar ist, wie viele Lehrkräfte jeweils von einer Schule kamen. Innovativ ist jedenfalls, dass im Sinne eines breiten Verständnisses von „religionsbezogener Bildung" auch Lehrkräfte, die das Fach „Werte und Normen" unterrichten, in die Studie einbezogen wurden. Inhaltlich besonders interessant finde ich u. a. die Fragen zum „didaktischen Profil der Lehrenden im Umgang mit Heterogenität" (Kapitel 6.3). Ein weiterer Vorteil der Studie ist, dass die quantitative Befragung durch Interviews mit 15 Lehrkräften ergänzt wird, die zu jedem Befragungskomplex aufschlussreiche weitere Befunde liefern bzw., im Sinne des Mixed-Methods-Ansatzes, zum besseren Verständnis mancher quantitativen Befunde beitragen. Etwas schade ist, dass angesichts der quantitativ festgestellten hohen Relevanz der Schulart beim Sampling für die Interviews nicht stärker auf eine angemessene Berücksichtigung der Schularten geachtet wurde (nur eine Grundschullehrkraft!). Schließlich ist ebenfalls positiv zu würdigen, dass auch nach Religion in der Schulkultur gefragt wurde.

2. *Ähnlich und doch anders – die Kontexte im Bundesländervergleich*

Die demografische Verteilung der Konfessionen und Religionen in Niedersachsen und Bayern ist überraschend ähnlich, nur bezüglich der Konfessionen mit umgekehrtem Vorzeichen: Während in Niedersachsen (im Schuljahr 2020/21) 43 % der Schüler:innen allgemeinbildender Schulen einer evangelischen Kirche angehörten und ca. 15 % der römisch-katholischen Kirche (S. 13), waren in Bayern (im Schuljahr 2021/22, alle Schularten) 47 % katholisch und 19 % evangelisch.[20] Ohne Religionszugehörigkeit waren demnach in Niedersachsen ca. 25 %, in Bayern 17 % der Schüler:innen; die Zahl der muslimischen Schüler:innen liegt in Bayern mit 11 % etwas höher als in Niedersachsen mit 9 %. Auch wenn der Anteil der christlich zugeordneten Schüler:innen in Bayern damit um ca. 8 % höher liegt als in Niedersachsen, zeigte eine repräsentative Umfrage des Instituts Kantar EMNID aus dem Jahr 2017, dass die Religiosität (Glaube an Gott, Selbsteinschätzung als religiös) der bayerischen (Gesamt-)Bevölkerung sogar hinter jener des deutschen Bevölkerungsdurchschnitts zurückbleibt[21] – die landläufige Meinung, Bayern sei traditioneller und damit auch religiöser als andere Bundesländer, ist damit jedenfalls mehr als zweifelhaft. So hat auch der Besuch des Ethik-Unterrichts in bayerischen Schulen in den vergangenen Jahren erheblich zugenommen; im Schuljahr 2021/22 besuchten ca. 28 % der Sekundarstufen-Schüler:innen den Ethikunterricht.[22] Und was die evangelischen Religionslehr-

---

[20] Bayerisches Staatsministerium für Unterricht und Kultus (Hg.), Bayerns Schulen in Zahlen, München 2022, 21. Online unter: https://www.km.bayern.de/download/4051_Bayerns_Schulen_in_Zahlen_2021-2022_Onlineausgabe_KORRIGIERT_S-22.pdf (Zugriff am 26.02.2023).
[21] Vgl. Manfred L. Pirner (Hg.), Religionsunterricht in Bayern. Eine repräsentative Bevölkerungsumfrage. Ergebnisse und Diskussion, Erlangen 2019, 74 (online verfügbar unter https://doi.org/10.25593/978-3-96147-242-0).
[22] Vgl. Bayerisches Staatsministerium für Unterricht und Kultus, Bayerns Schulen in Zahlen (s. o. Anm. 20), 27.

9.2 Die Ergebnisse der ReBiNiS-Studie aus regionaler Perspektive

kräfte betrifft, liegt deren Religiosität – soweit vergleichbar – auf einem ähnlichen Niveau: Für die niedersächsischen evangelischen Religionslehrkräfte ist der Gottesdienst etwas wichtiger (MW = 3,37) als für die bayerischen staatlichen Religionslehrkräfte[23] (MW = 3,06); dafür ist es bei der Wichtigkeit des persönlichen Gebets umgekehrt (ReBiNiS-MW = 3,76; ReLiBa$_{staatl.}$-MW = 3,92).[24]

Eine weitere Parallele zwischen den beiden Bundesländern liegt in der Existenz von ausgesprochenen Diaspora-Gebieten: Während für Niedersachsen etwa vom katholischen Münsterland und lutherischen Südniedersachsen die Rede ist (S. 14), kann in Bayern auf das katholische Oberbayern und das evangelische Mittelfranken verwiesen werden. Und auch in Niedersachsen „gibt es Gegenden, wo der jeweiligen Minderheitskonfession nicht genug Schüler:innen angehören, um katholischen bzw. evangelischen Religionsunterricht einzurichten" (S. 14f.).

Wenn im Folgenden Vergleiche zwischen der ReBiNiS-Studie und der bayerischen ReLiBa-Studie angestellt werden, so stehen diese unter einem mehrfachen Vorbehalt. Zum ersten wurden in ReLiBa keine Förderschulen einbezogen. Zum zweiten wurden in ReLiBa nur Personen befragt, die *evangelischen Religionsunterricht* erteilen. Und zum dritten wurden auch Gemeindepfarrer:innen, kirchliche Religionspädagog:innen und kirchliche Katechet:innen in die Erhebung einbezogen, die in Niedersachsen keine Rolle in der schulischen religionsbezogenen Bildung spielen. Schon dies macht einen wesentlichen Unterschied aus, der sich z. T. auch in den Befragungsergebnissen widerspiegelt. So wurde in der ReLiBa-Studie deutlich, dass Gemeindepfarrer:innen (die in Bayern in der Regel sechs Wochenstunden Religionsunterricht erteilen müssen) im Durchschnitt weniger zufrieden mit dem Religionsunterricht sind, sich als weniger kompetent einschätzen und sich stärker als belastet (z. B. durch Disziplinprobleme) erleben als andere Berufsgruppen (ReLiBa, S. 17). Bei Vergleichen zwischen ReBiNiS und ReLiBa ist also jeweils genau auf die Vergleichbarkeit der befragten Personengruppen zu achten.

3. *Der Hauptunterschied: die Haltung der befragten Religionslehrkräfte zum konfessionellen Religionsunterricht*

Auch wenn die Fragestellungen in ReBiNiS und ReLiBa sich unterscheiden, lassen sich doch die Ergebnisse bezüglich der präferierten Form von Religionsunterricht recht gut vergleichen. In ReLiBa haben wir danach gefragt, wie die (evangelischen) Religionslehrenden sich den idealen Religionsunterricht der Zukunft vorstellen bzw. wie sie am liebsten arbeiten würden (vgl. ReLiBa, S. 74). Für den

---

[23] Manfred L. Pirner, Wie Religionslehrkräfte ticken. Eine empirisch-quantitative Studie, Stuttgart 2022 (im Folgenden direkt im Text zitiert als „ReLiBa").
[24] Vgl. ReBiNiS, S. 122; ReLiBa, S. 127. Für ReLiBa wurden die Werte der staatlichen Religionslehrkräfte eigens für diesen Vergleich berechnet, da sich leider nur die angeführten zwei Items direkt vergleichen lassen.

Vergleich sind in Tabelle 1 die staatlichen Lehrkräfte eigens kursiv ausgewiesen, während die nicht-kursiven Werte alle Berufsgruppen umfassen.

Tabelle 1
Ergebnisse aus der bayerischen ReliBa-Studie: Einstellung der (ev.) Religionslehrenden zu verschiedenen Modellen des Religionsunterrichts (Antwortkategorien: 5 = ausgesprochen gern, 4 = eher gern, 3 = mittel, 2 = eher ungern, 1 = überhaupt nicht gern; Prozentzahlen: Top2 und Kategorie 1; kursiv: nur staatliche Lehrkräfte)

„Bundesweit werden immer wieder neben dem konfessionell getrennten Religionsunterricht verschiedene Alternativen diskutiert. Wie sieht für Sie idealerweise der Religionsunterricht der Zukunft aus?"

So würde ich arbeiten wollen …	ausgesprochen gern + eher gern	überhaupt nicht gern	M	SD	N
konfessionell getrennter Religionsunterricht mit regelmäßigen Phasen der Kooperation mit anderen Fächern	75.2 % *75.0 %*	4.8 % *5.5 %*	4.07 *4.03*	1.14 *1.18*	418 *236*
konfessioneller Religionsunterricht wie bisher	70 % *67.1 %*	5,6 % *5.6 %*	3.87 *3.80*	1.16 *1.20*	414 *234*
konfessionell-kooperativer Religionsunterricht (gemeinsam unterrichtet von einer ev. und einer kath. Lehrperson)	43.4 % *41.7 %*	21.7 % *22.3 %*	3.04 *2.99*	1.43 *1.43*	414 *233*
ökumenischer Religionsunterricht (unterrichtet von einer ev. oder kath. Lehrperson)	30.9 % *33.8 %*	26.7 % *25.2 %*	2.72 *2.82*	1.40 *1.44*	415 *234*
religionskundlicher Religionsunterricht für alle im Klassenverband	16.5 % *21.5 %*	47.4 % *43.3 %*	2.09 *2.27*	1.30 *1.40*	411 *233*
religiöse Bildung als fächerübergreifende Aufgabe	1.0 % *1.3 %*	91.7 % *89.6 %*	1.13 *1.17*	0.50 *0.57*	408 *231*

Anmerkung. M = Mittelwert; SD = Standardabweichung; unterschiedliche n dieser Teilstichprobe wegen unterschiedlicher fehlender Werte

Die Tabelle zeigt, dass über alle Berufsgruppen hinweg und so auch bei den staatlichen Lehrkräften eine deutliche Mehrheit den konfessionellen Religionsunterricht bevorzugt, wenn auch überwiegend mit regelmäßigen Phasen der Kooperation mit anderen Fächern. Der konfessionell-kooperative oder ökumenische Religionsunterricht fallen demgegenüber klar in der Zustimmung zurück. Die Option „Unterricht im Klassenverband" war folgendermaßen formuliert: „Ev. Schüler/innen und kath. Schüler/innen sowie Schüler/innen des Religionsunterrichts anderer Religionen und des Ethikunterrichts werden gemeinsam unterrichtet (religionskundlicher Unterricht im Klassenverband)". Diese Option hat, abgesehen von der Auflösung des Faches als fächerübergreifende Aufgabe, die geringsten Zustimmungswerte erhalten, wenngleich hier und ebenso beim ökumenischen Religionsunterricht die staatlichen Lehrkräfte etwas höher liegen als die anderen Berufsgruppen.

Demgegenüber lehnen in der ReBiNiS-Befragung über 68 % der befragten Lehrkräfte (über 71 % derjenigen, die ev. Religion auf Lehramt studiert haben) eine Differenzierung der Schüler:innen nach Konfessionen ab (Zustimmung:

„gar nicht" oder „eher nicht"); für eine Differenzierung nach Religionszugehörigkeit gilt das für fast 50 % (Lehrkräfte mit ev. Religion: 48,2 %) (S. 73). Unter Einbeziehung der qualitativen Ergebnisse kommen die ReBiNiS-Autor:innen zu der Einschätzung, dass die Befunde v. a. „auf den Wunsch eines gemeinsamen Unterrichts im Klassenverband hindeuten" (ReBiNiS, S. 75).

4. *Die Schulrealität als Hintergrund: Erfahrungen mit konfessionsübergreifendem Unterricht*

Die eklatanten Unterschiede in den Präferenzen zwischen den niedersächsischen und bayerischen Lehrkräften lassen sich vermutlich primär durch die langjährigen, umfangreichen und offensichtlich positiven Erfahrungen der niedersächsischen Befragten mit konfessioneller Kooperation und auch mit Unterricht im Klassenverband erklären. Bekanntlich ist in Niedersachsen bereits seit 1998 konfessionell-kooperativ erteilter Religionsunterricht möglich und wurde im Lauf der Zeit weiter ausgebaut. Dabei ist allerdings zu beachten, dass kokoRU in Niedersachsen in der Regel bedeutet, dass die evangelischen und katholischen Schüler:innen gemeinsam von einer evangelischen oder katholischen Lehrkraft unterrichtet werden; gemeinsamer Unterricht (im team-teaching oder Wechsel der Lehrkräfte) findet eher selten statt.[25] Jedenfalls aber lassen sich große Unterschiede in der Erfahrung mit einem solchen Religionsunterricht zwischen den beiden Bundesländern feststellen.

So geben in der Niedersachsen-Studie über 70 % der Befragten an, „dass an ihrer Schule Religionsunterricht (auch) konfessionell-kooperativ erteilt wird – an Berufsbildenden Schulen liegt diese Quote bei 96 %, an Förder-, Grund- und Hauptschulen bei über 80 %. Ca. zwei Drittel der Lehrer:innen berichten, dass (auch) im Klassenverband unterrichtet wird" – wobei letztere Option eigentlich rechtlich nicht vorgesehen bzw. erlaubt ist (S. 50; S. 65). Demgegenüber ist in Bayern nicht nur Religionsunterricht im Klassenverband offiziell nicht erlaubt, sondern auch jahrgangweiser konfessionell-kooperativer bzw. überkonfessioneller Religionsunterricht bislang nicht vorgesehen. Dennoch gaben 9,7 % der befragten evangelischen Religionslehrenden an, mit einem solchen jahrgangsweisen kokoRU Erfahrungen zu haben, 8,6 % haben Erfahrungen mit jahrgangsweisem Religionsunterricht im Klassenverband (ReliBa, S. 77).[26] Von den offiziell erlaubten Formen der Kooperation mit den katholischen Kolleg:innen wird von

---

[25] Nach ReBiNiS, S. 179 werden bezüglich Kooperationen der Befragten mit Kolleg:innen aller möglichen Fächer fürs „team-teaching" 9 %, für „Tausch oder Wechsel der Lehrkräfte" 11 % angegeben.
[26] Übrigens musste die Frage nach diesen beiden eigentlich nicht erlaubten Optionen gegenüber dem bayerischen Kultusministerium durch intensive Argumentationsarbeit durchgesetzt werden; ähnliche Probleme scheint es in Niedersachsen gegeben zu haben (vgl. ReBiNiS, S. 65). Es ist natürlich nicht hinnehmbar, dass empirische Forschung nicht nach dem fragen darf, was nicht sein soll, aber dennoch existiert.

den bayerischen Befragten am häufigsten die Zusammenarbeit bei Schulgottesdiensten und religiösen Schulfeiern genutzt (knapp 75 % „sehr häufig" oder „häufig"), gefolgt von einem Austausch von Arbeitsmaterialien und Unterrichtsideen (ca. 37 %), während die Durchführung von zeitlich gemeinsamen Unterrichtsphasen und/oder gemeinsamen Projekten nur von 13,4 % „sehr häufig" oder „häufig" praktiziert wird. Diese Zahlen machen deutlich, dass die schulische Realität von Religionsunterricht in Niedersachsen und Bayern sehr unterschiedlich ist. Von Niedersachsen (und den kokoRU-Erfahrungen aus anderen Bundesländern) ist für Bayern wohl am ehesten zu lernen, dass ein gewachsenes Vertrauen in die Lehrkräfte der jeweils anderen Konfession eine wichtige Voraussetzung für gelingende Formen von gemeinsamem Religionsunterricht ist.

Dr. Manfred Pirner ist Professor für Religionspädagogik und Didaktik des Evangelischen Religionsunterrichts an der Friedrich-Alexander-Universität Erlangen-Nürnberg.

9.2.2 Kommentierung der Ergebnisse aus der Perspektive von Rheinland-Pfalz (Susanne Schwarz)

Für die vergleichende Perspektive aus Rheinland-Pfalz kann nicht auf vorhandene Lehrkraft-Studien zurückgegriffen werden;[27] wohl aber ist eine Schüler:innenstudie durchgeführt worden, die aktuell ausgewertet wird.[28] Nach einer allgemeinen Würdigung wird danach gefragt, wie sich Ergebnisse der ReBiNiS-Studie zu den Ergebnissen der rheinland-pfälzischen Schüler:innenstudie verhalten. Da beiden Studien unterschiedliche Ziele wie Fragebögen zugrunde liegen, handelt es sich nicht um einen empirisch validen Vergleich, sondern eher um eine Art Spiegelung.

1. *Würdigung der Studie*

Insgesamt handelt es sich bei der vorliegenden Studie und den Ergebnissen sowohl um eine wichtige Momentaufnahme als auch um ein eindrucksvolles Stimmungsbild zu den Perspektiven der Lehrkräfte auf die er-/gelebten, gewünschten wie abgelehnten Organisationsformen und Kooperationen religionsbezogenen Unterrichts, die unterrichtspraktischen Herausforderungen und die reli-

---

[27] Ausnahme: Martin Rothgangel/Christhard Lück/Philipp Klutz, Praxis Religionsunterricht. Einstellungen, Wahrnehmungen und Präferenzen von ReligionslehrerInnen, Stuttgart 2016; einige wenige der befragten Lehrkräfte unterricht(et)en in Rheinland-Pfalz.

[28] Vgl. erste Ergebnisse: Susanne Schwarz, Matthias Sand, Evangelischer Religionsunterricht in Rheinland-Pfalz. Erste Einblicke in die Ergebnisse einer Schüler*innenstudie. In: TheoWeb. 21 (2022) H. 2, 370–400; die Gesamtauswertung erscheint voraussichtlich Ende 2023.

gionsbezogene Selbstverortung angesichts religiös-weltanschaulicher Heterogenität!

Zu würdigen ist die Studie auch aufgrund des vorliegenden Samples, in das Lehrkräfte aus (fast) allen Schulformen und den unterschiedlichen religionsbezogenen Fächern einbezogen werden konnten. In der Auswertung zeigt sich schließlich, wie sinnvoll die Differenzierung nach Schulformen und Fächern ist, denn die Antworttendenzen sind nach Schulform und Fach häufig sehr klar. Überzeugend lässt sich an den Ergebnissen erkennen, dass die Voraussetzungen und Bedarfe an den Schulformen weit auseinandergehen können und auf unterschiedliche schulformspezifische Theorie-/Praxisreflexionen angewiesen sind.

Als sehr gewinnbringend erweist sich die methodische Anlage der Studie auch insofern, als die Ergänzung des quantitativen Fragebogens durch vertiefende Interviews mit Religionslehrkräften einen differenzierten Einblick in dahinterstehende Motive, Wünsche und Befürchtungen ermöglicht. Fachdidaktisch können gerade diese Einblicke die Ergebnisse des quantitativen Teils lesen helfen sowie Anhaltspunkte für Unterstützungs-/Forschungsmöglichkeiten bieten.

Sichtbar geworden ist durch die Ergebnisse dieser Studie einmal mehr, wie Praxis sich zu den rechtlichen Rahmenbedingungen verhalten kann. Klar erkennbar ist aber auch die Gestaltungskraft und -macht von Lehrkräften im Blick auf den organisatorischen wie didaktischen Umgang mit religiös-weltanschaulicher Heterogenität. Bildungspolitisch kann – das zeigen die Kommentare der Lehrkräfte zum CRU – eine sensible Einbindung der Akteure und der Praxis in Entscheidungen gar nicht überschätzt werden, womit nicht eine unkritische Affirmation, wohl aber eine Dialogstruktur gemeint ist.

2. Neuralgische Punkte

Die Autor:innen der Studie baten auch darum, neuralgische Punkte zu benennen. Unter ‚neuralgisch' werden hier jene Aspekte zusammengefasst, die sich anhand der Studienergebnisse als religionspädagogische Anforderung wahrnehmen lassen.

Ein solcher betrifft sowohl die rheinland-pfälzische Schüler:innenstudie als auch ReBiNiS (und viele andere religionspädagogische Studien), denn der Bereich der Förderschulen ist (fast) gar nicht vertreten. Hierfür gibt es (z. B. methodische) Gründe, gleichwohl ist die Frage danach, wessen Stimmen (wie) repräsentiert werden, auch mit Macht- und Gerechtigkeitsfragen verbunden. Zu bedenken ist, dass gerade der Förderschulbereich über eine kleinere Lobby verfügt, gleichwohl aber mit größeren strukturellen Schwierigkeiten zu kämpfen hat.

Ein zweiter Aspekt bezieht sich auf die Thematik Positionalität. Gerade bei den Lehrkräften für die Fächer Evangelische und Katholische Religion wird ein Ringen erkennbar.

Ein dritter Punkt betrifft die sehr häufig gewählte Praxis, Schüler:innen als religionsbezogene Expert:innen der Nichtmehrheitsreligion didaktisch in das Unterrichtsgeschehen einzubinden. Dieser Befund steht in einer Spannung zu den Empfehlungen aus den theoretischen Debatten.[29]

Ein vierter Punkt ist im Blick auf die Einstellung von einigen Werte-und-Normen-Lehrkräften zum Religionsunterricht zu vermerken. Bedenkenswert ist der relativ hohe Anteil an Befürwortungen zur Abschaffung des Religionsunterrichts gerade durch jene für das Fach explizit qualifizierten Lehrkräfte. Hier müsste noch genauer erforscht werden, wie sich die Ablehnung begründet und ausdrückt. Zu fragen wäre hier schließlich, ob/wie sich die Ablehnung im Blick auf Kooperationsmöglichkeiten und die fachdidaktische Wahrnehmung von religionsbezogenen Themen konkretisiert.

Schließlich fällt fünftens auf, dass die Ablehnung verschiedener didaktischer Arrangements hauptsächlich mit hohem zeitlichen und organisatorischen Aufwand begründet wird. Hier lässt sich die Frage stellen, wie sich die mit den Arrangements verbundene Anforderung zum Belastungserleben der Lehrkräfte verhält. Diese Wahrnehmung kann auch als realitätsbezogenes Korrektiv aus der Praxis für theoretische Idealvorstellungen gelesen werden.

3. *Übereinstimmungen/Differenzen: ReBiNiS – Schüler:innenstudie in Rheinland-Pfalz*

In religionssoziologischer Hinsicht stellt sich die Ausgangssituation in beiden Bundesländern wie folgt dar:[30]

Tabelle 1: Konfessions-/Religionszugehörigkeit der Schüler:innen in Niedersachsen (Schuljahr 2020/21)[31] und in Rheinland-Pfalz (Schuljahr 2021/22)[32]

Niedersachsen	Rheinland-Pfalz
43 % evangelisch	27,8 % evangelisch
ca. >25 % konfessionslos	18,9 % konfessionslos
15 % römisch-katholisch	35,9 % römisch-katholisch
9 % muslimisch	11,9 % muslimisch
8 % andere Religionsgemeinschaft	5,7 % andere Religionsgemeinschaft

In Rheinland-Pfalz gehören etwas mehr Schüler:innen einer christlichen Konfession an (63,7 % gegenüber 58 %), während in Niedersachsen mehr Schüler:innen keiner Konfession angehören (25 % gegenüber 18,9 %). Deutlicher ist das

---

[29] Vgl. David Käbisch, Didaktischer Umgang mit Konfessionslosigkeit. Thesen und Beispiele. In: Theo-Web. Zeitschrift für Religionspädagogik 13 (2014), H.2, 60–63.
[30] Vgl. Schwarz/Sand, Evangelischer Religionsunterricht (s. o. Anm. 28).
[31] Vgl. ReBiNiS-Studie, S. 13.
[32] Vgl. Schwarz/Sand, Evangelischer Religionsunterricht (s. o. Anm. 28), S. 376.

9.2 Die Ergebnisse der ReBiNiS-Studie aus regionaler Perspektive

unterschiedliche Verhältnis zwischen evangelischer und katholischer Zugehörigkeit, insofern in Niedersachsen deutlich mehr Schüler:innen evangelisch als katholisch sind (Differenz 28 %), während in Rheinland-Pfalz 8,1 % mehr Schüler:innen Mitglied der römisch-katholischen Kirche sind.

Obwohl in Niedersachsen von evangelischer Seite gegenüber den Mitgliedern der römisch-katholischen Kirche eine erkennbare Mehrheitssituation herrscht, gibt es in Niedersachsen bereits seit 1998 Regelungen für die Durchführung des *konfessionell-kooperativ erteilten Religionsunterrichts* (S. 16). In der Sekundarstufe I wird das Modell aktuell von ca. 25 % der Schüler:innen besucht, perspektivisch ist ein gemeinsamer christlicher Religionsunterricht (CRU) in der Planung (Kapitel 8.4). Demgegenüber sind in Rheinland-Pfalz erst vereinzelt regional begrenzte Modellversuche zur Durchführung eines KoKoRU gestartet worden.[33] In der niedersächsischen Sekundarstufe I nehmen ca. ein Drittel am Werte-und-Normen-Unterricht teil, in Rheinland-Pfalz besuchen über alle Schulformen hinweg ca. 31,3 % den Ethikunterricht.

Anhand der kurzen Gegenüberstellung ist zu erkennen, dass in Niedersachsen in rechtlicher Hinsicht seit einem Vierteljahrhundert die Möglichkeit zu einem konfessionell-kooperativen Religionsunterricht besteht. Es ist deshalb davon auszugehen, dass mehr Religionslehrkräfte und Schüler:innen in Niedersachsen Erfahrungen mit diesem Modell und insofern auch mit interkonfessionellen Pluralitäten und Fragestellungen haben, wenngleich in Rheinland-Pfalz die Vermutung besteht, dass an Grund-, Förder- und Berufsschulen aus praktischen Gründen der Religionsunterricht häufig nicht konfessionell getrennt wird.[34] Im „Normalfall" ist aber davon auszugehen, dass die meisten evangelischen bzw. katholischen rheinland-pfälzischen Schüler:innen einen konfessionsbezogenen Religionsunterricht besuchen.

Während die Zielsetzung der niedersächsischen Lehrkräftestudie darin besteht, „die Vielfalt der Wege religionsbezogener Bildung in Schulen Niedersachsens quantifizierend ab(zu)bilden und darüber hinaus (...) die Logiken [zu, S.S.] identifizieren, die in der Ausgestaltung der religionsunterrichtlichen Praxis zur Geltung kommen", ist die Anlage der Schüler:innenstudie darauf gerichtet, einen Überblick zu den Perspektiven der Schüler:innen auf das (erlebte) Fach wie auf ihre religionsbezogenen Verortungen zu erhalten. Trotz unterschiedlicher Anlage enthalten beide Studien Fragen zu ähnlichen Gegenständen, die hier aneinander gespiegelt werden.

---

[33] Vgl. Schwarz/Sand, Evangelischer Religionsunterricht (s. o. Anm. 28); https://religion.bildung-rp.de/fachuebergreifender-und-faecherverbindender-unterricht/konfessionelle-kooperation-im-religionsunterricht.html (Zugriff am 28.03.2023).

[34] Vgl. Schwarz/Sand, Evangelischer Religionsunterricht (s. o. Anm. 28).

3.1 Positionierung und Konfessionalität im religionsbezogenen Unterricht

Tabelle 2: Positionierung der Lehrkraft im religionsbezogenen Unterricht (Werte in %)

ReBiNiS (Kapitel 6.2)	SUS-Studie
a) Ich werde von Schüler*innen nach meiner eigenen Position zu religiösen oder ethischen Sachverhalten gefragt. Nie: 3,1; selten: 12,9; manchmal: 42,6; oft: 35,6; immer: 5,7 (nie/selten: 16; oft/immer: 41,3)	Unsere Relilehrkraft erzählt von ihrem Glauben Stimmt genau: 25,8; stimmt eher: 36,54; stimmt eher nicht: 25,51; stimmt nicht: 12,13 (mehr als 60 stimmt eher; 36 eher nicht)
b) Ich mache meine religiösen und ethischen Überzeugungen im Unterricht transparent: Nie: 1,6; selten; 12,8; manchmal: 36,1; oft: 36,2; immer: 13,3	
c) Ich spreche mit meinen SuS darüber, dass ich (kein) Mitglied einer Kirche bzw. Religionsgemeinschaft bin. Nie: 10,7; selten: 16,1; manchmal: 41,3; oft: 21,9; immer: 10,0 (nie/selten: 26,8; oft/immer: 31,9)	

Erkennbar ist an den Voten der Lehrkräfte, dass die Positionierung der Lehrkräfte von der Mehrheit mindestens manchmal im Unterricht eingefordert wird und nach Angaben der Lehrkräfte von der Mehrzahl mindestens manchmal auch aktiv transparent gemacht sowie im Unterricht besprochen wird.

Aus der Schüler:innenstudie wird sichtbar, dass mehr als 60 % erleben, dass ihre Religionslehrkräfte im Unterricht ihren Glauben thematisieren. Auch wenn es in der Schüler:innenstudie keine Mittelkategorie gibt, scheint der Anteil der Schüler:innen höher zu sein, die glaubensbezogene Äußerungen der Lehrkräfte nicht wahrnimmt. Unklar ist und gleichzeitig interessant wäre, wann und wie beide Akteure Positionierungsprozesse erkennen.

Tabelle 3: Konfessionell-weltanschauliches Profil des religionsbezogenen Unterrichts (Werte in %)

ReBiNiS (Kapitel 6.2)	SUS-Studie (stimmt genau – stimmt eher – stimmt eher nicht – stimmt nicht)
Mein religionsbezogener Unterricht ist „konfessionell" oder von einer bestimmten Weltanschauung geprägt. nie: 12,3; selten: 15,4; manchmal: 28,5; oft: 32,9; immer: 11	• Unsere Relilehrkraft hat Verständnis dafür, dass Schüler:innen nicht glauben (mind. stimmt eher: 90,73; mind. Stimmer eher nicht: 9,27) • Unsere Lehrkraft akzeptiert die Meinungen von allen Schüler:innen (Sek)/Unsere Lehrkraft erlaubt alle Meinungen (GS) (mind. stimmt eher: 84,56; mind. Stimmt eher nicht: 15,43)

9.2 Die Ergebnisse der ReBiNiS-Studie aus regionaler Perspektive 263

- Jeder kann frei darüber sprechen, ob er glaubt oder ob er nicht glaubt (Sek); Ich kann in Reli offen über meinen Glauben sprechen (GS).
(mind. eher: 82,82; mind. stimmt eher nicht: 17,18)
- Ich fühle mich in Reli frei, meine Meinung zu sagen (Sek)/Jeder kann in Reli sagen, was er denkt (GS)
(mind. stimmt eher: 82,48; mind stimmt eher nicht: 17,51)
- In Reli spielt es keine Rolle, ob man glaubt oder ob man nicht glaubt.
(mind. stimmt eher: 75, 39; mind. stimmt eher nicht: 24,61)
- Reli ist eher ein Fach für Schüler:innen, die an Gott glauben (Sek)/Reli ist eher für Kinder geeignet, die an Gott glauben (GS)
(mind. stimmt eher: 61,51; mind. stimmt eher nicht: 38,49)
- Zweifel am Glauben darf man in Reli eher nicht äußern (Sek)/ In Reli kann man sagen, wenn man etwas über Gott oder Jesus NICHT so richtig glauben kann (GS)
(mind. stimmt eher: 52,19; mind. stimmt eher nicht: 47,81)
- In Reli ist Kritik an Gott, Jesus oder der Kirche eher nicht erwünscht (Sek)/ Unsere Lehrkraft mag es nicht, wenn wir schlecht über Gott, Jesus oder die Kirche sprechen (GS)
(mind. stimmt eher: 50,66; mind. stimmt eher nicht: 49,35)
- Wenn in Reli mehr Schüler:innen glauben würden, könnte man freier über seinen Glauben sprechen.
(mind. stimmt eher: 32,85; mind. stimmt eher nicht: 67,15)
- Unserer Relilehrkraft ist es wichtig, dass wir auch glauben.
(mind. stimmt eher: 27,35; mind. stimmt eher nicht: 72,65)

Eng mit dem Votum Positionierung hängt die Profilierung des Unterrichts auf der einen und die Wahrnehmung einer solchen Profilierung auf der anderen Seite zusammen. Das religionsdidaktische Balancieren bewegt sich zwischen der auch rechtlich begründeten konfessionellen Verortung des Unterrichts, die von 72,4 % mindestens manchmal in den Unterricht eingebracht wird, und der für den evangelischen Religionsunterricht explizierten Offenheit des religionsbezogenen Bildungsangebotes für alle.[35] Bei fast allen hier aufgeführten ReBiNiS-Fragen verorten sich die Lehrkräfte am häufigsten in der Mitte, während die Prägung des Faches als konfessionell etwas stärker bejaht wird. Diese Verteilung wie auch die qualitativ eingeholten Begründungen lassen erkennen, dass die Frage der Positionierung zurückhaltend bejaht und in den Interviews selbst noch einmal argumentativ kontextualisiert wird. Dazu sind die Wahrnehmungen der Schüler:innen interessant, weil ein großer Teil von ihnen das Fach als eines erlebt, in dem jede:r sich frei äußern darf. Gleichzeitig sinkt die Zustimmung etwas, wenn es konkreter um den Glauben der Schüler:innen geht. Die Werte zei-

---

[35] Vgl. EKD, Religiöse Orientierung gewinnen. Evangelischer Religionsunterricht als Beitrag zu einer pluralitätsfähigen Schule. Eine Denkschrift des Rates der Evangelischen Kirche in Deutschland, November 2014.

gen erkennbar eine erlebte Nähe des Faches zu jenen Schüler:innen, die mit dem Glauben etwas anfangen können. Missionierungstendenzen, von denen einige Lehrkräfte sich in den qualitativen Interviews auch mit einer bewussten positionellen Zurückhaltung abgrenzen wollen, erleben ca. ein Viertel der Schüler:innen. Hier wäre es interessant herauszufinden, woran sie dies festmachen. Etwas deutlicher sinkt die Zustimmung zur allumfassenden Toleranz, wenn es um das Thema Kritik oder Zweifel im Blick auf die konfessionell-religiöse Rahmung des Faches geht, denn diese Frage polarisiert unter den Schüler:innen.

3.2 Religionsbezogene Verortungen der Akteure

Tabelle 4: *Perspektiven auf die religiös-weltanschaulichen Verortungen/Orientierungen (Werte in %)*

ReBiNiS (Kapitel 6.2)	SUS-Studie
Selbstverortung der Lehrkräfte	**Selbstverortung der Schüler:innen**
Ich bin „gläubig" oder „religiös". Stimme voll zu: 47,8, Stimme eher zu: 34,7, weder/noch: 4,3; stimme eher nicht zu: 5,5, stimme gar nicht zu: 7,7	Glaubst du an Gott? Ja: 53,05, manchmal: 29,44, nein: 17,51 Ich glaube eher an eine Art höhere Macht als an Gott: Trifft zu: 9,92, trifft eher zu: 12,56; trifft eher nicht zu: 12,07, trifft nicht zu: 42,48; darüber habe ich noch nicht nachgedacht: 22,98
Das persönliche Gebet ist mir wichtig: Stimme voll zu: 29,1, stimme eher zu: 33,2, weder/noch: 11,1; stimme eher nicht zu: 13,1; stimme gar nicht zu: 13,6	Betest Du Ja: 23,04, manchmal: 40,97, nein: 35
Die Teilnahme an einem Gottesdienst ist mir wichtig: Stimme voll zu: 19, stimme eher zu: 30, weder/noch: 16,2, stimme eher nicht zu: 19,1, stimme gar nicht zu: 15,7	Wie oft gehst du in den Gottesdienst? Fast jeden Sonntag: 10,28; nur an den Feiertagen: 32,86; manchmal am Sonntag: 27,62, nie: 29,23
Einschätzung der Religiosität/	**Einschätzung der Religiosität/des Glaubens ihrer Mitschüler:innen**
Wie ausgeprägt ist die Religiosität Ihrer Schüler:innen unabhängig von ihrer tatsächlichen Religionszugehörigkeit oder Weltanschauung? Sehr hoch: 1,2, eher hoch: 20,7; weder noch: 25,7; eher niedrig: 45,7; sehr niedrig: 6,6	In Reli geht die Mehrheit davon aus, dass es Gott gibt (Sek)/In Reli glauben fast alle an Gott (GS) Stimmt genau: 35,71; stimmt eher: 36,34; stimmt eher nicht: 20,94; stimmt nicht: 7 Die meisten in Reli glauben eher nicht an Gott (Sek)/In Reli glauben die meisten Kinder NICHT an Gott (GS) Stimmt genau: 10,87; stimmt eher: 23,92; stimmt eher nicht: 32,67; stimmt nicht: 32,53

9.2 Die Ergebnisse der ReBiNiS-Studie aus regionaler Perspektive

Einschätzung des Interesses der Schüler:innen	Selbstauskunft – religiöses/religionsbezogenes Interesse der SUS
Wie ausgeprägt ist das Interesse Ihrer Schüler:innen an ihrer eigenen Religion/Konfession Sehr hoch: 2,7, eher hoch: 26,1, weder noch: 33,7, eher niedrig: 33,5, sehr niedrig: 4,0	Religiöse Themen interessieren mich Trifft zu: 9,21, trifft eher zu: 17,98, trifft halb zu: 39,18, trifft eher nicht zu: 21,64; trifft nicht zu: 11,99 %
	Ich interessiere mich für Gott und Jesus Trifft zu: 38,44, trifft eher zu: 19,32, trifft halb zu: 17,7, trifft eher nicht zu: 12, 66, trifft nicht zu: 11, 89
Wie ausgeprägt ist das Interesse Ihrer Schüler:innen an eigenen religiösen Fragestellungen? Sehr hoch: 5,9, eher hoch: 43,8; weder/noch: 25,6; eher niedrig: 22,2 %; sehr niedrig: 2,6 %	Ich interessiere mich für andere Religionen Trifft zu: 25,79, trifft eher zu: 22,49, trifft halb zu: 21,97, trifft eher nicht zu: 13,42, trifft nicht zu: 16,33
Wie ausgeprägt ist das Interesse Ihrer Schüler:innen an den anderen Religionen/Konfessionen ihrer Mitschüler:innen? Sehr hoch: 4,5, eher hoch: 42,0; weder noch: 27,4; eher niedrig: 22,3; sehr niedrig: 3,8 %	*Bedeutung von Unterrichtsthemen* Nach Gott fragen/Gott Sehr wichtig: 51,9; wichtig: 26,08; nicht wichtig: 14,65; überhaupt nicht wichtig: 7,36
	Evangelische und katholische Christinnen/Christen Sehr wichtig: 19,47; wichtig: 41,45; nicht wichtig: 25,96; überhaupt nicht wichtig: 13,13
	Feste im Islam Sehr wichtig: 6,07; wichtig: 23,85; nicht wichtig: 37,33; überhaupt nicht wichtig 32,74

Die Spiegelung der religionsbezogenen Selbstverortung wie auch der christlichen Praxis lässt keine gravierenden Unterschiede zwischen beiden Akteursgruppen erkennen, so kann die überwiegende Mehrheit mit (Gottes-)Glaube und/oder Religion mindestens manchmal etwas anfangen, die Lehrkräfte zeigen eine etwas größere Nähe zur Gebetspraxis. Im Blick auf den Gottesdienstbesuch unterscheiden sich zwar die Fragen nach Relevanz und Häufigkeit, schließt man von Relevanz aber auf eine ungefähre Frequenz, sind die Ergebnisse wiederum nicht sehr unterschiedlich.

Unterschiede hingegen sind zuerst bei der Wahrnehmung der Religiosität bzw. des Gottesglaubens der (Mit-)Schüler:innen zu erkennen. Hier schätzen die Lehrkräfte die Religiosität erkennbar niedriger ein als die Schüler:innen den Gottesglauben ihrer Mitschüler:innen.

Die Unterschiede hinsichtlich des religionsbezogenen Interesses sind ebenfalls erkennbar: Die Lehrkräfte vermuten auf Seiten der Schüler:innen ein deutlich höheres Interesse an den anderen Konfessionen/Religionen als an der eigenen. Auf Seiten der Schüler:innen jedoch ist erkennbar, dass bspw. die Frage nach Gott (und Jesus) auf das größte Interesse trifft bzw. dieser Frage als Thema

Bedeutung zugesprochen wird, gefolgt von der anderen Konfession/Religion, weniger ausgeprägt ist das Interesse an anderen Religion/bzw. den Festen im Islam.[36]

3.3 Ziele des religionsbezogenen Unterrichts

Tabelle 5: Ziele des religionsbezogenen Unterrichts (Werte in %)

ReBiNiS (Kapitel 6.3.2)	SUS-Studie[37]
Welche Ziele verfolgen Sie in Ihrem religionsbezogenen Unterricht? 1 = stimme gar nicht zu, 2 = stimme eher zu, 3 = weder noch, 4 = stimme eher zu, 5 = stimme voll zu	Nun geht es um die Ziele in Reli. Wie wichtig sind dir diese Ziele? (1 = absolut wichtig; 6 = absolut unwichtig)
Religionsbezogener Unterricht soll ... ... Dialogfähigkeit fördern Mind. eher zustimmend: 98,3	Ich kann mich mit Menschen anderer Religionen über den Glauben und die Religion unterhalten. 1–3 (67,79)
... Unterschiede und Gemeinsamkeiten zwischen den Weltreligionen aufzeigen Mind. eher zustimmend: 93,8	Ich weiß einiges über andere Religionen 1–3 (82,76)
... dazu beitragen, Andersdenkende und Andersgläubige tolerieren zu lernen Mind. eher zustimmend: 98,5	Ich kann Menschen aus anderen Kulturen mit Respekt begegnen. 1–3 (86,35)

Die Gegenüberstellung jener Ziele, denen inhaltlich ein ähnlicher Gegenstand zugrunde liegt, zeigt in der ReBiNiS-Studie eine sehr klare Positionierung auf Seiten der Lehrkräfte im Blick auf jene Ziele, die explizit für ein verstehendes Miteinander in religiös-weltanschaulicher Pluralität stehen. Zu fragen wäre, ob die minimal geringere Zustimmung zu Unterschieden/Gemeinsamkeiten daher rührt, dass der Wissenserwerb als weniger bedeutsam eingeschätzt wird als die Haltung (dem würde die hohe Zustimmung zum Ziel ‚Allgemeinbildung' widersprechen) oder Bedenken gegenüber einer Fokussierung auch auf Unterschiede diese Minimaldifferenz begründen. Im Vergleich zu den Voten der Schüler:innen ist zu sehen, dass diese der Relevanz dieser Zielkategorien ebenfalls überwiegend zustimmen, wenn auch nicht in jener annähernd 100%igen Weise, dass sie aber gleichwohl differenzieren. So zeigt sich, dass jene, auf eine entsprechende Haltung zielende (abstrakte) Intention die meiste Zustimmung erfährt; es ist auch das Ziel, das als „absolut wichtig" die höchste Zustimmung (60,68 %) bekommt. Minimal nimmt die Zustimmung beim Wissen ab, deutlich geringer ist sie jedoch, wenn es um den direkten Kontakt und den Dialog mit Menschen

---

[36] Die Auswahl der themenbezogenen Items resultiert aus dem bundeslandspezifischen Lehrplan.
[37] Die Schüler:innen sollten einmal angeben, wie wichtig diese Ziele für sie sind.

anderer Religionen geht. Offen ist, ob die Zustimmung geringer ist, weil sich die Schüler:innen dies weniger zutrauen, oder ob sie das Ziel an sich für weniger relevant erachten (weil sie bislang beispielsweise wenig Kontakt zu Menschen anderer Religions-/Glaubenszugehörigkeit haben).

Lassen sich die zurückliegend markierten Gemeinsamkeiten und Unterschiede auf bundeslandbezogene Spezifika wie die unterschiedlichen Erfahrungswerte bezüglich des KoKoRU zurückführen, weil sich eine Präferenz für das Bekannte oft in Ergebnissen zeigt? Das könnte (müsste aber nicht) das Interesse an anderen Konfessionen/Religionen, aber auch die Wahrnehmung des konfessionellen Rahmens erklären; möglicherweise hängt es mit dem Alter eines großen Teils der Schüler:innen zusammen, die in der Mehrheit die Grundschule besuchen. Zu fragen ist auch, ob und inwiefern sich die Wahrnehmungen von Lehrkräften und Schüler:innen unterscheiden und eine wechselseitige Spiegelung lohnend erscheinen lassen. Vielleicht unterschätzen Lehrkräfte das Interesse und die religionsbezogene Verortung, weil sie sich auf das Wissen der Lernenden fokussieren.

4. Desiderate/Ausblick

Anknüpfend an die aufschlussreichen Studienergebnisse könnten weitere Vertiefungen an folgenden zwei ausgewählten Aspekten bedeutsam sein:

Die quantitativen wie qualitativen Einblicke in Positionierungsfragen lassen – auch in der Gegenüberstellung zu den Perspektiven von Schüler:innen und anderen Ergebnissen aus der Unterrichtsforschung[38] – erkennen, dass sowohl eine genaue Analyse der Argumente, Ängste, Befürchtungen und Überzeugungen auf Seiten der Lehrkräfte hinsichtlich von expliziten wie impliziten Positionierungsprozessen als auch innerhalb von Unterrichtsprozessen aufklären helfen und dadurch Anhaltspunkte für Reflexion wie Bearbeitung bieten kann.

Besonders aufschlussreich sind die bislang kaum erhobenen Perspektiven der Werte-und-Normen-Lehrkräfte. In zukünftigen religions-/ethikbezogenen Lehrkräftestudien sollten im qualitativen Teil auch ihre Perspektiven aufgenommen werden. Eng damit verbunden wäre es in konzeptioneller Hinsicht interessant, eine Studie, die auf alle Lehrkräfte des „Fachbereichs" zielt, von einer religiös wie ethisch-philosophischen und/oder pädagogisch-didaktischen Anlage her zu explorieren.

Dr. Susanne Schwarz ist Professorin für Religionspädagogik an der Rheinland-Pfälzisch Technischen Universität Kaiserslautern-Landau.

---

[38] Vgl. Rudolf Englert/Elisabeth Hennecke/Markus Kämmerling, Innenansichten des Religionsunterrichts, München 2014; Annegret Reese-Schnitker/Daniel Bertram/Dominic Fröhle, Gespräche im Religionsunterricht: Einblicke – Einsichten – Potenziale, Stuttgart 2022.

9.2.3 Kommentierung der Ergebnisse aus der Perspektive Sachsen-Anhalts (Michael Domsgen)

Die ReBiNiS-Studie ist aus sachsen-anhaltischer Perspektive in mehrfacher Hinsicht von Interesse. Einerseits bietet sie Einblicke in die Praxis unterschiedlicher Spielarten des niedersächsischen Religionsunterrichts aus der Sicht der Lehrkräfte. Dadurch ermöglicht sie Vergleiche mit einer Befragung von Lehrkräften im evangelischen Religionsunterricht Sachsen-Anhalts.[39] Sie sind allerdings nur in ausgewählten Perspektivierungen möglich, weil die Fragebatterien nicht aufeinander abgestimmt sind und unterschiedliche Forschungsschwerpunkte in der Konzipierung der Untersuchung gewählt wurden.

Andererseits geht die ReBiNiS-Studie zugleich über das hinaus, was in Sachsen-Anhalt erhoben wurde. Sie setzt damit Maßstäbe, insofern sie unter dem Terminus des religionsbezogenen Unterrichts bzw. der religionsbezogenen Bildung das Wahrnehmungsspektrum in den Bereich der „Ethikfächer" sowie außerunterrichtlicher Angebote in Sachen Religion weitet. Lehrkräfte im Ethikunterricht wurden in Sachsen-Anhalt bisher (noch) nicht befragt. Das ist ein wichtiges Desiderat weiterer Forschungen.

Trotz dieser von einer Reihe von Ungleichheiten geprägten Ausgangslage ergeben sich einige inhaltliche Vergleichslinien, von denen ich drei zur Sprache bringen möchte.

1. Kontextuelle Gegebenheiten als Bedingungsfaktoren für den von den Lehrkräften verinnerlichten Normalitätshorizont und die damit verbundene Bereitschaft zu Veränderungen
Im Vergleich der Situation des Religionsunterrichts in Niedersachsen und Sachsen-Anhalt zeigen sich sowohl Gemeinsamkeiten als auch deutliche Unterschiede. Sie sind nicht zuletzt deshalb von Bedeutung, weil sie den von den Lehrkräften eingenommenen Normalitätshorizont abstecken. Mit anderen Worten: Sie illustrieren die jeweilige Ausgangslage, von der her die Lehrkräfte zu ihren Erwartungen und Positionen kommen, die dann in den empirischen Untersuchungen zum Vorschein kommen. Bisher wird das im religionspädagogischen Diskurs zu wenig thematisiert.[40] Im Folgenden seien drei Faktoren stichwortartig benannt.

---

[39] Die Ergebnisse der Lehrkräftebefragung finden sich bei: Michael Domsgen/Elena Hietel/Teresa Tenbergen, Empirische Perspektiven zum Religionsunterricht. Eine Untersuchung unter Schülerinnen und Schülern sowie Lehrkräften in Sachsen-Anhalt, Leipzig 2021, 149–235.

[40] Vgl. Michael Domsgen, Von heimlichen und offenen Normalitäten – Was unser Nachdenken über Konfessionslosigkeit offenbart, in: Ulrich Kropač/Mirjam Schambeck (Hg.), Konfessionslosigkeit als Normalfall. Religions- und Ethikunterricht in säkularen Kontexten, Freiburg i. Br. 2022, 29–45.

1.1 Weiterentwicklung des konfessionellen Religionsunterrichts
In beiden Bundesländern wird Religionsunterricht in Übereinstimmung mit den Grundsätzen der Religionsgemeinschaften angeboten (Art. 7,3 GG). Allerdings ist das damit aufgerufene Religionsunterrichtsspektrum in Niedersachsen viel größer (evangelischer, katholischer, konfessionell-kooperativer Religionsunterricht, islamischer Religionsunterricht sowie vereinzelt alevitischer, jüdischer und christlich-orthodoxer Religionsunterricht) als in Sachsen-Anhalt (evangelischer, katholischer und an einer einzigen Schule jüdischer Religionsunterricht). Die Teilnahmezahlen am katholischen Religionsunterricht sind in Sachsen-Anhalt so marginal (je nach Schulform nimmt zwischen 1 und 2 % der Schülerschaft teil), dass der Religionsunterricht dort de facto nahezu ausschließlich als evangelischer in Erscheinung tritt.

In Niedersachsen kommt dem evangelischen Religionsunterricht ebenfalls eine besondere Bedeutung zu. Allerdings sind flächendeckend unterschiedliche Religionsunterrichte in Inhalt und Form vorhanden. Diese Ausweitung von Religionsunterricht wird von den Lehrkräften durchaus gutgeheißen. Zugleich ist die Bereitschaft zu kooperierenden Formaten in beiden Bundesländern groß. In Niedersachsen findet die konfessionell-kooperative Erteilung von Religionsunterricht „mehrheitlich Zustimmung" (S. 53). Für einen interreligiösen Religionsunterricht fällt die Zustimmung geringer aus. Er wird „weder besonders unterstützt noch abgelehnt" (S. 210). Zu vermuten ist, dass die entsprechenden Positionierungen immer auch mit der gegenwärtig praktizierten Form des Religionsunterrichts zusammenhängen. Je stimmiger und erfolgreicher sie jeweils eingeschätzt wird, desto größer die Zurückhaltung vor zu starken Veränderungen. Dass Gymnasiallehrer:innen mit Blick auf einen interreligiösen Religionsunterricht zurückhaltender sind als Lehrer:innen an Berufsbildenden Schulen, ist vor diesem Hintergrund gut verständlich. Schließlich funktionieren bei ihnen die Formen konfessioneller Differenzierung deutlich besser als in den berufsbildenden Schulen.

Ein kooperatives Format im Feld der christlichen Kirchen ist in der Summe auch deshalb konsensfähiger, weil es mehr Kontinuität zum Bisherigen verspricht und zugleich Veränderungen ermöglicht. Bei einer Religionskunde oder einem integrativen Unterrichtsfach wäre das anders. Hier wäre der Kontinuitätsmodus stark geschwächt. Deshalb findet beides deutlich weniger Unterstützung.

In Sachsen-Anhalt stellt sich die Lage unter den Lehrkräften ein wenig anders dar. Von der Tendenz her vergleichbar ist die hohe Zustimmung zu einer ökumenischen Zusammenarbeit im Religionsunterricht. Knapp 90 % stimmen dem zu, dass Schüler:innen „in ökumenischer Zusammenarbeit unterwiesen werden"[41] sollen. Einem stärker interreligiös ausgerichteten Modell stimmen über 70 % zu, einer religionskundlichen Ausrichtung mehr als die Hälfte. Einmal

---

[41] Domsgen u. a., Empirische Perspektiven (s. o. Anm. 39), 204.

abgesehen davon, dass die unterschiedlichen Profile nicht ohne weiteres unter einen Hut zu bringen sind, fällt auf, dass die Bereitschaft zur Veränderung des konfessionellen Religionsunterrichts unter den Lehrkräften sehr hoch ist. Sie sind mehrheitlich der Meinung, dass das gegenwärtige Modell nicht einfach so weiterbetrieben werden kann. Deutlich mehr als die Hälfte der Befragten (ca. 60 %) stimmte der Aussage völlig oder weitgehend zu, dass der konfessionelle Charakter des Religionsunterrichts weiterhin garantiert bleiben sollte. Knapp 40 % bejahten das kaum oder gar nicht. Zu vermuten ist, dass die Kombination aus (gefühlter) Stimmigkeit der eigenen Unterrichtspraxis und gegenwärtig vorfindlichen Regelungen zum Religionsunterricht darüber bestimmen, welches Maß an Veränderungen gewünscht bzw. toleriert wird. In Sachsen-Anhalt scheint die Bereitschaft für grundlegende Veränderungen etwas höher zu sein. Allerdings ist das mit aller Vorsicht zu formulieren, weil die vor Augen stehenden Alternativen in Niedersachsen viel konkreter sind als in Sachsen-Anhalt.

1.2 Konstruktion der Fächergruppe
In beiden Bundesländern bilden die evangelischen Kirchenmitglieder die größte Gruppe im Feld der organisierten Religion. In Niedersachsen umfasst sie mit 40 % der Bevölkerung fast viermal so viele Mitglieder wie in Sachsen-Anhalt (11 %).[42] In beiden Bundesländern sinkt der Anteil der evangelischen und katholischen Kirchenmitglieder und wächst zugleich der Anteil der Konfessionslosen. In Niedersachsen gehört (noch) eine Mehrheit zu einer der sog. großen Kirchen (55 %). In Sachsen-Anhalt ist es eine Minderheit (14 %). Eine Zuordnung zum Religionsunterricht aufgrund des jeweiligen Konfessionsstatus' der Kinder und Jugendlichen wurde in Sachsen-Anhalt nie zur Rechtsnorm und verliert seit längerem auch in Niedersachsen an Plausibilität. Insofern verwundert es nicht, dass die Religionslehrer:innen hier für eine Weiterentwicklung plädieren, in der Religionsunterricht und Werte und Normen als gleichberechtigte Alternativen festgeschrieben werden. Auch wenn der Begriff der Fächergruppe dabei nicht ausdrücklich auftaucht, wird genau das damit impliziert.

In Niedersachsen ist das Fach Werte und Normen rechtlich als Ersatzfach zum Religionsunterricht verankert und wird von ca. 20–30 % der Schülerschaft besucht. In Sachsen-Anhalt ist der Ethikunterricht auch de jure als Alternativfach konstruiert und wird von der (übergroßen) Mehrheit aller Schüler:innen (ca. 84 %) besucht. In Sachsen-Anhalt geht die Entscheidung zum Erteilen von Religionsunterricht (eher) mit dem Bewusstsein einher, ein Fach im Minderheitenhorizont zu unterrichten. Auf der Erlassebene zeigt sich das beispielsweise darin, dass der Religionsunterricht in vielen Schulen nur stattfinden kann, weil für ihn spezielle Regelungen hinsichtlich der Mindestschülerzahl gelten. Die

---

[42] Evangelische Kirche in Deutschland, Kirchenmitgliederzahlen, Stand 31.12.2021, Oktober 2022, unter: https://www.ekd.de/ekd_de/ds_doc/Ber_Kirchenmitglieder_2021.pdf (Zugriff am 28.03.2023).

grundsätzliche Gleichberechtigung der beiden Fächer braucht die Unterstützung des schwächeren Parts. Für die Lehrkräfte ist diese Konstellation nicht immer leicht und wird „zum Teil als deutlicher Nachteil angesprochen"[43]. D. h. je stärker die eigene Position erlebt wird, desto leichter fällt die Zustimmung zur Konstruktion einer grundsätzlichen Gleichberechtigung der Fächer. Je schwächer die eigene Position erlebt wird, desto größer ist die Skepsis in dieser Richtung.

2. Schüler:innenorientierung als zentraler Fluchtpunkt zur Profilierung von Religionsunterricht
Die ReBiNiS-Studie belegt eindrucksvoll, in welch hohem Maße sich die Lehrenden an den Schüler:innen orientieren: „Noch vor den Vorgaben aus Kern- und Schulcurriculum richten sich Lehrende nach den Interessen und dem Vorwissen ihrer Lerngruppe." (S. 108). Das korrespondiert mit den Ergebnissen der Hallenser Studie. Der Religionsunterricht wird als zu gestaltender Raum wahrgenommen, der Spielraum für eine schüler:innenorientierte Profilierung lässt. „Offenbar haben alle Lehrkräfte eine dahingehende Anpassung an die Lebenswelt der Schülerinnen und Schüler der Gegenwart vollzogen und vollziehen diese fortführend weiter."[44] Dabei spielt die Einschätzung der Schülerschaft als heterogen eine wesentliche Rolle. Für ein genaueres Verständnis dieser Heterogenität sind sowohl der eigene Standpunkt als auch die strukturellen Gegebenheiten, aus denen heraus agiert wird, sehr wichtig. Das zeigt die ReBiNiS-Erhebung deutlich. So ist der Befund sehr interessant, dass gerade im konfessionell-kooperativen Religionsunterricht die „Zugehörigkeit zu den Konfessionen die bedeutendste Rolle einnimmt" (S. 97). Auch die Schulform spielt hier eine wesentliche Rolle. Beides führt vor Augen, dass die eigene Positionierung wie auch die strukturellen Gegebenheiten, keineswegs „unschuldig" sind, sondern immer mit „Nebenwirkungen" einhergehen. Die Zugehörigkeit zu verschiedenen Konfessionen und kulturellen Hintergründen werden verstärkt wahrgenommen und aller Wahrscheinlichkeit nach auch erzeugt. Sehr deutlich kommt das im Vergleich von Religions:lehrerinnen mit Lehrer:innen aus dem Fach Werte und Normen zum Vorschein: „Während das Interesse an religiösen Fragestellungen und der Religion der Mitschüler:innen von den Lehrenden der Religionsunterrichtsfächer deutlich höher eingeschätzt wird, beurteilen Werte-und-Normen-Lehrer:innen beide Bereiche eher niedrig." (S. 106).

Dass die auffällige Nichtbeachtung der konfessionellen Zugehörigkeit der Schüler:innen im Religionsunterricht vermutlich durch andere Normalitätserwartungen kompensiert wird, zeigt der Blick auf die „fehlenden religiösen Vorkenntnisse der Schüler:innen", die allesamt ex negativo beschrieben werden: „fehlendes Wissen, mangelnde Erfahrung und Sprachunfähigkeit" (S. 108).

---

[43] Domsgen u. a., Empirische Perspektiven (s. o. Anm. 39), 206.
[44] Ebd., 212.

Dass die Religionszugehörigkeit kein hinreichendes Kriterium der Schüler:innenorientierung darstellt, ist auch in den Befragungen in Sachsen-Anhalt deutlich zu erkennen. Zugleich zeigt sich aber auch, dass sie nicht völlig unbedeutend ist. Sie kann als „Rahmen" verstanden werden, „mit dem eine gewisse Wahrscheinlichkeit"[45] für religiös sozialisatorische Prägungen gesetzt ist, also primär als „ein Indikator für die Prägung der Eltern" und „erst sekundär (als) einer für die Prägung der Schülerinnen und Schüler"[46].

Zwischen beiden Polen, der Schüler:innenorientierung im Fokus der Konfessionalität und der Erkennbarkeit hinsichtlich der eigenen Konfessionalität, scheint es einen Konnex zu geben. „Selbst bei Religionslehrer:innen eines konfessionellen Religionsunterrichts zeigt sich eher Zurückhaltung, wenn es um die Sichtbarkeit und Thematisierung der eigenen Religiosität geht." (S. 128). Dieser Befund illustriert eine Tendenz, die sich auch in der Hallenser Studie erkennen lässt. Die eigene religiöse Selbstverortung gilt es „situationsangemessen zu kommunizieren", wobei die Schüler:innen ermutigt werden sollen, „sich selbst, probe- und schrittweise"[47] zu positionieren.

3. Konfessionslosigkeit als Chiffre für Verschiebungen gesellschaftlicher und kultureller Diskurse, die religionsunterrichtlich von Bedeutung sind
Themen und Inhalte des Religionsunterrichts sind einem „steten Wandel unterworfen"[48]. Diskursverschiebungen in Kultur und Gesellschaft gehen mit inhaltlichen Neuakzentuierungen im Religionsunterricht einher. Dies auszubalancieren ist das tägliche Geschäft von Religionslehrer:innen. Didaktisch umgesetzt wird es in der Orientierung an den „jeweils veränderten (und auch synchron) heterogen beschaffenen Lebenswelten"[49] von Schüler:innen.

Nachdem lebensweltliche Änderungen in Sachen Religion lange Zeit hauptsächlich unter dem Stichwort der religiösen Pluralität verhandelt wurden, begegnet nun verstärkt das Stichwort der Konfessionslosigkeit. Die damit verhandelten Entwicklungen spielen umso stärker eine Rolle, je mehr Innenperspektiven im religionsbezogenen Unterricht von Bedeutung sind. Insofern verwundert es nicht, dass Lehrer:innen der Fächer Evangelische und Katholische Religion dieses Thema „deutlich stärker als Herausforderung für ihre zukünftige Unterrichtspraxis" (S. 207) wahrnehmen als Werte-und Normen-Lehrer:innen. Allerdings scheint es nicht zu den wichtigsten Herausforderungen zu gehören, was durchaus verwundert. Themen wie Migration, Antisemitismus und Werteverfall werden deutlich stärker gewichtet in ihrer Bedeutung für die konkrete unterrichtliche Praxis.

---

[45] Michael Domsgen/Frank Lütze, Schülerperspektiven zum Religionsunterricht. Eine empirische Untersuchung in Sachsen-Anhalt, Leipzig 2010, 67.
[46] Ebd., 68.
[47] Domsgen u. a., Empirische Perspektiven (s. o. Anm. 39), 243.
[48] Ebd., 212.
[49] Ebd.

9.2 Die Ergebnisse der ReBiNiS-Studie aus regionaler Perspektive

Die Gründe dafür sind vielschichtig und lassen sich aus dem hier vorgelegten Material auch nicht eindeutig rekonstruieren. Ein wesentlicher Grund dafür dürfte allerdings darin liegen, dass Konfessionslosigkeit nicht als unmittelbarer Faktor auftritt, sondern in Brechungen oder anders formuliert: in Intersektionalitäten. Einiges davon taucht in der ReBiNiS-Studie auf: Z. B. in den unterrichtlich relevanten Faktoren eines fehlenden Wissens und Interesses oder eines Erfahrungshintergrunds, der nicht oder kaum mit explizit religiösen Erlebnissen verknüpft ist und dazu führt, dass religiöse Begrifflichkeiten eigentümlich blass bleiben, selbst dann, wenn sie unterrichtlich erklärt werden. Die große Schwierigkeit besteht hier darin, dass in der Regel pejorativ formuliert wird. Anders ist es beim Faktor Multireligiosität. Hier gibt es nur minimale Unterschiede zwischen den Religionsunterrichten und dem Fach Werte und Normen. Diese „Herausforderung scheint unabhängig vom Unterrichtsfach für Lehrer:innen von Relevanz zu sein" (S. 208). Vermutlich hängt das wesentlich damit zusammen, dass in der Multireligiosität der Unterrichtsgegenstand an Kontur gewinnt, nicht zuletzt hinsichtlich der individuellen Zugänge zu Religion.

In der sachsen-anhaltischen Lehrer:innenbefragung spielte der Faktor Konfessionslosigkeit als expliziter Fragehorizont keine Rolle. Der Fokus lag vielmehr auf unterschiedlichen Facetten der Praxis des Religionsunterrichts sowie von Religion im Schulleben. Dabei wurde der Faktor Konfessionslosigkeit von den Lehrkräften „durchweg als wirkmächtig eingeschätzt"[50]. Dabei sind laut Einschätzung der befragten Religionslehrer:innen „die Verhinderungsgründe von Religion im Schulleben multikausal zu bestimmen"[51]. Eine wesentliche Spur lässt sich im Fokus von „Anerkennungsfragen"[52] aufzeigen, die auf personeller wie struktureller Ebene angesiedelt sind.

Zukünftig wird es verstärkt darauf ankommen, den Begriff Konfessionslosigkeit mit Blick auf die unterschiedlichen Aspekte seines Auftretens zu operationalisieren, um so klarer zu sehen, was die gesellschaftlich zu beobachtenden Entkirchlichungs- und Säkularisierungstendenzen religionsunterrichtlich bedeuten.

Dr. Michael Domsgen ist Professor für Evangelische Religionspädagogik an der Theologischen Fakultät der Martin-Luther-Universität Halle-Wittenberg und Direktor des Forschungszentrums CES (Center for Empowerment Studies/Christliches Empowerment in der Säkularität)

---

[50] Ebd., 170.
[51] Ebd.
[52] Ebd., 171.

9.2.4 Kommentierung der Ergebnisse aus der Perspektive Schleswig-Holsteins (Uta Pohl-Patalong)

Es ist kein Zufall, dass in den letzten Jahren für verschiedene Bundesländer empirische Studien zum Religionsunterricht entstanden sind. Die Spannung zwischen der vor einem Jahrhundert entwickelten rechtlichen Konstruktion einer „konfessionellen" Orientierung einerseits und der aktuellen Situation religiöser Heterogenität andererseits schafft eine spezifische Situation, die es zu untersuchen gilt. Wie Schulen und Religionslehrkräfte damit umgehen, hängt dabei in hohem Maße von dem jeweiligen Kontext ab: von den religiösen Zugehörigkeiten der Kinder und Jugendlichen, von der Bedeutung christlicher Religion und der großen Kirchen, von den bisherigen Gepflogenheiten und von anderen Parametern mehr. Insofern ist es sinnvoll, getrennte Studien für einzelne Bundesländer durchzuführen, in denen sich sowohl Gemeinsamkeiten als auch Unterschiede zeigen.

Dass mit „ReBiNiS" jetzt eine Untersuchung für Niedersachsen vorliegt, ist nicht nur generell sehr zu begrüßen, sondern dieses Bundesland ist aufgrund seiner Größe und Vielfalt einerseits und seiner „Mittelstellung" zwischen dem stärker von traditioneller konfessioneller Orientierung geprägten Süden und teilweise auch Westen Deutschlands und dem säkularer orientierten Norden und vor allem Osten ein besonders interessantes Forschungsfeld. Zudem haben die Autor:innen auf bemerkenswerte Weise die Chance genutzt, in den Schwerpunkten, den Forschungsinteressen und dem Vorgehen auf den bisherigen Studien für andere Bundesländer aufzubauen und gleichzeitig ergiebige eigene Akzente zu setzen. Dies ermöglicht einerseits erste Vergleichsmöglichkeiten (denen dieses Kapitel mit Kommentaren aus den Perspektiven bereits untersuchter Bundesländer gewidmet ist), und andererseits werden neue Impulse gesetzt, die das Forschungsfeld erweitern und künftige Studien inspirieren können, wie die Untersuchung des religiösen Schullebens und die Ausweitung der Befragung auf Lehrkräfte aller „religionsbezogenen Fächer".

Im Folgenden sollen einige Ergebnisse der ReBiNiS-Studie in Beziehung gesetzt werden zu den Erkenntnissen der ReVikoR-Studie für Schleswig-Holstein. Diese wurde 2013–2017 in einem Gemeinschaftsprojekt des Theologischen Instituts der Universität Flensburg (verantwortlich für die Ausbildung von Lehrkräften für die Primarstufe und Sekundarstufe I), der Theologischen Fakultät Kiel (an der für Sekundarstufe I und II ausgebildet wird) sowie der Nordkirche durchgeführt, die das Projekt auch initiiert und finanziert hat.[53] Das Akronym steht für

---

[53] Die wissenschaftliche Leitung lag bei Prof. Dr. Uta Pohl-Patalong (Kiel), bei der Lehrkräftebefragung gemeinsam mit Prof. Dr. Johannes Woyke (Flensburg). Wesentlich durchgeführt wurde die Studie von den wiss. Angestellten Dr. Stefanie Boll (Flensburg) und Dr. Antonia Lüdtke (Kiel) und ihrem Initiator Dr. Thorsten Dittrich; für die letzte Phase kam Dr. Claudia Richter dazu. Alle vier haben ihre Dissertation im Kontext der Studie verfasst.

9.2 Die Ergebnisse der ReBiNiS-Studie aus regionaler Perspektive

„Religiöse Vielfalt im konfessionellen Religionsunterricht" und markiert als Schwerpunkt die empirisch fundierte Wahrnehmung des organisatorischen und vor allem des didaktischen Umgangs mit der faktischen religiösen Heterogenität der Schüler:innen. Damit ist sie deutlicher fokussiert als ReBiNiS, hat aber gleichzeitig thematisch relativ große Überschneidungen mit ihr, zumal sich die niedersächsische Studie von den Forschungsinteressen von ReVikoR bis hin zur Übernahme mancher Items hat inspirieren lassen, was die Vergleichbarkeit natürlich sehr erhöht. Anders als ReBiNiS beschränkt sich ReVikoR allerdings auf den (in Schleswig-Holstein dominanten) evangelischen Religionsunterricht. Ein Unterschied liegt zudem darin, dass eine konfessionell-kooperative Kultur wie in Niedersachsen in Schleswig-Holstein trotz eines Kooperationserlasses (und der Definition von Evangelischer Religion, Katholischer Religion und Philosophie als „Fächergruppe") nur wenig ausgeprägt ist. Faktisch wird der Religionsunterricht in Schleswig-Holstein relativ häufig im Klassenverband erteilt, da es katholischen Religionsunterricht nicht flächendeckend und islamischen Religionsunterricht gar nicht gibt. Unterhalb der Oberstufe wird bei weitem nicht immer das Ersatzfach Philosophie angeboten.

ReVikoR ging wie ReBiNiS sowohl qualitativ (mit halbstrukturierten Leitfadeninterviews) als auch quantitativ (mit standardisierten Fragebögen) vor. Mit beiden Zugängen wurden sowohl Lehrkräfte (quantitativ als Vollerhebung mit einem Rücklauf von 33,9 %, qualitativ mit 33 Einzelinterviews, in denen die Schularten analog zu ihrer quantitativen Verteilung in Schleswig-Holstein repräsentiert waren) als auch Schüler:innen befragt. Für letztere wurde das Prinzip der „Klumpenauswahl" bzw. des „cluster samplings" gewählt: In drei unterschiedlich strukturierten Regionen wurden insgesamt 18 Interviews mit je drei bis vier Schüler:innen aus zwei Altersgruppen geführt, die am evangelischen Religionsunterricht teilnehmen (und verschiedenen Religionsgemeinschaften oder auch gar keiner Religion angehören), und es wurde ein Fragebogen ausgeteilt, der von 414 Schüler:innen ausgefüllt wurde. Der Auswertung lag der von Christiane Schmidt entwickelte Ansatz der „Kategorienbildung am Material"[54] zugrunde, der dem bei ReBiNiS verwendeten Ansatz der inhaltlich strukturierenden Inhaltsanalyse nach Udo Kuckartz in der Orientierung an „Kategorien" und „Ausprägungen" sehr ähnlich ist. Auch bei ReVikoR wurden die qualitativen und die quantitativen Ergebnisse eng aufeinander bezogen.[55]

---

[54] Vgl. Christiane Schmidt, „Am Material": Auswertungstechniken für Leitfadeninterviews, in: Barbara Friebertshäuser/Annedore Prengel (Hg.), Handbuch qualitative Methoden in der Erziehungswissenschaft, Weinheim/München 1997, 544–568 und dies, Analyse von Leitfadeninterviews, in: Uwe Flick/Ernst von Kardorff/Ines Steinke (Hg.), Qualitative Sozialforschung. Ein Handbuch, Reinbek 2000, 447–456. Der Ansatz bewegt sich zwischen der qualitativen Inhaltsanalyse und der Grounded Theory.

[55] Die Ergebnisse der Lehrkräftebefragung sind erschienen in: Uta Pohl-Patalong/Johannes Woyke/Stefanie Boll/Antonia Lüdtke/Thorsten Dittrich, Konfessioneller Religionsunterricht in religiöser Vielfalt. Eine empirische Studie zum evangelischen Religionsunterricht

Damit ist eine gute methodologische und methodische Basis für die Identifikation von Gemeinsamkeiten und Unterschieden gegeben, wiewohl natürlich auch bei ähnlichen Ausrichtungen abweichende Formulierungen der Fragen und der Antwortmöglichkeiten immer auch Unterschiede bedingen. Die Auswahl, welche Aspekte hier zur Sprache kommen sollen, fiel nicht leicht. Angesichts des Schwerpunktes bei ReVikoR, vor allem aber angesichts der drängenden Fragen zur künftigen Ausrichtung des Religionsunterrichts habe ich mich für den Schwerpunkt des organisatorischen Umgangs mit der religiösen Heterogenität in seinen verschiedenen Aspekten entschieden.

Für ReBiNiS wird als grundlegende Annahme explizit formuliert, was auch ReVikoR klar ergeben hat: „Die organisatorische und didaktisch-methodische Landschaft des religionsbezogenen Unterrichts ist vielgestaltiger als es die Rechtslage und die ministerielle Unterrichtsstatistik erwarten lassen" (Kapitel 4). Das heißt vor allem: Die Trennung der Schüler:innen nach Religionsgemeinschaften im Religionsunterricht wird in beiden Bundesländern faktisch in deutlich geringerem Maße vorgenommen, als sie vorgesehen bzw. offiziell angemeldet ist. In Niedersachsen geben ungefähr doppelt so viele Lehrkräfte an, in irgendeiner Weise „kooperativ" zu unterrichten, als dies nach den offiziellen Genehmigungen zu erwarten wäre (vgl. Kapitel 4.1.1). Der rechtlich gar nicht vorgesehene religionsbezogene Unterricht im Klassenverband ist ausgesprochen verbreitet (60,1 % der Lehrkräfte geben dies insgesamt an, vgl. Kapitel 4.1.3), und es gibt kreative Formen wie „ReWeNo", die Religions- und Werte- und-Normen-Unterricht in einem Kurs zusammenlegen (vgl. Kapitel 4.1.3, Exkurs). Für Schleswig-Holstein haben wir in der ReVikoR-Studie (leider) nicht abgefragt, in welchem Verhältnis getrennt oder gemeinsam unterrichtet wird, die Interviews zeigen jedoch eine ähnliche Vielfalt teilweise kreativer Organisationsformen, unter denen der Klassenverband häufig vertreten ist (vgl. ReVikoR I, 13f.) – bis hin dazu, dass evangelisch getaufte Schüler:innen im evangelischen Religionsunterricht eine Minderheit sind (vgl. ReVikoR I, 40).

Dass es in beiden Bundesländern offensichtlich relativ geräuschlos möglich ist, deutlich weniger Trennungen nach Religionsgemeinschaften vorzunehmen, als es rechtlich vorgesehen oder ministeriell genehmigt ist, ist bemerkenswert. Offensichtlich ist der traditionelle rechtliche Rahmen in der schulischen Praxis heute so wenig plausibel, dass er regelmäßig unterlaufen wird.[56] Diesem Befund

---

in Schleswig-Holstein, Stuttgart 2016 (ReVikoR I), die der Schüler:innen in Uta Pohl-Patalong/Stefanie Boll/Antonia Lüdtke/Thorsten Dittrich/Claudia Richter, Konfessioneller Religionsunterricht in religiöser Vielfalt II. Perspektiven von Schüler*innen, Stuttgart 2017 (ReVikoR II).

[56] Eine Äußerung einer Berufsschullehrkraft bei ReBiNiS bringt dies auf den Punkt, insofern sie die Einführung des konfessionell-kooperativen Religionsunterrichts vor 25 Jahren als Einsicht der Politik in die Plausibilität gängiger Praxis interpretiert – und gleichzeitig die konfessionelle Kooperation als Unterricht im Klassenverband deutet: „Also die Berufsbildenden Schulen sind ja die Flaggschiffe für die konfessionelle Kooperation gewesen, nicht

9.2 Die Ergebnisse der ReBiNiS-Studie aus regionaler Perspektive 277

korrespondiert die Tendenz in beiden Bundesländern, dass die Religionslehrer:innen „die Differenzierung der Lerngruppen nach Konfessionen oder Religionen überwiegend ab[lehnen]" (Kapitel 3), erstere noch stärker als letztere.

Die Gründe dafür werden in beiden Studien erarbeitet und zeigen die gleichen Tendenzen: Zum einen werden schulorganisatorische Gründe genannt (angesichts der Vielfalt von Religionszugehörigkeiten einerseits und diffusen Zuordnungen andererseits wirft die ursprünglich für das Gegenüber von evangelisch und katholisch vorgesehene Trennung erhebliche Probleme auf) und zum anderen didaktische.[57] Nach der Erfahrung der Lehrkräfte fördert eine religiöse Vielfalt eine lebendige Diskussionskultur und macht den Unterricht interessanter und lebensrelevanter. Durch die Auseinandersetzung werden ihres Erachtens die Persönlichkeitsentwicklung der Schüler:innen und vor allem ihre Pluralitätsfähigkeit gefördert. In der ReVikoR-Studie wurde noch stärker als bei ReBiNiS die schulpolitische und gesellschaftspolitische Wirkung eines Dialogs verschiedener religiöser und weltanschaulicher Haltungen betont.[58] Die Lerngruppe wird als Abbild der Gesellschaft verstanden, in der Toleranz und Akzep-

---

weil die sich jetzt im religiösen Sinne so hervorgetan hätten, sondern nach meinem damaligen Kenntnisstand einfach auch, weil die Schulpraxis das erfordert hat, ja? Wenn ich dann gesagt habe, ich lasse die im Klassenverband einfach zusammen, und ich trenne die nicht im Religionsunterricht, dann sind ja Fakten geschaffen worden, und dann hat man ja 1998 diesen Erlass, den Organisationserlass, verabschiedet, der den konfessionell-kooperativen Religionsunterricht auf Antrag ermöglicht hat, und das ist ja bis heute gängige Praxis, ja?" (Kapitel 4.3.1).

[57] Wie die Äußerung einer Grundschullehrerin zeigt, können sich diese beiden Dimensionen in der Wahrnehmung der Lehrkräfte durchaus verbinden: „Gleichzeitig gefällt mir daran [an dem Alternativfach Werte und Norme, U.P.] überhaupt nicht, dass man wieder dieses Trennende hat und dass das ja auch im Stundenplan berücksichtigt werden muss, dass das auch einen/ also, so rein administrativ ein riesiges/ ein riesiger Aufwand ist. Dann muss Religion/ müssen Religion und Werte und Normen immer auf einem Band irgendwie im Stundenplan liegen, und man hat auch wieder dieses Hin-und-her-Gerenne zwischen Räumen und irgendwie das, was vielleicht auch, also so eine Stimmung, wie zum Beispiel da heute oben bei Jona in dieser 3. Klasse, von der ich gerade erzählt habe, dann denke ich manchmal: Ja, würde das dann da so aufkommen?' Also es wäre dann wieder so eine andere Gruppe, die sich da auch ja erstmal finden muss und/ Ja. [...] Also, ich wünsche mir das irgendwie nicht, ich möchte eigentlich in der Grundschule, dass die Kinder irgendwie viel zusammen machen können und, ja, dass/ dass sie auch erstmal/ Ja, ich will nicht dieses Auftrennende" (Kapitel 4.2.2).

[58] So sagt eine Lehrerin in einer Gemeinschaftsschule: „Wir unterrichten im Klassenverband. [...] Alle zusammen. Auch wenn der Staats-Kirchen-Vertrag [sc. das] so nicht vorsieht, haben wir uns dafür entschieden, das so zu machen, weil es auch immer wieder zu Konflikten zwischen den Schülern kommt aufgrund der religiösen Vielfalt und wir da einfach auch gerne aufklären möchten und deswegen halt auch 'nen Schwerpunkt im Unterricht auf die Weltreligionen legen [...], weil wir eben festgestellt haben, dass die meisten Kinder zwar von sich immer sagen, natürlich, dass sie der Gruppe zugehören, aber eigentlich ganz, ganz wenig wissen. Also nicht nur über die anderen, sondern auch über ihre eigene Religion, und deswegen ist es eben auch wichtig, da auch so Aufklärung zu leisten." (Sabrina 1,21-34).

tanz auf der Basis von Wissen einerseits und Dialog andererseits zu einem friedlichen Miteinander beitragen. Das gemeinsame Unterrichten von Schüler:innen unterschiedlicher Konfessions- und Religionszugehörigkeiten wird damit als wertvoller Beitrag für das gesellschaftliche Miteinander gesehen. Auch bei der Schüler:innenbefragung lag hier ein Schwerpunkt der Argumentation zugunsten des gemeinsamen Lernens, bei dem eindrucksvoll deutlich wurde, dass bereits Sechstklässler:innen sich der gesellschaftlichen Problematik des Zusammenlebens in der religiös pluralen Gesellschaft sehr bewusst sind und den Religionsunterricht als besondere Chance sehen, dies zu lernen.[59] Da die Lehrkräfte sowohl in Niedersachsen als auch in Schleswig-Holstein als ihre wichtigsten Ziele für den Religionsunterricht „die Toleranzentwicklung für Andersgläubige und Andersdenkende und andererseits die Förderung von Dialogfähigkeit" angeben (vgl. Kapitel 6.3.2), diese aber durch die Vielfalt von Perspektiven gefördert wird, erscheint in dieser Perspektive in der Tat eine Trennung nach Religionsgemeinschaften didaktisch wenig sinnvoll.

Hinsichtlich der Wünsche der Lehrkräfte für die Zukunft des Religionsunterrichts zeigen sich in Niedersachsen und Schleswig-Holstein teilweise ähnliche Tendenzen, jedoch auch einige klare Unterschiede. War in Schleswig-Holstein eines der auch für uns überraschenden Ergebnisse, dass eine große Mehrheit der Lehrkräfte (87,1 %, vgl. ReVikoR I, 219ff.) und erst recht der Schüler:innen (89,3 %, vgl. ReVikoR II, 202) einen Religionsunterricht im Klassenverband bevorzugen würde, so wird dies in Niedersachsen mehrheitlich nicht nur abgelehnt, sondern ein durchgehender Wahlmodus zwischen den Fächern Religion und Werte und Normen wird weit überwiegend befürwortet (vgl. Kapitel 8.2.1). Der konfessionell-kooperativen Erteilung von Religionsunterricht wird hingegen überwiegend und einem interreligiösen Unterricht mit knapper Mehr-

---

[59] Das zeigen die folgenden Äußerungen in drei verschiedenen Gruppen von Schüler:innen:
Olida: „Ich finde, wenn Toleranz geschaffen werden soll, müssen die Leute alle zusammen unterrichtet werden."
Oktay: „Ich finde, wir leben im 21. Jahrhundert. Ich glaube, da sollte es normal sein und ... wir sind ja auch im Klassenverband. Ich diskriminiere ja keinen, weil der vielleicht anders glaubt als ich. Das sind trotzdem meine besten Freunde, so. Ich glaube, das sollte jetzt nicht an der Religion scheitern."
Olivia: „Ja, das ist ein Stück weit Ausgrenzung, finde ich dann. Das ist dann: Das sind die Moslems, das die Christen und die gehören dann nicht zusammen, obwohl es alles eigentlich zusammengehört." (ReVikoR II, 220).
David: „Das [...] ist ja auch schon wieder so ein bisschen extrem, aber es wär' so quasi die Rassentrennung schon wieder fast. Also, das ist, also irgendwie fänd ich das total schlecht... schon fast." (ReVikoR II, 221).
Gustav: „Also ich find', wenn man getrennt wird, dann hat man auch gar nicht so die Verbindung zwischen den Religionen, dann trennt man das alles so. Eigentlich so, wie das in der Gesellschaft jetzt auch ist, dass jetzt viele Moslems zusammen sind und dann die Christen, und die voneinander abgegrenzt. Ich find', man soll das zusammenführen, in dem man halt Religionsunterricht für alle macht, zusammen, wo man auch die Erfahrung miteinander teilen kann." (ReVikoR II, 228).

9.2 Die Ergebnisse der ReBiNiS-Studie aus regionaler Perspektive

heit zugestimmt. Auch die Umstellung auf Religionskunde findet in Schleswig-Holstein eine stärkere Zustimmung als in Niedersachsen (vgl. ReVikoR I, 254–259). Dass sich ca. 50 % dafür oder tendenziell dafür aussprechen, ist allerdings zum einen dadurch zu relativieren, dass sich fast zwei Drittel dazu nicht eindeutig, sondern in beiden Richtungen tendenziell äußern und zum anderen durch die Formulierung der Frage: Wir haben nicht gefragt, ob sie einen religionskundlichen Unterricht bevorzugen würden, sondern ob sie diesen für die sinnvollste Form halten, mit der religiösen Vielfalt umzugehen. In beiden Bundesländern zeigen sich jedoch erneut schulformspezifisch die gleichen Tendenzen: In den Schulformen mit größerer religiöser Heterogenität sind die Erfahrungen mit gemeinsamem Unterrichten größer und dieses wird auch stärker befürwortet – offensichtlich wird dies überwiegend positiv wahrgenommen. Dies wäre dann auch eine mögliche Erklärung für die Differenz zwischen den Bundesländern, insofern aufgrund der geringen katholischen Bevölkerungszahlen der Unterricht traditionell häufiger gemeinsam gestaltet wird.

Interessant ist schließlich auch, dass in beiden Studien deutlich wird, dass der Erhalt der Klassengemeinschaft in der Sicht der Lehrkräfte nicht zur Konsequenz haben muss, künftig religionskundlich vorgehen zu wollen: „Sie schätzen sowohl die explizite Beschäftigung mit religiösen Fragen als auch die transparente Positionierung der Lehrkraft als unverzichtbare Momente religionsbezogener Bildung" (Kapitel 3). Dies wurde in der ReVikoR-Studie nicht nur bei vielen Lehrkräften deutlich, sondern auch und vor allem bei den Schüler:innen, von denen es fast drei Viertel befürworten, wenn die Lehrkraft ihre eigenen Glaubenshaltung transparent macht (ReVikoR II, 188).[60]

Offensichtlich wird die klassische Binarität „getrennt, positionell und mit Ermöglichung religiöser Erfahrungen" versus „gemeinsam, neutral und beschränkt auf kognitive Auseinandersetzung" in der Praxis längst verflüssigt. Für die wissenschaftliche Religionspädagogik stellt sich damit die Aufgabe, kreativ nach Alternativen jenseits der Binarität zu suchen. Einen ersten Vorschlag dazu haben wir im Anschluss an die ReVikoR-Studie mit dem „mehrperspektivischen Religionsunterricht" gemacht, in dem die gleiche Lerngruppe phasenweise oder gemeinsam von Lehrkräften unterschiedlicher Religionsgemeinschaften aus ihrer jeweiligen Perspektive unterrichtet wird.[61]

---

[60] Begründet wird dies u. a. so: „Ich find' das auch besser, weil wenn man den Kindern was über Religion beibringen möchte, muss man ja nicht nur Religion wissen, sondern auch richtig Religion fühlen, weil sonst kann man das ja nicht weitervermitteln." (ReVikoR II, 192). Interessanterweise befürwortet auch eine muslimische Schülerin eine erkennbar religiöse Haltung ihrer evangelischen Religionslehrkraft, weil sie diese einerseits für glaubwürdiger hält und andererseits von dieser ein größeres Verständnis für eine religiöse Haltung insgesamt erwartet (vgl. ReVikoR II, 193f.).

[61] Vgl. Uta Pohl-Patalong, Mehrperspektivischer Religionsunterricht – eine Modellidee aus Schleswig-Holstein, in: Konstantin Lindner/Mirjam Schambeck/Henrik Simojoki/Elisa-

Zwar werden von den Lehrkräften in beiden Studien auch die Herausforderungen und Schwierigkeiten benannt, die in den Formen gemeinsamen Unterrichtens Verschiedener in einer konfessionellen Bindung entstehen (Kapitel 4.3 und ReVikoR I, 116–125). Besonders interessant erscheint mir aber in diesem Zusammenhang, dass die Förderung von Pluralitätsfähigkeit überwiegend nicht als Gegensatz zu einer konfessionellen Orientierung gesehen wird. In beiden Studien bildet die Förderung eines konstruktiven Umgangs mit Pluralität das zweit- bzw. drittwichtigste Merkmal für die Konfessionalität ihres Unterrichts (Kapitel 4.1.1 und ReVikoR I, 235.). Dass dieses für uns überraschende Ergebnis der ReVikoR-Studie sich jetzt bei ReBiNiS wiederholt, erscheint bemerkenswert – und stärkt die religionspädagogische Herausforderung, für die Zukunft des Religionsunterrichts „Konfessionalität" aus ihrem historischen Verständnis zu lösen und für die Zukunft neu zu denken.[62]

Wünschenswert wäre in naher Zukunft eine vergleichende Studie über diverse Bundesländer hinweg mit den gleichen thematischen Schwerpunkten und Fragestellungen, die die Gemeinsamkeiten herausarbeitet und die Differenzen schärft.

Dr. Uta Pohl-Patalong ist Professorin für Didaktik des Religionsunterrichts/Praktische Theologie mit Schwerpunkt Homiletik und Kirchentheorie an der Christian-Albrechts-Universität Kiel.

9.3 Die Ergebnisse der ReBiNiS-Studie aus schulformspezifischer Perspektive

9.3.1 *Kommentierung der Ergebnisse aus der Perspektive der Grundschule (Hanna Roose)*

1. *Ergebnisse der Studie zu religionsbezogener Bildung an Grundschulen*

„Die Erhebung soll die – von uns angenommene – Vielfalt der Wege religionsbezogener Bildung in Schulen Niedersachsens quantifizierend abbilden und darüber hinaus – deshalb die qualitativen Interviews mit Lehrkräften – die Logiken identifizieren, die in der Ausgestaltung der religionsunterrichtlichen Praxis zur Geltung kommen. Das Leitinteresse der Studie richtet sich auf die Frage, wie und

---

beth Naurath (Hg.), Zukunftsfähiger Religionsunterricht. Konfessionell – kooperativ – kontextuell, Freiburg 2017, 213–237.

[62] Einen ersten Vorschlag dafür macht Antonia Lüdtke in ihrer im Kontext von ReVikoR entstandenen Dissertation: Confessional Gap. Konfessionalität und Religionsunterricht denken, Stuttgart 2020.

9.3 Die Ergebnisse ... aus schulformspezifischer Perspektive

warum Lehrer:innen der religionsbezogenen Fächer auf Veränderungen der Unterrichtswirklichkeit reagieren und zukünftig reagieren möchten" (S. 18).

Diese Logiken – so die Annahme – ermöglichen die Realisierung schulrechtlicher, fachwissenschaftlicher und fachdidaktischer Maßnahmen, sie modifizieren oder unterlaufen sie jedoch ggf. auch (Kapitel 1.1). Unter dieser Voraussetzung und mit dieser Zielsetzung befragt die Studie Lehrkräfte unterschiedlicher Schulformen und kommt zu dem Ergebnis: Religionsbezogene „Bildung wird in hohem Maße schulformspezifisch gestaltet." (S. 174). Insofern lohnt ein schulformspezifischer Blick auf die Ergebnisse, die speziell die Grundschule betreffen.

Der quantitative Teil der Studie umfasst ca. 2000 niedersächsische Grundschulen in staatlicher Trägerschaft (Kapitel 2.1), die Summe der einbezogenen Schulen anderer Schulformen beläuft sich auf 1500 (ebd.). Das heißt: Grundschulen machen quantitativ mehr als 50 % aller befragten Schulen aus. Sie gelten damit als „repräsentativ vertreten" (S. 50). Betrachtet man den Rücklauf der Fragebögen, machen Grundschullehrkräfte 33 % des Gesamtrücklaufs aus. Die Grundschullehrkräfte stellen damit auch in dieser Kategorie die größte Gruppe (S. 38, Abb. 5). Mit 94 % liegt der Anteil der Befragten, die angeben, weiblich zu sein, bei Grundschullehrkräften am höchsten (S. 36, Abb. 3).

Der Anteil an fachfremd unterrichtenden Lehrkräften in religionsbezogenen Fächern liegt mit 31,3 % an Grundschulen höher als an anderen Schulformen (23,8 % an Oberschulen, 17,5 % an Gymnasien) (S. 41). Vom fachfremd erteilten Unterricht an Grundschulen entfallen in den religionsbezogenen Fächern 71,8 % auf das Fach evangelische Religion und nur 10,3 % auf das Fach Werte und Normen. Hier zeigt sich, dass das Fach Werte und Normen an Grundschulen bisher kaum etabliert ist.

In dem qualitativen Interviewteil, der „insbesondere auf die ‚Logik' hinter bestimmten Organisationsformen und Konzeptionen des Religionsunterrichts" zielt (S. 29), wurde nur eine einzige Grundschullehrkraft einbezogen (neben sechs Lehrkräften aus Berufsbildenden Schulen, vier Lehrkräften aus Gymnasien, drei Lehrkräften aus Gesamtschulen und einer Lehrkraft aus einer Oberschule) (Kapitel 2.3.1). Die vergleichsweise hohe Anzahl an interviewten Lehrkräften aus der Berufsschule wird mit der Samplingstrategie erklärt, „die von der Selbstauskunft über das Unterrichten religiös-weltanschaulich heterogener Lerngruppen ausgeht" (S. 46, Anm. 32). Das heißt: Je höher der angegebene Grad an wahrgenommener Heterogenität, desto mehr Lehrkräfte wurden in die qualitative Studie aufgenommen.

Angesichts dieser Samplingstrategie ist es allerdings erstaunlich, dass nicht mehr Grundschullehrkräfte interviewt wurden. Denn angesichts des Befundes, nach dem die große Mehrheit der Grundschullehrkräfte angibt, Religionsunterricht im Klassenverband zu erteilen (s. u.) und das Fach „Werte und Normen" an Grundschulen bisher kaum eingeführt ist (s. u.), wäre zu erwarten, dass dieser Unterricht in religiös-weltanschaulich besonders heterogenen Lerngruppen erfolgt. Diese Einschätzung haben die Grundschullehrkräfte aber nicht in demselben Maß quantifiziert wie Lehrkräfte anderer Schulformen. Auf die Frage: „Wie nehmen Sie Ihre Lerngruppe in religiös-weltanschaulicher Hinsicht wahr?" (S. 98, Abb. 19), ergibt sich aus den skalierten Rückmeldungen der Grundschullehrkräfte, dass sie ihre Lerngruppen als (etwas) homogener wahrnehmen als Lehrkräfte an berufsbildenden Schulen.

„Grundschullehrer:innen geben weniger die Kennzeichen ‚Individuelle Verständnisse religiöser oder philosophischer Sachverhalte' (36,3 %) und ‚Unterschiedliche Weltanschauungen' (42,2 %) an, vermutlich da diese bei Grundschüler:innen noch weniger stark ausgeprägt sind als an den weiterführenden Schulen" (S. 97).

Diese Deutung des Befundes geht von einer zutreffenden Einschätzung der Lehrkräfte aus – die Abweichung zu anderen Schulformen ergibt sich demnach daraus, dass Grundschüler:innen sich hinsichtlich ihrer religiös-weltanschaulichen Prägung von Schüler:innen anderer Schulformen tatsächlich graduell unterscheiden. Denkbar wäre auch, den Befund als De-Thematisierung religiösweltanschaulicher Heterogenität seitens der Lehrkräfte zu deuten, mit der sie (unbewusst) genau diese Heterogenität bearbeiten. Anders verhält es sich bei der Inklusion angesichts von Schüler:innen mit Beeinträchtigungen: Sie wird von Grundschullehrkräften als Heterogenitätsfaktor auffallend hoch bewertet (Kapitel 8.1).

Die laut Befragung deutlich dominierende *Organisationsform* religionsbezogener Bildung an Grundschulen ist der Religionsunterricht im Klassenverband: 87,3 % der Grundschullehrkräfte geben an, im Klassenverband zu unterrichten (S. 66). Nur 7 % der befragten Grundschullehrkräfte geben an, dass das Fach Werte und Normen an ihrer Schule eingeführt sei (S. 64, Abb. 16). In den Interviews wird deutlich, dass Lehrkräfte unterschiedlicher Schulformen unter „Religionsunterricht im Klassenverband" sehr Unterschiedliches verstehen. Gerade in der Grundschule kann damit gemeint sein, dass neben einem formal konfessionellen oder konfessionell-kooperativen Religionsunterricht keine weiteren Fächer angeboten bzw. nachgefragt werden.

Was auf Zeugnissen als konfessioneller (bzw. konfessionell-kooperativer) Religionsunterricht firmiert, wird an Grundschulen also nicht selten als Religionsunterricht im Klassenverband durchgeführt; und was Lehrkräfte in der Befragung als Religionsunterricht im Klassenverband bezeichnen, kann formal konfessioneller (bzw. konfessionell-kooperativer) Religionsunterricht sein. Hier deutet sich an, dass das formal-konzeptionelle und das pragmatische Verständnis von Religionsunterricht auseinanderfallen.

Die Studie kommentiert diesen Befund damit, dass Art. 4 GG im Hinblick auf die negative Religionsfreiheit aus dem Blick zu geraten drohe (Kapitel 3). Für die interviewte Lehrkraft wird diese Gefahr nicht bei der Organisationsform (im Klassenverband) per se virulent, sondern bei der inhaltlichen Ausgestaltung des Unterrichts: „man möchte ja niemanden da missionieren" (S. 132, Anm. 9). Die Gefahr der Missionierung ist also durchaus im Blick. Unterstellt wird aber, dass

Religionsunterricht im Klassenverband möglich ist, ohne zu missionieren (und damit die negative Religionsfreiheit zu verletzen).

In *didaktischer Hinsicht* betrachten Grundschullehrkräfte die Vertrautheit einer Klassengemeinschaft als wesentlichen Faktor für das Gelingen von Religionsunterricht (S. 69). Soziales Lernen sowie das Fördern in der Klassengemeinschaft haben einen hohen Stellenwert. Die interviewte Grundschullehrkraft lehnt die Einführung des Faches Werte und Normen ab. Neben schulorganisatorischen Gründen führt sie als Argument die Klassengemeinschaft an: „,Also, ich wünsche mir das irgendwie nicht, ich möchte eigentlich in der Grundschule, dass die Kinder irgendwie viel zusammen machen können und, ja, dass/ dass sie auch erstmal/ Ja, ich will nicht dieses Auftrennende.' (I13, GS, Pos. 52)." (S. 211, Anm. 3). Dazu passt der Befund, dass im Blick auf interreligiöses Lernen die Gemeinsamkeiten der Religionen in den Vordergrund gerückt werden: „Programmatisch fordert eine Grundschullehrkraft, die Gemeinsamkeiten der Religionen im Religionsunterricht zu stärken: ‚der Religionsunterricht sollte ja eher etwas Verbindendes schaffen und nicht noch mehr Trennung aufbauen als wir vielleicht in so einer vielfältigen Welt und auch vielfältigen Schulgemeinschaft sowieso schon haben'" (S. 159).

Insgesamt sieht die Studie Religionslehrkräfte an Grundschulen v. a. an allgemeinpädagogischen Selbstbildern orientiert (Kapitel 6.3.4). Sie verstehen sich stärker als Lehrkräfte anderer Schulformen als „Fels in der Brandung" (Kapitel 6.3.1).

Dabei stehen Grundschullehrkräfte der biblisch-christlichen Tradition, der Kirche und Formen gelebter Religion näher als Lehrkräfte an anderen Schulformen. Die Zukunft der Kirche hat für sie eine hohe Relevanz (Kapitel 8.1). Sie geben an, im Religionsunterricht häufiger mit religionspraktischen Formen zu arbeiten (Kapitel 6.2.1), stimmen öfter dem Ziel zu, in religiöse Praxis einzuführen (Kapitel 6.3.2), verstehen sich stärker als Traditionsagent:innen (Kapitel 6.3.1) und besuchen häufiger Kirchen und Klöster (Kapitel 7.4) – jüdische und muslimische Lernorte werden demgegenüber deutlich seltener besucht (ebd.). Diese Selbstpositionierung der Lehrkräfte spiegelt sich in der Wahrnehmung der Schüler:innen: Die Grundschullehrkräfte schreiben ihnen ein höheres Interesse an der eigenen Religion (Kapitel 5.3.1) und an biblischen Geschichten (Kapitel 6.4.2) zu und greifen häufiger auf Schüler:innen als religiöse Expert:innen für andere Religionen zurück (Kapitel 6.4.1).

Anders als die Befragung von Gennerich und Mokrosch[63] bezieht die Studie auch Fragen zu *Religion im Schulleben* mit ein. Demnach ist Religion im Schulleben an Grundschulen besonders präsent. Die „Begegnung der Schüler:innen mit der eigenen Religion/Konfession" bewerten Grundschullehrer:innen mit 62,8 % als

---

[63] Carsten Gennerich/Reinhold Mokrosch, Religionsunterricht kooperativ. Evaluation des konfessionell-kooperativen Religionsunterrichts in Niedersachsen und Perspektiven für einen religions-kooperativen Religionsunterricht. Stuttgart 2016.

sehr wichtig – ein Anteil, der bei den Lehrkräften anderer Schulformen deutlich geringer ausfällt (Kapitel 7.4). Gemäß den Angaben der Lehrkräfte finden an Grundschulen die meisten Schulgottesdienste statt (Kapitel 7.3). Zwei Drittel der Grundschullehrkräfte geben an, bei der Gestaltung religiöser Feste zu kooperieren. Kooperationen gestalten sich an Grundschulen eher langfristig und weniger anlassbezogen. Ein hoher Anteil gewünschter Kooperationen wird umgesetzt (ebd.). Diese Kooperationsbereitschaft erleichtert die Gestaltung religiöser Elemente außerhalb des Religionsunterrichts.

2. *Limitationen der Studie*

Die Studie macht *keine Angaben* zu grundschulspezifischen Zukunftsvorstellungen für religionsbezogene Bildung. Offenbar reiht sich die Grundschule hier mehr oder weniger nahtlos ein.

Andere Grenzen bzw. Desiderate der Studie ergeben sich (zwangsläufig) aus deren methodischer Anlage: Die Begrenzung auf Selbstauskünfte der Lehrkräfte ermöglicht keinen direkten Einblick in unterrichtliche und schulische Praxis. Die quantitative Herangehensweise sowie die Auswertung der Interviews mittels qualitativer Inhaltsanalyse ermöglichen zwar die Beschreibung von Differenzen zwischen Programmatik und Selbstauskunft (z. B. bei den Angaben zum Religionsunterricht im Klassenverband), nicht aber die Rekonstruktion von Orientierungsrahmen oder Anerkennungslogiken. Das Vorintentionale in den Selbstauskünften der Lehrkräfte (z. B. im Hinblick auf Darstellungen von Heterogenität) wird nicht Gegenstand oder Ziel der Analyse. Damit löst die Studie den Anspruch, „praxeologisches Interesse" (S. 19) zu bedienen, nur bedingt ein.

Das soll den Wert der Studie nicht schmälern: Jede empirische Studie muss Grenzen ziehen. Die Befragungen bieten ein fundiertes aktuelles Bild. Im Blick auf die Grundschule fällt dieses Bild allerdings insgesamt wenig überraschend aus. Vielleicht hätten hier weitere Interviews mit Religionslehrkräften an Grundschulen noch ein differenzierteres Tableau hervorgebracht.

3. *Ergänzende Perspektiven auf ausgewählte Befunde*

Im Blick auf die benannten Desiderate sollen abschließend drei Aspekte skizzenhaft ergänzt werden; der erste betrifft die Rolle der Lehrkraft als „Traditionsagentin", der zweite das fachfremde Unterrichten und der dritte die religiösweltanschauliche Heterogenität im Klassenzimmer.

3.1 *Die Lehrkraft als „Traditionsagentin"*

Wie unterrichten Grundschullehrkräfte in Niedersachsen biblische Tradition? In ihrer empirischen Studie zu biblischem Unterricht an Grundschulen in Niedersachsen kommt Juliane Keiser zu dem Ergebnis, dass Lehrkräfte im Unterricht kaum explizite Hinweise darauf geben, was es bedeutet, dass eine Erzählung aus der Bibel stammt. Die Art, wie alttestamentliche Geschichten (hier: Exodus) erzählt werden, lässt diese als „tatsächliche Geschehnisse der Vergangenheit"[64] erscheinen.

3.2 Fachfremdes Unterrichten

Befragt nach den Herausforderungen des Unterrichtens an Grundschulen erzählt eine Religionslehrkraft:[65] „Durch die mangelnde Versorgung mit ausgebildeten Religionslehrkräften wird der überwiegende Teil des Religionsunterrichts fachfremd erteilt. Für mich als eine der beiden ausgebildeten Religionslehrkräfte ergibt sich daraus die Anforderung, die Kolleginnen und Kollegen mit fachdidaktischem und methodischem Rat (und Material) zu unterstützen. Diese Unterstützung bewegt sich zwischen dem Nachkommen expliziter Bitten/Fragen nach ›Material‹ zum Thema xy seitens fachfremder Kolleginnen und Kollegen und dem vorsichtigen Angebot an fachfremde Kolleginnen und Kollegen. Letzteres aus dem Gefühl der Verantwortung gegenüber dem Religionsunterricht als ordentlichem Unterrichtsfach mit fachwissenschaftlicher und fachdidaktischer Grundlage und dem eigenen Anspruch, dass das Ausmalen einer ›gegoogelten‹ Malvorlage zur Auferstehung dem kaum gerecht werden kann. Wird das Angebot nicht in Anspruch genommen, gehört es dann auch zur Anforderung an eine Religionslehrkraft, die Entscheidung der Kollegin oder des Kollegen auszuhalten und gleichzeitig für zukünftige Nachfragen offen zu bleiben." Das fachfremde Unterrichten wird hier als spezifische Herausforderung genannt. Die befragte Lehrerin gibt an, sich nicht nur für die Qualität des eigenen Religionsunterrichts verantwortlich zu fühlen, sondern auch für die Qualität des Religionsunterrichts ihrer fachfremd unterrichtenden Kolleg:innen. Sie reflektiert dabei gleichzeitig die Grenzen des Machbaren: Dort, wo ihr Angebot auf Ablehnung stößt, muss sie das aushalten und sich trotzdem weiterhin bereithalten. Hilfe anzubieten wird als riskant wahrgenommen, es geschieht „vorsichtig" und kann scheitern. Das beschriebene Gefälle zwischen „ausgebildeten" und „fachfremd" unterrichtenden Lehrkräften beschreibt eine prekäre Form der Kooperation, die in den empirischen Ergebnissen der Studie nicht sichtbar wird, jedoch wahrscheinlich keinen Einzelfall darstellt.

---

[64] Juliane Keiser, Zwischen Märchen, Tatsachenbericht und Glaubenszeugnis. Biblische Geschichten im Religionsunterricht der Grundschule (Arbeiten zur Religionspädagogik Bd. 70), Göttingen 2020, 487.

[65] Hanna Roose, „Theoretisch ist es ja alles durchdacht, aber in der Praxis ist es nicht leicht". Religionslehrer:innenbildung – schulartenspezifische Anforderungen und Modellierungen, hier: Grundschule, in: Martin Hailer/Andreas Kubik-Boltres/Matthias Otte/Mirjam Schambeck/Bernd Schröder/Helmut Schwier (Hg.), Religionslehrer:in im 21. Jahrhundert. Transformationsprozesse in Beruf und theologisch-religionspädagogischer Bildung in Studium, Referendariat und Fortbildung, Leipzig 2023 (i. E.).

3.3 Religiös-weltanschauliche Heterogenität

Religiös-weltanschauliche Heterogenität zeigt sich in Erzählungen von Lehrkräften als fluide: Differenzen verschieben sich, bestimmte Gruppen werden sichtbar oder unsichtbar. Die ReVikoR-Studie aus Schleswig-Holstein kommt zu dem Ergebnis, dass der „evangelische" Religionsunterricht „überwiegend so ausgerichtet ist, dass nicht-evangelische Schülerinnen und Schüler verhältnismäßig ‚geräuschlos' daran teilnehmen können".[66] Wie sich diese „Geräuschlosigkeit" in Erzählungen von Religionslehrkräften zeigen kann, wird in der rekonstruktiven Studie von Katharina Wanckel[67] deutlich. Dort erzählt eine Lehrkraft: „[I]ch musste noch mal eben ergänzen. und zwar de- von den evangelischen Schülern der ungetaufte Teil ist der ü-überwiegende Teil; also von diesen was ich jetzt als zwei Drittel sozusagen geschätzt habe; und von den katholischen Kindern, die sind natürlich immer alle @getauft@".[68] Die Äußerung unterscheidet evangelische und katholische Kinder. Die katholischen Kinder sind „natürlich immer alle" getauft. Die evangelischen offensichtlich nicht. Das heißt, die Gruppe der formal konfessionslosen (ungetauften) Schüler:innen wird zu den evangelischen geschlagen – und damit als eigene Gruppe unsichtbar. Damit kontrastiert die Art und Weise, wie von muslimischen Schüler:innen erzählt wird. Während konfessionslose Schüler:innen als evangelisch gelten können, stellen muslimische Schüler:innen in den Erzählungen von Grundschullehrkräften „eine Gruppe dar, die durch eine Andersartigkeit gegenüber der inhaltlich wenig umrissenen Ausgangsgruppe gekennzeichnet ist"[69]. Muslimische Schüler:innen erscheinen – anders als ihre evangelischen bzw. konfessionslosen Mitschüler:innen – als religiös sozialisierte Expert:innen „ihrer" Religion, die „berichten" können: „[A]ber auch Kinder sitzen haben die (.) ähm dem Islam zugehörig sind, was sehr schön ist, weil sie dann halt einfach auch berichten (können)"[70].

Dieser Befund zeigt sich auch in der Studie. Rekonstruktiv zeigt sich darüber hinaus, dass sich in den Erzählungen von Religionslehrkräften an Grundschulen intersubjektive Gespräche, in denen es um individuelle (Glaubens-)Überzeugun-

---

[66] Uta Pohl-Patalong/Steffen Kirchhof, Religion unterrichten in Schleswig-Holstein, in: Martin Rothgangel/Bernd Schröder (Hg.), Religionsunterricht in den Ländern der Bundesrepublik Deutschland. Empirische Daten – Kontexte – Entwicklungen, Leipzig 2020, 395–418, hier 404.

[67] Katharina Wanckel, Wie Religionslehrkräfte von ihrem Religionsunterricht erzählen. Orientierungen angesichts von Umbruchsituationen (Religionspädagogik innovativ Bd. 51), Stuttgart 2022.

[68] Wanckel, Wie Religionslehrkräfte erzählen (s. o. Anm. 67), 148.

[69] Ebd., 235.

[70] Transkript Wanckel, unveröffentlicht; vgl. Hanna Roose, Wie schulische Praxis religionspädagogische Programmatik unterläuft. Ein komplexitätssensibler Blick auf (Organisationsmodelle von) Religionsunterricht, in: Theo-Web. Zeitschrift für Religionspädagogik 19/2 (2020), 93–111, hier 98.

gen von Kindern geht, in Richtung interreligiöser Gespräche verschieben, sobald muslimische Schüler:innen anwesend sind, „so dass sich (in der Zuschreibung) individuelle Überzeugungen innerhalb der Ausgangslerngruppe und überindividuelle [muslimische] Glaubenswahrheiten der davon unterschiedenen muslimischen MitschülerInnen gegenüberstehen".[71]

Gerade was die Wahrnehmung religiös-weltanschaulicher Heterogenität angeht, lässt sich also über rekonstruktive Ansätze Spannendes entdecken. Was sich quantitativ als größere wahrgenommene Homogenität zeigt, erweist sich in Erzählungen von Lehrkräften als fluide Differenzbildung.

Dr. Hanna Roose ist Professorin für Praktische Theologie/Religionspädagogik an der Evangelisch-Theologischen Fakultät der Universität Bochum.

9.3.2 *Kommentierung der Ergebnisse aus der Perspektive der Sekundarstufe I (Ulrike Witten)*

Religionsbezogene Bildung ist im Wandel.[72] An diesen Wandlungsprozessen sind verschiedene gesellschaftliche Akteure beteiligt, und die Ebenen, auf denen sie agieren, sind sehr unterschiedlich. Dass gerade die Tagungen der „Pädagogisch-theologischen Studienkommission Niedersachsens", wo solche Entwicklungen auch besprochen werden, den Impuls gaben (S. 334), die Vielfalt religionsbezogener Bildung in der öffentlichen Schule empirisch genauer unter die Lupe zu nehmen und schulscharfe wie lokale Dynamiken und Experimente in der Unterrichtsentwicklung zu erfassen (S. 17), verwundert nicht.

In diesem Kommentar wird zunächst die Relevanz einer schulformspezifischen Reflexion beleuchtet, anschließend werden Beobachtungen zu den ReBiNis-Daten reflektiert, und in einem letzten Schritt werden Forschungsdesiderate formuliert.

1. *Schulformspezifik – ein scharf zu stellendes Element in der Erforschung religionsbezogener Bildung*

Die unterschwellige Gymnasialorientierung der Religionspädagogik[73], die sich auch in den Hintergründen der (wissenschaftlich arbeitenden) Religionspädagog:innen widerspiegelt, birgt die Gefahr, dass religionspädagogisch von nicht unbedingt offen gelegten „Normalitätserwartungen" aus gedacht wird, die die

---

[71] Roose, Praxis (s. o. Anm. 70), 98.
[72] Michael Domsgen/Ulrike Witten, Religionsunterricht im Wandel, Ein Überblick über Entwicklungen in Deutschland, In: Dies. (Hg.): Religionsunterricht im Plausibilisierungsstress, Bielefeld 2022, 17–70.
[73] Christian Grethlein, Religionspädagogik, Tübingen 1998, 385.

heterogenen Aufwachsensbedingungen der Schüler:innen nicht abbilden. Einige Studien haben sich dieser schulformspezifischen Forschungslücke in Bezug auf die nichtgymnasialen Schulformen sowie damit verknüpfter Phänomene bereits angenommen,[74] wobei sich vor allem der Bereich der religiösen Bildung an berufsbildenden Schulen in den letzten Jahren vermehrt entwickelt hat.[75]

Dass innerhalb der Sekundarstufe I, worauf im Folgenden der Fokus liegt, eine schulformspezifische Betrachtung religionsbezogener Bildung erforderlich ist, wird deutlich, wenn man die Korrelationen zwischen Schulform und Religionszugehörigkeit, die die niedersächsische Schulstatistik aufweist, betrachtet.[76] So zeigt sich, dass je nach Schulform die religiös-weltanschauliche Zusammensetzung der Lerngruppen eine ganz andere ist und abhängig von der Schulform Schüler:innen mit bestimmter Religionszugehörigkeit unter- oder überrepräsentiert sind.

> Von allen 401.289 Schüler:innen, die den Sekundarbereich I besuchen, sind 43,66 % evangelisch, 29,93 % konfessionslos, 14,45 % katholisch, 10,5 % muslimisch und 7,45 % werden als „sonstige" erfasst. Diese Verteilung spiegelt sich aber nicht gleichermaßen in allen Schulformen wider. Die KGS wird zu 51,55 % von evangelischen Schüler:innen besucht, das Gymnasium von 47,08 % und die Hauptschule nur von 30,48 %. Hier sind Evangelische jeweils über- bzw. unterrepräsentiert. Nur die Schüler:innen ohne Religionszugehörigkeit sind nahezu gleich an allen Schulformen zu finden. Hier gibt es nur einen kleinen Ausschlag: 27,72 % der Schüler:innen an der IGS und 21,26 % der Schüler:innen an der Realschule sind konfessionslos. Einen schulformspezifischen Unterschied gibt es auch unter den katholischen Schüler:innen. 16,62 % der Schüler:innen am Gymnasium sind katholisch, aber nur 8,9 % der Schüler:innen an der KGS, 10,43 % der IGS und 12,18 % an der Hauptschule sind jeweils katholisch. Noch deutlicher stellt sich der Schulformen-Unterschied bei den muslimischen Schüler:innen dar. Unter den Schüler:innen der Hauptschule sind 23,24 % muslimisch, an der Realschule sind es 15,76 %. Am Gymnasium sind es hingegen nur 6,64 % und an der KGS 8,51 %. Die Schüler:innen, die der Gruppe „Sonstige" zugeordnet sind, sind

---

[74] Gerhard Büttner/Friedhelm Kraft (Hg.), „He! Ich habe viel Stress! Ich hasse alles": Theologisieren mit Kindern aus bildungs- und religionsfernen Milieus, Stuttgart 2014; Frank M. Lütze, Religionsunterricht im Hauptschulbildungsgang: konzeptionelle Grundlagen einer Religionsdidaktik für den Pflichtschulbereich der Sekundarstufe I, Leipzig 2011; Stefanie Pfister, Religion an Realschulen: eine historisch-religionspädagogische Studie zum mittleren Schulwesen, Leipzig 2015; Bernd Schröder/Michael Wermke (Hg.), Religionsdidaktik zwischen Schulformspezifik und Inklusion: Bestandsaufnahmen und Herausforderungen, Leipzig 2013; Vera Uppenkamp, Kinderarmut und Religionsunterricht: Armutssensibilität als religionspädagogische Herausforderung, Stuttgart 2021; Dörthe Vieregge, Religiosität in der Lebenswelt sozial benachteiligter Jugendlicher: eine empirische Studie, Münster 2013.

[75] Vgl. jüngst Matthias Gronover u. a. (Hg.), Neue Zeit- und Organisationsmodelle für den RU: Befunde und Perspektiven für den Religionsunterricht an berufsbildenden Schulen, Münster 2023 sowie insgesamt die Reihe Glaube – Wertebildung – Interreligiosität.

[76] Niedersächsisches Kultusministerium (Hg.), Die niedersächsischen allgemeinbildenden Schulen – Zahlen und Grafiken – Schuljahr 2020/2021, Hannover 2020, 8.

zu 11,57 % Schüler:innen der Hauptschule, aber nur zu 5,22 % an der KGS bzw. zu 5,9 % am Gymnasium.
Vergleicht man die Schulformen, stellt sich die Oberschule als die Schulform dar, wo die Religionszugehörigkeit der Schüler:innen am ehesten der Religionszugehörigkeit der Gesamtschülerschaft in der Sekundarstufe I entspricht. Bezieht man die Förderschule mit ein, zeigt sich, dass evangelische und katholische Schüler:innen hier unterrepräsentiert, konfessionslose sowie muslimische und „sonstige" Schüler:innen überrepräsentiert sind, wobei dies bei den konfessionslosen am deutlichsten ausfällt.[77]

Diese Korrelationen verweisen darauf, dass es wichtig ist, der Schulformspezifik nachzugehen: Zum einen, weil sich die Aufgabe einer subjektorientierten religionsbezogenen Bildung je nach religions- und weltanschaulicher Zusammensetzung der Lerngruppe unterschiedlich konturiert und zum anderen, weil sich die Frage nach den Ursachen dieser Korrelation stellt. Es ist zu vermuten, dass die Religionszugehörigkeit mit anderen Heterogenitätsdimensionen intersektional verknüpft ist, die diese Ungleichheit mit bewirken. Lediglich die Nichtzugehörigkeit zu einer Religion sowie der Besuch einer Oberschule scheint sich kaum ungleich auszuwirken, da die Schüler:innen ohne Religionszugehörigkeit nahezu gleich in allen Schulformen zu finden sind (mit Ausnahme der Förderschulen) und wiederum die Religionszugehörigkeit an der Oberschule sich nahezu mit der Religionszugehörigkeit der Gesamtschülerschaft deckt. Da die evangelischen sowie die katholischen Schüler:innen in den letzten Jahren weniger geworden sind und die Schüler:innen mit islamischer, sonstiger oder ohne Zugehörigkeit mehr geworden sind, steigt die religiös-weltanschauliche Heterogenität insgesamt in den Lerngruppen.[78]

Ausgehend von diesen Befunden, die es sehr sinnvoll erscheinen lassen, die Schulformspezifik bei der Erforschung religionsbezogener Bildung scharf zu stellen, werden im nächsten Schritt die Befunde der ReBiNis-Studie reflektiert.

2. *Beobachtungen zu den Befunden der ReBiNis-Studie*

Zuerst eine allgemeine Beobachtung: Die Vielfalt der nichtgymnasialen Schulformen in der Sekundarstufe I ist in Niedersachsen recht groß:[79] Es gibt im Bereich der Allgemeinbildenden Schulen in der Sekundarstufe I Hauptschulen, Realschulen, Oberschulen – mit oder ohne gymnasiales Angebot –, Gymnasien, Integrative wie Kooperative Gesamtschulen sowie Förderschulen. Die Berufsbildenden Schulen sind der Sekundarstufe II zugeordnet, gleichwohl bspw. an der Berufseinstiegsschule der Hauptschulabschluss erworben oder dieser verbessert

---

[77] Während 26,43 % aller Schüler:innen konfessionslos sind, sind es an der Förderschule 30,67 %, 21,32 % muslimisch, 8,22 % Sonstige, 12,33 % katholisch und 36,45 % sind evangelisch.
[78] Niedersächsisches Kultusministerium, Die niedersächsischen allgemeinbildenden Schulen (s. o. Anm. 76), 8.
[79] Niedersächsisches Kultusministerium, Unsere Schulen. o. J., https://www.mk.niedersachsen.de/startseite/schule/unsere_schulen/ (Zugriff am 29.03.2023).

werden kann, d. h. ein Abschluss der Sekundarstufe I nachgeholt werden kann. Trotz dieses Nebeneinanders verschiedener Schulformen ist das Gymnasium die meistgewählte Schulform. Der größte Teil der Schüler:innen geht nach der Grundschule aufs Gymnasium.[80]

Angesichts dieses Nebeneinanders verschiedener Schullaufbahnen ist die Fragestellung der Studie, inwiefern es schulformspezifische Organisationsformen und Konzeptionen religionsbezogener Bildung sowie damit zusammenhängende Logiken gibt (S. 29), sehr plausibel. Es zeigt sich jedoch, dass dieses Vorhaben nicht so leicht in ein empirisches Forschungsvorhaben zu übersetzen ist: So spiegeln sich im Teilnahmeverhalten der beteiligten Lehrkräfte auch die Schulformen wider, und während die Untersuchung für die Grundschule und das Gymnasium repräsentativ ist, ist dies im Blick auf die Förder-, Haupt- und Realschulen (S. 37f.) nicht der Fall. Auf Grund dieses Samples ist die Schulformspezifik zwischen Gymnasium und nichtgymnasialen Schulformen der Sekundarstufe I nicht ganz so stark greifbar wie im Vergleich zu anderen Schulformen, wo vor allem die berufsbildenden Schulen besonders herausstechen. Aber es zeigt sich ein Zusammenhang zwischen Schulform und Ausgestaltung des religionsbezogenen Unterrichts. Jedoch ist einschränkend auch zu bedenken, dass Fragen nach rechtlich nicht zulässigen Formaten nicht gestellt werden durften (S. 65). Weiterhin stellt sich die methodische Anfrage, inwiefern eine Auswertung quantitativer Daten nach Schulformspezifik in jedem Falle aussagekräftig ist.

Das sei an einem Beispiel verdeutlicht: Es ist wenig verwunderlich, dass mit der Schulform korreliert, wie viele Stunden eine Lehrkraft im religionsbezogenen Unterricht erteilt (S. 44f.). Denn dieses Verhältnis bildet das Klassenlehrer- bzw. Fachlehrerprinzip an Grundschule bzw. Gymnasium ab, sodass die Stundenzahl in der Grundschule eher niedrig und am Gymnasium eher hoch ist. Hier wird zwar eine schulformspezifische Gegebenheit abgebildet, die religionsdidaktisch jedoch weniger von Bedeutung ist.

Zudem zeigt das schulformspezifische Scharfstellen Korrelationen auf, die m. E. mit weiteren Heterogenitätsdimensionen verbunden sind. Dass Diakonie- oder Sozialpraktika an der Grundschule weniger eine Rolle spielen, dafür aber mehr religionspraktische Formen und Handlungen (S. 128), oder dass in der Sekundarstufe I häufiger Synagogen oder Moscheen im Rahmen einer unterrichtlichen Exkursion besucht werden, als in der Grundschule (S. 198), lässt sich gut durch das Alter der Lernenden erklären.

Konzeptionell interessanter und zugleich weniger eindeutig zu erklären ist die Schulformspezifik, die sich bei Lernenden im selben Alter zeigt, wie dies in der Sekundarstufe I in den verschiedenen Schulformen der Fall ist: Wie kommt es, dass Lehrkräfte an Sekundarschulen eher einen Schwerpunkt auf Schulsozialarbeit und schulnahe Jugendarbeit legen, während am Gymnasium eher

---

[80] Niedersächsisches Kultusministerium, Die niedersächsischen allgemeinbildenden Schulen (s. o. Anm. 76), o. S.

Schulgottesdienste das Angebot von Religion im Schulleben bilden (S. 53)? Welche Wahrnehmungen der Lernenden, welche diagnostizierten Bedarfe bei den Schüler:innen, welche Erfahrungen in der Arbeit mit den Lernenden und ihren Eltern sowie im Kollegium spiegeln sich hier möglicherweise auch wider? Wie kommt es zu diesen unterschiedlichen Profilierungen? Lassen sich diese Profilierungen etwas überspitzt dahingehend unterscheiden, dass am Gymnasium darauf gezielt wird, dass Schüler:innen selbst partizipieren, während in den nichtgymnasialen Schulformen eher ein diakonischer Blick auf die Schüler:innen vorherrscht? Und hängt das mit der Wahrnehmung der Schüler:innen zusammen, deren Kenntnisse an Haupt- und Förderschulen von ihren Lehrkräften am geringsten eingeschätzt werden und deren Interesse an religiösen Fragestellungen und an der Religion der Mitschüler:innen als geringer eingeschätzt wird? Oder spielt die Erfahrung eine Rolle, dass Angebote zu Religion im Schulleben nicht zustande kommen? So geben die Oberschullehrkräfte an, dass religiöse Angebote im Schulleben von der Schulleitung abgelehnt werden, und es geben Oberschul- und Realschullehrkräfte an, dass die Schüler:innen selbst solche Angebote ablehnen (S. 194f.). Das sind Befunde, die Anlass zur weiteren empirischen Ursachenforschung gäben.

Es ist zu vermuten, dass die Schulformspezifik sich durch zwei weitere Verknüpfungen erklären ließe: Einerseits durch die religiös-weltanschauliche Zusammensetzung der Lerngruppen und andererseits durch das vorhandene religionsbezogene Unterrichtsangebot. So reagieren m. E. die Zukunftsszenarien, die die Lehrkräfte für religionsbezogene Bildung antizipieren, auf die religiös-weltanschauliche Zusammensetzung der Lerngruppe. Es verwundert nicht, dass Lehrkräfte an Gesamtschulen am offensten für einen religionskundlichen Unterricht oder eine Kooperation von Religionsunterricht sowie Werte und Normen sind, während Gymnasiallehrkräfte eher für einen konfessionellen Unterricht plädieren (S. 212-223), wenn die einen mit einer religiös-weltanschaulich heterogenen Lerngruppe und die anderen mit einer im Vergleich konfessionell eher homogen ausgerichteten Lerngruppe konfrontiert sind – was sich auch in den Wahrnehmungen der Lerngruppe (S. 95-117, 205) widerspiegelt – und dementsprechend kokoRU bzw. ein konfessioneller Unterricht erteilt wird (S. 57f.). Andererseits scheinen die Lehrkräfte den Unterricht zu bevorzugen, den sie gewohnt sind. So liegt eine andere Verknüpfung, mit der sich schulformspezifische Unterschiede erklären lassen, im Angebot religionsbezogener Unterrichte: In der Sekundarstufe I ist der Werte-und-Normen-Unterricht deutlich besser ausgebaut als in der Grundschule. In der Sekundarstufe II wiederum wird der Religionsunterricht auf Grund der Abituranforderungen konfessionell erteilt.

Neben all diesen konzeptionellen Fragen ist aber auch darauf zu verweisen, dass es höchst problematisch ist, wenn die Schulform bestimmt, ob überhaupt ein religionsbezogenes Bildungsangebot besteht. Dass v. a. an Oberschulen und Förderschulen kein Religionsunterricht erteilt wird (S. 58), ist ein Umstand, der dringend zu beheben ist.

3. *Forschungsdesiderate*

Dass religionsbezogene Bildung sich im Wandel befindet und dabei auch Formen annimmt, die nicht dem rechtlichen Rahmen entsprechen, zeigt auch die ReBiNis-Studie: Bspw. wenn angegeben wird, dass Lehrkräfte Religionsunterricht erteilen, ohne einer Religionsgemeinschaft anzugehören (S. 119–121) oder recht häufig von einem religionsbezogenen Unterricht im Klassenverband die Rede ist (S. 50f., 65–72). Solche Entwicklungen gilt es wahrzunehmen, konzeptionell zu begleiten und weiterzudenken. Das Plädoyer für eine kontextspezifische Religionsdidaktik kann nur weiter unterstrichen werden.

Die Grundlinie der Studie, Lehrkräfte aus den religionsbezogenen Unterrichten zu erforschen, sollte noch weiter fortgesetzt werden. Es zeigte sich, dass im sog. Graubereich Entwicklungen passieren, die man vom „Hörensagen" auch aus anderen Bundesländern kennt und wo teils eine Art „Fächergruppe" längst ins Werk gesetzt zu sein scheint. Interessant wäre, diese Entwicklungen empirisch zu erheben und dabei auch die Frage zu reflektieren, inwiefern der Graubereich mehr oder weniger aktiv genutzt wird, und ob sich angesichts der Schulformspezifik die Hypothese aufstellen ließe, dass wenn das Abitur als Normierung wegfällt, pluralere Formen religionsbezogener Bildung realisiert werden. Dass somit in der Praxis Tatsachen geschaffen werden und damit auch der Weg bereitet wird für eine zukünftige Ausrichtung religionsbezogener Bildung, gilt es empirisch wahrzunehmen und konzeptionell rückzuspiegeln. Schließlich geben die Lehrkräfte an, dass bspw. der CRU weniger eine konzeptionelle Neuentwicklung darstelle, sondern eher eine Art nachholende administrative Erleichterung sowieso schon vorhandener Praxis sei (S. 225–232).

Vermutlich ist die Schulformspezifik auch ein Indikator für milieuspezifische Zusammenhänge. Die Milieuspezifik genauer zu erforschen stellt eine wichtige, aber auch anspruchsvolle Aufgabe dar. Dabei gilt es zu prüfen, dass nicht unter dem Aspekt der Schulformspezifik die Milieuspezifik verdeckt wird, denn milieuspezifische Befunde würden auch für andere Lernorte Bedeutung haben. Es bräuchte stärker noch eine Aufschlüsselung verknüpfter Kontextfaktoren, die den sozioökonomischen Status der Lernenden und ihrer Herkunftsfamilien ebenso wie Einzugsgebiete von Schulen usw. miteinander in Verbindung brächte.

In der Studie gibt es einen Hinweis darauf, dass längst nicht nur die Schulform, sondern auch das Schulfach ein prägender Faktor ist. So wird in der quantitativen Befragung deutlich (S. 97f.), dass je nach Unterrichtsfach Heterogenitätsmerkmale eine unterschiedliche Gewichtung erhalten: Im kokoRU nimmt die konfessionelle Zugehörigkeit die bedeutendste Rolle ein, im Werte-und-Normen-Unterricht stechen der kulturelle Hintergrund und die verschiedenen Religionszugehörigkeiten heraus, und im konfessionellen Religionsunterricht wird das kognitive Niveau als häufigstes Kennzeichen für Heterogenität genannt. Es ist ein hochinteressanter Befund, dass anscheinend die Form des Unterrichts

9.3 Die Ergebnisse ... aus schulformspezifischer Perspektive

mitbestimmt, welche Heterogenitätsdimensionen scharf gestellt bzw. auch erst erzeugt werden. Wenn z. B. durch den parallel stattfindenden Werte-und-Normen-Unterricht die religiöse Heterogenität der Lerngruppe reduziert wird (S. 102), dann verwundert es nicht, dass andere Faktoren stärker Aufmerksamkeit erlangen. Wiederum wird im qualitativen Teil der Studie deutlich, dass die Lehrkräfte die Religionszugehörigkeit als wichtiges Heterogenitätsmerkmal sehen und auf verschiedene Weise darauf zurückgreifen. Hinzu kommt, dass Lehrkräfte offenbar den Unterricht befürworten, mit dem sie vertraut sind und weiter so unterrichten wollen, wie sie es gewohnt sind (S. 212f.).

Im Blick auf die Schüler:innen verweisen Carsten Gennerich und Mirjam Zimmermann[81] auf die hohen Abmeldequoten für den Religionsunterricht ab Klasse acht. Zwar wird der optionale Charakter des Religionsunterrichts von den in der Studie befragten Lehrkräften reflektiert – was sich auch in einer entsprechenden Kategorie in der Auswertung zeigt – jedoch wird dies nicht altersspezifisch vor dem Hintergrund einer Didaktik der Sekundarstufe I bedacht oder in Anlage der Untersuchung eigens vertieft. Ob und warum es Wanderungsbewegungen gibt, wäre interessant zu wissen.

Zudem steht an, stärker noch die tatsächliche Unterrichtspraxis zu erheben und Praktiken religionsbezogener Bildung – gerade auch in ihrer möglichen Schulformspezifik sowie dem Nebeneinander der Fächer – zu beschreiben und auch vergleichend zu analysieren. Damit würde religionsbezogene Bildung nicht nur über die Wahrnehmungen und Absichten der Lehrkräfte, sondern auch über die Unterrichtspraktiken erforscht. Gibt es bspw. schul- und unterrichtsfachspezifische Routinen?

Überdies wären unbedingt die Förderschulen mit einzubeziehen, da der konfessionelle Religionsunterricht in dieser Schulform einen schweren Stand hat und häufig nicht angeboten wird. Inwiefern im häufig vorkommenden Unterricht im Klassenverband religionsbezogene Bildung – auch mit der Möglichkeit, eine Binnenperspektive kennenzulernen – erfolgt, ist m.W. nach nicht näher bekannt und würde das Wissen zur Schulformspezifik bereichern.

Dr. Ulrike Witten ist Professorin für Religionspädagogik und Didaktik des evangelischen Religionsunterrichts an der Ludwig-Maximilians-Universität München.

---

[81] Carsten Gennerich/Mirjam Zimmermann, Abmeldung vom Religionsunterricht. Statistiken, empirische Analysen, didaktische Perspektiven. Leipzig 2016.

9.3.3 Kommentierung der Ergebnisse aus der Perspektive der Gymnasien/Sekundarstufe II (Michael Wermke)

„Stell' dir vor, es ist Kirche und kein:e Pfarrer:in geht hin." Zur Einschätzung der Bildungsziele des evangelischen Religionsunterrichts in Sekundarstufe II vor dem Hintergrund der Studie ‚Religionsbezogene Bildung in Niedersächsischen Schulen'

1. *Vorbemerkungen*

(1) Die vorliegende Studie ‚Religionsbezogene Bildung in Niedersächsischen Schulen' (ReBiNiS) – eine repräsentative empirische Erhebung' darf als ein wirklich großer Wurf im Bereich der empirischen Bildungsforschung bezeichnet werden. Allein schon der Umfang des Forschungsprojektes, das sich auf alle Schulformen des allgemein- und berufsbildenden Schulwesens in Niedersachsen bezieht, beeindruckt. Insbesondere ist hervorzuheben, dass es den Projektbeteiligten gelungen ist, Lehrkräfte der unterschiedlichen ‚religionsbezogenen' Fächer gemeinsam in die Untersuchung einzubeziehen. Es steht zu erwarten, dass das niedersächsische Forschungsprojekt Replikationsstudien auch in weiteren Bundesländern anregen wird.

Da ich im Folgenden auf einen mir wichtig erscheinenden Aspekt nicht eingehen werde, möchte ich ihn an dieser Stelle kurz ansprechen: Es wäre wünschenswert, bei Folgestudien zusätzlich die Aus- und Fortbildungsbedarfe in Bezug auf religionsbezogene Unterrichte zu erheben. Für die entsprechenden staatlichen wie auch für die kirchlichen Aus- und Fortbildungseinrichtungen dürfte es von erheblichem Interesse sein, welche fachwissenschaftlichen und didaktischen Kompetenzen Lehrkräfte beispielsweise hinsichtlich eines angemessenen unterrichtlichen Umgangs mit religiöser und weltanschaulicher Diversität benötigen.

(2) Die mir gestellte Aufgabe erwartet, die vorliegende Studie genauer zu betrachten und mir „wichtig erscheinende gymnasiumsspezifische Befunde und die religionsspezifische Befundlage dieser Schulform ins Gespräch zu bringen sowie ggf. mögliche Forschungsdesiderate zu markieren."[82] Diese Aufgabe ist insofern nicht ganz einfach zu lösen, als die Auswertung der qualitativ und quantitativ erhobenen Befunde weitgehend schulstufen- und schulformübergreifend erfolgte bzw. Unterrichtspraxen oder intendierte Bildungsziele in Bezug auf ihre Gemeinsamkeiten und Unterschiede zwischen den Schulstufen und -formen nicht systematisiert erhoben wurden. Allerdings scheint es mir möglich zu sein, Spezifika des religionsbezogenen Unterrichts in der Sekundarstufe I an den verschiedenen niedersächsischen

---

[82] Mail der Herausgeber:innen an den Verfasser vom 08.10.2022.

Schulformen zusammenfassend zu untersuchen.[83] So kann ich mich im Folgenden auf den religionsbezogenen Unterricht, speziell auf den evangelischen Religionsunterricht in der Sekundarstufe II konzentrieren.[84] Hierzu werde ich im Anschluss an einen Problemaufriss in Bezug auf die Zukunft des Religionsunterrichts und der Kirche die einschlägigen KMK-Bestimmungen zur gymnasialen Oberstufe und speziell das Kerncurriculum für den Oberstufenreligionsunterricht in Niedersachsen hinsichtlich der dort formulierten Bildungsziele betrachten und anschließend danach fragen, welche Rolle diese Bildungsziele in der Wahrnehmung insbesondere der Religionslehrkräfte einnehmen.

2. *Die Spatzen pfeifen es von den Dächern*

Die Kirchengemeinden und übergemeindliche Jugendarbeit sind längst nicht mehr in der Lage, aus eigenen Kräften heraus den vorhandenen Bedarf an Pfarrer:innen und Religionslehrer:innen zu stillen. Die Motivation für ein Studium der Theologie mit dem Ziel kirchliches Diplom oder auch Staatsexamen und damit die Zukunft des kirchlichen Verkündigungsdienstes und des Religionsunterrichts hängen maßgeblich von der Qualität des erlebten Religionsunterrichts, speziell in der Sekundarstufe II ab. Zu befürchten steht allerdings eine Negativspirale: Je weniger es dem Religionsunterricht gelingt, in der gymnasialen Oberstufe Schüler:innen für das Theologiestudium zu gewinnen, desto weniger Religionsunterricht wird künftig erteilt und umso dramatischer verschärft sich das Problem des fehlenden theologischen Nachwuchses in den Schulen wie auch in den kirchlichen Ämtern. Möglicherweise entscheidet sich in der Generation der derzeit unterrichtenden Religionslehrkräfte die Zukunft von Religionsunterricht und Kirche. Es steht also einiges auf dem Spiel, wenn es darum geht, „die Logiken [zu] identifizieren, die in der Ausgestaltung der religionsunterrichtlichen Praxis zur Geltung kommen" (S. 18; im Original kursiv). Weiß die Religionslehrer:innenschaft, vor welcher Herausforderung sie steht, und wie geht sie damit um?

Nun mag man dieser Argumentation eine übertriebene Dramatik vorhalten – gern irre ich mich mit meiner Prognose. Auch der Vorwurf eines hohen Maßes an Eigennützigkeit könnte ihr gemacht werden. So darf es doch nicht Ziel des Religionsunterrichts an öffentlichen Schulen sein, kirchlichen Nachwuchs zu

---

[83] Siehe hierzu den Kommentar von Ulrike Witten in diesem Band. Da Befunde zum religionsbezogenen Unterricht an Fachgymnasien der Berufsbildenden Schulen nicht eindeutig identifiziert werden konnten, bleiben diese in diesem Beitrag unbehandelt; siehe hierzu den Kommentar von Andreas Obermann in diesem Band.
[84] Zum Religionsunterricht in der Oberstufe s. Peter Kliemann, Religiöse Bildung in der Sekundarstufe II, in: Bernd Schröder/Michael Wermke (Hg.): Religionsdidaktik zwischen Schulformspezifik und Inklusion. Bestandsaufnahmen und Herausforderungen, Leipzig 2013, 169–194.

rekrutieren und diesen gar für die kirchlichen Ämter zu gewinnen. Sein Bestreben muss doch vor allem darauf gerichtet sein, junge Menschen zu bilden, sie in ihrer religiösen Entwicklung zu stärken und zu fördern, sie dialog- und urteilsfähig in Bezug auf den christlichen Glauben und mit anderen Religionen und Weltanschauungen zu machen. Aber gilt dies tatsächlich in dieser Ausschließlichkeit?

3. *Die Bildungsziele des Oberstufenreligionsunterrichts*

In der Tat steht im Zentrum des Religionsunterrichts, so der allgemeine religionspädagogische Konsens, die Aufgabe der religiösen Bildung junger Menschen als Beitrag zur Allgemeinbildung. Ohne an dieser zentralen Bestimmung des Religionsunterrichts Zweifel wecken zu wollen, ist dieses Bildungsziel gemäß der KMK-Bestimmung „Vereinbarung zur Gestaltung der gymnasialen Oberstufe in der Sekundarstufe II" jedoch nur eines von drei Bildungszielen, die für alle Unterrichtsfächer, inklusive der religionsbezogenen Fächer, in der gymnasialen Oberstufe gelten.[85] In den Bestimmungen des niedersächsischen Kerncurriculums (Lehrplan) für den Evangelischen Religionsunterricht in der Sekundarstufe II kommen neben der vertieften Allgemeinbildung den zwei weiteren Bildungszielen, die allgemeine Studierfähigkeit sowie die wissenschaftspropädeutische Bildung, besondere Geltung zu.[86]

Was ist nun unter diesen drei Bildungszielen des Evangelischen Religionsunterrichts in der gymnasialen Oberstufe zu verstehen? Getreu Art. 7,3 GG, nach dem die Inhalte des Religionsunterrichts von den Grundsätzen der Religionsgemeinschaft bestimmt werden, bezieht sich das niedersächsische Kerncurriculum bei der Formulierung seiner Bildungsziele auf einschlägige Verlautbarungen der EKD zum Religionsunterricht an öffentlichen Schulen und speziell am Gymnasium. In Übereinstimmung mit diesen kirchlichen Verlautbarungen bestimmt das Kerncurriculum den Beitrag des Religionsunterrichts in der Sekundarstufe II zur allgemeinen Bildung im Sinne einer differenzierten Erschließung der religiösen Dimension des Lebens als einem spezifischen Modus der Weltbegegnung; eine Formulierung, die sich mit Varianten in vielen Lehrplänen findet und ver-

---

[85] „Der Unterricht in der gymnasialen Oberstufe vermittelt eine vertiefte Allgemeinbildung, allgemeine Studierfähigkeit sowie wissenschaftspropädeutische Bildung." Kultusministerkonferenz (Hrsg.): Vereinbarung zur Gestaltung der gymnasialen Oberstufe in der Sekundarstufe II, Beschluss vom 07.07.1972 i. d. F. vom 16.03.2023, 6. Vgl. auch die Fassung der KMK-Bestimmung vom 02.06.2006, S. 5, auf die sich die aktuell geltenden Kerncurricula beziehen. Der Begriff ‚religionsbezogen' wird im Folgenden im Sinne der Studie, S. 11, gebraucht und hier nicht näher diskutiert.

[86] Niedersächsisches Kultusministerium (Hrsg.): Kerncurriculum Evangelische Religion für das Gymnasium – gymnasiale Oberstufe, die Gesamtschule – gymnasiale Oberstufe, das Berufliche Gymnasium, das Kolleg, Hannover 2017, 5. Vgl. die Kerncurricula für den katholischen Religionsunterricht sowie für das Fach Werte und Normen. Ein aktuelles Kerncurriculum für das Fach Philosophie konnte nicht ausfindig gemacht werden.

9.3 Die Ergebnisse ... aus schulformspezifischer Perspektive

sucht, ein anthropologisches Verständnis von Religion mit der „Grundstruktur der Allgemeinbildung" von Jürgen Baumert zusammenzudenken. Das Kerncurriculum führt hierzu aus: „Im Mittelpunkt des Religionsunterrichts stehen daher Fragen von existenziellem Gewicht, die über den eigenen Lebensentwurf, die je eigene Deutung der Wirklichkeit und die individuellen Handlungsoptionen entscheiden. [...] Er eröffnet damit einen eigenen Horizont des Weltverstehens, der für den individuellen Prozess der Identitätsbildung und für die Verständigung über gesellschaftliche Grundorientierungen unverzichtbar ist."[87] Mit diesem Selbstanspruch, Schüler:innen die Möglichkeit religiöser Bildung zu eröffnen, unterscheidet sich der Religionsunterricht in der gymnasialen Oberstufe grundsätzlich nicht von den Selbstansprüchen des Religionsunterrichts resp. aller religionsbezogenen Schulfächer in den verschiedenen Schulstufen und -formen. Entscheidend ist jedoch das spiralcurricular gewachsene Anforderungsniveau des Oberstufenunterrichts – das Kerncurriculum für den Evangelischen Religionsunterricht spricht hier von „differenzierter religiöser Bildung".[88] Dieser spezifische Selbstanspruch wird explizit in der Darstellung der für den Religionsunterricht in der Oberstufe konstitutiven Lernprozesse: „Die Einübung elementarer Formen theologischen Denkens und Argumentierens in der gymnasialen Oberstufe ermöglicht es Schülerinnen und Schülern, am gesellschaftlichen Diskurs über Glauben und Leben argumentativ und sachkundig teilzunehmen."[89]

> Gemeint ist hier nicht das Theologisieren mit Kindern resp. Jugendlichen im Sinne dessen, dass sie zu einem selbstständigen religiösen Nachdenken über die sie berührenden existenziellen resp. religiösen Fragen angeregt werden. Vielmehr wird mit Blick auf den Oberstufenunterricht der Anspruch erhoben, dass die Schüler:innen im Religionsunterricht die Kompetenz erlangen, in religionsbezogenen Diskursen unter Inanspruchnahme wissenschaftlich-theologischer Wissensbestände, Argumentationsfiguren und Methoden eine fundierte Position beziehen zu können. In der Befähigung zu einer auf wissenschaftlich-theologischen Rationalitäten beruhenden Reflexion als integraler Bestandteil religiöser Bildung im Religionsunterricht besteht dessen Beitrag zu einer allgemeinen Bildung in der Sekundarstufe II.

Zugleich eröffnet sich hier die Verbindung zu den beiden weiteren im Kerncurriculum benannten Bildungszielen: Studierfähigkeit und Wissenschaftspropädeutik. Zunächst zum Verständnis von Wissenschaftspropädeutik. Hierzu führt das Kerncurriculum aus, dass der wissenschaftspropädeutische Beitrag des evangelischen Religionsunterrichts darin besteht, die Notwendigkeit und Möglichkeit wissenschaftlichen Denkens und Arbeitens, aber auch dessen Grenzen zu verdeutlichen: „Glaubens-, Sinn- und Wertfragen werden durch Wissenschaft

---

[87] Niedersächsisches Kultusministerium 2017 (s. o. Anm. 86), 6.
[88] Ebd., 6; im Original teils kursiv.
[89] Mit Bezug auf Kultusministerkonferenz (Hrsg.): Einheitliche Prüfungsanforderungen in der Abiturprüfung Evangelische Religionslehre (Beschluss der KMK vom 01.12.1989 i. d. F. vom 16.11.2006), 6.

kommunizierbar, diskutierbar und kritisierbar. Insofern geht es darum, wissenschaftliche Distanz und Reflexivität einzuüben und einzuhalten. [...] [Zugleich] gehören zum theologischen Denken notwendig kritische Selbstreflexion und reflektierte Wissenschaftskritik. Die Grenzen wissenschaftlicher Methoden sind daher auch beim Religionsunterricht stets im Blick."[90] Der Selbstanspruch eines vornehmlich an der Bezugswissenschaft ‚Evangelische Theologie' orientierten wissenschaftspropädeutischen Religionsunterrichts konkretisiert sich für das Kerncurriculum in der Weise, dass den Schüler:innen „fachspezifische Begriffe, Fragestellungen, Kategorien und Methoden exemplarisch vorgestellt, deren Notwendigkeit und Implikationen erörtert und deren Möglichkeiten erprobt werden."[91] Unter Berücksichtigung weiterer Wissenschaftsdisziplinen eröffnet sich „dem Religionsunterricht ein breites Spektrum von Erkenntnissen und Verfahrensweisen anderer Fächer, die zur komplexen Erschließung seiner Gegenstände und Themen beitragen können."[92]

> Das Wissenschaftsverständnis des Kerncurriculums geht folglich über die Annahme hinaus, dass die didaktische Auswahl und methodische Aufbereitung des Unterrichtsgegenstands aufgrund fachwissenschaftlicher und -didaktischer Kriterien zu erfolgen habe – dieser Anspruch gilt für die Didaktik einer jeglichen Schulform und -stufe. Mit Blick auf den Oberstufenreligionsunterricht meint Wissenschaftspropädeutik vielmehr die Einführung der Schüler:innen in den Umgang mit Sprache und Methodik der theologischen Wissenschaft und ihrer Bezugsdisziplinen. Auch wenn es keineswegs das Ziel wissenschaftspropädeutischer Bildung im Religionsunterricht ist, die Schüler:innen zu theologischen Experten zu machen, sollen sie im Einklang mit dem Ziel einer ‚differenzierten religiösen Bildung' zu einer wissenschaftsgeleiteten Urteilsbildung und Handlungsfähigkeit in existenziell und gesellschaftlich bedeutsamer Fragen befähigt werden.[93]

Hinsichtlich des dritten Bildungsziels der gymnasialen Oberstufe, der allgemeinen Studierfähigkeit, weist das niedersächsische Kerncurriculum für den Evangelischen Religionsunterricht vor allem zwei Aspekte aus, nämlich die Befähigung zur Hermeneutik religiöser Deutungssysteme sowie zum rationalen Diskurs in Fragen des Menschen- und Weltbildes. Geleitet vom Verständnis der Theologie als einer hermeneutischen Wissenschaft bestimmt das Kerncurriculum „die hermeneutische Auseinandersetzung mit religiösen Äußerungen text-

---

[90] Niedersächsisches Kultusministerium 2017 (s. o. Anm. 86), 8, mit Bezug auf EKD (Hrsg.): Kerncurriculum für das Fach Evangelische Religionslehre in der gymnasialen Oberstufe: Themen und Inhalte für die Entwicklung von Kompetenzen religiöser Bildung, EKD Texte 109, Hannover 2010, S. 8–10.
[91] Niedersächsisches Kultusministerium 2017 (s. o. Anm. 86), 8.
[92] Ebd.
[93] S. hierzu ausführlich Michael Wermke/Martin Rothgangel, Wissenschaftspropädeutik und Lebensweltorientierung als didaktische Kategorien, in: Michael Wermke/Gottfried Adam/Martin Rothgangel (Hg.), Religion in der Sekundarstufe II. Ein Kompendium, Göttingen 2006, S.13–40.

gebundener und nicht-textgebundener Art sowie die diskursive Bearbeitung unterschiedlicher Wahrheitsansprüche" als ihren besonderen Beitrag.[94]

> Gemeint ist der methodisch gesicherte Umgang insbesondere mit Texten, sowie mit allen anderen möglichen Formen religiöser Expression. Hierzu sind grundlegende Elemente religiöser Deutungssysteme zu vermitteln, deren Kenntnis „zugleich in kulturhermeneutischer Hinsicht für viele benachbarte Studiengänge (z. B. Germanistik, Geschichte, Kunstgeschichte, Musik, auch Natur- oder Sozialwissenschaften) Voraussetzung ist."[95] Dieser Satz bringt, wenngleich in impliziter Weise, zum Ausdruck, dass der Oberstufenreligionsunterricht die Studierfähigkeit selbstverständlich auch für die theologischen Studiengänge anzubahnen beabsichtigt.

Darüber hinaus bestimmt das Kerncurriculum den besonderen Beitrag des gymnasialen Religionsunterrichts in der Anlage einer methodisch gesicherten, fachspezifischen und fächerverbindenden Diskursfähigkeit, die auch auf weitere Studiengänge z. B. in den sog. Lebenswissenschaften vorbereitet: „Die diskursive Auseinandersetzung im Religionsunterricht schärft die Fähigkeiten zu rationalem Argumentieren und Begründen, zur präzisen Analyse von Lebenskonzepten, Menschen- und Weltbildern sowie zur kritischen Prüfung theoriebezogener Konstrukte der Selbst- und Weltauslegung."[96]

Zusammenfassend ist festzuhalten, dass das niedersächsische Kerncurriculum für den Evangelischen Religionsunterricht die drei Bildungsziele in der Sekundarstufe II in einen engen Bedingungszusammenhang stellt, in dem die Ziele sich gegenseitig ergänzen bzw. aufeinander verwiesen sind. Eine ‚differenzierte religiöse Bildung' bedarf der Wissenschaftspropädeutik; beides sichert die Studienfähigkeit nicht nur, aber insbesondere für religionsbezogene und darüber hinaus für kulturwissenschaftliche Studienfächer. Die Erwartung, dass religionsbezogene Unterrichtsfächer und speziell der Evangelische Religionsunterricht auch auf das Studium ihrer jeweiligen Bezugswissenschaften vorbereiten, ist also keineswegs ‚eigennützig', sondern intendiertes Ziel insbesondere in der gymnasialen Oberstufe.

4. *Studierfähigkeit und Wissenschaftspropädeutik als Bildungsziele der gymnasialen Oberstufe in der Wahrnehmung niedersächsischer Religionslehrkräfte*

Eine erste Sichtung der niedersächsischen Studie zeigt, dass der Oberstufenreligionsunterricht vor allem hinsichtlich seiner schulrechtlichen und -organisatorischen Spezifika neben den Fächern (Praktische) Philosophie und Werte und Normen thematisiert wird (S. 15f., vgl. auch S. 62f., S. 71). In diesem Zusammenhang findet Erwähnung, dass der Befund, dass der Religionsunterricht in der

---

[94] Niedersächsisches Kultusministerium 2017 (s. o. Anm. 86), 8.
[95] Ebd.
[96] Ebd.

gymnasialen Oberstufe konfessionell getrennt erteilt wird, herangezogen werden kann, „um den großen Anteil von konfessionell getrenntem Religionsunterricht an Gymnasien zu erklären" (S. 59). Zu diesem Bild passt, dass Lehrkräfte, die religionsbezogenen Unterricht in der Oberstufe erteilen, auf die fachwissenschaftliche bzw. theologische Referenz ihres Fach bzw. auf eine fachliche Abgrenzung ihres Faches von weiteren religionsbezogenen Unterrichtsfächern eine vergleichsweise starke Bedeutung beimessen: „Kaum überraschend ist die Erkenntnis, dass die stärkste Zustimmung für die Differenzierung [nach Religions- oder nach Konfessionszugehörigkeit] bei Lehrenden an Gymnasien zu finden ist, da vor allem in der Sekundarstufe II besonderer Wert auf die fachliche Differenzierung gelegt wird" (S. 74).

Meines Erachtens überrascht dieser Befund durchaus. Zunächst ist der Verweis auf die fachliche Differenzierung der einzelnen religionsbezogenen Unterrichtsfächer in der Sekundarstufe II keineswegs selbstredend. Denn seit Einführung der reformierten Oberstufe in Niedersachsen 1974 ist die Möglichkeit der Teilnahme am konfessionellen Religionsunterricht sowohl Schüler:innen der jeweils andere Konfession als auch konfessionslosen Schüler:innen anderer Religionsgemeinschaft in rechtlicher Hinsicht prinzipiell möglich und wird seitdem praktiziert. So ist *vice versa* der (zusätzliche) Besuch der Fächer Werte und Normen und Philosophie konfessionsgebundenen Schüler:innen möglich. Sollte sich dennoch in der Oberstufe ein religionsbezogener Unterricht etabliert haben, der didaktisch nicht in Rechnung stellt, dass Schüler:innen unterschiedlicher Konfessionen, Religionen und Weltanschauungen an ihm teilnehmen? Das steht ganz sicher nicht zu vermuten. Vielmehr ist anzunehmen, dass dieser Befund letztlich doch eine Folge der strukturellen Gegebenheiten ist, die sich aus den betreffenden Organisationserlassen ergeben und nicht auf eine ‚heterogenitätsfeindliche' didaktische Grundhaltung religionsbezogener Unterrichtsfächer in dieser Schulform zurückzuführen ist.

Aber andererseits kommt die Bedeutung des Bezugswissenschaft Theologie bei den befragten Lehrkräften offenbar erst ins Spiel, wenn es um die kritische Auseinandersetzung mit dem konfessionell-kooperativen Religionsunterricht geht und „die Lehrunterschiede der katholischen und evangelischen Kirche sowie die theologischen Differenzen" (S. 230) als Argumente ins Feld geführt werden. Die Bezugswissenschaft Theologie wird demnach dann in Anschlag gebracht, wenn unter Verweis auf kontroverstheologische Themen die Möglichkeit eines konfessionell-kooperativen resp. Christlichen Religionsunterrichts ablehnend beurteilt wird. Hingegen wünschen Vertreter:innen einer weitergehenden Öffnung des konfessionellen Religionsunterrichts in Hinblick auf die Kooperation mit weiteren religionsbezogenen Unterrichtsfächern eine Relativierung der Bedeutung der Theologie als Bezugswissenschaft (S. 230f.). Für die Theologischen Fakultäten und die religionslehrerbildenden Institute stellen beiderlei Haltungen vor die Herausforderung, ihr Angebot für die Lehramtsstudiengänge in den Bereichen ökumenische sowie interreligiöse und -kulturelle

9.3 Die Ergebnisse ... aus schulformspezifischer Perspektive

Theologie und auch in der Kirchengeschichte kritisch zu reflektieren und letztlich zu stärken.

Insgesamt weist die Studie nach, dass für die Gesamtheit der befragten Lehrkräfte die Bedeutung des fachwissenschaftlichen Bezuges eher gering ist, wobei bei den Gymnasiallehrkräften bezeichnende Abweichungen zu erkennen sind. So identifiziert sich die Mehrheit der Lehrkräfte „vor allem mit allgemeinpädagogischen Rollenbildern" und einzig die Auswertung der Antworten religionsbezogener Lehrer:innen an Gymnasien deutet daraufhin, dass sich die Lehrenden hier etwas stärker als Philosoph:innen oder Theolog:innen verstehen (S. 143f.).[97] Bei der Unterrichtsplanung stellt die Schüler:innenorientierung „mit deutlichem Abstand den wichtigsten Orientierungspunkt für die Unterrichtsplanung dar, deutlich vor den eigenen Idealen oder den wissenschaftlichen Erkenntnissen des religionsbezogenen Faches" (S. 108). Eine Kooperation mit wissenschaftlichen Einrichtungen findet eher gelegentlich statt (S. 197). Auch wird der Aufgabe des religionsbezogenen Unterrichts, die Schüler:innen dazu zu befähigen, „Religion(en) von einem wissenschaftlichen Standpunkt zu betrachten", eine ebenfalls sehr geringe Bedeutung beigemessen (S. 154). Sicherlich ist bei der Kommentierung dieser quantitativen Befunde darauf zu achten, dass allein die große Gruppe der Grundschullehrkräfte die möglichen Aussagen von Gymnasiallehrkräften prozentual marginalisiert haben.[98] Gleichwohl stellt sich die Frage, warum es nicht zum Standard praktizierter Grundschulschuldidaktik gehört, Planetarien, Kunstausstellungen oder Kinderuniversitäten aufzusuchen, um hier auch religionsbezogene Fragen zu thematisieren.

Die Studie lässt vereinzelt Oberstufenlehrkräfte zu Worte kommen, deren Aussagen mir durchaus als symptomatisch für den religionsbezogenen Unterricht, genauer für den Religionsunterricht in der Oberstufe erscheinen. So werden im Kapitel 6: „Die Lehrer:innen und ihr Umgang mit Heterogenität im religionsbezogenen Unterricht" Interviewpassagen wiedergegeben, die deutlich werden lassen, dass in der Oberstufe bestimmte didaktische Konzepte, die ursprünglich für die religiöse Bildung im Primar- und Grundschulbereich (Philosophieren und Theologisieren mit Kindern) und die Sekundarstufe I (Symboldidaktik) entwickelt wurden, im Oberstufenunterricht offenbar besonders gut umzusetzen gelingt.

---

[97] Nach Kliemann, Religiöse Bildung (s. o. Anm. 84), 175 lässt sich diese wissenschaftsdistanzierte Haltung auch bei evangelischen Religionslehrkräften für den Oberstufenunterricht beobachten. Die mit Beginn des 21. Jahrhunderts einsetzende pädagogische Professionalisierung in der Gymnasiallehrer:innenbildung habe zu grundlegenden Veränderungen in Bezug auf den sozialen Status und das Berufsverständnis der Gymnasiallehrer:innen geführt, jedoch auch den Effekt bewirkt, „dass die von den Berufsanfängerinnen und Berufsanfängern mitgebrachten theologischen Kompetenzen nicht immer zufrieden stellen."

[98] Zum Problem der durch die Anlage der ReBiNiS-Studie bedingten möglichen Marginalisierung der Wahrnehmungen von Lehrkräften bestimmter religionsbezogener Unterrichte s. S. 26, Anm. 67.

Die wiedergegebene Interviewsequenz lautet: „Frau Schüne (KGS) erzählt vom Theologisieren mit ihrem Oberstufenkurs: ‚es kommen eben ganz tolle Gespräche dabei rum, wenn man sich darauf einlässt. Also vor allem Richtung Oberstufe, also ab Klasse 10 oder so wird das wirklich ... also ich sage immer: ‚Wir philosophieren und wir theologisieren hier.' Und zum Teil eben auch wirklich in Reinform" (S. 170). Die Schilderung dieser Unterrichtspraxis leuchtet zunächst durchaus ein, da aus kognitionspsychologischen Gründen nachvollziehbar erscheint, dass Oberstufenschüler:innen in besonderer Weise dazu geeignet sind, die von beiden didaktischen Ansätzen geforderte Fähigkeit zur kognitiven Metareflexion einzulösen. In dieselbe Richtung verweist die Aussage einer weiteren Gymnasiallehrkraft, wenn diese als wesentliches Ziel des Oberstufenreligionsunterrichts definiert, „den Schüler:innen zu einem symbolischen Glaubensverständnis zu verhelfen, um religionsmündig zu werden" (S. 171). In der entsprechenden Interviewsequenz heißt es: „Also, ich glaube schon, dass wir ... die Schüler ... bis zum Abitur in eine Situation hier bringen müssen, dass sie WIRKLICH religionsmündig werden" (S. 171). In ihrer Argumentation benutzt die Lehrkraft den Begriff ‚Entmythologisierung' als Bezeichnung einer späteren entwicklungspsychologischen Phase, in der späterhin die Schüler:innen als junge Erwachsene ihren religiösen Glauben verlieren könnten. Auffallend ist, dass die Lehrkraft explizit das Studium als mögliche Phase der Glaubensgefährdung identifiziert: „[...] dann droht die Gefahr aus meiner Sicht, dass sie irgendwann im Studium zum Beispiel dann, wenn sie denn irgendwie aufgeklärt werden, was auch immer das dann nun sein soll, ihren Glauben verlieren" (S. 171f.).

Subsumieren lassen sich die dargestellten Wahrnehmungen eigener unterrichtlicher Praxis bzw. die an sie gerichteten Erwartungen unter dem Begriff der religiösen resp. religionsbezogenen Bildung, wie sie auch die Kerncurricula als ein Bildungsziel formulieren. Zweifellos werden mit der Befähigung zur Mündigkeit und Diskursfähigkeit in religionsbezogenen Belangen wesentliche Gelingensbedingungen für den Umgang mit konfessioneller, religiöser und weltanschaulicher Heterogenität geschaffen. Gleichzeitig bestärken die vorgelegten Befunde allerdings die Befürchtung, dass der Unterricht in religionsbezogenen Fächern, speziell auch im Evangelischen Religionsunterricht in der gymnasialen Oberstufe, den weiteren Bildungszielen – die allgemeine Studierfähigkeit sowie die wissenschaftspropädeutische Bildung – offenbar nicht gerecht wird.

5. Aussichten

Wie ist nun mit den Ergebnissen, die sich aus meinem Abgleich der sich aus den Kerncurricula religionsbezogener Unterrichtsfächer, speziell des Evangelischen Religionsunterrichts, mit den Befunden der Studie insbesondere zum Oberstufenunterricht ergeben haben, umzugehen?

Zunächst könnte gegen mein gewähltes Vorgehen eingewandt werden, dass es nicht die Absicht der Studie war, schulform- oder schulstufenbezogene Befunde zu den jeweiligen Bildungszielen der betrachteten Unterrichtsfächer bzw. -praxen zu erheben. Da jedoch die Studie ihre erkenntnisleitende Fragestellung auf „die Perspektive der Lehrenden auf ‚Religion' und auf deren Umgang mit der religiös-weltanschaulichen Pluralität der Schüler:innen" (S. 26) ausrichtet, ist es zulässig zu fragen, wie speziell Lehrkräfte religionsbezogener Unterrichtsfächer in der Sekundarstufe II ihren Unterricht unter dem Vorzeichen der ihm gesetzten Bildungsziele wahrnehmen. In Bezug auf das Wissenschaftsverständnis der Lehrkräfte lässt die Studie erkennen, dass diese überwiegend einer ‚Wissenschaftsorientierung' ihres Unterrichts zugunsten einer schüler:innenorientierten Haltung skeptisch gegenüberstehen. Dieser Befund kann allerdings dadurch beeinflusst sein, dass Lehrkräfte im Unterrichtsfach Werte und Normen oder auch im Grundschulunterricht vielfach ihren Unterricht fachfremd unterrichten, ohne ein fachwissenschaftliches Studium zu vermissen. Die Aussagen von Religionslehrkräften in der Sekundarstufe II lassen zwar eine aufgeschlossenere Haltung gegenüber ihrer Bezugswissenschaft erkennen. Aber auch hier ergibt sich das Gesamtbild, dass im religionsbezogenen Unterricht der Oberstufe, einschließlich des Evangelischen Religionsunterrichts, die in den Kerncurricula benannten Bildungsziele ‚Wissenschaftspropädeutische Bildung' und ‚Studierfähigkeit' eher nicht präsent sind. Positiv formuliert: Ebenso wie ihre Kolleg:innen an anderen Schulformen und -stufen messen Lehrkräfte religionsbezogener Fächer in der Sekundarstufe II der Schüler:innenorientierung einen hohen Stellenwert bei. Die Oberstufenlehrkräfte, so belegt die Studie, entsprechen dem in den Kerncurricula formulierten Anspruch, den Schüler:innen die Möglichkeit einer vertieften Allgemeinbildung zu eröffnen. Ist aber damit die Aufgabe der wissenschaftspropädeutischen Bildung und der Vermittlung von Studierfähigkeit in den religionsbezogenen Unterrichtsfächern der Sekundarstufe II ins Hintertreffen geraten? Dies genauer zu wissen, stünde nicht zuletzt im wohlverstandenen Eigeninteresse religionsbezogener Unterrichtsfächer.

> Für den Evangelischen Religionsunterricht lohnt es sich, nochmals auf dessen Bildungsziel ‚Einübung elementarer Formen theologischen Denkens und Argumentierens' zu schauen. Dieses Ziel ist, wie schon eingangs erwähnt, vom Kerncurriculum für den evangelischen Religionsunterricht als Beitrag zur allgemeinen Bildung in der Oberstufe ausgewiesen und markiert den Übergang zum Beitrag des Religionsunterrichts zur wissenschaftspropädeutischen Bildung. Hier lässt sich auf die von Katharina Muth 2021 abgeschlossene Dissertationsschrift ‚Bewertungskriterien ethischer und religiöser Urteilskompetenz' verweisen. In ihrer bundesländerübergreifenden Studie zeigt sie auf, dass die in Niedersachsen im Fach Evangelische Religionslehre gestellten schriftlichen Abituraufgaben die unterrichtliche Anbahnung einer erhöhten fachwissenschaftlichen Argumentationskompetenz bei den Schüler:innen voraussetzen. Zusammenfassend stellt sie fest: „Durch die Aufforderung [der niedersächsischen Abituraufgaben], eine spezifische christliche Positionierung zu bewerten, liegt die theologische Angemessenheit als eine Beurteilungskategorie nahe, die nicht in den Fokus rückt, wenn christliche Sichtweisen als Reflexionskategorie der eigenen Urteilsbildung auftreten, wie es in den bayerischen Aufgabenstellungen häufig der Fall ist. Darüber hinaus wird [in den niedersächsischen Abituraufgaben] die theologische Argumentationsfähigkeit der Schülerinnen und Schüler durch die Auseinandersetzung mit theologischen Positionierungen stark gefordert."[99] Dieser

---

[99] Katharina Muth, Bewertungskriterien ethischer und religiöser Urteilskompetenz. Eine qualitative Studie über Prüfungsaufgaben und Bewertungsvorgaben im schriftlichen Abi-

Befund lässt den Umkehrschluss zu, dass der evangelische Oberstufenreligionsunterricht in der Tat eine profilierte wissenschaftspropädeutische Ausrichtung besitzt und in dieser Hinsicht die Schüler:innen gut auf das Abitur vorzubereiten vermag. Nähere Kenntnis über die Praxis der Anbahnung angemessener wissenschaftlicher (und damit also intersubjektiver) Kompetenzen für den Umgang mit theologischen bzw. religionsbezogenen Auffassungen zu erlangen, läge im Interesse der fachdidaktischen Forschung religionsbezogener Unterrichtsfächer und eben auch der evangelischen Religionsdidaktik.

Und wie ist es nun um das Bildungsziel ‚Studierfähigkeit' in der Selbstwahrnehmung von Lehrkräften religionsbezogener Fächer in der Sekundarstufe II bestellt? Hier schweigt sich die Studie weitestgehend aus. Mögliche Referenzstudien fehlen ebenso. Was wären aber die Folgen für die religionsbezogenen Unterrichtsfächer, wenn es keinen fachwissenschaftlich ausgebildeten Nachwuchs mehr gäbe? Ein Ethikunterricht, so zeigt die Praxis, ließe sich *nolens volens* fachfremd erteilen; dies als vielfacher Dauerzustand ist bereits jetzt unerträglich. Und der Religionsunterricht? – Mein Beitrag verdankt sich ganz erheblich der Absicht, für das Studium der Theologie ein werbendes Wort einzulegen. Der Religionslehrer:innen- und der Pfarramtsberuf bieten ein ungewöhnlich vielfältiges berufliches Betätigungsfeld mit durchaus fordernden Inhalten. Entsprechend breit und zugleich hoch differenziert ist das Theologiestudium aufgestellt: Eng vernetzt mit wissenschaftlichen Disziplinen wie Soziologie und Psychologie, Literatur- und Rechtswissenschaften reicht es von der Archäologie, über die alten Kulturen und ihre Sprachen, das Verständnis religiöser und nichtreligiöser Texte, Kunstwerke und Architektur, die Geschichte von Kirche und Theologie, bis hin zu den Fragen nach der Bedeutung christlich verantworteter Verkündigung und Bildung in einer religiös und weltanschaulich heterogenen Gesellschaft. Ein Studium, das faszinieren kann.

Für den Religionsunterricht geht es derzeit ums Ganze; um seine eigene Zukunft im öffentlichen Schulwesen, um die Fähigkeit theologisch-pädagogischer Expert:innen, ihre Schüler:innen die Kompetenzen zu einer wissenschaftlich fundierten Urteilsbildung in den religiösen und ethischen Diskursen unserer Zeit vermitteln zu können, und nicht zuletzt geht es um die Zukunft der Kirche: „Stell' dir vor, es ist Kirche und kein:e Pfarrer:in geht hin." So schließe ich mit einem Appell insbesondere an die Lehrkräfte des Religionsunterrichts, es als Teil ihrer Bildungsaufgabe zu verstehen, die Fähigkeit ihrer Schüler:innen – nicht nur, aber auch – zum Studium der Theologie zu stärken und ihr Interesse für die Berufsfelder in Kirche und Schule zu wecken. Ein Appell, der sich auch an die theologischen Fakultäten und lehrerbildenden Institute sowie an die Kirche

---

tur des Faches Evangelische Religionslehre, Leipzig 2021, 212. Untersucht wurden die von den Bildungsministerien der exemplarisch ausgewählten Bundesländer Bayern, Niedersachsen und Thüringen erlassenen schriftlichen Abituraufgabenstellungen und Erwartungshorizonte aus den Jahren 2014 bis 2019.

richtet, in einladender Weise auf die Religionslehrkräfte und ihre Schüler:innen zuzugehen.

Dr. Michael Wermke ist Professor für Religionspädagogik und Direktor des Zentrums für Religion und Bildung der Friedrich-Schiller-Universität Jena.

9.3.4 Kommentierung der Ergebnisse aus der Perspektive beruflicher Schulen (Andreas Obermann)

Die folgende Kommentierung erfolgt in sechs Abschnitten und greift dabei die aus der Sicht des Verfassers wesentlichen und für den Religionsunterricht an berufsbildenden Schulen konstitutiven Aspekte auf, die in der ReBiNiS-Studie entfaltet werden. Neben dem Blick auf die Schulform „Berufsschule" sollen dabei auch analoge sowie konträre Erkenntnisse aus dem Religionsunterricht an Berufskollegs in NRW eingebracht werden.

1. Die Begriffsneuschöpfung und ihre Implikationen

Die Verfasser:innen der ReBiNiS-Studie bezeichnen die „verschiedenen Spielarten des Religionsunterrichts […] zusammenfassend als religionsbezogene[n] Unterricht bzw. als Angebote religionsbezogener Bildung" (S. 11). Damit konstatieren sie, dass es im Grunde mehr als nur einen Religionsunterricht gibt, und das in doppelter Hinsicht: Gab es erstens lange Zeit in der alten Bundesrepublik „den" Religionsunterricht in konfessioneller Gebundenheit als evangelischen und katholischen Religionsunterricht – samt einem Ersatzfach zur Wahrung der negativen Religionsfreiheit –, so war dieser konfessionell differenzierte Religionsunterricht im Grunde doch nur „ein" Religionsunterricht, sofern seine institutionelle Organisation, seine rechtliche Verankerung und Ausführung sowie seine schulaufsichtliche Handhabung analog und parallel realisiert wurde. Spätestens mit der Einführung des islamischen Religionsunterrichts hat sich diese Situation geändert, da nun eine anders verfasste Religionsgemeinschaft mit auch einer anderen theologischen Fundierung ihres Gemeinschaftsverständnisses das staatliche Gegenüber bildete: Mehrere in ihrer Verfasstheit und Theologie unterschiedliche Religionsgemeinschaften implizieren eine Vielfalt von Religionsunterrichten. Die unterschiedlichen Religionsunterrichte sind damit auch eine vielfältige Herausforderung für den Staat wie für die je anderen beteiligten Religionsgemeinschaften. Die Begriffsneuschöpfung „religionsbezogener Unterricht" weist zweitens noch darauf hin, dass es auch organisatorisch längst viele unterschiedliche konzeptionelle Modelle und Ausführungsformen des Religionsunterrichts gibt, die innerhalb der jeweiligen Verantwortungsbereiche einer der Religionsgemeinschaften existieren (hier im Grunde innerhalb des Evangelischen wie des Katholischen Religionsunterrichts). Deshalb ist es angemessen, auch hier von einem Religionsunterricht im Plural zu sprechen: klassisch konfessioneller Religionsunterricht mit getrennten Lerngruppen nach konfessioneller oder religionsgebundener Zugehörigkeit, konfessionell-kooperativer Religionsunterricht entsprechend der Vereinbarungen der großen Kirchen oder aber der Religionsunterricht im Klassenverband, der in Niedersachsen von der ausführenden Ebene pragmatisch auch als kooperativer Religionsunterricht benannt wird (s. dazu ausführlicher unten).

Wie man zu dieser soeben skizzierten Differenzierung auch stehen mag, sollte es doch ein Konsens sein, dass „der" Religionsunterricht in Niedersachsen und Deutschland längst vielfältig konzipiert und ausgestaltet ist, so dass treffend von Religionsunterrichten gesprochen werden kann.[100] Im Blick auf die immer wieder in der Studie angesprochene regionale Unterschiedlichkeit der religiösen Sozialisation und der entsprechenden Bedarfe an religiöser Bildung bietet das Eingeständnis, dass es bei uns schon viele Religionsunterrichte gibt, die Chance, diese Vielfalt der vorhandenen Religionsunterrichte zu nutzen, um regionale (und schulformspezifische) Bedarfe festzustellen (manchmal sogar innerhalb einer Kommune) und entsprechende Lösungen für zukunftsfähige Religionsunterrichte jeweils vor Ort zu nutzen.

2. *Kein konfessionell-kooperativer Religionsunterricht an Berufskollegs in NRW*

Ein „zentraler Befund" der Studie besagt, dass „an Berufsbildenden Schulen eindeutig der konfessionell-kooperative Unterricht" mit einer Zustimmung von 96 % (vgl. S. 50) dominiere. Dieser zentrale Befund kann für die Berufsbildenden Schulen in NRW (genannt „Berufskollegs") nicht bestätigt werden, sofern es in NRW die konfessionelle (allein evangelisch-katholische) Kooperation mit einem konstitutiven Lehrer:innenwechsel, vorgeschalteten Fortbildungen und gemeinsamen didaktischen Jahresplanungen schlicht nicht gibt.

3. *Der kooperative Religionsunterricht im Klassenverband als beste Option der Gegenwart*

Der Religionsunterricht an Berufskollegs in NRW findet – mit Ausnahme der Bildungsgänge, die zum Abitur führen[101] – im Klassenverband statt. Hier wird jeweils unter Federführung einer evangelischen oder einer katholischen Lehrkraft und damit in Verantwortung der jeweiligen Religionsgemeinschaft ein Religionsunterricht „für alle" angeboten, von dem die Freistellung – gegebenenfalls

---

[100] So heißt es analog in der Studie: „Die Erhebung soll die – von uns angenommene – Vielfalt der Wege religionsbezogener Bildung in Schulen Niedersachsens quantifizierend abbilden und darüber hinaus [...] die Logiken identifizieren, die in der Ausgestaltung der religionsunterrichtlichen Praxis zur Geltung kommen" (S. 18).

[101] Hier die sogenannte „Anlage D" für das Berufliche Gymnasium der BASS, der „Bereinigten Amtlichen Sammlung der Schulvorschriften NRW", Vgl. https://bass.schul-welt.de/ (Zugriff am 29.03.2023).

9.3 Die Ergebnisse ... aus schulformspezifischer Perspektive

mit dem Unterricht in einem Ersatzfach „Praktische Philosophie" – möglich ist und der damit die negative Religionsfreiheit wahrt. Diese Form des Religionsunterrichts ist letztlich der von den Evangelischen Landeskirchen und den Katholischen Bistümern so genannte Religionsunterricht „in der Grauzone".[102] Wenn bei ReBiNiS vom Unterricht im Klassenverband die Rede ist, tritt dort meist ein „religiös und weltanschaulich integrative[r] Unterricht im Klassenverband" (S. 65) ins Blickfeld, den die Verfasser:innen auch in der Grauzone verorten (vor allem im Blick auf den Graubereich des selbsternannten Faches „ReWeNo" – „Religion-Werte-Normen", vgl. bes. S. 70–73) und mit dessen Namen eine Fülle von unterschiedlichen Formaten bezeichnet werden, die konzeptionell scheinbar durch die Lehrkräfte vor Ort gestaltet werden: „Im Falle der Berufsbildenden Schulen gibt zwar ein Großteil der Lehrenden das Vorhandensein des Faches Werte und Normen an (86,6 %), dennoch wird sogar hauptsächlich im Klassenverband unterrichtet (88,5 %). Diese beiden Auskünfte sind nur dann kompatibel, wenn in den verschiedenen Schulformen unter dem Dach der ‚Berufsbildenden Schulen' unterschiedliche Fachkonstellationen gepflegt werden oder wenn der Unterricht im Klassenverband von den Lehrenden als ein Unterricht verstanden und gestaltet wird, der sowohl den Anliegen des Religions- als auch den Anliegen des Werte-und-Normen-Unterrichts genügt" (S. 66f.). Die vielfältigen Formen eines Religionsunterrichts im Klassenverband seien meist didaktisch und pädagogisch motiviert (vgl. bes. S. 51 und 84 u.ö.). Neben auch schulorganisatorischen Gründen ist hier m. E. vor allem relevant, dass die Kolleg:innen vom „Gegenstand des Religionsunterrichts her [denken und] Religion in allen Facetten für alle Schüler:innen Relevanz" (S. 84) beimessen.[103]

Der Religionsunterricht im Klassenverband weist eine starke Parallele zwischen NRW und Niedersachsen auf: Denn hier wie dort haben die Kolleg:innen

---

[102] Vgl. hierzu die gemeinsame Veröffentlichung von bibor, EIBOR und KIBOR Matthias Gronover/Christina Krause/Monika Marose/Reinhold Boschki/Michael Meyer-Blanck/Friedrich Schweitzer (Hg.), Offene Konfessionalität. Diskurse mit Expertinnen und Experten zum Profil des Religionsunterrichts an berufsbildenden Schulen (Glaube – Wertebildung – Interreligiosität. Berufsorientierte Religionspädagogik Bd. 22), Münster 2021, 46, 139, 187 und 192. Die ReBiNiS-Studie beschreibt die „Grauzone" treffend S. 51.

[103] Dass sich bei der Erteilung von Religion im Klassenverband eine Entwicklung, von der Basis ausgehend, gewissermaßen verselbstständigt hat, wird ersichtlich, wenn die Verfasser:innen der ReBiNiS-Studie anmerken, dass die „erfasste Häufigkeit konfessionell-kooperativen Religionsunterrichts [...] deutlich über dem [liegt], was die amtliche Schulstatistik [...] erwarten lässt" und „die Häufigkeit des religionsbezogenen Unterrichts im Klassenverband [...] insofern bemerkenswert [sei], als dieser Typus schulrechtlich gar nicht vorgesehen bzw. erlaubt" (S. 51) sei. In diesem Zusammenhang ist es bedauerlich, dass eine dezidierte und quantitative Erfassung des Religionsunterrichts im Klassenverband nicht erwünscht gewesen ist (vgl. S. 65), da Aufschlüsse über die Qualität des Unterrichts in der „Grauzone" didaktisch m. E. sehr zukunftsweisend sein könnten für die Konzeption eines dialogisch-integrativen Modells eines Religionsunterrichts, der alle Schüler:innen in den Blick nimmt.

aus der Not, dass ein konfessioneller Religionsunterricht in beruflichen Schulen schon lange nicht mehr realisierbar ist und auch die konfessionelle Kooperation keine zukunftsfähige Lösung bietet, einen dialogischen Religionsunterricht im Klassenverband anfänglich einfach realisiert und dann im Vollzug erprobt, weiter entwickelt und didaktisch wie pädagogisch optimiert. Gegenüber der Wertung der Autor:innen von ReBiNiS würde der Verfasser aus nordrhein-westfälischer Sicht nicht so sehr die Probleme und Problemfelder betonen (so insbesondere S. 93f.), die ein solcher Religionsunterricht im Klassenverband mit sich bringen kann, sondern stärker den Gewinn einer solchen religiösen Bildung im Klassenverband betonen. Diese Vorteile liegen im gemeinsamen Lernen und dem (interreligiösen) Dialog, den der gemeinsame Unterricht eröffnet und durch den das didaktische Potential der multireligiösen und weltanschaulich heterogenen Lerngruppe am besten genutzt werden kann.

4. Ein „Interreligiöser Religionsunterricht" als Zukunftsoption?

Die in der ReBiNiS-Studie erwähnte empirische Untersuchung des bibor (vgl. S. 22) stellt schon im Jahr 2016 eine hohe Bedeutung und Relevanz des interreligiösen Lernens fest: Mehrheitlich wünschten sich die Lehrkräfte „einen alle Religionen und Konfessionen inkludierenden Religionsunterricht im Klassenverband."[104] In der jüngsten Umfrage des bibor, einer kombinierten Lehrer:innen-Schüler:innen-Umfrage, konstatiert Michael Meyer-Blanck eine Fortsetzung dieses Trends mit zunehmender Relevanz: „Das religiöse Profil, ja die Religion des BRU [...] ist offensichtlich immer mehr durch die Interreligiosität bestimmt"[105]. Für die Situation in NRW mahnt Meyer-Blanck, dass ein positioneller Religionsunterricht dezidiert explizit benannte Positionen und Basistexte aus den Religionen brauche, die heute in interreligiöse und dialogische Unterrichtssettings zu verorten seien: „Damit lässt sich die zusammenfassende didaktische Maxime festhalten, dass die aus guten Gründen beabsichtigte Befähigung zur interkulturellen Begegnung und zum interreligiösen Dialog eine gute Unterrichtsatmosphäre ebenso erfordert wie die sachliche Auseinandersetzung mit den Gegenständen der evangelisch-christlichen Religion und dass dazu das methodische Repertoire der gegenwärtigen schulischen Didaktik herangezogen wer-

---

[104] Andreas Obermann, Ergebnisse zur konfessionellen Prägung des Berufsschulreligionsunterrichts, in: Monika Marose/Michael Meyer-Blanck/Andreas Obermann (Hg.), „Der Berufsschulreligionsunterricht ist anders!" Ergebnisse einer Umfrage unter Religionslehrkräften in NRW (Glaube – Wertebildung – Interreligiosität. Berufsorientierte Religionspädagogik Bd. 8), Münster 2016, 41–65, hier 52.

[105] Michael Meyer-Blanck, Atmosphäre und Dialog, in: Sebastian Kleinert/Michael Meyer-Blanck/Andreas Obermann (Hg.), Wünsche, Ziele und Atmosphäre im Religionsunterricht an berufsbildenden Schulen Eine kombinierte Lehrer:innen-Schüler:innen-Umfrage (Glaube – Wertebildung – Interreligiosität. Berufsorientierte Religionspädagogik Bd. 26), Münster 2022, 39–50, hier 40.

9.3 Die Ergebnisse ... aus schulformspezifischer Perspektive

den sollte."[106] Diese nordrhein-westfälische Sicht deckt sich erfreulicherweise mit Ergebnissen der ReBiNiS-Studie: „Lehrer:innen an Berufsbildenden Schulen wünschen sich überwiegend einen interreligiösen Religionsunterricht. [...] So wird erkennbar, dass einige Lehrer:innen den expliziten Wunsch nach einem fächerverbindenden Modell religionsbezogener Bildung für alle Schüler:innen artikulieren und dabei insbesondere den Erhalt der Klassengemeinschaft im Blick haben. Allerdings möchten sie auf eine bekenntnisgebundene Ausrichtung eines solchen Unterrichts nicht verzichten, sie schätzen sowohl die explizite Beschäftigung mit religiösen Fragen als auch die transparente Positionierung der Lehrkraft als unverzichtbare Momente religionsbezogener Bildung" (S. 54).[107] Beide Zitate betonen, was in interreligiösen Lehr-Lern-Prozessen immer konstitutiv sein sollte: Interreligiöses Lernen zielt nicht auf einen Synkretismus, sondern bedarf der jeweiligen Positionalität im Rahmen der von Ephraim Meir betonten „Transdifferenz".[108]

Die hohe Zustimmung in Niedersachsen zum Interreligiösen Religionsunterricht erklärt vermutlich auch die gleichzeitig sehr hohe Zustimmung von 95,9 % der Befragten zu einem konfessionell-kooperativen Religionsunterricht an den niedersächsischen berufsbildenden Schulen (vgl. S. 50 und 58), da die niedersächsische Form der konfessionellen Kooperation einen Unterricht im Klassenverband (s. o.) – und damit ein interreligiöses Lernen – ermöglicht. Dies deckt sich auch mit der Einschätzung der Autor:innen der ReBiBiS-Studie, sofern die ablehnende Haltung gegenüber einer konfessionellen – und schwächer auch gegenüber einer religionsbestimmten – „Differenzierung der Lerngruppe [...] auf den Wunsch eines gemeinsamen Unterrichts im Klassenverband hindeuten" (S. 75) kann bzw. mag. Entsprechend unterstützen 89,7 % der Lehrer:innen der Berufsbildenden Schulen „die konfessionelle Differenzierung in Zukunft eher nicht oder gar nicht" (S. 212), während 69,1 % das „Format des interreligiösen Religionsunterrichts" (S. 214) präferieren.

---

[106] Meyer-Blanck, Atmosphäre und Dialog (s. o. Anm. 105), 49.

[107] Ein an dieser Stelle zu nennender gravierender Unterschied zum Religionsunterricht an Berufskollegs in NRW ist die an berufsbildenden Schulen in Niedersachsen zu vernachlässigende Zahl der Pfarrer:innen, die Religionsunterricht erteilen. Sind in NRW (Stand November 2022) insgesamt 294 Pfarrer:innen aus der Evangelischen Kirche im Rheinland sowie der Evangelischen Kirche von Westfalen mit dem Religionsunterricht an Berufskollegs betraut (sie machen 22 % der evangelischen Religionslehrerschaft insgesamt aus und erteilen dabei 76,5 % aller Stunden Religionsunterricht am Berufskolleg), spielen Pfarrer:innen in „Gestellungsverträge[n] in Niedersachsen im Grunde keine Rolle" (so Bernd Schröder per Mail vom 9.2.2023).

[108] Ephraim Meir, Interreligiöse Theologie. Eine Sichtweise aus der jüdischen Dialogphilosophie. Übersetzt und herausgegeben von Elke Morlok, Berlin/Boston 2016, 160.

5. *Die Kirchen haben es schwer an Berufsbildenden Schulen.*

Schon in der Lehrer:innenumfrage des bibor aus dem Jahr 2016 rangierte das Thema Kirche als Institution und andere mit der Kirche verbundene Themen weit unten in der Rangliste der Bildungsziele durch den Religionsunterricht aus Sicht der Lehrkräfte.[109] In der neuen bibor-Umfrage verstärkt sich diese Tendenz sowohl bei den staatlichen Lehrkräften wie auch bei den Pfarrer:innen im Gestellungsvertrag: Die Kirche als Institution kommt im Religionsunterricht an Berufskollegs nur am Rande vor[110] – entsprechend ist die klassisch-konfessionelle Ausprägung des Unterrichts relativ schwach ausgeprägt.[111] Die ReBiNiS-Studie kommt zu ähnlichen Ergebnissen: Die „klassischen Kennzeichen von Konfessionalität scheinen für die Lehrer:innen religionsbezogener Fächer nicht zwangsläufig Indikatoren für einen konfessionellen Unterricht zu sein" (S. 60). Dieses Ergebnis dürfte für die gegenwärtige Diskussion über ein der schulischen Wirklichkeit angemessenes Verständnis von Konfessionalität im Sinne von Art 7,3 GG und die dort genannte Bindung des Religionsunterrichts an die „Grundsätze der Religionsgemeinschaften" (Art 7,3 GG) von hoher Bedeutung sein.

6. *Führt die Innovationsfreude der Lehrer:innen zu einem zukunftsfähigen Religionsunterricht?*

Nach der ReBiNiS-Studie sehen die Lehrer:innen das „'Innovieren' als eine der ihnen zugeschriebenen Kernaufgaben" an. Hintergrund ist, dass die Lehrer:innen ihre eigene reflektierte Positionalität in die Ausrichtung und Gestaltung ihres Unterrichts kreativ einbringen (vgl. S. 142f.). Insbesondere an beruflichen Schulen zeige sich die innovative Kraft in dem Bemühen, z. B. der Herausforderung der Multireligiosität kreativ zu begegnen, um einen zukunftsfähigen Religionsunterricht als religiöse Bildung in der Schule zu entwickeln (vgl. S. 205f.). Ob die Innovationskraft zum niedersächsischen CRU führt und sich dieser als zukunftsfähig etablieren wird, bleibt abzuwarten. Dessen ungeachtet zeigt aber ReBiNiS deutlich, dass die berufsbildenden Schulen eine Gattung sui generis sind mit einem hohen Potential an didaktischen Ideen und pädagogischer Kreativität

---

[109] Vgl. die bibor-Umfrage 2016, 160 sowie 161–169.

[110] Andreas Obermann, Die Selbstwahrnehmung des BRU von Pfarrer:innen und staatlichen Lehrkräften und die korrespondierende Wahrnehmung ihrer Schüler:innen, in: Sebastian Kleinert/Michael Meyer-Blanck/Andreas Obermann (Hg.), Wünsche, Ziele und Atmosphäre im Religionsunterricht an berufsbildenden Schulen Eine kombinierte Lehrer:innen-Schüler:innen-Umfrage (Glaube – Wertebildung – Interreligiosität. Berufsorientierte Religionspädagogik Bd. 26), Münster 2022, 63–89, hier 73f.

[111] Vgl. vor allem Kristina Augst, „Atmosphäre und Dialog". Charakteristika und Herausforderungen des BRU. Rückmeldungen aus der religionspädagogischen Praxis, in: Sebastian Kleinert/Michael Meyer-Blanck/Andreas Obermann (Hg.), Wünsche, Ziele und Atmosphäre im Religionsunterricht an berufsbildenden Schulen Eine kombinierte Lehrer:innen-Schüler:innen-Umfrage (Glaube – Wertebildung – Interreligiosität. Berufsorientierte Religionspädagogik Bd. 26), Münster 2022, 115–120.

für die zukünftige Konzeption religiöser Bildung im öffentlichen Raum, die alle Schüler:innen im Sinne von „ReWeNo" zu integrieren vermag. Der berufsorientierte Religionsunterricht könnte sich hier (wiederholt) als Werkstatt des Religionsunterrichts erweisen, denn die ReBiNiS-Studie zeigt eindrücklich, dass die Basis in Sachen Innovation nahe an der Wirklichkeit schon dialogische Formate entwickelt hat, die es zukünftig im Blick auf ein gemeinsames Lernen im Klassenverband in interreligiöser Weite weiter zu entwickeln gilt.

Prof. Dr. Andreas Obermann, stellv. Direktor des Bonner evangelischen Instituts für berufsorientierte Religionspädagogik (bibor) mit den Forschungsschwerpunkten Interreligiöses Lernen, Pluralistische Religionspädagogik und Didaktik des Religionsunterrichts an beruflichen Schulen

10 „Religionsbezogene Bildung" an Schulen in Niedersachsen – ein Beispiel für den Wandel des schulischen Fächerkanons und der Konstruktion von Fachlichkeit? Ein erziehungswissenschaftlich-religionspädagogischer Versuch (Kerstin Rabenstein / Bernd Schröder)

10.1 Einleitung: Schulfächer und Faktoren ihrer Genese im Licht empirischer und historischer Schulforschung

Schulfächer fallen nicht vom Himmel – vielmehr entstehen sie in ‚Deutschland' im Zusammenhang mit der Verstaatlichung der Schule seit dem 18. Jahrhundert. Seitdem ist ihre Bezeichnung und Anzahl, die Auswahl und Gewichtung der Fächer keineswegs stabil, vielmehr befindet sie sich in einem Wandel, der als Prozess der *„Verfächerung"* bezeichnet werden kann: Mit diesem Begriff wird mit Blick auf die einschlägigen, seit dem 19. Jahrhundert forcierten historischen Vorgänge *eine Dynamik der Herausbildung von Schulfächern und der Veränderung des Fächerkanons* beschrieben, in der verschiedene Interessengruppen angesichts von Nützlichkeitserwartungen und Defizitdiagnosen in unterschiedlichen Konstellationen zusammenwirken.[1] Dieser Prozess geht stets mit Auseinandersetzungen einher zu der Frage, welches gesellschaftlich und „schulisch ‚brauch-

---

[1] Sabine Reh/Marcelo Caruso, Entfachlichung? Transformationen der Fachlichkeit schulischen Wissens, in: ZfPäd 66 (2020), H. 5, 611–625, hier 613. Der Begriff der „Verfächerung" folgt Sabine Reh/Irene Pieper, Die Fachlichkeit des Schulfaches. Überlegungen zum Deutschunterricht und seiner Geschichte zwischen Disziplinen und allgemeinen Bildungsansprüchen, in: Matthias Martens/Kerstin Rabenstein/Karin Bräu/Marei Fetzer/Helge Gresch/Ilonca Hardy/Carla Schelle (Hg.), Konstruktion von Fachlichkeit, Bad Heilbrunn 2018, 21–41, hier 24.

10.1 Einleitung: Schulfächer und Faktoren ihrer Genese

bare' Wissen"[2] in einem Schulfach vermittelt werden soll. In der Herausbildung von Schulfächern wird kulturell für notwendig gehaltenes Wissen gebündelt und als schulisch anerkanntes von nicht-anerkanntem Wissen abgegrenzt; so werden Verbindlichkeiten für schulische Vermittlungsprozesse und deren gesellschaftliche Verwertung geschaffen.[3] Die Herausbildung von Schulfächern ist, so gesehen, Ausdruck gesellschaftlicher Erwartungen an die Vermittlung bestimmter Wissensbestände – Erwartungen, über die allerdings selten Einigkeit besteht.[4]

Mit der Genese und Definition von Schulfächern einer geht ein Prozess der *Profilierung von Fachlichkeit* der einzelnen Schulfächer: Ein Schulfach stellt einen institutionellen Rahmen dar, in dem sowohl ein bestimmter Wissensbestand gepflegt und den Schüler:innen vermittelt wird als auch Methoden des Umgangs mit diesem Wissen und – etwa mit der Unterscheidung von Haupt- und Nebenfächern – eine Wertung seiner Relevanz innerhalb der Schule weitergegeben werden. Aus einer praxistheoretischen, empirieorientierten Perspektive lässt sich die Fachlichkeit eines Schulfaches, wie Sabine Reh und Irene Pieper es vorgeschlagen haben, als ein „bestimmte[r] Modus der Organisation des Wissens, der Produktion, Sortierung und Abgrenzung von Wissensbeständen zum Zwecke des Lehrens und Lernens in der Schule"[5] verstehen. Betont wird somit der *Prozess*, in dem die Zusammenstellung des als schulisch relevant erachteten Wissens entsteht. Mit dem von Reh und Pieper entworfenen Bild des Einsortierens von schulfachspezifisch (nicht) relevantem Wissen in ein Schulfach, verstanden als eine „Art ‚Schublade'"[6], wird dabei auf die stets notwendigen *Entscheidungs- und Grenzziehungs*prozesse verwiesen, in denen schulisch (nicht) relevantes Wissen hervorgebracht wird. Auf diese Weise werden Grenzen sowohl zwischen schulisch relevanten bzw. nicht relevanten Wissensbeständen innerhalb des einzelnen Schulfachs als auch zwischen Schulfächern gezogen.[7] Das Schulfach ist damit als *„zentrale Autorisierungsform eines Wissens, das in der Schule vermittelt werden soll"*[8] zu verstehen.

---

[2] Reh/Caruso, Entfachlichung (s. o. Anm. 1), 613.

[3] Heinz-Elmar Tenorth, Unterrichtsfächer – Möglichkeit, Rahmen und Grenze, in: F. Ivor Goodson/Stefan Hopmann/Kurt Riquarts (Hg.), Das Schulfach als Handlungsrahmen. Vergleichende Untersuchung zur Geschichte und Funktion der Schulfächer, Köln u. a. 1999, 191–207, hier 198.

[4] Vgl. Jürgen Diederich/Heinz-Elmar Tenorth, Theorie der Schule: Ein Studienbuch zu Geschichte, Funktionen und Gestaltung, Berlin 1997, 37f.; und Bernard Schneuwly, Schulfächer: Vermittlungsinstanzen von Bildung, in: ZfE 21 (2018), H. 2, 279–298, hier 282–291.

[5] Reh/Pieper, Fachlichkeit (s. o. Anm. 1), 21.

[6] Ebd., 26.

[7] Ebd., 26.

[8] Ebd., 615f.

Historisch ist Religionsunterricht wohl neben Latein einer der ältesten Unterrichtsbereiche, an dem die Transformation, die religiöses Wissen als Unterrichtswissen durchlief, erforscht werden kann.[9]

Während die schulische Unterrichtung christlich-religiöser Themen (etwa das Memorieren des Psalters) – und erst recht die religiöse (in der Regel: gottesdienstliche) Praxis in der Schule – bis ins Mittelalter zurückreicht (und als Nukleus und Gründungsimpuls von Schule im Abendland anzusehen ist), beginnt die Formierung eines Schulfaches „Religion" cum grano salis im Zuge des Aufbaus der ‚modernen' staatlichen Schule im 18. Jahrhundert; im Laufe des 19. Jahrhunderts findet sie flächendeckend Verbreitung – jeweils zunächst an höheren, dann deutlich zeitversetzt auch an sog. niederen Schulen.[10] Nimmt man Preußen als Beispielterritorium, so findet sich im Blick auf diese niederen Schulen etwa noch im General-Landschul-Reglement aus dem Jahr 1763 die seit dem 16. Jahrhundert übliche Einteilung von Lerngruppen in „Haufen" (die sich grob am Leistungsstand der Schüler:innen orientieren, aber noch keine lineare Abfolge von Schuljahren beinhalten) und die Auflistung von Unterrichtsgegenständen (etwa „Katechismus" oder „Biblische Sprüche"), während der „Unterrichtsgesetzentwurf" von Johannes W. Süvern im Jahr 1819 schon Fachbezeichnungen kennt, hier: die Rede von „Religionslehre".[11] Demgegenüber ist für höhere Schulen die Einteilung in Klassen schon im 16. Jahrhundert (etwa bei Philipp Melanchthon und Johannes Sturm) üblich, die Gruppierung der Stoffe in Fächer, etwa „Unterricht in der Religion" oder auch nur „Religion", ‚bürgert' sich bereits im Laufe des 18. Jahrhunderts ein – bei der Einführung des Abiturs (1812) kann schon auf etablierte Fächer samt Wissenschaften Bezug genommen werden.[12]

Im oben skizzierten Prozess der Verfächerung und der Profilierung von Fachlichkeit spielen näherhin vielerlei Faktoren eine Rolle. So erfolgte und erfolgt die Reflexion auf festzuschreibende Inhalte der Fächer im Rahmen verschiedener *pädagogischer Paradigmen* – seit den 1970er Jahren etwa im Rahmen der sog. Curriculumtheorie und einer entsprechenden Curriculumforschung, seit den frühen 2000er Jahren im Rahmen des Kompetenzparadigmas.[13]

Für die Fachwerdung sind neben diesen Paradigmen und den in Curricula bzw. Lehrplänen verbindlich gemachten fachlichen, didaktischen und bildungstheoretischen

---

[9] Vgl. ebd., 614.

[10] Als Überblick vgl. hier Bernd Schröder, Religionspädagogik, Tübingen (2012) 2., überarb. und erg. Aufl. 2021, §§ 50–53, zudem Rainer Lachmann/Bernd Schröder (Hg.), Geschichte des evangelischen Religionsunterrichts in Deutschland. Ein Studienbuch, Neukirchen-Vluyn 2007, und dies. /Hg.), Geschichte des evangelischen Religionsunterrichts in Deutschland. Quellen, Neukirchen-Vluyn 2010.

[11] Vgl. Theo Diedrich/Job-Günter Klink (Hg.), Zur Geschichte der Volksschule, Bd. I, Bad Heilbrunn 2., erw. und verb. A. 1972, 141–155, hier 148–151, und Wolfgang Scheibe (Hg.), Zur Geschichte der Volksschule, Bd. II, Bad Heilbrunn 2., erw. und neubearb. Aufl. 1974, 7–10, hier 9.

[12] Quellen sind leicht fassbar in Theo Hülshoff/Albert Reble (Hg.), Zur Geschichte der höheren Schule Bd. I, Bad Heilbrunn 1967 und Albert Reble (Hg.), Zur Geschichte der höheren Schule, Bd. II, Bad Heilbrunn 1975.

[13] Vgl. für eine Analyse der unterschiedlichen Funktionen verschiedener Steuerungsformen Rudolf Künzli, Lehrpläne, Bildungsstandards und Kompetenzmodelle. Eine problematische Vermischung von Funktionen, in: Beiträge zur Lehrerbildung 28 (2010) 3, 440–452.

10.1 Einleitung: Schulfächer und Faktoren ihrer Genese

Vorgaben bezüglich dessen, was wann wie gelehrt und gelernt werden soll,[14] weitere Faktoren von Bedeutung, darunter auch die Verhandlung und *Festlegung von Rahmenbedingungen* der unterrichtlichen Gestaltung[15] sowie Maßnahmen zur *Professionalisierung* der Lehrkräfte.[16]

Universitäre *Disziplinen* hingegen stellen nicht, wie man annehmen könnte, unmittelbar Wissen für die Schulbildung bereit, und Schulfächer sind auch nicht Abbild universitärer Disziplinarität; gleichwohl dienen wissenschaftliche Disziplinen oft als Bezugspunkte, um ein bestimmtes Wissen zu systematisieren und zu legitimieren. Das Verhältnis zwischen Schulfächern und universitären Disziplinen ist insgesamt als konfliktträchtig anzunehmen;[17] es gestaltet sich auch in Bezug auf die unterschiedlichen Schulfächer sehr divers. Der Fächerkanon ist zudem im Schulsystem in Deutschland nach *Schulstufe und Schulform* ausdifferenziert. Schulstufen und -formenspezifische Erwartungen präfigurieren also den Handlungsspielraum der schulischen Akteure ebenso wie auch *einzelschul*spezifische Voraussetzungen einen Einfluss auf die Schulfachentwicklung haben können.

Eine weitere für die Entwicklung des einzelnen Schulfachs stets wichtige Dimension sind *fachinterne* Verhandlungen über Fragen des Zuschnitts und der Ausgestaltung von Schulfächern. Die jeweiligen Fachdidaktiken[18] spielen ebenso eine zentrale Rolle wie entsprechende Fach- bzw. Lehrer:innen-verbände. Mit der Frage, was gehört (nicht) in das Fach, verständigen sich Didaktiker:innen, Lehrer:innen und Bildungspolitiker:innen reflexiv (und z. T. theorieförmig) über die Ziele, Inhalte und Methoden, die ein Schulfach ausmachen.[19] Insofern sind auch fachdidaktische Diskurse als andauernde Selbstverständigungen über die Frage nach der „Qualität des Wissens, der Inhalte und des Umgangs damit"[20] zu verstehen. Zu diesem Selbstverständigungsprozess gehört es auch, fachimmanent bzw. fachdidaktisch die historische Entstehung der Schulfächer zu untersuchen und sich so auch über ihre Entwicklungsmöglichkeiten zu verständigen, wie Studien zu den Schulfächern Sport[21], Deutsch,[22]

---

[14] Vgl. Reh/Pieper, Fachlichkeit (s. o. Anm. 1), 24.

[15] Vgl. Tenorth, Unterrichtsfächer (s. o. Anm. 3), 193.

[16] Vgl. allgemein Diederich/Tenorth, Theorie (s. o. Anm. 4), 33, näherhin im Blick auf das Fach Religion Henrik Simojoki/Friedrich Schweitzer/Julia Henningsen/Jana-Raissa Mautz, Professionalisierung des Religionslehrerberufs. Analysen im Schnittfeld von Lehrerbildung, Professionswissen und Professionspolitik (RPG 28), Paderborn 2021.

[17] Vgl. Reh/Caruso, Entfachlichung (s. o. Anm. 1), 614.

[18] Zur Entstehung und Etablierung einer Fachdidaktik Religion vgl. Bernd Schröder (Hg.), Institutionalisierung und Profil der Religionspädagogik: historisch-systematische Studien zu ihrer Genese als Wissenschaft (PThGG 8), Tübingen 2009, und Bernd Schröder, Göttinger Religionspädagogik: eine Studie zur institutionellen Genese und programmatischen Entfaltung von Katechetik und Religionspädagogik am Beispiel Göttingen (PThGG 25), Tübingen 2018.

[19] Reh/Caruso, Entfachlichung (s. o. Anm. 1), 615f. Im Blick auf den Religionsunterricht wird dies klassisch (wenngleich typologisierend) dargestellt von Wilhelm Sturm, Religionspädagogische Konzeptionen, in: Gottfried Adam/Rainer Lachmann (Hg.), Religionspädagogisches Kompendium, Göttingen (1984)⁶2003, 37–86.

[20] Reh/Caruso, Entfachlichung (s. o. Anm. 1), 612.

[21] Matthias Schierz/Esther Serwe-Pandrick, Schulische Teilnahme am Unterricht oder entschulte Teilhabe am Sport? Ein Forschungsbeitrag zur Konstitution und Nicht-Konstitution von ‚Unterricht' im sozialen Geschehen von Sportstunden, in: ZSF 6 (2018), H. 2, 53–71.

[22] Reh/Pieper, Fachlichkeit (s. o. Anm. 1), 26–29.

Informatik,[23] oder auch (Evangelische) Religion[24] zeigen. Diskutiert werden könnte zukünftig noch stärker, wie unterschiedliche Akteur:innen an den im einzelnen Schulfach sich heterogen darstellenden Fachlichkeitskonstruktionen mitwirken, etwa über ihre Beteiligung an innerfachlichen Diskursen in Zeitschriften[25] oder an der Unterrichtsmedienproduktion (z. B. an Schulbüchern, Unterrichtsmaterialien).[26]

Gegenwärtig werden Veränderungen in der Komposition des Fächerkanons und in der Gewichtung von Fächern insofern diskutiert, als nicht nur zusätzliche Schulfächer vorgeschlagen bzw. aufgenommen (z. B. Informatik oder „Glück") und alte in Frage gestellt werden (z. B. Altgriechisch), sondern auch bestehende Schulfächer mit anderen zu neuen Schulfächern zusammengelegt werden (z. B. Gesellschaftslehre, Naturwissenschaftslehre).[27] Diesbezüglich machen Sabine Reh und Marcelo Caruso eine Tendenz zur „*Entfachlichung*" schulischer Bildung aus,[28] also einen Bedeutungsverlust des Schulfaches zugunsten fächerübergreifender Kompetenzen und eines damit einhergehenden veränderten Verständnisses schulischer Allgemeinbildung.

> Demgegenüber erinnert jedoch Heinz-Elmar Tenorth an die unverzichtbaren Leistungen, die von der Organisation schulischer Bildung in Fächern ausgeht, und betont den bleibenden Stellenwert des Schulfachs für schulische Bildung.[29] Dieser besteht –

---

[23] Michael Annegarn-Gläß, Die Entstehung des Informatikunterrichts in den 1980er und 1990er Jahren, in: ZfPäd, 66 (2020), H. 5, 626–641.

[24] Zusammenfassend Lachmann/Schröder, Geschichte (s. o. Anm. 10). Vgl. aus der älteren Literatur etwa Bernd Weber: Aspekte zu einer Sozialgeschichte des (evangelischen und katholischen) Religionsunterrichts, in: Anneliese Mannzmann (Hg.): Geschichte der Unterrichtsfächer, 2. Bd., München 1983, 108–176, und Dieter Stoodt: Arbeitsbuch zur Geschichte des evangelischen Religionsunterrichts in Deutschland, Münster 1985.

[25] Stefan Crummer, Sabine Reh, Religionsunterricht unter Druck. Von Forschungsfragen zum Text Mining – digitale Auswertung religionspädagogischer Zeitschriften aus der Zeit um 1900, in: Andreas Oberdorf (Hg.): Digital Turn und Historische Bildungsforschung. Bestandsaufnahme und Forschungsperspektiven. Bad Heilbrunn 2022, 65–81. Vgl. dazu schon im Blick auf das Fach Evangelische Religion bereits ausführlich Friedrich Schweitzer und Henrik Simojoki, Moderne Religionspädagogik: ihre Entwicklung und Identität (RPG 5), Gütersloh 2005, und Friedrich Schweitzer/Henrik Simojoki/Sara Moschner: Religionspädagogik als Wissenschaft: Transformationen der Disziplin im Spiegel ihrer Zeitschriften (RPG 15), Freiburg u. a. 2010.

[26] Vgl. Emanuel Nestler/Isolde Malmberg/Gudrun Heinrich/Carolin Retzlaff-Fürst, Praxisphasen als Räume der Konstruktion von Fachlichkeit, in Tobias Leonhardt/Petra Herzmann/Julia Košinár (Hg.), „Grau, theurer Freund, ist alle Theorie"? Theorien und Erkenntniswege Schul- und Berufspraktischer Studien. Münster 2021, 163–180.

[27] Vgl. Reh/Caruso, Entfachlichung (s. o. Anm. 1), 611.

[28] Reh/Caruso, Entfachlichung (s. o. Anm. 1), 612 – vgl. insgesamt den Thementeil „Entfachlichung? Transformationen der Fachlichkeit schulischen Wissens", in: ZfPäd 66 (2020),5, 611–898.

[29] Vgl. Heinz Elmar Tenorth, Fächer – Disziplinen – Unterrichtswissen. Dimensionen von Fachlichkeit im Bildungsprozess, in Michaela Heer & Ulrich Heinen (Hg.), Die Stimmen der Fächer hören. Fachprofil und Bildungsanspruch in der Lehrerbildung, Tübingen & Paderborn 2020, 23–45.

paradoxerweise – gerade in der Möglichkeit zur Reflexion auf den Modus des Weltzugangs, der in einem Fach eingeführt und praktiziert wird – eine Möglichkeit, die dann zu verschwinden droht, wenn das Fach in Fächerverbünden aufgeht (wie z. B. Biologie in Science Education), oder minimiert wird, wenn ein Weltzugang nur noch in Kombination mit oder in der Differenz zu einem anderen Weltzugang gepflegt wird (wie die Unterscheidung von Beobachtung/Beschreibung und Moral in Fächerverbünden von Biologie und Ethik).

Vor dem Hintergrund des erziehungswissenschaftlichen Diskurses um Verfächerung und Entfachlichung lässt sich die ReBiNiS-Studie als ein *Einblick in die gegenwärtigen Transformationen der ‚Ordnung religionsbezogener Bildung' in niedersächsischen Schulen* lesen. Nicht nur das Hinzukommen neuer Fächer, wie Werte und Normen, trägt zu einer gewissen Dynamisierung des fachlichen Selbstverständnisses und der Zuschnitte der Curricula in dieser Domäne bei, sondern auch die Etablierung konfessionell differenzierter Fächer (etwa des Islamischen oder Orthodoxen Religionsunterrichts) und deren partielle Aufhebung (wie sie mit der Einführung eines „Christlichen Religionsunterrichts", der an die Stelle evangelischen, katholischen und konfessionell-kooperativen Religionsunterrichts treten soll, voraussichtlich ab dem Schuljahr 2025/26, geplant ist).

Religionsbezogene Bildung stellt schultheoretisch bzw. erziehungswissenschaftlich gesehen aus mehreren Gründen einen interessanten ‚Sonderfall' dar, insofern neben der staatlichen Schuladministration auch die Kirchen bzw. Religionsgemeinschaften als Akteure involviert sind und insofern für Schüler:innen die Möglichkeit der Abmeldung (im Sinne von Art. 7.3 GG) bzw. – schulpraktisch immer häufiger – der Abwahl besteht.

10.2 Entwicklungen im Bereich religionsbezogener Fächer in Niedersachsen im Spiegel erziehungswissenschaftlicher Forschung zu Veränderungen im schulischen Fächerkanon

Die vorliegende ReBiNiS-Studie hat – so hat es die „Einleitung" zu diesem Band ausgewiesen – ihren Sitz im Leben in dem Umstand, dass sich die Tektonik der – hier so genannten – religionsbezogenen Fächer in den Schulen Niedersachsens gegenwärtig verschiebt.

In unübersehbarer Weise geschieht dies bereits seit den 1970er Jahren – damals wurde das Fach „Werte und Normen" als Ersatzfach für diejenigen Schüler:innen, die nicht an einem Religionsunterricht teilnehmen, eingeführt. Das vorerst jüngste Phänomen ist der von den evangelischen Kirchen und den römisch-katholischen Bistümern in Niedersachsen 2021 entwickelte und lancierte Vorschlag, einen „gemeinsam verantworteten christlichen Religionsunterricht" einzuführen.[30] Doch die besagte tektonische Verschiebung bildet sich nicht nur in solchen sedimentierten Veränderungen ab, zu denen neben Modifikationen der Organisationsstruktur auch Veränderungen von Kerncurricula und didaktischen Konzepten gehören, sondern auch etwa in der sich wandelnden Verteilung der Schüler:innenschaft auf die verschiedenen religionsbezogenen Fächer[31] und in der wachsenden religiös-weltanschaulichen Heterogenität der Schüler:innen innerhalb der einzelnen Fächer[32] – von öffentlichen Debatten um die Beibehaltung oder den Modus von Religionsunterricht als Schulfach ganz zu schweigen.[33]

In Anbetracht dessen sollen die im Rahmen von ReBiNiS erhobenen Befunde, die in den vorausgehenden Kapiteln mit Hilfe religionspädagogischer Theoreme interpretiert wurden,[34] hier im Licht der erziehungswissenschaftlichen Einsichten zu Dimensionen und relevanten Knotenpunkten von Entwicklungen in der Struktur des schulischen Fächerkanons und der Frage nach der Konstruktion von Fachlichkeit betrachtet werden. Unser Anliegen ist es, durch diese Re-Lektüre die in den Befunden von ReBiNis (und anderen empirischen Daten sowie historischen Umständen) erkennbaren Entwicklungen auf den Begriff zu bringen. Wir bündeln die zu betrachtenden Dimensionen dafür in drei Schritten (2.1 bis 2.3), bevor wir abschließend einen Ausblick auf Erträge und Forschungsperspektiven wagen.

---

[30] Grundlegend: Gemeinsam verantworteter christlicher Religionsunterricht. Ein Positionspapier der Schulreferentinnen und Schulreferenten der evangelischen Kirchen und katholischen Bistümer in Niedersachsen, Hannover (Mai) 2021 – zusammen mit weiteren Informationen zum Diskussions- und Implementierungsprozess abrufbar unter https://www.religionsunterricht-in-niedersachsen.de/christlicherRU.

[31] Dazu die alljährlich erscheinenden Daten in: Niedersächsisches Kultusministerium (Hg.), Die niedersächsischen allgemein bildenden Schulen – Zahlen und Grafiken – Schuljahr 2021/2022, Hannover 2022, hier 8f. – https://www.mk.niedersachsen.de/startseite/service/statistik/die-niedersaechsischen-allgemein-bildenden-schulen-in-zahlen-6505.html (Zugriff am 17.04.2023).

[32] Beschrieben im Spiegel der Wahrnehmung der Lehrenden in der hier vorgelegten ReBiNiS-Studie.

[33] Exemplarisch genannt seien die Diskurse im Zusammenhang mit der Einführung des Faches Ethik als Pflichtfach für alle Schüler:innen in Berlin – siehe Wilhelm Gräb/Thomas Thieme: Religion oder Ethik? Die Auseinandersetzung um den Ethik- und Religionsunterricht in Berlin, Göttingen 2011.

[34] Vgl. S. 50–236 in diesem Band.

10.2.1 Entwicklungen in der Fächerstruktur – zwischen fachlicher Spezifizierung und Entspezifizierung religionsbezogener Bildung in der Schule

Im Bereich religionsbezogener Bildung in der Schule sind gegenwärtig Entwicklungen zu beobachten, die in unterschiedliche Richtungen weisen. Insofern beschreiben wir im Folgenden keine eindeutige Tendenz in *eine* Richtung, sondern eine Gleichzeitigkeit unterschiedlicher Entwicklungen, die insgesamt allenfalls als eine *Vervielfältigung von Fächern* beschrieben werden können.

Zunächst sticht *eine* Entwicklung innerhalb der sog. religionsbezogenen Fächer (nicht nur) in Niedersachsen ins Auge, die sich analog auch im Bereich der sprachlichen und der naturwissenschaftlichen Bildung erkennen lässt: die Ausdifferenzierung des Fächerspektrums (2.1.1).[35] Im Zusammenhang mit dieser Ausdifferenzierung vollzieht sich – obschon nicht intendiert – auch eine partielle Neuordnung der religionsbezogenen Fächer, induziert wiederum durch religionsdemografische Veränderungen: Schüler:innen gehören einer wachsenden Zahl verschiedener Religionsgemeinschaften an; insbesondere steigt der Anteil der ohne Angabe einer Religionszugehörigkeit in einer Schule angemeldeten Schüler:innen (2.2.2). Gegenläufig zu diesem dominanten Trend der Ausdifferenzierung und Umordnung der Religionsunterrichte und des Werte-und-Normen-Unterrichts kommt es vereinzelt zu einer fachlichen Entspezifizierung (2.2.3).

10.2.1.1 Fachliche Differenzierung

Die jüngere Geschichte des schulischen Religionsunterrichts lässt sich – bezogen auf die Zeit seit In-Kraft-Treten der Weimarer Reichsverfassung 1919 bzw. insbesondere seit den 1970er Jahren – u. a. als Geschichte der Ausdifferenzierung und Vervielfältigung dieses Unterrichtsangebots beschreiben. Im Zuge derer wurde einerseits die Einführung von schulischem Religionsunterricht für weitere Religionsgemeinschaften (über die evangelische und römisch-katholische Kirche hinaus) möglich, andererseits kamen nicht weltanschaulich gebundene Alternativen hinzu.

Kannten Schulen gleich welchen Typs über Jahrhunderte – seit der Reformation bzw. der katholischen Reform des 16. Jahrhunderts – lediglich zwei Fächer in diesem Feld, katholische und evangelische Religionslehre (die bis ins 19. Jahrhundert hinein in der Regel eingebettet waren in eine entsprechend konfessionelle Schule), wanderte im Laufe des 19. Jahrhunderts ein weiteres Fach in die Schule ein, das bis dahin – wegen der rechtlichen Diskriminierung des Juden-

---

[35] Siehe Bernd Schröder: Religionsunterricht im Plural – und doch vor gemeinsamen Herausforderungen, in: Theologische Literaturzeitschrift (ThLZ) 146 (2021), 255–270.

tums – lediglich in (synagogal-)gemeindlichem Kontext erteilt wurde: der jüdische Religionsunterricht. Mit der Weimarer Reichsverfassung von 1919 wurde er de jure (indes längst nicht de facto) den beiden christlich-konfessionellen Lesarten des Faches gleichgestellt.[36]

Ein darüber hinaus gehender signifikanter Differenzierungsschub setzte in den 1970er Jahren (in manchen Bundesländern allerdings bereits nach 1945) ein:[37] Angesichts einer steigenden Zahl von Abmeldungen vom Religionsunterricht im Zuge der 1968er Jahre wurde ein Ersatzfach „Ethik" bzw. (in Niedersachsen) „Werte und Normen" eingeführt, das – im strikten Unterschied zu Religionsunterrichten gemäß Art. 7.3 GG nicht „in Übereinstimmung mit den Grundsätzen" einer Weltanschauungsgemeinschaft, geschweige denn einer Religionsgemeinschaft, sondern allein auf der Basis der schulgesetzlich verankerten, staatlich-gesellschaftlichen Ziele und Wertemaßgaben unterrichtet werden sollte.

Nach der Wiedervereinigung Deutschlands kam es in den 1990er Jahren in Entsprechung zur religiösen Pluralisierung der (westdeutschen) Gesellschaft zur Zulassung weiterer konfessioneller Religionsunterrichte neben dem evangelischen, katholischen und jüdischen: In Niedersachsen etwa wird derzeit zudem (vereinzelt) alevitischer und orthodoxer Religionsunterricht erteilt, vor allem aber wird seit 2003 (Modellversuch) bzw. seit 2013 (als ordentliches Lehrfach) islamischer Religionsunterricht eingeführt.[38]

> Fachgeschichtlich und im Blick auf fachgeschichtliche Forschung ist an diesem Umstand bemerkenswert, dass es für alle diese ‚neuen' Religionsunterrichte keine Blaupausen aus anderen Staaten und aus der Tradition der jeweiligen Religionsgemeinschaft gibt. Vielmehr werden alevitischer, islamischer und orthodoxer Religionsunterricht unter den Bedingungen der Rechtslage, der Schulkonzeption und der Religionskultur in Deutschland von Grund auf neu konzipiert und etabliert: Dafür müssen sich die jeweiligen Religionen eigens nach dem deutschen Religionsrecht formieren, sich auf schulische Bildung nach den Spielregeln eines freiheitlichen, der Aufklärung verpflichteten westeuropäischen Staates einlassen und entsprechende

---

[36] Dazu Bernd Schröder: Jüdischer und Islamischer Religionsunterricht in Deutschland – ein Längsschnitt, in: Lachmann / Schröder, Geschichte (s. o. Anm. 10), 365–395, aufgenommen und fortgeschrieben in: Bernd Schröder: Religionspädagogik angesichts des Judentums. Grundlegungen – Rekonstruktionen – Impulse, Tübingen 2023, 319–338.

[37] Zu den Vorgeschichten dieses Faches s. Christine Reents, Zu den Wurzeln des selbständigen Ethikunterrichts in der deutschen Schulgeschichte, in: Christenlehre 47 (1994), 106–115.

[38] Grundinformation bei Bernd Schröder (in Verbindung mit Martina Blasberg-Kuhnke), Religion unterrichten in Niedersachsen, in: Martin Rothgangel/Bernd Schröder (Hg.), Religionsunterricht in den Ländern der Bundesrepublik Deutschland. Neue empirische Daten – Kontexte – aktuelle Entwicklungen, Leipzig 2020, 239–268; Näheres bei Annett Abdel-Rahman, Kompetenzorientierung im islamischen Religionsunterricht: Eine Analyse ausgewählter Curricula als Beitrag zur Fachdidaktik des islamischen Religionsunterrichts, Berlin u. a. 2022, 83–88.

Strukturen (Institutionen der Lehrer:innenbildung, Curricula, religionsgemeinschaftliche Beauftragung der Lehrkräfte u. a. mehr) allererst aufbauen. Der Staat „Bundesrepublik Deutschland" bzw. das Land Niedersachsen steht dem wohlwollend-fördernd gegenüber und nimmt Kosten, organisatorischen Aufwand und manche Abweichung von der Regel in Kauf. Dafür entstehen jedoch auf diesem Wege für diese Religionsgemeinschaften – in Niedersachsen und einigen weiteren Bundesländern sowie in Österreich etwa zeitgleich – weltweit einzigartige Formate religiöser Bildung.

Als eine besondere Form der Differenzierung wurde zudem 1998 (zeitgleich in Niedersachsen und Baden-Württemberg) der sog. konfessionell-kooperative Religionsunterricht eingeführt, also eine – anfangs antrags- und genehmigungspflichtige, als Ausnahme gedachte – koordinierte gemeinsame Beschulung evangelischer und katholischer Schüler:innen durch eine evangelische oder katholische Religionslehrer:in.[39]

Mit Ausnahme der zuletzt genannten Differenzierungsvariante verdanken sich alle diese Entwicklungen ursächlich Veränderungen der religiös-weltanschaulichen Landschaft in Gesellschaft und Schüler:innenschaft, die – zeitverzögert – auf der Basis der geltenden religionsrechtlichen Regelungen[40] zu einer ‚konfessionell' feiner gegliederten Ausgestaltung religiöser Bildung und (konfessionsloser) ethischer Bildung führen. Die gemeinsame Prämisse aller Fächer lautet auf der Basis der staatskirchenrechtlichen Tradition Deutschlands: Was Schüler:innen an religiös-weltanschaulicher Orientierung aus Elternhaus und Sozialisation mitbringen, soll – sofern operationalisierbar – durch passgenaue schulische Unterrichtung aufgenommen, einer fachlich-wissenschaftsbasierten und bildsamen Auseinandersetzung unterzogen und so kritisch-konstruktiv gefördert werden.

In den Daten der ReBiNiS-Studie, namentlich in den Interviews mit den befragten Lehrer:innen religionsbezogener Fächer, bildet sich diese Ausdifferenzierung allerdings nur teilweise ab: Während das Gegenüber von Religionsunterricht (RU) und Werte und Normen (WuN) ein allgegenwärtiges Thema ist und Lehrende insbesondere des evangelischen RU und des WuN-Unterrichts in der Befragtenpopulation gut vertreten sind, sind die Minderheiten-Spielarten des RU – alevitischer, jüdischer, orthodoxer und, mit einigem Abstand, auch katholischer RU – sowohl als Thema als auch durch Proband:innen, die diese Fächer repräsentieren, kaum sichtbar. Die Pluralisierung der Religionsunterrichte

---

[39] Dazu Bernd Schröder, Die Diskussion um den konfessionell-kooperativen Religionsunterricht seit 1993 bis heute. Eine historische Rekonstruktion am Beispiel Niedersachsens, in: Religionspädagogische Beiträge (RpB) 45 (2022), Nr. 2: Special Issue zu „Drei Jahrzehnte konfessionelle Kooperation im Religionsunterricht: Bilanz und Ausblick", 5–17.

[40] Zu den Merkmalen dieser religionsrechtlichen Regelungen zählt: Es gibt keine Staatskirche, sondern eine wohlwollende Kooperation des Staates mit einer Mehrzahl an Religionsgemeinschaften; Religionsunterricht wird als res mixta von Staat und Religionsgemeinschaft erteilt.

wird in den im Rahmen der ReBiNiS-Studie geführten Gespräche in der oben skizzierten Breite kaum als Gestaltungsherausforderung wahrgenommen – wie dies zu erklären ist bzw. welche Sichtweisen hierauf vorliegen, müsste anhand weiterer Datensätze bzw. einer eigenen Studie untersucht werden.

10.2.1.2 Umordnung der Fächer

Mit der Ausdifferenzierung der Angebote religionsbezogener Bildung geht in neuer Weise die Frage nach dem Stellenwert religionsbezogener Bildung insgesamt sowie nach dem Verhältnis zwischen religiöser und ethischer Bildung einher.

Auf der einen Seite ist an die Stelle der traditionellen Bikonfessionalität (evangelischer und katholischer Religionsunterricht) eine Pluralität der Religionsunterrichte getreten. Zwar wird diese Pluralität (s. o. 2.1) nur an vergleichsweise wenigen einzelnen Schulen (vorzugsweise in großstädtischen Ballungsräumen) vollständig realisiert, doch ungeachtet dessen wird sie im Bundesland-spezifischen Gesamtbild schulisch-religiöser Bildung sowohl von politischer[41] als auch religionspädagogischer Warte[42] betont. Mit dieser Ausdifferenzierung kommen mehr Stakeholder ins Spiel, religiöse Bildung gewinnt innerschulisch an Sichtbarkeit und darüber hinaus insofern an schulischer, gesellschaftlicher und politischer Bedeutung, als sie religiös-weltanschauliche Pluralität als Herausforderung einer modern-pluralen Gesellschaft erkennbar macht und bearbeitet. Auf der anderen Seite verschiebt sich das Verhältnis zwischen Religionsunterrichten und Werte und Normen: Im Zusammenhang mit der zunehmenden Verbreitung der sog. Konfessionslosigkeit steigt die Zahl der Schüler:innen, die an Werte und Normen (statt an einem Religionsunterricht) teilnehmen. In der Folge führt die Entwicklung weg von der – juristisch noch immer in Geltung stehenden – Konstellation „RU als Regelfall, WuN als Ersatzfach" – hin zur Konstellation einer Wahlpflicht zwischen gleichrangigen und gleichermaßen regelhaft angebotenen Fächern.

Damit allerdings vollzieht sich mehr und Anderes als nur eine Gewichtsverlagerung zwischen zwei Fächern. Es baut sich eine – für die Schüler:innen optional zu handhabende – Alternative zwischen religiöser Bildung und säkular-ethisch-weltanschaulicher Bildung auf: Religiöse Bildung thematisiert gemäß Art. 7.3 GG vorzugsweise Religion[en] als Gegenstand – und zwar in Auseinandersetzung mit einer distinkt konfessionellen Position und in Kooperation mit der jeweiligen Religionsgemeinschaft. Demgegenüber thematisiert ethische Bildung Religion(en) als einen Gegenstand unter mehreren – und das aus einer konfessionsfreien Perspektive und mit einem analytischen, primär an ethischen Fragen orientierten und nicht selten religionskritischen Interesse. Religiöse und

---

[41] https://www.mk.niedersachsen.de/startseite/schule/schulerinnen_und_schuler_eltern/religionsunterricht/ religionsunterricht-90778.html (Zugriff am 17.04.2023).
[42] Schröder, Religionsunterricht im Plural (s. o. Anm. 35).

säkular-ethisch-weltanschauliche Bildung rücken also faktisch in ein Verhältnis von Konkurrenz und Kooperation zueinander,[43] und in ihrer Alternativität erscheinen *beide* Fächer als fakultativer, aber nicht länger (oder noch nicht) als obligatorischer Teil allgemeiner Bildung in der Schule.[44] Insofern geht mit den Verschiebungen die Gefahr eines Bedeutungs- und Gestaltungsverlustes einher.

Unter den im Rahmen von ReBiNiS befragten Lehrer:innen ist in Bezug auf diese Umordnung der Fächer eine recht eindeutige Positionierung auszumachen: Sie wünschen mehrheitlich ein gleichberechtigtes Nebeneinander der beiden Fächer Religionsunterricht und Werte und Normen (s. Kapitel 4.1.2) – vermutlich nicht zuletzt in der Zuversicht, auf diese Weise beide Fächer und damit das Segment religiös-ethischer Bildung in der Schule zu stabilisieren.

10.2.1.3 *Entspezifizierung der Fachlichkeit religionsbezogener Bildung*

In Spannung zu den beiden bisher beschriebenen Tendenzen, fachliche Differenzierung und Umordnung der Fächer, kreieren einzelne Schulen v. a. im Gesamtschulwesen – ohne gesetzliche Grundlage – bisweilen ein neues Fach, das Religionsunterricht, Werte- und Normen und ggfls. Sozialkunde/Politik fusioniert, um auf diese Weise Schüler:innen aller religiös-weltanschaulichen Orientierungen gemeinsam unterrichten zu können: ReWeNo („Religions- und Werte-und-Normen-Unterricht") o. ä. wird das Fach tituliert.

In dieser Konstellation schmelzen nicht nur die Proprien von Religionsunterricht gemäß Art. 7.3 GG und Werte-und-Normen-Unterricht ab; es werden auch fachliche Impulse und Orientierungen so unterschiedlicher wissenschaftlicher Disziplinen wie Theologie(n), Religionswissenschaft, (philosophische) Ethik, Politikwissenschaft verwoben – und zwar im Namen eines pädagogischen Motivs: des Motivs der Förderung von Verständigung, Toleranz und Zusammenleben einer als heterogen und konfliktuös konstelliert identifizierten Schüler:innenschaft.

In ähnlicher Weise kommt es zur Entfachlichung, wenn an Berufsbildenden Schulen mit „Lernfeldern" statt Fächern operiert wird und der Religionsunterricht an diesen Schulen so vom allgemein-bildenden Fach zu einem Fach mutiert, das im berufsbildenden Sinn zur Bearbeitung berufsspezifischer Lernherausforderungen beitragen soll.[45]

---

[43] Bernd Schröder/Moritz Emmelmann (Hg.), Religions- und Ethikunterricht zwischen Konkurrenz und Kooperation, Göttingen 2018.

[44] Genau darauf hob und hebt jedoch die übliche religionspädagogische Argumentation zu Gunsten des Schulfaches Religion ab – klassisch ist das Diktum von Gottfried Adam und Rainer Lachmann: „Der RU ist zwar sachlich, nicht aber persönlich obligatorisch." (dies.: Begründungen des schulischen Religionsunterrichts, in: Martin Rothgangel u. a. [Hg.]: Religionspädagogisches Kompendium, Göttingen ^{8}2013, 144–159, hier 150.

[45] Dazu etwa Handbuch des Religionsunterrichts an Berufsbildenden Schulen, hg. von Roland Biewald, Andreas Obermann, Bernd Schröder und Wilhelm Schwendemann, Göttingen 2018.

Eine gewisse Tendenz zur Entfachlichung wohnt darüber hinaus auch bestimmten aktuellen religionsdidaktischen Konzeptentwicklungen inne: Didaktische Konzeptionen wie die Thematische Problemorientierung, der Sozialisationsbegleitende Religionsunterricht und womöglich auch die konsequente Subjektorientierung weiten das thematische Spektrum des Religionsunterrichts erheblich aus und relativieren den Rekurs auf eine konfessionsbestimmte Theologie als Referenzwissenschaft.[46]

> Als Spezialfall einer Entfachlichung kann demgegenüber der Vorschlag gelten, ab 2025 anstelle von evangelischem, katholischem und konfessionell-kooperativem Religionsunterricht einen „gemeinsam verantworteten christlichen Religionsunterricht" einzuführen: Es handelt sich um einen Spezialfall, insofern die auf Religion bezogene Fachlichkeit (unter Berufung auf Art. 7.3 GG) ohne Frage erhalten bleibt, gleichwohl jedoch eine (konfessionelle) Entdifferenzierung erfolgt. Die bislang als strikt unterscheidbar beschriebenen Fächer sollen verschmolzen, die beiden bisherigen wissenschaftlichen Referenzdisziplinen, Evangelische und Katholische Theologie, konstruktiv aufeinander bezogen werden – allerdings bleiben, auch wenn sie an einem gemeinsamen Unterrichtsfach teilhaben, die Religionslehrer:innen ebenso wie die Schüler:innen als evangelische bzw. katholische unterscheidbar. Im Hintergrund steht u. a. die schrumpfende Zahl evangelischer und katholischer Schüler:innen, deren religionsunterrichtliche Versorgung mancherorts nur mehr durch ein gemeinsames Fach sichergestellt werden kann. Hinzu kommen als maßgebliche Motive die schwindende lebensweltliche Erfahrbarkeit und Relevanz konfessionskirchlicher und -kultureller Differenz und die wachsende Übereinstimmung zwischen evangelischer und katholischer Theologie. Es handelt sich also um eine Entdifferenzierung, die gesellschaftlichen bzw. religionskulturellen Entwicklungen Rechnung trägt – und zwar auf Wunsch und im Namen der beteiligten Religionsgemeinschaften, die sich um flächendeckende Erteilung, Relevanz und Qualität des Religionsunterrichts sorgen.[47]

Solche Tendenzen zur Entfachlichung – vor allem die erste hier beschriebene Spielart – sind schulpolitisch brisant, werden unter den ReBiNiS-Befragten jedoch zumeist im Rahmen einer geradezu paradoxen Konstellation Thema: Entfachlichung wird begrüßt als Schritt zur gemeinsamen Beschulung einer größeren Zahl von Schüler:innen und verstärkte Förderung von Toleranz und Verständigung und gleichzeitig wegen drohender Verluste skeptisch beäugt. Insofern die Befragten Sorge ausdrücken um einen Verlust an Positionalität, Verlust an konfessioneller Bestimmtheit und Freiheit, Verlust an Kompetenz zeigt sich hierin die enge Bindung der Fachvertreter:innen an die einzelnen Fächer in der

---

[46] Vgl. Claudia Gärtner, Auf der Suche nach Fachlichkeit und Relevanz. Religionsdidaktik zwischen Theologizität und lebensweltlicher Kontextorientierung, in: Theoweb. Zeitschrift für Religionspädagogik 17 (2018), 2, 215–229.
[47] Zur Diskussion vgl. neben der einschlägigen Homepage (s. o. Anm. 30) Hans Michael Heinig/Ansgar Hense/Konstantin Lindner/Henrik Simojoki (Hg.), Gemeinsam verantworteter Christlicher Religionsunterricht, Tübingen 2023 (in Vorbereitung).

gegenwärtig ausdifferenzierten Fächerstruktur (s. Kapitel 4.1.3 und 4.2 sowie 8.2.1).

10.2.2 Konstruktion von Fachlichkeit

Inwiefern sich die Fachlichkeit der Fächer religionsbezogener Bildung unterscheidet, hat die ReBiNis-Studie nicht eigens zum Gegenstand ihrer Untersuchung gemacht. Weder in den Befragungen noch durch Analyse einschlägiger Dokumente wie etwa Prüfungsordnungen und -formen oder Lehrmaterial oder Beobachtung unterrichtlicher Verfahrensweisen ist sie darauf eingegangen.

Gleichwohl wollen wir die Ergebnisse, soweit möglich, nach Grenzziehungen – bzw. deren Abbau – zwischen den Fächern, etwa zwischen religiösen und religionsbezogenen Inhalten, befragen und weitergehende Forschungsperspektiven eröffnen. Insgesamt zeigt sich, dass mit den oben beschriebenen Entwicklungen tendenziell eine Um- oder Neujustierung der Fachlichkeit der Fächer religionsbezogener Bildung einhergeht.

10.2.2.1 Neufassung des gesellschaftlich für notwendig gehaltenen religiösen bzw. religionsbezogenen Wissens

Der Prozess der sukzessiven Neufassung der Inhalte von Religionsunterricht speist sich aus verschiedenen Quellen – ein Prozess, der insbesondere im evangelischen Religionsunterricht zu beobachten ist. Eine dieser Quellen ist der religionsdidaktische Diskurs, der insbesondere seit Ende der 1960er Jahre zu einem tiefgreifenden Umbau des Inhaltstableaus, der Didaktik und Methodik und der Zielsetzung des Faches geführt hat – in der Tendenz weg von der primären Vertiefung und Vergewisserung in der Tradition evangelischer Kirche und Theologie hin zur Subjekt- und Lebenswelt-Orientierung sowie zur kritischen Prüfung und Aneignung religiöser Gehalte. Die jüngste, in der Breite des Faches wirksam gewordene Akzentsetzung in dieser Richtung kam durch die Kompetenzorientierung des Religionsunterrichts zustande.

Neben dem religionsdidaktischen Diskurs und gleichwohl mit ihm verwoben trugen und tragen gesellschaftlich-religionskulturelle Veränderungen in erheblichem Maße zu einer Neufassung der thematischen Orientierung bei: Exemplarisch kann dies der quantitative Zuwachs und der Bedeutungsgewinn der auf Weltreligionen (sowie auf weltanschauliche Sondergemeinschaften und individuelle Religiosität) bezogenen Unterrichtseinheiten illustrieren: Ausweislich der Kerncurricula ist die Thematisierung je einer Weltreligion pro Doppeljahrgang mittlerweile an allen Schulformen von der Grundschule bis zur gymnasialen Oberstufe Standard – durch repetitive Elemente, durch die Vernetzungsimpulse der Kompetenzorientierung und durch – teils schulformspezifische, teils situative – Schwerpunktsetzung kann sich dieses Pensum noch erheblich steigern. Zur Erinnerung: In den frühen 1960er Jahren galt die Thematisierung der damals sog. fremden Religionen als nur in der gymnasialen Oberstufe möglich und sinnvoll. Die heutige Hochschätzung dieses Themenfeldes spiegelt sich indes nicht nur in Quantität und Qualität ihres Vorkommens, sondern insbesondere in der Entwicklung entsprechender programmatischer Leitbegriffe, namentlich durch die Rede von „Identität[sförderung] und Verständigung[sbereitschaft]"[48] und von „Pluralitätsfreundlichkeit"[49]. Mit diesen veränderten Leitworten wird zugleich eine strukturelle, für das Fach Religionsunterricht kennzeichnende Veränderung angezeigt – diejenige nämlich, dass das Fachprofil zusehends weniger allein aus theologischen und kirchlichen Maßgaben, sondern vielmehr auch, mehr und mehr prioritär aus schulischen und allgemeinbildenden Prämissen abgeleitet wird. Eben dies bildet sich in der ReBiNis-Studie insbesondere in den „gesellschaftlichen Herausforderungen" ab, die Religionslehrer:innen als wichtig für „ihre konkrete unterrichtliche Praxis" identifizieren (s. Kapitel 8.1).

> Allerdings betrifft die hier beschriebene Entwicklung die anderen Spielarten von Religionsunterricht weitaus weniger als den evangelischen. Dieser ist dank des Selbstverständnisses evangelischer Kirche und Theologie und dank seiner frühen Öffnung für Schüler:innen aller religiös-weltanschaulichen Orientierungen in besonderem Maße seismografisch angelegt – katholischer, islamischer, jüdischer, alevitischer und orthodoxer Religionsunterricht sind im Vergleich deutlich stärker auf Schüler:innen der jeweils eigenen Konfesssion bzw. Zugehörigkeit, auf Schüler:innen mit bereits vorhandenem oder noch nicht vorhandenem Einverständnis, auf Vergewisserung und Beheimatung im Eigenen ausgerichtet.

10.2.2.2 Strittige Identifikation und Diskussion ‚neuer' fachorganisatorischer Paradigmen

Dieselben gesellschaftlich-religionskulturellen Entwicklungen, die die soeben beschriebene thematische Erweiterung des (evangelischen) Religionsunterrichts bedingen, führten und führen auch zur Generierung neuer fachorganisatorischer Paradigmen. Diese Paradigmen sind weder in Niedersachsen entstanden noch hier verbreitet (jedenfalls bislang), gleichwohl haben sie mittlerweile eine gewisse Bekanntheit insbesondere unter Religionslehrenden erlangt. Es handelt sich um das Paradigma „Multireligiöser Religionsunterricht" für alle Schüler:innen, die sich nicht zugunsten eines Alternativfaches abmelden (sog. Hamburger Weg), um das Paradigma des „Religionskundlichen Unterrichts" (das

---

[48] Identität und Verständigung – Standort und Perspektiven des Religionsunterrichts in der Pluralität. Eine Denkschrift des Rates der EKD, hg. vom Kirchenamt der EKD, Gütersloh 1994.
[49] Religiöse Orientierung gewinnen. Evangelischer Religionsunterricht als Beitrag zu einer pluralitätsfähigen Schule. Eine Denkschrift des Rates der EKD, hg. vom Kirchenamt der EKD, Gütersloh 2014.

in den 1970er Jahren entworfen, jedoch bislang nicht oder nur in Ansätzen realisiert wurde – namentlich seit dem Schuljahr 2014/15 in Gestalt des Bremer Schulfaches „Religion"),[50] und das Paradigma „Lebensgestaltung – Ethik – Religionskunde" (so in Brandenburg)[51] bzw. „Religions & Worldviews" (so in England).[52]

So intensiv die Debatte um diese Paradigmen auf religionspädagogischer Ebene geführt wird, auf so wenig positive Resonanz stoßen diese Paradigmen unter den im Rahmen von ReBiNiS befragten Lehrenden (s. Kapitel 8.2). Sie wünschen mehrheitlich weder einen interreligiösen noch einen religionskundlichen Religionsunterricht oder gar ein „integratives" Fach wie LER (s. Kapitel 8.2.1 mit Tab. 27). Vielmehr hält die große Mehrheit der befragten Religionslehrer:innen an einem Religionsunterricht auf der Basis von Art. 7.3 GG fest: Die zwischen Staat und Religionsgemeinschaft geteilte Verantwortung, die verlangte und erlaubte eigene Positionalität der Lehrenden, die prioritäre Kompetenz auf dem Gebiet ihrer je eigenen Religion bzw. Konfession werden befürwortet – und unter der je eigenen Ägide (und zwar nur unter dieser) kann man sich dann auch ein multireligiöses Lernsetting mit Schüler:innen verschiedener Konfessions- und Religionszugehörigkeit vorstellen.

Man kann in diesem Festhalten ein deutliches Maß an Traditionsgeleitetheit und auch ein hohes Maß an Vertrautheit mit und Vertrauen in diese spezifisch deutsche religionsrechtliche Konstellation erkennen; allerdings ist dieses Festhalten insofern spezifisch schulisch bzw. didaktisch motiviert, als es dazu dient, die Grenzen der je eigenen fachlichen Kompetenzzumutung und Zuständigkeit zu definieren bzw. relativ niedrig abzustecken. Anders gesagt: Die befragten Lehrkräfte wollen die Fachlichkeit ihres Faches nicht zu weit verstehen und sie wollen ihre Ko-Konstruktion von Fachlichkeit nicht auf eine Neukonstruktion des Faches (sondern lediglich auf eine begrenzte Flexibilisierung, z. B. in Gestalt konfessioneller Kooperation) ausdehnen.

10.2.3 Schul(entwicklung) und Lehrer:innenbildung

Weitet man den Blick und schaut über die Entwicklungen in einem Schulfach hinaus auf weitere Kontextbedingungen der Schulfachentwicklung, sind vor allem die Bedingungen in den Schulen und die Träger:innen von Entwicklungen

---

[50] Eva-Maria Kenngott: Religion unterrichten in Bremen, in: Rothgangel/Schröder, Religionsunterricht in den Ländern (s. o. Anm. 38),129–152.
[51] Petra Lenz: Religionskunde (und Religion) unterrichten in Brandenburg, in: Rothgangel/Schröder, Religionsunterricht in den Ländern (s. o. Anm. 38), 97–128.
[52] Commission on Religious Education (CoRE), Religion and Worldviews: The Way Forward, London 2018; vgl. zur Diskussion L. Philip Barnes (ed.): Religion and Worldviews. The Triumph of the Secular in Religious Education, London 2022.

der Schulfächer, Lehrkräfte und Schüler:innen, relevant. Schulentwicklung wird nicht nur mit einer pädagogischen oder allgemein-didaktischen Zielrichtung betrieben, sondern auch fächer- bzw. fachbereichsbezogen. Die Etablierung und Ausbreitung neuer oder veränderter Schulfächer ist somit auch davon abhängig, wie weit in der Schulentwicklung an sie angeschlossen wird. Konkrete Bedingungen an der einzelnen Schule, wie etwa besonders für ein Schulfach sich engagierende Schulleitungen oder Lehrkräfte, können dabei den Ausschlag geben. Zugleich bedarf es darüber hinaus aber sowohl eines Aufbaus von Strukturen für die Qualifizierung und Professionalisierung von Lehrkräften als auch solcher Schüler:innen (und ihrer Eltern), die einem Schulfach – bzw. sich verändernden Schulfächern – einen Wert beimessen. Wenn auch nur kurz, wollen wir hierzu Beobachtungen aus der ReBiNi-Studie ergänzen.

10.2.3.1 Schulformspezifische Fachentwicklung und einzelne Schulen als Experimentierfelder

Unter den Faktoren, die die Fachentwicklung in Niedersachsen dynamisieren und spreizen, sticht die Schulformspezifik der Angebotsgestaltung hervor: Die geäußerten Präferenzen der in der ReBiNis-Studie befragten Lehrkräfte hängen eng mit der Schulform zusammen. So tendieren auf der einen Seite Lehrende an Grundschulen, Gesamtschulen und Berufsbildenden Schulen dazu, Religionsunterricht als ein integratives Fach zu konzipieren, das nach Möglichkeit alle Schüler:innen einer Klasse oder eines Jahrgangs gemeinsam unterrichten und deren soziale Kohäsion fördern soll. Auf der anderen Seite tendieren viele Lehrende an Gymnasien zum herkömmlich konfessionell gegliederten, wissenschaftspropädeutisch orientierten und unverkennbar an der jeweiligen konfessionellen Theologie ausgerichteten Religionsunterricht. Andere Unterschiede zwischen den Lehrkräften, wie Alter bzw. Berufserfahrung, Geschlecht und eigene Religiosität, spielen gegenüber der Schulform, in der Lehrende tätig sind, eine deutlich nachgeordnete Rolle für die Frage, welche Form des Religionsunterrichts sie präferieren.

Allerdings sind es weniger die Schulformen an sich, die die Entwicklung der religionsbezogenen Fächer prägen, sondern einzelne Schulen, die auf ihre Bedingungen reagieren und ihr Schulprogramm entwickeln – und das heißt auch meist: in besonders engagierter Weise tätige Lehrkräfte. Einzelschulen sind der Ort, an dem rechtlich vorhandene Spielräume genutzt und darüber hinaus gehende Spielräume geschaffen werden.[53]

Rechtlich konzedierte Spielräume nutzen Schulen etwa, wenn sie Anträge auf konfessionelle Kooperation stellen. Grauzonen betreten sie, wenn sie weiter-

---

[53] Vgl. grundlegend Helmut Fend: Gute Schulen, schlechte Schulen: die einzelne Schule als pädagogische Handlungseinheit, in: Die deutsche Schule 78 (1986), 3, 275–293.

gehende Strategien entwickeln, um der religiös-weltanschaulichen Heterogenität der Schüler:innen Rechnung zu tragen (s. Kapitel 6).[54] Nicht offiziell eingeräumte Spielräume schaffen sie, wenn sie ein Fach einführen, das Religion *und* Werte und Normen abdecken soll.

10.2.3.2 Die Rede vom Bedeutungsverlust und die anhaltende Wertschätzung religionsbezogener Bildung

Im religionspädagogischen Fachdiskurs und in öffentlichen Diskussionen ist häufig von einem Bedeutungsverlust religiöser Bildung in der Schule die Rede: Die Zahl der Schüler:innen sei rückläufig (sei es, weil Schüler:innen bei der Anmeldung in der Schule nicht mehr als Mitglieder einer Religionsgemeinschaft ausgewiesen werden, sei es, weil sie sich abmelden), zu beklagen sei der Ausfall von Unterricht (sei es, weil Lehrer:innen, die auch Religion unterrichten könnten, in anderen Fächern eingesetzt werden, sei es, weil der RU etwa in der 7./8. Jahrgangsstufe ausgesetzt werde) oder die Marginalisierung des Faches (etwa durch Verlegung in Randstunden). Empirisch verifiziert werden solche Eindrücke nur zum Teil.[55]

In der ReBiNiS-Befragung spiegelt sich weder der sonst oft thematisierte Bedeutungsverlust des Faches für die Schüler:innen noch ein entsprechendes Ondit in der Religionslehrer:innenschaft – ein Bedeutungsverlust religionsbezogener Bildung für Schüler:innen spielt in der Wahrnehmung der Befragten keine zentrale Rolle.[56]

10.2.3.3 Modifikation der Professionalisierungserfordernisse

Die Voraussetzungen für die Professionalisierung von Lehrkräften sind in den unterschiedlichen Fächern religionsbezogener Bildung – auch historisch gesehen – sehr unterschiedlich. Während die Bildung evangelischer und katholischer Religionslehrer:innen auf eine mehrere hundert Jahre lange Geschichte

---

[54] Vgl. z. B. Christine Lehmann/Martin Schmidt-Kortenbusch: Handbuch dialogorientierter Religionsunterricht: Grundlagen, Materialien und Methoden für integrierte Schulsysteme, Göttingen 2016, und dies., Dialogorientierter Religionsunterricht in integrierten Schulsystemen: Unterrichtsplanungen und -materialien zu zentralen Themen der Sek I, Göttingen 2016.

[55] Vgl. insbesondere Comenius-Institut (Hg.), Evangelischer Religionsunterricht: Empirische Befunde und Perspektiven aus Baden-Württemberg, Niedersachsen und Sachsen (Evangelische Bildungsberichterstattung 5), Münster 2019, und zudem Carsten Gennerich/Mirjam Zimmermann, Abmeldung vom Religionsunterricht: Statistiken, empirische Analysen, didaktische Perspektiven, Leipzig 2016.

[56] Das ist umso bemerkenswerter, als der Bedeutungsverlust jedenfalls der beiden großen Kirchen in der bundesrepublikanischen Gesellschaft 2022 einen symbolischen Wert erreicht hat: Erstmals sank die Quote der Mitgliedschaft in den evangelischen Landeskirchen und den römisch-katholischen Bistümern zusammengenommen unter 50 % der Bevölkerung.

zurückblicken kann, gibt es im Blick auf jüdischen, alevitischen und orthodoxen Religionsunterricht in Niedersachsen keine ordentlichen Qualifikationswege; im Falle der islamischen Religionslehrer:innen-Bildung und der Werte-und-Normen-Lehrer:innenbildung sind die Qualifikationswege im Aufbau.

Die Geschichte der evangelischen Religonslehrer:innen-Bildung in Deutschland wird gemeinhin als eine Professionalisierungsgeschichte rekonstruiert;[57] dementsprechend komplex wird das Profil der an sie gerichteten Kompetenzerwartungen gezeichnet[58] – im Blick auf katholische Religionslehrer:innen-Bildung stellt sich die Lage ähnlich dar, während Professionalisierung und Profilbildung für alevitische, islamische, jüdische oder orthodoxe Religionslehrer:innen nicht oder nur rudimentär zu erkennen sind. Die Professionalisierung der Werte-und-Normen-Lehrer:innen-Bildung verlief und verläuft im Vergleich zu derjenigen evangelischer und katholischer Religionslehrer:innen weitaus zeitverzögerter, allerdings der Intention der Berufsverbände, des Kultusministeriums und vieler Lehrender nach gleichsinnig. Angesichts der Singularität des Faches und seiner Referenzierung durch drei Bezugswissenschaften (Philosophie, Religionswissenschaft, Sozialwissenschaft) stößt die Bestimmung des beruflichen Profils und die Implementierung entsprechender Bildungsstandards indes auf Schwierigkeiten.[59]

Angesichts dieser Disparität im Blick auf die Etabliertheit und Qualität der Lehrer:innen-Bildung wundert es nicht, dass sich in der schulischen Wirklichkeit Indizien mangelnder Professionalität finden: eine recht hohe Quote fachfremd erteilten Unterrichts, eine beträchtliche Zahl von Lehrenden, die durch Weiterbildung oder Quereinstieg zur Lehrtätigkeit im Fach fanden, eine Tendenz, Studierende bereits im Studium für die selbstständige Erteilung von Unterricht zu rekrutieren. Im Sample der ReBiNiS-Studie sind solche Personen vertreten – hier und da zeigt sich, dass sie signifikant andere Positionen vertreten als ihre grundständig qualifizierten Kolleg:innen (vgl. Kapitel 8.2.1).

10.3 Bündelung

Die ReBiNiS-Studie befragte Lehrer:innen religionsbezogener Fächer – und in begründeter Beschränkung keine Schulleiter:innen, keine Schüler:innen, keine

---

[57] Schweitzer/Simojoki/Henningsen/Mautz, Professionalisierung (s. o. Anm. 16).
[58] Kirchenamt der EKD (Hg.): Theologisch-Religionspädagogische Kompetenz. Professionelle Kompetenzen und Standards für die Religionslehrerausbildung. Empfehlungen der Gemischten Kommission zur Reform des Theologiestudiums (EKD-Texte 98), Hannover 2009 und Kirchenamt der EKD (Hg.), Aus-, Fort- und Weiterbildung von Religionslehrerinnen und -lehrern Empfehlungen der Gemischten Kommission für die Reform des Theologiestudiums 2016–2021, Hannover 2022.
[59] Anne Burkard (Hg.), Das Fach Werte und Normen an Schule und Universität. Chancen, Herausforderungen und Perspektiven, Stuttgart 2023 (in Vorbereitung).

10.3 Bündelung

Schulpolitiker:innen. Insofern zeigen die Voten, die im Medium der Fragebogenuntersuchung wie der vertiefenden Interviews eingeholt wurden, dass Lehrer:innen auf Fach und Fachlichkeit reflektieren und sich an deren Konstruktion durch ihre unterrichtliche Praxis, durch ihr Agieren in Fachkonferenz und Schule, und – wenn sie gefragt werden – durch Auskünfte und Einschätzungen aktiv teilhaben. Anders gesagt: Die ReBiNiS-Studie zeichnet (wie andere, ähnliche angelegte Studien auch) *Lehrer:innen als Co-Konstrukteur:innen von Fach und Fachlichkeit.*

Indem die ReBiNiS-Studie die Lehrer:innen auf ihre gegenwärtigen Unterrichtstrategien, auf von ihnen wahrgenommene Herausforderungen und Entwicklungen anspricht und die Lehrer:innen dazu Auskunft geben, bestätigt die Studie, *dass* sich der Fächerkanon der religionsbezogenen Fächer und das Verständnis ihrer Fachlichkeit in Niedersachsen verändert – und beschreibt, *inwiefern* diese beiden Momente sich verändern: Als dominante Trends lassen sich Ausdifferenzierung (2.1.1), Umordnung der Fächer (2.1.2) und Neufassung des gesellschaftlich für notwendig gehaltenen religiösen bzw. religionsbezogenen Wissens (2.2) identifizieren: Die Zahl der Fächer wächst, sie rücken in ein Verhältnis der Gleichrangigkeit und der Wahlpflicht, und sie orientieren ihre Inhalte sukzessive stärker an gesellschaftlich-schulischen Erwartungen als an religionsgemeinschaftlich-theologischen. Dieser Trend der Entwicklung lässt sich in den Ergebnissen von ReBiNiS ablesen bzw. bestätigen.[60]

Allerdings werden diese Verschiebungen nicht unmittelbar geltend gemacht, sondern vermittelt über theologische, hermeneutische und religionsdidaktische Reflexion (von Lehrer:innen, Fachdidaktiker:innen u. a.) in den Kontext „schulischer Religionsunterricht" überführt: *Schule ist nicht das Abbild der Gesellschaft, sondern ein pädagogisch strukturierter Lernort.*

> Im Feld der religionsbezogenen Fächer finden somit – seit den 1970er Jahren in zunehmender Dichte – „Rekontextualisierungen"[61] auf verschiedenen Ebenen statt: Auf der Makroebene der staatlichen und religionsgemeinschaftlichen Bildungspolitik und Schuladministration kommt es zur Ausdifferenzierung der Fächer (konkret:

---

[60] Angesichts der Dimensionen der Verfächerung wird deutlich, dass die Initiative, ab 2025 einen gemeinsam verantworteten christlichen Religionsunterricht (an Stelle von evangelischem, katholischem konfessionell-kooperativem und zukünftig vielleicht auch an Stelle von orthodoxem Religionsunterricht) einzuführen, nicht nur in ökumenischer, sondern auch in fachgeschichtlicher Hinsicht bemerkenswert ist: Durch diesen Schritt würde die Tendenz zur Ausdifferenzierung gebrochen zu Gunsten einer Elementarisierung auf wenige verschieden-religiöse Religionsunterrichte zuzüglich Werte und Normen (2 + x-Modell).
[61] Zu diesem Begriff bzw. Konzept (sowie zu den im Folgenden unterschiedenen Ebenen) siehe Helmut Fend, Schule gestalten. Systemsteuerung, Schulentwicklung und Unterrichtsqualität, Wiesbaden 2008, v. a. 26–34, und etwa Cristian D. Magnus, Rekontextualisierung als Konzept zur Erweiterung der analytischen Perspektive und der forschungspraktischen Operationalisierung von Educational Governance, in: Roman Langer/Thomas Brüsemeister (Hg.) Handbuch Educational Governance Theorien (Educational Governance, vol 43), Wiesbaden 2019, 99–122.

zu einer erhöhten Zahl verschieden-konfessioneller Religionsunterrichte) und deren partieller Neuorganisation (etwa in Gestalt des konfessionell-kooperativen und perspektivisch des Christlichen Religionsunterrichts) sowie durch inhaltliche und didaktische Neufassung der Kerncurricula. Auf der Mesoebene reagieren Schulen und Fachkonferenzen im Rahmen der ihnen gewährten Schulautonomie und ihres Schulprofils auf die religiös-weltanschauliche Heterogenität der Schüler:innen, etwa durch Umordnung der Fächer und Kreierung neuer Fachkonstellationen. Und auf der Mikroebene – die durch ReBiNiS in den Fokus gerückt wird – entwickeln einzelne Lehrer:innen Handlungsstrategien zum Umgang mit jener Pluralität.

Schließlich markiert die ReBiNiS-Studie auch, dass die Zusammenfassung der Religionsunterrichte und des Werte-und-Normen-Unterrichts unter dem Begriff „religionsbezogene Fächer" lediglich eine sprachliche Vereinfachung zur Kennzeichnung der Fächergruppe, nicht aber sachlich angemessen ist: Religionsunterrichte wollen nicht nur „religionsbezogen" sein, sondern „religiös", WuN hingegen will keineswegs primär, sondern lediglich sekundär auch „religionsbezogen" sein.[62] Der Mehrheit der Lehrenden ist die Unterscheidbarkeit und Unterscheidung von Religions- und Werte-und-Normen-Unterricht wichtig – lediglich in dem Teil der Schulformen (Grund-, Gesamt- und berufsbildende Schulen), die curricular insgesamt stärker auf Fächerverbünde setzen, wird mit der Fusion beider Fächer experimentiert und eine solche von einer signifikanten Zahl Lehrender begrüßt.

Die ReBiNiS-Studie bleibt im Blick auf etliche Facetten des Fach-/Fachlichkeit-Diskurses stumm, die im Sinne von Impulsen für eine hier anknüpfende Forschung abschließend anzusprechen sind: Zu fragen wäre etwa, mit Hilfe welcher Prozeduren welche Wissensbestände in den unterschiedlichen religionsbezogenen Fächern als Gegenstand religionsbezogener Bildung konstruiert werden, zu fragen wäre in diesem Zusammenhang auch danach, ob sich die Curricula der Religionsunterrichte aneinander und an das Curriculum des Werte-und-Normen-Unterrichts annähern oder ausdifferenzieren. Von Interesse könnte es auch sein, nach den Grenzziehungen, die (einzelne der) religionsbezogene(n) Fächer gegenüber anderen Schulfächern vornehmen, zu fragen.

Nicht ohne Weiteres zu beantworten ist im Licht der ReBiNiS-Studie die Frage nach einer möglichen zukünftigen Entwicklung: Die Geschichte der religionsbezogenen Fächer verlief in der Vergangenheit nicht linear; sie tut dies auch gegenwärtig nicht. Ausdifferenzierung und Entspezifizierung, Treue zu

---

[62] Im Blick auf das Fach Werte und Normen gibt es diesbezüglich durchaus einen Richtungsstreit darüber, ob das Fach primär philosophisch oder religionswissenschaftlich oder sozialisationsbegleitend verstanden werden soll – vgl. dazu in der Einleitung zu diesem Band die Fußnoten 5 und 6.
Inwiefern sich neben diesen unterschiedlichen inhaltlichen Ausrichtungen beider Fächer auch Unterschiede in den Modi der Wissensvermittlung- und -aneignung und des Umgangs mit Wissen entwickeln, wurde (auch in der ReBiNiS-Studie) noch nicht untersucht.

den herkömmlichen, rechtlich sanktionierten Koordinaten des Religionsunterrichts gemäß Art. 7.3 GG und Erprobung neuer Paradigmen, Neufassung der Themen und Erkennbarkeit der Fachtradition konkurrieren miteinander –, und es wird auf die Präferenzen der Religionslehrer:innen, bildungspolitische und kirchliche Entscheidungen sowie auf die religionsdemografische Entwicklung ankommen, wie diese Konkurrenzen entschieden werden.

Unbeschadet dessen scheint uns die Nutzung des erziehungswissenschaftlichen Diskurses um Schulfächer und Fachlichkeit fruchtbar zu sein für die Interpretation von Entwicklungen um Religions- und Ethikunterricht. Möglich wären etwa Studien, die die Ausdifferenzierung und Umordnung der Fächer religionsbezogener Bildung im Blick auf die darin zur Geltung kommenden Konstruktionen von Fachlichkeit hin untersuchen. Ebenso wünschenswert wären Studien, die den Wandel des Fächerkanons in unterschiedlichen Domänen – insbesondere Entfachlichungstendenzen und die Entwertung des Schulfaches als Organisationsrahmen schulischer Bildung – untersuchen und miteinander vergleichen. Über die Befragung von Lehrkräften und anderen Akteuren hinaus wären dabei auch Dokumentenanalysen und Unterrichtsbeobachtungen einzubeziehen.

Dr. Kerstin Rabenstein ist Professorin im Arbeitsbereich „Schulpädagogik/Empirische Unterrichtsforschung und Schulentwicklung" des Instituts für Erziehungswissenschaft der Georg-August-Universität Göttingen.
Dr. Bernd Schröder ist Professor für Praktische Theologie mit den Schwerpunkten Religionspädagogik und Bildungsforschung an der Theologischen Fakultät der Georg-August-Universität Göttingen.

11 Danksagung und Schluss

Anlass zu dieser Studie gaben die Tagungen der „Pädagogisch-theologischen Studienkommission Niedersachsen", einem informellen Zusammenschluss derer, die auf evangelischer Seite lehrend an der ersten Phase der Religionslehrer:innenbildung an niedersächsischen Hochschulen beteiligt sind und einmal pro Jahr im Religionspädagogischen Institut Loccum zusammenkommen. Neben der Diskussion bestimmter Schwerpunktthemen kamen und kommen dort auch jeweils verschiedene Wahrnehmungen und Interpretationen zum Religionsunterricht, zu den Religionslehrenden und ihrer Bildung zur Sprache. Einem Teil der sich auf diese Weise abzeichnenden Veränderungen versucht diese Studie auf den Grund zu gehen.

Ermöglicht wurde ihre Durchführung durch finanzielle Förderung im Rahmen des PRO*Niedersachsen-Programms, das vom niedersächsischen Ministerium für Wissenschaft und Kultur administriert wird. Der entsprechende Antrag wurde von Monika Fuchs und Bernd Schröder verfasst und 2019 eingereicht; als Kooperationspartner:innen haben Dr. Jörg Ballnus, Osnabrück, Prof. Dr. Christina Kalloch, Hannover/Hildesheim, Prof. Dr. Kerstin Rabenstein, Göttingen, und Prof. Dr. Christa Runtenberg, Oldenburg, dabei mit Rat zur Seite gestanden und zugleich die evangelische Perspektive der Antragstellenden um eine islamische, eine katholische, eine empirisch-bildungswissenschaftliche und eine Werte-und-Normen-didaktische Perspektive ergänzt. Der Bearbeitungszeitraum des bewilligten Projekts und damit auch die Beschäftigung der beiden wissenschaftlichen Mitarbeiterinnen Joana Stephan und Elisabeth Hohensee erstreckte sich vom 1. Januar 2020 bis zum 31. Dezember 2022. Der studentischen Hilfskraft Liliane Herms gebührt herzlicher Dank für ihre zuverlässige Unterstützung bei der Transkripterstellung zur qualitativen Untersuchung.

Der quantitative Teil der Untersuchung wurde durch Joana Stephan von Göttingen aus vorangetrieben, der qualitative Teil lag in der primären Obhut von Elisabeth Hohensee in Hannover. Entsprechend geht auch die Abfassung der Texte, mit denen wir unsere Studie vorstellen, auf unterschiedliche Autorinnen zurück – die Präsentation der quantitativen Daten hat zuerst Joana Stephan unternommen, diejenige der qualitativen Daten Elisabeth Hohensee. Die letztliche Textgestalt wird indes vom gesamten Team verantwortet. Unbeschadet dessen gebührt beiden Mitarbeiterinnen großer Dank für ihr Engagement, für die von ihnen eingebrachte Methoden- und Sachkenntnis und die Punktgenauigkeit, mit der die Arbeiten zum Ende gebracht werden konnten.

Unser Dank gilt ferner den Kooperationspartner:innen Jörg Ballnus, Christina Kalloch sowie Kerstin Rabenstein für ihre Kommentierung aus fachdidaktischer bzw. bildungswissenschaftlicher Perspektive – sowie insbesondere Prof.

11 Danksagung und Schluss

Dr. Anne Burkard, Göttingen, die sich kurzfristig bereit fand, die Studie im Blick auf den Werte-und-Normen-Unterricht zu kommentieren. Vergleichende Kommentare unter Fokussierung der Schulformspezifik haben dankenswerter Weise die Professores Andreas Obermann (Bonn, BBS), Hanna Roose (Bochum, Grundschule), Michael Wermke (Jena, Gymnasium) und Ulrike Witten (München, Sekundarstufe I) vorgenommen. Für ihre Kommentierung im Vergleich kontextueller, regionenspezifischer Bedingungen danken wir den Kolleg:innen Uta Pohl Patalong (Kiel, Schleswig-Holstein), Michael Domsgen (Halle/S., Sachsen-Anhalt), Susanne Schwarz (Landau, Rheinland-Pfalz) und Manfred Pirner (Nürnberg, Bayern).

Eine Befragung – ganz gleich, ob mit Hilfe von Fragebögen oder Interviews durchgeführt – ist nicht zuletzt auf die Unterstützung der Befragten angewiesen: Im Falle dieser Untersuchung haben mehr als 30 % der Adressierten die Mühe auf sich genommen, einen mehrseitigen Fragebogen auszufüllen, mehr als 100 Lehrer:innen waren bereit, sich einem Interview zu stellen. Dafür danken wir sehr herzlich. Die Ergebnisse, die in Kapitel 3 dieses Buches knapp zusammengefasst werden, zeigen eindrücklich, dass Religionslehrer:innen im Bereich religionsbezogener Bildung Akteur:innen sind, die nicht allein ihren Unterricht, sondern auch die Fachkonstellation und insofern auch die Schulentwicklung reflektieren und konzeptuell bearbeiten. Dabei erweist sich die Fachgruppe bzw. Fachkonferenz als eine Handlungseinheit innerhalb der einzelnen Schule, der aus der Sicht der Lehrenden große Bedeutung zukommt – eine Bedeutung, die sich in Forschung und Theoriebildung bislang noch nicht abbildet.

Ein abschließender Dank gilt Paula Heldt, Lawrence Loewe sowie Anne-Sophie Lehmann für die gründliche Korrekturdurchsicht des Manuskripts. Sebastian Weigert, Florian Specker und dem Team des Kohlhammer-Verlages ebenso wie Andrea Töcker, die den Satz übernommen hat, danken wir für die wohlwollende Begleitung und Umsetzung der Publikation unserer Studienergebnisse.

Anhang

A01 Fragebogen

1. Geben Sie Ihr Geschlecht an.
    - o [offene Texteingabe]

2. Geben Sie Ihr Alter an.
    - o [offene Texteingabe]

3. Wie viele Einwohner hat Ihr Schulort?
    - o unter 5000 Einwohner
    - o 5000–10 000 Einwohner
    - o 10 000–20 000 Einwohner
    - o 20 000–50 000 Einwohner
    - o 50 000–100 000 Einwohner
    - o über 100 000 Einwohner

4. Unterrichten Sie an einer Schule in Niedersachsen?
    - o Ja
    - o Nein

5. An welcher Schulform unterrichten Sie?
    - o Grundschule
    - o Förderschule
    - o Hauptschule
    - o Realschule
    - o Oberschule
    - o Gesamtschule
    - o Gymnasium
    - o Berufsbildende Schule

6. Welchen Religionsunterricht oder Werte und Normen unterrichten Sie? (Mehrfachantworten möglich)
    - o Alevitische Religion
    - o Evangelische Religion
    - o Islamische Religion
    - o Jüdische Religion
    - o Katholische Religion
    - o Konfessionell-kooperativer Religionsunterricht
    - o Orthodoxe Religion
    - o Werte und Normen

7. Welche Qualifikation haben Sie für Ihr religionsbezogenes Fach erworben?
    - o Ordentliches Lehramtsstudium und Referendariat Evangelische Religion
    - o Ordentliches Lehramtsstudium und Referendariat Katholische Religion

A01 Fragebogen

- o Ordentliches Lehramtsstudium und Referendariat Philosophie oder Werte und Normen
- o Ordentliches Lehramtsstudium und Referendariat Islamische Religion
- o Religionsbezogenes Unterrichtsfach als Drittfach (nicht im Staatsexamen geprüft)
- o Weiterbildungskurs für ein religionsbezogenes Fach
- o Andere berufliche Qualifikation und Quereinstieg ins Lehramt

Keine, ich unterrichte fachfremd

8. Haben Sie eine religionsgemeinschaftliche Beauftragung (wie beispielsweise die Vokation, die Idschaza oder die missio canonica)?
   - o Ja, und zwar: [offene Texteingabe]
   - o Nein
   - o keine Angabe

9. Seit wie vielen Jahren unterrichten Sie ein religionsbezogenes Fach (eingeschlossen Referendariatszeit)?
   - o 1–2 Jahre
   - o 3–5 Jahre
   - o 6–10 Jahre
   - o 11–20 Jahre
   - o 21–30 Jahre
   - o Mehr als 30 Jahre

10. Wie viele Wochenstunden unterrichten Sie ein religionsbezogenes Fach?
    - o bis zu 2 Stunden
    - o 3–6 Stunden
    - o 7–10 Stunden
    - o über 10 Stunden

11. Wie wird Religionsunterricht an Ihrer Schule hauptsächlich unterrichtet?
    - o Konfessioneller Religionsunterricht in getrennten Lerngruppen
    - o Konfessionell-kooperativer Religionsunterricht für evangelische und katholische Schüler*innen
    - o Kein Religionsunterricht

12. Wird das Fach Werte und Normen oder das Fach Praktische Philosophie an Ihrer Schule unterrichtet? (Mehrfachnennungen möglich)
    - o Ja, Werte und Normen.
    - o Ja, Praktische Philosophie
    - o Nein

13. Wird bei Ihnen Religionsunterricht im Klassenverband unterrichtet?
    - o Nein, es gibt keinen Religionsunterricht im Klassenverband
    - o Ja, weil
    - o Ja, weil [Offenes Eingabefeld]

14. Mit welchen Kolleg*innen, die ein religionsbezogenes Fach unterrichten, kooperieren Sie? (Mehrfachnennung möglich)
    - o Lehrkräfte des Faches „Alevitische Religion"
    - o Lehrkräfte des Faches „Evangelische Religion"

- Lehrkräfte des Faches „Islamische Religion"
- Lehrkräfte des Faches „Jüdische Religion"
- Lehrkräfte des Faches „Katholische Religion"
- Lehrkräfte des Faches „Werte und Normen (ggf. Philosophieunterricht)"
- Nicht-religionsbezogene Lehrkräfte (z. B. Geschichts- oder Politiklehrkräfte)

15. Welche Kooperationen mit den genannten Kolleg*innen gibt es an Ihrer Schule? (Mehrfachnennungen möglich)
    - Persönlicher Kontakt zu den anderen Lehrkräften
    - Austausch innerhalb der Fachgruppe oder Fachkonferenz und der regelmäßigen fachlichen Treffen
    - Zusammenarbeit bei besonderen Anlässen
    - Zusammenarbeit bei religiösen Festen
    - Betreuung religiöser Angebote im Schulleben (wie z. B. Räume der Stille)
    - Gemeinsame Planung von Exkursionen
    - Gemeinsame Durchführung von Exkursionen
    - Gemeinsamer Unterricht

16. Wie kooperieren Sie mit diesen Kolleg*innen im religionsbezogenen Unterricht? (Mehrfachnennungen möglich)
    - Gegenseitiges Einladen in die Lerngruppe
    - Tausch und Wechsel der Lehrkräfte
    - Gemeinsamer Unterricht (team-teaching)
    - Gemeinsame Vorbereitung von Unterrichtsthemen
    - Andere Kooperationsform
    - Andere Kooperationsform [Offene Texteingabe]
    - Kolleg*innen Feedback geben

17. Von welcher Dauer ist die Kooperation des gemeinsamen Unterrichts? (Mehrfachnennungen möglich)
    - Für einzelne Stunden oder Doppelstunden
    - Für die Dauer einer Unterrichtseinheit
    - Für einen Projekttag oder eine Projektwoche
    - Für die Vorbereitung einer gemeinsamen Exkursion
    - Für ein Schulhalbjahr oder länger

18. Aus welchen Gründen kommen keine Kooperationen mit religionsbezogenen Kolleg*innen zustande? (Mehrfachnennungen möglich)
    - Zu hoher organisatorischer und zeitlicher Aufwand
    - Ich wünsche keine Zusammenarbeit mit Kolleg*innen
    - Kolleg*innen wünschen sich keine Zusammenarbeit
    - Zu unterschiedliche Fachkulturen
    - Die Inhalte haben zu wenig Überschneidungen
    - Keine Einigung auf Kooperationsformen möglich
    - Es kommen alle gewünschten Kooperationen stattfinden

19. Wie zufrieden sind Sie mit der Kooperation und/oder der gemeinsamen Unterrichtsgestaltung?
    - 1 = sehr unzufrieden
    - 2 = eher unzufrieden
    - 3 = weder noch

- o 4 = eher zufrieden
- o 5 = sehr zufrieden

20. Welcher religionsbezogenen Fachgruppe oder Fachkonferenz gehören Sie an?
    - o Fachgruppe/Fachkonferenz Religion
    - o Fachgruppe/Fachkonferenz Werte und Normen
    - o Gemeinsame Fachgruppe/Fachkonferenz Religion und Werte und Normen
    - o Konfessionsspezifische Fachgruppe

21. Sind Sie Sprecher*in in dieser Fachgruppe oder Fachkonferenz?
    - o Ja
    - o Nein

22. Welche Fächer unterrichten die Lehrkräfte, die in dieser Fachgruppe oder Fachkonferenz vertreten sind? (Mehrfachnennungen möglich)
    - o Alevitische Religion
    - o Evangelische Religion
    - o Islamische Religion
    - o Jüdische Religion
    - o Katholische Religion
    - o Konfessionell-kooperativer Religionsunterricht
    - o Orthodoxe Religion
    - o Werte und Normen
    - o Andere Fächer (wie beispielsweise Geschichte oder Politik)

23. Welche Aufgaben setzt diese Fachgruppe/Fachkonferenz um? (Mehrfachantworten möglich)
    - o Technische Absprachen zum Unterricht
    - o Diskussion über die Organisation von Unterricht
    - o Erstellung von Materialien
    - o Ausgestaltung eines Fachcurriculums
    - o Geselliges Zusammensein und Vernetzung
    - o Absprache zu Angeboten von „Religion im Schulleben"
    - o Auswahl der Schulbücher
    - o Planung von Exkursionen
    - o Andere Aufgaben
    - o Andere Aufgaben [offene Eingabe]

24. Schildern Sie uns bitte schulspezifische Regelungen und Praxen des Religionsunterrichts, die Sie für nachahmenswert halten.
    - o [offene Eingabe]

25. Schildern Sie uns bitte schulspezifische Regelungen und Praxen des Religionsunterrichts, die Sie für bedenklich halten.
    - o [offene Eingabe]

26. Welche Angebote gibt es an Ihrer Schule im Bereich „Religion im Schulleben"? (Mehrfachnennungen möglich)
    - o Schulseelsorge/Schulpastoral
    - o Schulgottesdienst(e)
    - o Schulsozialarbeit

- Schulnahe Jugendarbeit
- Sozialpraktikum oder Diakoniepraktikum
- Keine Angebote
- Andere Angebote
- Andere Angebote [offene Eingabe]

27. Wer ist für die Betreuung der Angebote im Bereich „Religion im Schulleben <u>hauptsächlich</u> verantwortlich? (Mehrfachnennungen möglich)
    - Die religionsbezogenen Lehrkräfte in Eigenregie
    - Lehrkräfte anderer Fächer
    - Die Fachgruppe oder Fachkonferenz in gemeinsamer Verantwortung
    - Schulpastor*in
    - Schulseelsorger*in
    - Schulpastorale Mitarbeiter*innen
    - Keine Betreuung, da keine Angebote vorhanden sind
    - Andere Verantwortliche
    - Andere Verantwortliche [offene Eingabe]

28. Welche Formen von religiösen Schulfeiern gibt es an Ihrer Schule? (Mehrfachnennungen möglich)
    - Multireligiöse und interreligiöse Schulfeiern
    - Christliche Schulfeiern einer Kirche
    - Ökumenische Schulfeiern
    - Keine religiösen Schulfeiern
    - Schulfeiern der Mehrheitskonfession mit freiwilliger Teilnahme für Schüler*innen anderer Konfessionen
    - Andere religiöse Schulfeiern
    - Andere religiöse Schulfeiern [offene Eingabe]

29. Wie zufrieden sind Sie mit den Angeboten im Bereich „Religion im Schulleben"? (1 = sehr unzufrieden 2 = eher unzufrieden 3 = weder noch 4 = eher zufrieden 5 = sehr zufrieden)
    - Unterstützung der Schulleitung
    - Häufigkeit
    - Qualität des Angebots
    - Teilnahme der Schüler*innen
    - Inhaltliche Schwerpunktsetzung
    - Organisatorischer und zeitlicher Aufwand
    - Zusammenarbeit mit Kolleg*innen
    - Zusammenarbeit mit Religionsgemeinschaften (z. B. Gemeinde)
    - Zusammenarbeit mit anderen außerschulischen Partner*innen

30. Warum kommen Angebote im Bereich „Religion im Schulleben" nicht zustande? (Mehrfachnennungen möglich)
    - Zu hoher organisatorischer und zeitlicher Aufwand
    - Kein pädagogischer oder didaktischer Mehrwert
    - Fehlender Kontakt zu Religionsgemeinschaften
    - Keine Einigung auf gemeinsame Kooperationsformen
    - Ablehnung durch die Schulleitung
    - Ablehnung durch Schüler*innen
    - Ablehnung durch Eltern
    - Alle gewünschten Angebote kommen zustande

A01 Fragebogen 341

31. Welche der folgenden außerschulischen Lernorte besuchen Sie im Rahmen Ihres religionsbezogenen Unterrichts? (Mehrfachnennungen möglich)
    o Christliche Kirchen/Klöster
    o Christliche Friedhöfe
    o Synagogen
    o Jüdische (historische) Friedhöfe
    o Moscheen
    o Buddhistische Zentren
    o Interreligiöse Zentren (wie z. B. das Haus der Religionen in Hannover)
    o Diakonische und caritative Einrichtungen (wie z.B: Werkstätten für Menschen mit Behinderungen oder Hospize)
    o Museen und Ausstellungen
    o Gedenkorte oder Gedenkstätten
    o Historische Orte
    o Orte in der Stadt (wie Einkaufszentrum oder Bahnhof)
    o Wissenschaftliche Einrichtungen (wie z. B. Universitäten, Bibliotheken oder Archive)
    o Orte in der Natur (wie Pilgerwege oder Bibelgärten)
    o Keine
    o Andere Orte
    o Andere Orte [offene Eingabe]

32. Wie oft besuchen Sie außerschulische Lernorte mit einer religionsbezogenen Lerngruppe?
    o nie
    o 1 Mal im Jahr
    o 2 Mal im Jahr
    o mehr als 2 Mal im Jahr

33. Wie wichtig sind Ihnen folgende pädagogische Gründe für den Besuch eines außerschulischen Lernortes in Ihrem religionsbezogenen Fach? (1 = gar nicht wichtig 2 = eher nicht wichtig 3 = weder noch 4 = eher wichtig 5 = sehr wichtig)
    o Begegnung der Schüler*innen mit der eigenen Religion/Konfession
    o Begegnung der Schüler*innen mit anderen/fremden Religionen/Konfessionen
    o Erkennen der lebensweltlichen Verankerung von Religion
    o Erkennen der historischen Verankerung von Religion in der heutigen Gesellschaft
    o Unmittelbare Veranschaulichung
    o Authentisches Erleben
    o Eigenständige Erkundung der Orte
    o Steigerung der Motivation der Schüler*innen
    o Erhöhte Aufmerksamkeit und Handlungsfähigkeit der Schüler*innen im Alltag
    o Erhöhung des individuellen Lernerfolgs der Schüler*innen
    o Umsetzung des Curriculums oder des Lehrplans

34. Warum kommt der Besuch von außerschulischen Lernorten im religionsbezogenen Unterricht nicht zustande? (Mehrfachnennungen möglich)
    o Zu hoher organisatorischer und zeitlicher Aufwand
    o Kein pädagogischer oder didaktischer Mehrwert

- o Fehlender Kontakt zu Religionsgemeinschaften
- o Fehlende Kenntnis über mögliche außerschulische Lernorte
- o Ablehnung durch die Schulleitung
- o Ablehnung durch Schüler*innen
- o Ablehnung durch Eltern
- o Fehlende Begleitperson aus dem Kollegium
- o Alle gewünschten Besuche kommen zustande

35. Wie wichtig sind Ihnen folgende Personengruppen, Institutionen und Instanzen bei der Konzeption und Gestaltung religionsbezogenen Unterrichts? (1 = gar nicht wichtig 2 = eher nicht wichtig 3 = weder noch 4 = eher wichtig 5 = sehr wichtig)
    - o Die Schüler*innen
    - o Das Lehrer*innenkollegium
    - o Die Schulleitung
    - o Die Eltern der Schüler*innen
    - o Ihre Ideale und Visionen
    - o Ihre persönliche Bindung an die Religionsgemeinschaft oder Weltanschauung
    - o Religiöse Bücher (wie beispielsweise Bibel, Thora oder Koran)
    - o Wissenschaftliche Erkenntnisse meines [sic.] Faches
    - o Die Beauftragung durch die Religionsgemeinschaft
    - o Die Institutionen der religionsbezogenen Aus-, Fort- und Weiterbildung
    - o Der Lehrplan/ das Kerncurriculum
    - o Die Erlasse der Landesschulbehörde

36. Wie gut können Sie sich mit den folgenden Rollen im religionsbezogenen Unterricht identifizieren? Ich verstehe mich als... (1 = stimme gar nicht zu 2 = stimme eher nicht zu 3 = weder noch 4 = stimme eher zu 5 = stimme voll zu)
    - o Staatliche Lehrkraft, die dem Bildungs- und Erziehungsauftrag verpflichtet ist
    - o Repräsentant*in einer Religionsgemeinschaft oder einer Weltanschauung
    - o Vermittler*in einer Religion oder Weltanschauung
    - o Moderator*in
    - o Theolog*in/Philosoph*in
    - o Neutrale*r Wissensvermittler*in
    - o Authentisches Beispiel für meine gelebte Religion oder weltanschauliche Haltung
    - o Begleiter*in der Persönlichkeitsentwicklung der Schüler*innen
    - o Initiator*in eigenständiger Urteilsbildung und kritischer Auseinandersetzung

37. Folgend sind weitere mögliche Selbstbilder beschrieben. Wie gut können Sie sich mit diesen im Unterrichtsalltag identifizieren? Ich verstehe mich als... (1 = stimme gar nicht zu 2 = stimme eher nicht zu 3 = weder noch 4 = stimme eher zu 5 = stimme voll zu)
    - o Zeug*in
    - o Dialogpartner*in
    - o Bildungsagent*in
    - o Tradiationsagent*in
    - o Orientierungshelfer*in
    - o Reiseführer*in ins Land der Religionen
    - o Brückenbauer*in

A01 Fragebogen

- o Fels in der Brandung
- o Hebamme

38. Wie häufig spielt Ihre persönliche Religiosität/eigene Position im religionsbezogenen Unterricht eine Rolle? (1 = nie 2 = selten 3 = manchmal 4 = oft 5 = immer)
    - o Ich werde von Schüler*innen nach meiner eigenen Positionen [sic.] zu religiösen oder ethischen Sachverhalten gefragt.
    - o Ich mache meine religiösen und ethischen Überzeugungen im Unterricht transparent.
    - o Ich spreche mit meinen Schüler*innen darüber, dass ich (kein) Mitglied einer Kirche bzw. Religionsgemeinschaft bin.
    - o In meinem religionsbezogenen Unterricht kommen Formen und Handlungen religiöser Praxis wie z. B. Beten, Yoga, Singen oder Meditation vor.
    - o Mein religionsbezogener Unterricht ist „konfessionell" oder von einer bestimmten Weltanschauung geprägt.

39. Wodurch wird für Sie die Konfessionalität oder die weltanschauliche Bindung des Unterrichts deutlich? (Mehrfachnennungen möglich)
    - o Durch die weltanschauliche Bindung und Religionszugehörigkeit der Lehrkraft
    - o Durch die weltanschauliche Bindung und Religionszugehörigkeit der Schüler*innen
    - o Dadurch, dass Schüler*innen gefördert werden, mit Pluralität konstruktiv umzugehen
    - o Durch die Behandlung spezifisch konfessioneller Themen oder weltanschaulicher Themen (z. B. Reformation) im Unterricht
    - o Durch das Einbringen einer konfessionellen/weltanschaulichen Perspektive
    - o Durch den Rückgriff auf Verlautbarungen der Religionsgemeinschaften

40. Wie nehmen Sie Ihre Lerngruppe in religiös-weltanschaulicher Hinsicht wahr?
    - o 1 = sehr heterogen
    - o 2 = eher heterogen
    - o 3 = weder noch
    - o 4 = eher homogen
    - o 5 = sehr homogen

41. Was macht die Heterogenität in Ihrer Lerngruppe aus? (Mehrfachnennungen möglich)
    - o Zugehörigkeit zu verschiedenen Religionen
    - o Zugehörigkeit zu verschiedenen Konfessionen
    - o Unterschiedliche Weltanschauungen
    - o Individuelle Verständnisse religiöser oder philosophischer Sachverhalte
    - o Sozialer Status
    - o Unterschiedliches kognitives Niveau
    - o Unterschiedlicher Stand der individuellen Entwicklung
    - o Unterschiedlicher kultureller Hintergrund
    - o Beeinträchtigung im Sinne der Behindertenrechtskonvention

42. Welcher Religions-/Konfessionszugehörigkeit gehören die Schüler*innen in Ihrem Unterricht an? (Mehrfachnennungen möglich)
    - o Alevitentum

- o Buddhismus
- o Evangelische Freikirche
- o Evangelische Landeskirche
- o Hinduismus
- o Islam
- o Judentum
- o Keine Religionszugehörigkeit
- o Non-chalcedonensische Kirche (z. B. Koptische Kirche)
- o Orthodoxe Kirche (Griechisch-Orthodoxe Kirche)
- o Römisch-katholische Kirche
- o Unbekannt
- o Andere Religion
- o Andere Religion [offene Eingabe]

43. Wenn Schüler*innen unterschiedlicher Religionszugehörigkeit oder Weltanschauung in meinem Unterricht vorhanden sind, ... (1 = nie 2 = selten 3 = manchmal 4 = oft 5 = immer)
    - o ... eigne ich mir Wissen durch Literatur und Medien über die in meiner Lerngruppe vorfindlichen Religionen und Weltanschauungen an.
    - o ... hole ich zur Vorbereitung Informationen bei Vertreter*innen entsprechender Religionen/Weltanschauungen (auch aus dem Bekanntenkreis).
    - o ... biete ich religionsspezifisch oder weltanschaulich differenziertes Unterrichtsmaterial an.
    - o ... lasse ich die Schüler*innen als Expert*innen der Religion oder Weltanschauung auftreten und von ihren Erfahrungen berichten.
    - o ... lade ich Vertreter*innen anderer Religionen/Weltanschauungen auftreten und von ihren Erfahrungen berichten.
    - o ... greife ich auf Materialien und Erfahrungen aus meiner Ausbildung zurück.
    - o ... greife ich auf Materialien und Erfahrungen aus besuchten Fortbildung [sic.] zurück.

44. Wie schätzen Sie das Interesse und die Kenntnisse Ihrer Schüler*innen in Bezug auf religiöse Themen ein? Wie ausgeprägt ist/sind ... (1 = sehr niedrig 2 = eher niedrig 3 = weder noch 4 = eher hoch 5 = sehr hoch)
    - o ... die Religiosität Ihrer Schüler*innen unabhängig von ihre tatsächlichen Religionszugehörigkeit oder Weltanschauung?
    - o ... der Einfluss der jeweiligen Religions- und Konfessionszugehörigkeit auf die religiöse Identität der Schüler*innen?
    - o ... das Interesse Ihrer Schüler*innen an ihrer eigenen Religion/Konfession?
    - o ... die Kenntnisse Ihrer Schüler*innen über ihre eigene Religion/Konfession?
    - o ... das Interesse Ihrer Schüler*innen an eigenen religiösen Fragestellungen?
    - o ... das Interesse Ihrer Schüler*innen an den anderen Religionen/Konfessionen ihrer Mitschüler*innen

45. Gehören Sie einer Religionsgemeinschaft an?
    - o Nein
    - o Alevitentum
    - o Buddhismus
    - o Evangelische Freikirche
    - o Evangelische Landeskirche
    - o Hinduismus

A01 Fragebogen 345

- o Islam
- o Judentum
- o Non-chalcedonensische Kirche (z. B. Koptische Kirche)
- o Orthodoxe Kirche (Griechisch-Orthodoxe Kirche)
- o Römisch-Katholische Kirche
- o Keine Angabe
- o Andere Religion

46. Wie würden Sie Ihr persönliches Verhältnis zur Religion beschreiben? (1 = stimme gar nicht zu 2 = stimme eher nicht zu 3 = weder noch 4 = stimme eher zu 5 = stimme voll zu)
    - o Ich stehe einer Religion/einer Religionsgemeinschaft nahe.
    - o Ich bin „gläubig" oder „religiös".
    - o Das persönliche Gebet ist mir wichtig.
    - o Die Teilnahme an einem Gottesdienst ist mir wichtig.
    - o Die Teilnahme an religiösen Feiern ist mir wichtig.
    - o Ich beschäftige mich mit religiösen Fragen im Alltag.

47. Welche Ziele verfolgen Sie in Ihrem religionsbezogenen Unterricht? Religionsbezogener Unterricht soll ...
    - o ... befähigen, überreligiöse Fragen zu diskutieren
    - o ... zum Allgemeinwissen beitragen
    - o ... befähigen, Religion(en) von einem wissenschaftlichen Standpunkt zu betrachten
    - o ... Dialogfähigkeit fördern
    - o ... die Entwicklung allgemeiner Wertvorstellungen fördern
    - o ... ein objektives Bild über Religion(en) und Weltanschauungen vermitteln
    - o ... Inklusion fördern
    - o ... helfen, die eigene Religiosität zu entdecken
    - o ... Unterschiede und Gemeinsamkeiten zwischen den Weltreligionen aufzeigen
    - o ... zu einem guten sozialen Klima und einer guten Lernatmosphäre beitragen
    - o ... zur Bildung eines eigenständigen Urteils über religiöse Fragen befähigen
    - o ... dazu beitragen, Andersdenkende und Andersgläubige tolerieren zu lernen
    - o ... befähigen, über Gott in religiöser Symbolik und Erzählungen zu sprechen
    - o ... Themen ansprechen, die Kinder/Jugendliche wirklich etwas angehen
    - o ... Zugänge zu religiösen Texten (wie Bibel, Thora oder Koran) ermöglichen
    - o ... helfen, persönliche Probleme bewältigen zu lernen
    - o ... in Formen religiöser Praxis einführen
    - o ... zur persönlichen Orientierung und Identitätsfindung beitragen
    - o ... das Verständnis für gesellschaftliche Probleme fördern
    - o ... helfen, Religion(en) zu verstehen

48. Welche Gestaltung des religionsbezogenen Unterrichts unterstützen Sie für die Zukunft? (1 = unterstütze ich gar nicht 2 = unterstütze ich eher nicht 3 = weder noch 4 = unterstütze ich eher 5 = unterstütze ich sehr)
    - o Für Schüler*innen, die an keinem Religionsunterricht teilnehmen, soll ein verpflichtender Werte und Normen oder Philosophieunterricht eingeführt bzw. beibehalten werden.
    - o Ab dem 14. Lebensjahr sollen Schüler*innen frei wählen, ob sie an einem Religionsunterricht oder an Werte und Normen teilnehmen wollen, statt sich vom Religionsunterricht abzumelden.

- o Die Lerngruppen des Religionsunterrichts sollen weiterhin konfessionell getrennt unterrichtet werden.
- o Schüler*innen verschiedener christlicher Konfessionen sollen konfessionell-kooperativ unterrichtet werden.
- o Der Religionsunterricht soll sich zu einem interreligiösen Fach entwickeln.
- o Eine allgemeine Religionskunde für alle Schüler*innen soll eingeführt werden.
- o Der Religionsunterricht soll abgeschafft werden.
- o Ein integratives Fach soll anstelle von Religion sowie Werte und Normen eingeführt werden, das alle Schüler*innen gemeinsam mit Religion und Ethik vertraut macht.

49. Manche Reformwünsche in Blick auf den religionsbezogenen Unterricht erfordern weitreichende Maßnahmen. Stimmen Sie der Umsetzung folgender Maßnahmen zu?
    - o Der Artikel 7.3 soll aus dem Grundgesetz gestrichen werden.
    - o Werte und Normen soll gleichwertig als Alternativfach in den Rechtstexten benannt werden.
    - o Die Kirchen sollen sich auf ein einheitliches Unterrichtsmodell einigen.
    - o Jede Schule soll künftig selbst entscheiden können, in welcher Form sie religionsbezogenen Unterricht anbietet.

50. Ausgehend von Ihren eben markierten Vorstellungen: Wie gewichten Sie die folgenden gesellschaftlichen Herausforderungen für Ihre konkrete unterrichtliche Praxis. (1 = gar nicht wichtig 2 = eher nicht wichtig 3 = weder noch 4 = eher wichtig 5 = sehr wichtig)
    - o Konfessionslosigkeit
    - o Inklusion
    - o Fundamentalismus
    - o Multireligiosität
    - o Werteverfall
    - o Antisemitismus
    - o Verschwörungsideologien
    - o Globalisierung
    - o Digitalisierung
    - o Migration
    - o Erinnerungskultur
    - o Zukunft der Kirche
    - o Klimawandel
    - o Islamfeindlichkeit

A02 Interviewleitfaden

Schildern Sie mir zu Beginn unseres Interviews doch bitte die Situation des RU an Ihrer Schule.
- Name des Fachs + Organisationsform > Gründe dafür, Entscheidungsträger, Rolle der LK
- Teilnahmeregelungen (Einverständniserklärung der Eltern o. ä.)
- Außendarstellung (Kommunikation mit Eltern)
- Akzeptanz des Faches an der Schule

A02 Interviewleitfaden

- Kollegiale Kooperation (Fachkonferenz, Teamteaching, WuN-LK, etc.)
- Historisch: Vorgängerformen von RU, Rolle des konfessionell-kooperativen RUs bzw. dessen Regelungen

Kommen wir nun näher auf die Lerngruppen in Ihrem RU zu sprechen. Bitte beschreiben Sie mir eine durchschnittliche Lerngruppe hinsichtlich der rel.-weltanschaulichen Haltungen der SuS.
- Erhebungsinstrument von rel.-weltanschaulichen Einstellungen
- Wirkungen auf das Unterrichtsgeschehen
- Gibt es andere (wichtigere, dringendere) Differenzierungen innerhalb der Lerngruppe

Nun interessiere ich mich besonders für die Gestaltung Ihres Religionsunterrichts angesichts der religiösweltanschaulichen Pluralität Ihrer SuS. Welchen Einfluss hat die religiöse Zusammensetzung Ihrer Lerngruppe auf Ihren Unterricht?
- ➤ Bitte führen Sie mir einmal vor Augen, wie Sie bei der Unterrichtsplanung und -gestaltung vorgehen.
- ➤ Wie gehen Sie mit den Vorgaben aus Kerncurriculum und Lehrplan um?
- ➤ Wie nähern Sie sich einem neuen Unterrichtsgegenstand (didaktisch)?
- ➤ Wie sprechen Sie über andere Religionen? Welche Perspektive nehmen Sie ein und lassen Sie die SuS einnehmen?
- ➤ Gibt es Unterrichtsmethoden, die Sie bevorzugen?
- ➤ Welche Rolle spielt der Besuch außerschulischer Lernorte in Ihrem Religionsunterricht?
- ➤ Was sollen die SuS in Ihrem Religionsunterricht lernen? Was ist Ihnen besonders wichtig? Wofür gibt es RU?
- ➤ Was spricht Ihrer Meinung nach dafür, SuS verschiedener Religionszugehörigkeiten im Fach Religion gemeinsam zu unterrichten?
- ➤ ... Und was spricht dagegen?
- ➤ Evtl. (Zeit): In der Religionspädagogik wird diskutiert, inwiefern religiöse Vielfalt im Unterricht die religiöse Identitätsbildung der SuS fördert. Was ist Ihre Meinung dazu?
- Evtl. (Zeit): Rolle und Verhältnis zu Religion im Schulleben

Kommen wir nun noch auf Sie als Religionslehrkraft zu sprechen. Wie würden Sie sich in dieser Rolle selbst beschreiben?
- Selbstverständnis der RLK: Aufgabe, Ziel, Funktion
- Rolle der eigenen rel. Überzeugungen
- ➤ Evtl. (Zeit): *Ich würde Ihnen gerne einen Satz aus einer anderen Interviewstudie vorlesen und Sie dazu um eine Stellungnahme bitten:* „Je unterschiedlicher die religiösen Einstellungen meiner Lerngruppe sind, desto mehr nehme ich mich darin zurück, meine persönlichen Glaubensvorstellungen zu benennen."

Bevor wir noch einen Blick in die Zukunft werfen, bitte ich Sie um eine Beurteilung des RU in seiner gegenwärtigen Form.
- Nachahmenswerte und bedenkliche Aspekte
- Gegenwärtige (schulpolitische, -organisatorische, etc.) Herausforderungen

Zum Schluss möchte ich Sie noch zur Initiative „Christlicher RU in NDS" befragen.
- ➤ Was wissen Sie bereits darüber?
- ➤ Wie schätzen Sie die Neuerungen ein? Wie stehen Sie den Plänen für den RU gegenüber?
- ➤ Ganz konkret: Inwiefern wird das Ihre Praxis von RU-Gestaltung verändern?
- ➤ Was wäre Ihre Wunschform von RU?

Gesprächsabschluss:
Wenn Sie in meiner Situation wären, wonach würden Sie noch fragen? Worüber haben wir noch nicht gesprochen?

A03 Kategoriensystem

Die Darstellung des Kategoriensystems folgt dem abgebildeten Schema:

Hauptkategorie				
Unterkategorie (Ebene 1)	Unterkategorie (Ebene 2)			
	Unterkategorie (Ebene 2)	Unterkategorie (Ebene 3)		
		Unterkategorie (Ebene 3)	Unterkategorie (Ebene 4)	
			Unterkategorie (Ebene 4)	
			>Unterkategorie (Ebene 5)	
		Unterkategorie (Ebene 3)		
		Unterkategorie (Ebene 3)		
	Unterkategorie (Ebene 2)			

Die Kategoriennamen umfassen folgende Abkürzungen:
ReliWeNo (gemeinsamer Religions- und Werte-und-Normen-Unterricht)
RU (Religionsunterricht) > Ev. RU (Evangelischer Religionsunterricht); Kath. RU (Katholischer Religionsunterricht); kokoRU (konfessionell-kooperativer Religionsunterricht)
RULK (Religionsunterrichtslehrkraft)
SuS (Schülerinnen und Schüler)
WuN (Werte und Normen)

Schulorganisatorischer Gestaltungsrahmen des RUs			
Form des Unterrichts	Ev. RU vs Kath. RU vs WuN		
	Ev. RU vs WuN		
	RU im Klassenverband	als kokoRU	
		inkl. Abmeldemöglichkeit	
		ReWeNo	
	RU vs WuN		
	KokoRU vs WuN		
Begründungen für Formen des RUs (ohne Klassenverband)	Kein Elternantrag auf KokoRU		
	Lehrkräftemangel (2)		
	Schulgröße		
	SuS-Mangel (2)		

A03 Kategoriensystem

Begründungen für RU im Klassenverband	Schulorganisatorische Begründungen für RU im Klassenverband	Organisatorisch (allgemein)	
		SuS-Mangel	
		Rel.-weltanschauliche Heterogenität der SuS	
		Kein Widerspruch der SuS	
		Lehrkräftemangel	
		(Schul-)Rechtliche Vorgaben	
	Päd.-did. Begründungen für RU im Klassenverband	SuS-Förderung	Rel. Identitätsentwicklung >Gegenstimmen
			Persönlichkeitsentwicklung
			Pluralitätsfähigkeit
		Gegenstandsbezug	Relevanz der Themen
			Gelebte Religion
			Diskussionspotenzial
		Gesellschaftsbezug	
		Erhalt der Klassengemeinschaft	
		Pluralität als Bereicherung (allg.)	
Genese			

Personenbezogene Rahmenbedingungen des RUs		
Konfession der RULK	Katholisch	
	Lutherisch	
	Reformiert	
	Freikirchlich	
Rolle/Selbstverständnis der RULK	im System Schule	Networker
		Zuständig für Religion
		Schulseelsorger:in
		Pastor:in
	in Bezug auf Schüler:innen	Vorbild
		Begleiter:in
		Beratungslehrer:in
		Unterstützer:in
		Resonanzkörper/Spiegel
		Kontaktvermittler:in
	im Unterricht	Fachexperte:in
		Bewertende:r
		Aufklärer:in
		Einladende:r

		Lernende:r	
		Provokateur:in	
		Moderator:in	
		Diskussionsleiter:in	
		Lerninitiator:in	
		Wissensvermittler:in	
		führend	
	als Person	offen	
		Christ:in	
	Unsicherheiten		
	RU <> WuN		
	Keine Kooperation RU <> WuN		
	Schule <> Kirche	indirekt	
	Schule <> Loccum		
(Analyse der) Religionszugehörigkeit der SuS	Christliche SuS	Orthod. SuS	
		Kath. SuS	
		Ev. SuS	Reformierte SuS
			Freikirchliche SuS
			Ev.-luth. SuS
	Musl. SuS		
	Yezidische SuS		
	Buddhistische SuS		
	Hinduist. SuS		
	Konfessionslose SuS		
	(Keine) Jüd. SuS		
	Diagnose	„bunte Mischung"	
	Erhebung(-sinstrument)	Schülerdaten (bei Anmeldung)	
		keine Abfrage	
		Abfrage bei Gelegenheit	
		Abfrage zu Unterrichtsbeginn	
	Andere Differenzierungen	Rel. Erfahrungshorizont	
		Offenheit für (Auseinandersetzung mit) Religion	
		Gender	
		Kognitive Fähigkeiten	
		Kulturelle Hintergründe	

A03 Kategoriensystem

Didaktische Stellschrauben im RU			
Religion der SuS im RU	Religionszugehörigkeit der SuS im RU	Thematische Relevanz: Pluralität bestimmt Inhalte	
		Method.(-did.) Relevanz: SuS als Expert:innen	Contra
		Method. Relevanz: (Mis-)matching Inhalt-SuS	
		Geringe/keine Relevanz	
	Religiosität der SuS im RU	Thematische Relevanz: Gelebte Religion als Unterrichtsgegenstand	
		Did. Relevanz: Subjektorientierung	
		Method.(-did.) Relevanz: Diskussion der Positionen	
Konfession(-alität) der Lehrkraft	Als personenbezogenes Merkmal (im Unterricht)		
	Als Position im Unterricht		
	Als Beispiel gelebter Religion		
	Als thematisches Unterrichtsmerkmal		
	Wird von SuS eingefordert		
	Nachrangig für das Unterrichtsgeschehen		
Anliegen im Umgang mit Pluralität	Toleranz		
	Positionalität		
	Neutralität		
	Individualität		
		Begegnung mit rel./existenziellen Fragen	
		Religionsmündigkeit	
		Rel. Sprachfähigkeit	
		Verortungsmöglichkeiten bieten	
		Wertschätzung/Stärkung der Einzelnen	
	Theolog./relwis. Bildung (gegenstandsbezogen)	Religion verstehen und hinterfragen/Theologie	
		Begegnung mit Religion(en)	
		Interesse an Religion(en) wecken	
		Wissensvermittlung	
	Bildung	Freiheit	
Did. Konzepte/Methoden	Lernen am Gegenüber	Lernen an Begegnungen	
		Lernen an Meinungen	
		Lernen an Geschichten/Identifikation	
		Perspektivenwechsel	
	Subjektbezogenes Lernen	Themen der SuS aufgreifen	
		Berufsbezug	
		Biografiearbeit	

	Objektbezogenes Lernen	Kompetenzorientierung
		Rel. Erfahrungen ermöglichen
		Theologisieren/Philosophieren
		Bibelarbeit
		Symboldidaktik
		Historisches Lernen
		Gelebte Religion als Gegenstand
		Religionskunde
		Interdisziplinarität
	Methoden	Projektarbeit
		Vorwissen aktivieren
	Außerschulische Lernorte	Kirchraumpädagogik

Beurteilung des RUs

Herausforderungen (eines rel. heterogenen RUs)	Strukturell	Konf. RU bei multirel. Schülerschaft	
		Fehlende RULK (muslim., jüd., ...)	
		Fehlende WuN-Alternative	
	Didaktisch	Christl. SuS gerecht werden	
		Christl. Inhalte anschlussfähig aufbereiten	
		Anderen (anwesenden) Religionen gerecht werden	
		Interrel. Fachwissen der RULK	
		Mangelndes interrel. Material	
		Komplexität von Religion	
		Übergriffigkeit vermeiden	
		Mangelnder Tiefgang (thematisch)	
	Auf SuS-Seite	Mangelnde Motivation	
		Abwehrhaltungen	
		Mangelnde Vorkenntnisse	Fehlende rel. Erfahrungen
			Fehlende rel. Sprachfähigkeit
			Mangelndes Vorwissen
		Interrel. Spannungen	Fundamentalistische Einstellungen
		Intellektuelle Diversität	Sprachliche Barrieren
		SuS folgen RULK-Meinung	

A03 Kategoriensystem

	Zukunft des RUs	
Sorgen der RULK	Schwindende gesell. Akzeptanz für RU	
	Weltanschaulich neutraler RU	
	Gemeinsamer kath. RU	
	HH Modell	
Wünsche/Visionen der RULK	Gemeinsamer RU für alle	PflichtRU für alle
		Multireligiöser RU
		ReliWeNo
	Modifikationen am gegenwärtigen Modell	Bekenntnisgebundener RU
		Kooperationsphasen Kath. <> Ev. RU
		Kooperationsphasen RU <> WuN
		Mehr muslim. RULK
		Islam. RU ausbauen
		WuN ausbauen
	Interkonfessionelle/-religiöse Fortbildungen	
Einschätzungen der RULK zum CRU	Kenntnisstand zum CRU	
	Einschätzungen zu praktischen Konsequenzen des CRU	
	Konzeptionelle Anfragen an den CRU	
	Fürsprache für den CRU	
	Kritik am CRU	